霍瑞娟　著

国家文化治理环境下
中国图书馆学会发展研究

RESEARCH ON THE DEVELOPMENT OF
CHINESE LIBRARY SOCIETY
IN THE STATE CULTURE GOVERNANCE ENVIRONMENT

社会科学文献出版社
SOCIAL SCIENCES ACADEMIC PRESS (CHINA)

目　录

前　言

　　中国图书馆学会是由图书馆及相关行业或机构科技工作者自愿结合、依法登记成立的全国性、学术性、非营利性的社会组织，是党和政府联系图书馆工作者的桥梁和纽带，是引导图书馆行业不断增强文化自信，加强科学管理，推动科技进步，建设创新型国家，发展我国图书馆事业的重要社会力量。中国图书馆学会受中国科学技术协会和民政部的业务指导和监督管理，挂靠国家图书馆，其办事机构行政上隶属国家图书馆。

　　中国图书馆学会是我国图书馆界具有较强影响力的学术社团，自成立以来，致力于为全国图书馆界和广大会员服务，注重发挥学术研究的引领作用，以创新、协调、开放的理念，积极策划和组织多种类型的创新活动，搭建平台，促进交流，服务基层和各个群体，体现出学会的学术优势和行业特色以及协作、共享、务实的作风。随着经济、科技、社会的发展和进步，中国图书馆学会在坚持围绕学术而形成的基本功能的基础上不断发展，在组织建设、学术研究、编译出版、科普阅读、国际及港澳台交流与合作、行业协调与继续教育等方面取得了长足的进步。

　　进入新的发展时期，中国图书馆学会十分重视不断加强自身组织建设和各项事业发展，主动配合和满足国家在经济、社会和文化发展中的各项战略部署和需求，努力在图书馆及相关行业内贯彻国家相关政策方针和决策部署，立足行业，积极作为。特别是在当前国家文化治理理念上升为国家意志、成为治国新理念和新方略之后，中国图书馆学会一方面着力提升原有职能，谋求更好地为全国图书馆界和广大会员提供优质服务；另一方面着力适应政府职能转移的新形势，主动承担政府委托的各项任务，谋求更好地为政府部门和相关机构提供良好的社会性解决方案。

国家文化治理不仅是学术领域的重要概念和研究范畴，也是当前党和政府执政施政的重要着力点，同时也是从文化层面上统合我国当前社会发展的各类需求的重要立足点，更是当前各类社会主体应当集中关注、认真研学和主动适应的时代热点。虽然当前对国家文化治理的看法、理解、观点不尽相同，但由传统的管理方式向"治理"的转变是基本方向，由一元主体向多元主体的转变是基本形态，由单一行政手段向多种综合手段的转变是基本方式，由单方施力向多方合力是基本过程。在这一判断基础之上，我国的国家文化治理过程必将实现政府、市场主体和社会组织三者之间互动合作、紧密配合的国家文化治理体系的宏观目标，必将更加重视充分发挥各类社会主体参与公共事务管理的积极性和主动性，也必将最终实现国家文化治理的现代化。在此过程中，无论是以企业为代表的各类经济组织，还是种类繁多、性质各异的各类社会组织，都应当积极适应这一现实状况和时代需求，充分发挥各自的功能和作用，为我国国家文化治理体系和治理能力现代化的构建做出相应的贡献。

社会组织是国家文化治理三元共治模式中重要的主体之一，这里所指的社会组织既不同于行政性的政府机构，又不同于追逐利益的经济性组织，而是基于成员自愿、平等互助等原则建立的非政治性、非营利性的组织形式。社会组织在通常意义上又被称为非政府组织。作为社会组织，中国图书馆学会不断在国家文化治理体系构建和国家文化治理能力现代化的时代背景下主动求变，积极创新，充分发挥自身在图书馆界的优势和功能，不断把学会事业和图书馆事业推向新的发展阶段。目前，已形成以中国图书馆年会为核心，以青年学术论坛、百县馆长论坛和未成年人服务论坛等品牌学术活动为重点，集合我国图书馆界相关重要学术活动为一体的综合学术交流体系；承接文化部第六次全国县级以上公共图书馆评估定级职能，承担文化部全国公共文化巡讲、全国县级图书馆馆长培训等项目；搭建继续教育体系，组织开展"4·23世界读书日"系列活动、"阅读推广人"培育行动、全国图书馆未成年人服务提升计划、"网络书香·数字图书馆建设与服务"宣传推广系列活动和"民国时期文献保护计划"宣传推广活动；建成会员管理与服务平台等。2009年，被中宣部等评为"全民阅读活动先进单位"。2011 年，被民政部评为 4A 级全国性学术类社会组织。2015 年，获评中国科协学会创新和服务能力提升工程优秀科技社团。会刊为《中国图书馆学报》，双月刊，创刊于 1957 年，原名为《图书馆学通讯》，1991 年改为《中国图书馆学报》，在中国社会科学院《中国人文社会科学期刊评价报告（2014 年）》中，被评为顶级期刊。

从优化组织结构上讲，中国图书馆学会在党的建设、机构设置、会员发展等方面正在取得较为显著的成果。在党的建设方面，2016 年 12 月 6 日，经中国科协科技社团党委批复成立了中国图书馆学会党委。在机构设置方面，中国图书馆学会最高权力机构是全国会员代表大会，每 4 年召开一次。理事会是全国会员代表大会的执行机构，在闭会期间领导学会开展日常工作。理事会选举理事长、副理事长、秘书长及常务理事若干人组成常务理事会，负责在理事会闭会期间行使理事会的部分职权。学会办事机构为秘书处。2016 年 1 月，第九届理事会共设置 17 个分支机构，分别为学术研究委员会、图书馆学教育委员会、阅读推广委员会、编译出版委员会、交流与合作委员会和公共图书馆分会、高等学校图书馆分会、专业图书馆分会、中央国家机关图书馆分会、医学图书馆分会、高职院校图书馆分会、中小学图书馆分会、军队院校图书馆分会、党校图书馆分会、团校图书馆分会、未成年人图书馆分会、工会图书馆分会。此外，31 个省、自治区、直辖市的图书馆学（协）会与中国图书馆学会保持着密切的业务往来，对中国图书馆学会在全国开展活动提供了大力支持。在会员发展方面，截至 2017 年底，学会个人会员数量即将突破 15000 名，单位会员 539 家。

在自身业务发展方面，中国图书馆学会在努力优化组织结构建设的基础上，从多个方面强化自身能力建设和发展。主要表现在：开展学术交流，活跃学术思想，组织学术研究，促进学科发展；普及图书馆学、信息科学和信息技术等相关学科基本知识，提高社会公众的图书馆意识与信息素养；推动全民阅读，促进知识的创新与传播，为提高国民科学文化素质，建设学习型社会发挥作用；开展国际和地区间学术交流活动，加强同国外、境外图书馆界的联系与合作；编辑、出版、发行图书馆学文献，促进专业信息传播；尊重会员的劳动和创造，维护会员和图书馆工作者的合法权益，反映他们的意见和呼声，举办为会员服务的事业和活动，促进学术道德建设和学风建设；介绍、评定和推广图书馆学科研成果，促进学术成果的应用；为国家文化、教育、科技发展战略、政策和经济建设中的重大决策，以及我国图书馆事业法规政策的制定提供咨询服务，推进决策的科学化、民主化；开展对会员和图书馆工作者的继续教育和职业培训工作；发现并举荐人才，表彰、奖励在学术活动和图书馆工作中取得优异成绩的会员和图书馆学会工作者；积极承接政府转移职能，积极参与政府向社会组织购买服务项目，促进图书馆事业社会化发展等。

本书的出版正是为了在当前国家文化治理的大时代背景下全面、充分、系统地整理、总结和展现中国图书馆学会的事业发展状况，为自身和其他社会组织今后的发展提供一种经验借鉴和研究参考。本书可分为四大部分：第一部分（第一章）详细介绍了中国图书馆学会的发展历程和组织建设情况；第二部分（第二章至第三章）阐述了中国图书馆学会事业发展的宏观背景，梳理了相关概念和关系，同时还归纳了美国、英国、法国和日本四国的相关经验作为参照；第三部分（第四章至第八章）详细介绍了学术建设、阅读推广、行业协调与指导、编译出版、对外交流与合作等领域的事业发展状况；第四部分（第九章）是对全书的小结，也是当前国家文化治理的新环境下中国图书馆学会职能定位策略和未来发展建议。限于各方面的制约，本书尚存在许多不够成熟和完善的地方，敬请各界专家和广大读者朋友指正。

第一章

中国图书馆学会发展历程及组织建设

第一节　学会的前身

中华图书馆协会存在于 1925～1949 年，是在北平图书馆协会、上海图书馆协会和南京图书馆协会合并的基础上，由当时的图书馆界、教育界人士共同组织发起，经南京国民政府教育部立案的全国性、公益性、学术性组织。中华图书馆协会是中国历史上第一个以图书馆事业为主要研究对象的学术组织，也是中国历史上第一个全国性的图书馆协会。[①] 1925 年，北方图书馆界在北京筹备成立全国性图书馆协会，同时，上海也在发起成立全国图书馆协会。4 月 24 日，18 个省的代表聚集上海交通大学成立中华图书馆协会，次日即在广肇公学召开了成立会，并定于 6 月在北京正式举行仪式。1925 年 6 月 2 日，中华图书馆协会成立仪式在北京欧美同学会举行，各省图书馆与会代表 100 多人出席，著名社会活动家梁启超、美国图书馆协会代表鲍威尔及文华图专创始人韦棣华先后发表讲话。[②]

中华图书馆协会的存在是中国图书馆史上具有特殊意义的一段历程，因为其产生于民智渐开的五四运动之后，发展于内忧外患的战争年代，解

---

① 王阿陶、姚乐野：《中华图书馆协会研究综述》，《图书馆建设》2011 年第 12 期，第 24～25 页。

② 沈占云：《中华图书馆协会成立的背景因素、历史意义之考察》，《图书馆》2006 年第 1 期，第 25～26 页。

散于激荡变化的新旧社会交替之间，其成立的难能可贵与艰辛、发展的动荡和坚韧以及解散后的走向和余音，无疑对中国图书馆事业的发展走向、学术研究的领域和方法等都产生了极为重要的影响。

中华图书馆协会是中国第一个全国性的现代图书馆专业学术团体。总事务处设在北京。其宗旨是"研究图书馆学术，发展图书馆事业，并谋求图书馆之协助"。前期设董事部和执行部，董事部部长为梁启超，书记为袁同礼，执行部部长为戴志骞，副部长杜定友、何日章。1937年董事部更名为监事会，执行部改名为理事会，袁同礼任理事长（1937～1944年）。该协会设有分类、编目、索引、出版、图书馆教育、图书馆、建筑等专门委员会，协会会员有机构会员、赞助委员和名誉委员。中华图书馆协会成立以后，通过组织学术活动、开展学术研究、创办学术刊物、增进国际交流等方式，对中国近代图书馆事业的发展，对于国民教育的提升，都做出了重要的贡献。①

一　发展图书馆事业、培养图书馆人员

中华图书馆协会成立后，因为其组织机构健全、活动频繁，故而带动了整个图书馆界的研究风气，促进了图书馆事业的普遍发展。

协会成立前后，以韦棣华女士为代表的图书馆界的有识之士积极推进将美国退还庚子赔款中的一部分用来辅助中国图书馆事业。1925年6月，中华教育文化基金会董事会决定将庚款用途的其中一项确定为：促进有永久性质之文化事业如图书之类。协会成立后，制定了《改进及充实全国图书馆案》等多项议案，在辅助乡村图书馆、市县图书馆、辅导图书馆事业、训练图书馆人才等方面推出各类标准，为各地图书馆建设提供依据。中华图书馆协会通过派人指导、寄赠图书等方式协助西南各省筹设图书馆。经协会帮助，四川、云南等西南地区图书馆改善了组织机构、充实了馆藏。1929～1936年是我国图书馆发展繁荣时期，每年全国图书馆数量增长迅猛，1930年达1428所，至1936年猛增至5196所。

此外，中华图书馆协会为了普及图书馆知识，特成立了图书馆教育委

---

① 宋建成：《中华图书馆协会》，台湾育英社文化事业有限公司，1980。

员会，主持图书馆学校及短期讲习班等，以培养图书馆人员。图书馆学教育有了较大的发展，部分学校专门设立了图书馆学专科，为图书馆界培养了一批专业人才。1925年，协会在南京试办暑期学校，设计课程，聘请国内图书馆专家及与版本或校勘研究相关的专家担任主讲教授，主要讲授图书馆学术集要、学校图书馆、儿童图书馆、分类法等内容。暑期学校的招生章程除了登报刊发，还通函各省教育厅及图书馆协会，请其保送学员。1926年6月，中华教育文化基金董事会函请中华图书馆协会会同文华图书科办理招生及入学考试，自8月起每年设图书馆学助学金额25名，培养图书馆学专业人才。

二 组织学术活动、开展学术研究

协会成立后，开始进行图书馆学术活动的组织。最重要的学术活动是自1929年至1949年间组织的六次协会年会。1929年1月，中华图书馆协会第一次年会在南京金陵大学举行，参加会议人员113人，机关会员62个，规模盛大。此次年会共收到各类议案上百件，其中编撰组讨论通过《每年编纂图书馆年鉴案》等议案14件，行政组讨论通过《由本会呈请教育部从速筹办中央图书馆案》等议案54件，分类编目组通过《由分类委员会编制分类法案》等4项议案，图书馆教育组提出《训练图书馆专门人才案》等议案5件，索引检字组讨论通过《设立汉字排检法研究委员会案》等议案4件。年会除了审议各专门委员会提交的议案，还安排了学术演讲、宣读论文和参观等内容。

在接下来的1933年和1936年，中华图书馆协会分别在北平和青岛召开了第二次、第三次年会，1938年、1942年和1944年在重庆分别召开了第四、第五、第六次年会。年会的举办是中华图书馆协会成立后最主要的活动。除年会以外，协会根据其设立的宗旨，从事各项研究与活动。

中国近代图书馆学术形成和发展的基础有四方面：其一是对外国图书馆理论的借鉴，其二是对我国图书馆实践发展的研究和探索，其三是比较分析和研究外国图书馆理论对中国图书馆发展的适用性，其四是图书馆学术机构、教育机构和相关学术组织的建立和发展，为图书馆学研究提供良好的条件。1925年6月2日，梁启超在中华图书馆协会成立大会上呼吁

"建设中国图书馆学"①，同年，刘伯均发出尽快建立"一种合乎中国国情之图书馆学"的呼吁。中华图书馆协会和地方图书馆协会的建立对图书馆学研究起到了重要的作用，在图书馆学理论、图书分类法、图书馆编目法、索引法、汉字排检法等方面的研究都起到了重要的推动作用。

三 创办学术刊物

中华图书馆协会宗旨之一为研究图书馆学术，因而对研究与出版素来重视，特设有出版委员会，从事编纂与出版。虽然经费有限，却始终以出版费为协会的一项主要支出，出版期刊、图书、报告等，成为一般图书馆员所不可缺少的读物，其中以协会会报及图书馆季刊影响最大。

1925 年 6 月，在中华教育改进社的积极推动，以及一批美国留学归国的图书馆人的努力下，中华图书馆协会创办了我国近代图书馆学期刊史上创刊时间持续最长的专业刊物——《中华图书馆协会会报》。该刊秉承中华图书馆协会"研究图书馆学术，发展图书馆事业，谋求图书馆之协助"的宗旨，在宣传和报道国内外图书馆界概况，促进先进的图书馆思想传播，推动图书馆学研究全面开展，以及促进全国各图书馆与图书馆协会的交流与合作等方面做出了巨大的成绩，成为当时我国图书馆界最具学术权威和广泛影响力的专业期刊之一。1926 年 3 月，北平图书馆协会又创办了《图书馆季刊》，并迅速发展成为当时我国图书馆界又一种极具学术影响力的专业刊物。此后，各地图书馆协会纷纷成立并随之创办了协会刊物，部分省市图书馆也陆续创办了刊物。例如，1927 年浙江省立图书馆创办了《浙江省立图书馆报》，同年，国立北平图书馆创办了《北平图书馆馆务年报》。1928 年 3 月，国立中山大学图书馆创办了《国立中山大学图书馆报》，5 月，国立北平图书馆创办了《国立北平图书馆馆刊》（双月刊）。图书馆学研究随着图书馆建设和图书馆学教育的发展而有了显著的发展，作为图书馆学研究的重要传播方式，图书馆学专业期刊的发展迎来了繁荣发展时期。1929 年是我国近代图书馆学期刊发展史上创刊数量最多的

---

① 梁启超：《中华图书馆协会成立会演说辞》，《中华图书馆协会会报》1925 年第 1 期，第 11~15 页。

一年。

四 参与国际图书馆事业

1927 年，英国图书馆协会成立 50 周年庆典上，韦棣华女士代表中华图书馆协会出席了"国际图书馆协会联合会"（IFLA）的筹备会议，并在发起成立"国际图书馆协会联合会"议案上签字。因此，中华图书馆协会是国际图联的发起者之一。自此，中华图书馆协会多次委派代表参加国际图联的会议，加强国际交流与合作。1929 年 6 月在罗马及威尼斯召开的第一次国际图书馆及目录学会议，1935 年 5 月在马德里举办的第二次国际图书馆及目录学大会，中华图书馆协会均派代表参加，并提交了英文版论文。中华图书馆协会除派出代表参加国际图书馆及目录学大会外，还多次派出代表出席国际图联之国际图书馆委员会年会。国际图联之国际图书馆委员会第六次年会及美国图书馆协会第五十五届年会于 1933 年 10 月在美国芝加哥陆续召开，中华图书馆协会委派代表参加。中华图书馆协会除了参加国际图联之间的学术文化交流，还与美国、德国、日本、英国、法国图书馆协会之间有学术文化往来。

中华图书馆协会自成立以来，始终为团结全国图书馆界、建立中国的图书馆学、改革图书馆运营方式、加强国际交流与合作等不懈努力，成为1949 年之前领导中国图书馆事业发展的重要机构。

第二节 学会的正式成立与发展

一 中华人民共和国成立后的图书馆事业发展

中华人民共和国成立时，经过长时间战乱破坏的图书馆界已是一片凋零。1949 年，全国仅存公共图书馆 55 所，高校图书馆 132 所，科学和专业图书馆 17 所。中华人民共和国成立以后，国家迅速采取措施接收、接管和改造旧中国留下的图书馆事业。1949 年 10 月，中华人民共和国中央人民政府文化部成立，在文化部下设文物局，负责管理全国文物、博物馆、图书馆事业。与此同时，原华北高等教育委员会奉命结束，乃于 10 月 31

日，将故宫博物院、北京图书馆移交文化部领导。此后，文化部继续强调对旧有图书馆等的接收和整顿工作，各地图书馆的接收和整顿工作深入开展。1950 年 3 月 19 日，原"国立中央图书馆"改名为"国立南京图书馆"，直属中央文化部文物局领导，同时接受华东军政委员会文化部领导。① 1950 年 4 月，昆明市军管会接管云南省立志丹图书馆总馆、分馆和前省教育会的图书馆，并将此三馆改组合并为"云南昆明人民图书馆"。② 1950 年 7 月，江苏省国立中学图书馆改由华东文化部领导，截至 1951 年 2 月底，该馆共藏书 203903 册（善本书 57823 册，普通书 108735 册，报刊 27200 册，新文化书 5368 册，印行书 4824 册）。1950 年 12 月，中央文化部《1950 年全国艺术工作报告》与《1951 年计划要点》指出："有重点地整理与改革旧有博物馆、图书馆使其成为进行群众教育的重要工具。""整顿并充实中央、各大行政区及省市现有的图书馆。在有条件的村、镇设立图书室，发展农村图书网。"同年 12 月，西北文化部传达全国文物处长会议精神并制定西北文物工作要点，指出：应当尽速接收西安人民图书馆、兰州图书馆。③

在这些领导机构和方针政策指导下，中国共产党和人民政府选派一些领导干部到图书馆担任领导职务，对图书馆的藏书等资财进行清点、登记和整理，并恢复和发展图书馆各项业务工作。中华人民共和国成立初期，政府共接管和整顿了民国时期的 55 所公共图书馆，将其纳入国家发展图书馆的计划规划当中，并废除和改革了一些不合理的规则制度，如入馆收费制度等。新中国公共图书馆数量从 1952 年的 83 所增加到 1957 年的 400 所。同时，由于这一时期私有化的全面取缔，公益性的私人图书馆被迫中断了自己的历史而销声匿迹。④ 私人藏书也有很多通过各种方式捐赠给国家。1953 年 4 月 25 日，郭沫若捐赠给北京图书馆图书 364 种 2059 册，著

① 邹华亭、施金炎：《中国近现代图书馆事业大事记》，湖南人民出版社，1988，第 103 页。
② 陕西省图书馆：《中国图书馆事业三十年记事》，山西省图书馆，1979，第 6 页。
③ 陈源蒸、张树华、毕世栋：《中国图书馆百年纪事（1840 - 2000）》，北京图书馆出版社，2004，第 115 页。
④ 王子舟、吴汉华：《民间私人图书馆的现状与前景》，《中国图书馆学报》2010 年第 5 期，第 4 ~ 13 页。

作手稿 23 种 1846 页。同年 12 月 31 日，文化部文物局将周叔弢捐赠的善本书 715 种 2672 册，拨交北京图书馆收藏①，等等。此外，中华人民共和国成立前的教会学校被国家接管，教会学校图书馆亦并入各类高校图书馆。如上海圣约翰大学图书馆发端于 1888 年，其藏书交华东政法学院接收，等等。

为了促进图书馆事业的发展，从中央到地方政府都颁布了相关政策法规，促使图书馆事业步入稳定前进的轨道，指导各级各类图书馆在组织机构建设、馆藏文献建设、图书馆业务开展以及服务提升方面取得了长足的进步，也为中国图书馆学会的成立奠定了基础。

二 中国图书馆学会成立的背景

1949 年，中华人民共和国成立，中华图书馆协会无形之中解散。但建立全国性图书馆行业组织的梦想在图书馆界从未中断。从 20 世纪 50 年代起，图书馆事业迅速发展的形势引发了建立图书馆组织的尝试。扬州市图书馆工作者协会筹备会、湖南省图书馆工作者联谊会、浙江省图书馆工作者协会、广东省图书馆学会等组织相继正式成立并开展了相关工作。

1956 年，王重民、左恭等就提出成立中国图书馆学会的倡议，于 1957 年 5 月成立了中国图书馆学会筹备委员会并举行第一次会议。随后又分别择期举行多次会议讨论商议学会成立事宜，修改通过《中国图书馆学会章程（草案）》等文件，决定于 1957 年底举行学会成立大会。然而，由于"反右"以及随后频繁发生的政治运动，学会筹备工作被搁置。1978 年，在"文化大革命"结束后，政治、经济、文化、教育等各个领域开始拨乱反正、恢复发展，中国图书馆学会也在筹建之中。1978 年 3 月，在南京召开"全国古籍善本总目编辑会议"，其间图书馆界再次提出这一倡议，代表们经过协商推选由北京图书馆、中国科学院图书馆、上海图书馆、北京大学图书馆、首都图书馆，四川、广东、南京、辽宁、陕西等省级图书馆

---

① 倪晓建等：《北京地区图书馆大事记（1949 - 2006）》，北京图书馆出版社，2007，第 16 ~ 17 页。

和北京大学、武汉大学图书馆学系组成筹备委员会。①

1979 年 1 月，《关于成立中国图书馆学会的请示报告》得到批准。1979 年 6 月 13 日，中国图书馆学会筹备委员会在天津举行会议，审定了中国图书馆学会成立大会和第一次科学讨论会的全部准备工作，讨论了《中国图书馆学会章程（草案）》的修改稿和《中国图书馆学会 1979 年下半年—1980 年工作计划要点（草案）》，拟定了代表产生办法，理事人选推荐办法，成立大会和第一次科学讨论会日程安排等事项。同时，在筹备成立中国图书馆学会期间，各省、自治区、直辖市图书馆界在各自主管部门的关怀下，先后筹备成立或者恢复了地方图书馆学会。直至学会成立前夕，已经成立的省级图书馆学会总数达到 19 个。至此，学会成立前的各项准备工作基本完成。

三　中国图书馆学会成立

1979 年 7 月 9 日，中国图书馆学会（以下为了表述方便，有些地方简称为学会）成立大会在山西省太原市举行。来自全国 29 个省、自治区、直辖市图书馆学会或学会筹委会，中央国家机关和科研系统图书馆学会和高等学校图书馆学会的工作人员代表近 200 人参加会议，其中包括汉、回、满、蒙古、藏、哈萨克等民族的图书馆工作者，在北京工作的台湾省籍图书馆工作者。学会筹备委员会主任北京图书馆馆长刘季平作了题为《当前我国图书馆事业的几个问题》的报告，分析了我国图书馆事业的现状和发展对策，对办好学会提出三项要求以及必须注意掌握和处理好的八个关系。副馆长谭祥金作了《中国图书馆学会筹备工作报告》，对筹备工作的各项情况及各地筹备或组建地区性图书馆学会工作的进展情况做了说明和介绍。大会讨论并通过了《中国图书馆学会章程》，选举产生了由 69 人组成的第一届理事会（为台湾省保留了 2 个理事名额），并在随后召开的一届一次理事会会议上选举产生了 21 名常务理事组成的常务理事会。会议决定设立学术委员会和编译委员会，协助理事会工作。

---

① 黄宗忠：《中国新型图书馆事业百年（1904 - 2004）（续）》，《图书馆》2004 年第 3 期，第 7 ~ 11 页。

1979 年 8 月 4 日，中国科学技术协会下达《关于同意成立或恢复学会（协会）的通知》[（79）科协发学字 151 号]，学会成为中国科协的一个组成部分。8 月 11 日，中宣部批准建立中国图书馆学会。

中国图书馆学会成立后积极组织图书馆学研究活动的开展。1980 年 4 月，在重庆召开了中国图书馆学会第一次学术委员会。中国图书馆学会随后又和地方图书馆学会组织了多次专题研讨会。1981 年 3 月，中国图书馆学会和四川省图书馆学会举办了图书馆科学管理专题学术研讨会；7 月，中国图书馆学会和江苏省图书馆学会召开了图书馆科学情报服务工作研讨会。1982 年 8 月，中国图书馆学会和黑龙江省图书馆学会联合举办了全国藏书建设专题学术讨论会。中国图书馆学会的成立带动了地方图书馆学会的建立和发展，仅 1979 年一年，就有浙江、黑龙江、甘肃、吉林、云南、山东等省的图书馆学会成立。1979 年 9 月，上海市图书馆学会成立大会暨第一次会员大会在上海市科学会堂召开，成为中国图书馆学会单位会员。截至 1981 年，全国除了西藏，所有的省、自治区、直辖市均建立了学会。省级图书馆学会的建立带动了各地（盟州）、县、市图书馆学会的建立。

为推动图书馆学各领域的学术研究，中国图书馆学会建立了 11 个专业研究组织。从 1979 年 7 月到 1989 年，中国图书馆学会及其所属专业研究机构组织了近百次学术活动，其中仅全国性的学术讨论会就有 25 次，参加会议的有 2300 多人次，提交论文 2000 多篇。与此同时，各专业图书馆学会相继建立。1979 年，中央国家机关科研系统图书馆学会成立，1983 年 5 月，中国农业图书馆协会在北京成立，1991 年 10 月，中国图书馆学会医院图书馆委员会在北京成立。

这一期间，中国图书馆学会在国家对外开放政策指引下，加强了我国与国际图书馆界的交流与合作。1980 年 3 月，中国图书馆学会和美国国际交流总署联合举办的图书馆业务研讨会在北京大学图书馆举行。1981 年 5 月，中国图书馆学会恢复了国际图联的合法地位，同年中国图书馆学会代表团出访美国。1983 年 8 月，中国图书馆学会代表团参加了在德国慕尼黑举办的第 49 届国际图联大会；1984 年 8 月参加了第 50 届国际图联的"今年年会"；1985 年 8 月参加了在美国芝加哥举办的第 51 届国际图联大会。

1986 年 9 月国际图联和中国图书馆学会联合主办了第 52 届年会的会后会。中国图书馆学会以国际图联为平台，开始在国际图书馆界积极发挥作用。

中国图书馆学会的成立，是我国图书馆界的一件大事，它以崭新的姿态延续了一脉相承的图书馆传统。学会的成立推动了省、自治区和直辖市的省级图书馆学会的建立，加强了图书馆间的横向联系，对推动图书馆学研究，发展图书馆事业，产生了深远的影响。

四 性质与任务

（一）中国图书馆学会的性质

根据《中国图书馆学会章程》（以下简称《章程》）规定，学会是中国共产党领导下的学术性的群众团体，学会的最高权力机构是会员代表大会。在我国图书馆界，中国图书馆学会是具有较强影响力的学术社团。学术社团是"科技工作者自愿加入，为促进科学技术的繁荣和发展、促进科学技术的普及和推广、促进科技人才的成长和提高、促进科学技术与经济社会发展相结合，维护自身的合法权益而开展工作的学术性社会团体法人"。学术社团具有面向社会和面向会员的两大基本功能，包括繁荣学术，推动学科发展，满足会员提高学术水平和业务能力，得到交流和认可。学术社团通过开展学术交流、科学技术普及、科技咨询、中介服务以及面向会员和科技人员的继续教育、职业培训、表彰奖励等大量工作和活动，在促进科技、经济、社会发展和满足会员需要两个方面都发挥了积极和不可替代的作用。[①]

1979 年中国图书馆学会正式成立。该会是由全国图书馆及相关行业或机构的科技工作者自愿结合、依法登记成立的全国性、学术性、非营利性的社会组织。会员管理与服务接受业务主管单位中国科学技术协会和社团登记管理机关民政部的业务指导和监督管理。成立以来，中国图书馆学会

---

① 民政部民间组织管理局、中国科协学会改革领导小组办公室：《学术性社团的功能与设立标准调研报告》，http://www.cast.org.cn/n35081/n35668/n35758/n36840/10216052.html。

致力于为全国图书馆界和广大会员服务，注重发挥学术研究的引领作用，积极策划和组织多种类型的创新活动，搭建平台，促进交流，服务基层和弱势群体，体现出学会的行业特色和学术优势，以及协作、共享、务实的作风。随着经济、科技、社会的发展和进步，中国图书馆学会在坚持围绕学术而形成的基本功能的基础上，其功能定位也相应发生了变化和发展。

《章程》规定，学会的最高权力机构是会员代表大会。会员代表大会每四年召开一次，必要时可以提前或推迟。会员代表大会的职责是：审议理事会的工作报告，修改学会《章程》，选举理事会，决定学会今后工作任务。理事会是会员代表大会的执行机构，理事会选出由理事长、副理事长、常务理事和秘书长组成的常务理事会，在理事会休会期间负责行使理事会的职责和日常事务的领导工作。理事会可以根据工作需要，设立专门工作机构，机构负责人由理事会聘任或由常务理事兼任。

《章程》规定，学会有"组织学术研究和各种形式的学术活动，编辑图书馆学刊物和专业图书资料，普及图书馆学基础知识、介绍和推广国内外图书馆学研究成果，以及开展国际学术交流活动"四项主要任务。学会在理事会、常务理事会和理事长的领导下，通过秘书处以及所属各委员会开展上述工作，形成了会员代表大会确定大政方针，在理事会的领导下，常务理事会和理事长做出各项决策，由秘书处以及各委员会负责具体落实的运作格局。理事会或常务理事会根据《章程》的规定定期举行会议，从宏观上确定方针政策，把握学会的工作走向。秘书处和各委员会则从微观上贯彻落实理事会或者常务理事会的决定和决策，指导各地学会结合当地的具体情况，落实理事会、常务理事会决定。

（二）中国图书馆学会的任务

经过思想上的拨乱反正和正本清源，图书馆工作进入了正常发展的轨道。1980年5月29日，中国图书馆学会理事长、北京图书馆馆长刘季平在中共中央书记处听取文物工作和图书馆工作汇报会上，向中央作了"'图书馆工作汇报提纲'几点说明"的汇报。他着重说明了当时图书馆界存在的困难和问题，并就解决这些困难与问题提出了原则性意见。这是中华人民共和国成立以来我国图书馆界第一次直接向中央汇报工作,"汇报提纲"获得中央批准。不久,刘季平在"有关图书馆学及图书馆事业的几点意见"中指出:我们无论在图书馆学的理论研究上,还是在图书馆事业的实际工作中,都应该特别重视图书馆事业的社会主义现代化与网络化问题。现在书的形式正在日益现代化,管书用书的方式方法也在日益现代化,办馆也非现代化不可。今后的图书馆不能各自为政,一定要组成越来越大的息息相通的网络,要在可能范围内同世界网络联系起来。他提出了图书馆实行联合和网络化的未来发展思路。

在以上工作思路的指导下,中国图书馆学会开展了以下工作。

1. 与学会成立同步举办的第一次全国科学讨论会之后,又分别于1980年10月和1982年8月举办了第二次和第三次全国科学讨论会,开展图书馆工作的研究,努力填补"文革"造成的学术研究空白。加上1983年春节举行的学术座谈会,学会自1979年成立起至1983年第二次会员代表大会举行前,与其他学科的机构、组织或者地方图书馆学会共同举办了4次全国性的科学讨论会和学术座谈会,10次专题性的学术研讨会,讨论会的主题均具有很强的针对性。比如1980年12月举行的"全国分类法、主题法检索体系标准化会议",是为了适应我国图书、情报部门标准化发展的需要而举行的。

2. 组织讲师团到地方开展专题巡讲,带动地方图书馆事业的发展。

3. 配合刚刚开始试行的专业职称评定制度,总结中国科学院图书馆、北京大学图书馆、北京工业大学图书馆职称评定的经验,供图书馆界参考和借鉴。

4. 鉴于理事会成员的年龄偏大,学会充实了部分年轻理事。1980年10月举行的常务理事扩大会议,同意增补广西医学院图书馆的罗克林、广西第二图书馆的金石声和江西师范学院图书馆的张杰为理事;杜克、关懿娴、章敏、徐静贞和邓戈明等五位同志充实常务理事会。

5. 开展了积极的对外交流活动,最先与美国图书馆协会建立了联系,联合举办研讨会,满足国内了解国外图书馆发展的迫切需要。中国图书馆学会以全国性协会的资格重返国际图联并参与该组织的活动。

6. 理事会举行扩大会议,决定在第二次会员代表大会上对学会优秀工作人员进行表彰。从此，表彰先进学会和优秀工作人员成为会员代表大会的一项惯常性的工作。

经过不断的实践与探索，中国图书馆学会逐渐形成了"组织学术研究和各种形式的学术活动，编辑图书馆学刊物和专业图书资料，普及图书馆学基础知识、介绍和推广国内外图书馆学研究成果，以及开展国际学术交流活动"四项主要核心任务。

第三节 会员发展与会员服务

中华图书馆协会成立时，个人会员的范畴不但包括图书馆员，还包括教育界、文化界及政治界的领导人士。初期，依据章程要求，其会员分为：机关会员，以图书馆为单位；个人会员，凡图书馆员或热心于图书馆事业者；赞助会员，凡捐助协会经费五百元以上者；名誉会员，凡于图书馆学术或事业上著有特殊成绩者。协会成立后，除了发起的基本会员，通过发放会员调查表、彼此介绍等方式扩展会员，达到机关会员 126 家，个人会员 198 名。[①] 为奖励图书馆学术，由袁同礼、胡适提出对于图书馆卓有贡献者 33 人为名誉会员。

第一次年会修改了组织大纲，会员仍分为四种：机关会员，以图书馆或教育文化机关为单位，各地图书馆协会为当然机关会员；个人会员，凡图书馆员或热心于图书馆事业者；永久会员，凡个人会员一次缴足会费 25 元者；名誉会员，凡于图书馆学术或事业上著有特别成绩者。会员入会时，须有一位协会会员介绍并经执行委员会通过方可。至 1944 年底，登记会员共 701 名，其中名誉会员 18 名，机关会员 157 名，个人普通会员 456 名，个人永久会员 70 名。[②] 至 1947 年 12 月，个人会员达到 769 名。[③]

中华图书馆协会会员所享有的权利，除有关选举权外，主要有以下

---

① 《协会成立宣言》，《中华图书馆协会会报》1925 年第一卷第一期，第 3 页。
② 《协会 33 年度工作报告》，《中华图书馆协会会报》1944 年第十八卷五、六期合刊，第 12 页。
③ 《协会个人会员名录》，《中华图书馆协会会报》1947 年第二十一卷三、四期合刊，第 1 页。

六项：

1. 每三个月接收到图书馆学季刊（不另收费）；

2. 每两个月接收到图书馆协会会报（不另收费）；

3. 每年接收到协会会员名录（每年出版一次）；

4. 为会员提供研究上及事务上的便利：会员如有关于图书馆行政上任何疑难问题均可以通讯咨询协会，协会将尽力指导且不收取任何手续费；

5. 各图书馆所需的书籍杂志或愿交换副本均可在会报内另栏刊登广告，不收取广告费；

6. 会员订购协会各项出版品一律九折。①

同时，会员也应尽交纳会费的义务。

会员是立会之本，只有能为会员提供更多优质服务并凝聚更多会员的力量谋划学术和事业发展的学术共同体，才会有更广阔的生存和发展空间，才能为社会创造更多的价值。为此，不论是中华图书馆协会，还是中国图书馆学会，作为重要的学术共同体，都将会员发展和服务作为重要的工作内容，这也构成了学会夯实组织建设的重要基础。

一　会员发展概况

中国图书馆学会会员包括个人会员、单位（团体）会员、荣誉会员和名誉会员。

（一）个人会员

学会于 1979 年 7 月成立后即高度重视会员发展与服务工作，并在很长一段时期内，会员人数呈增长态势。1980 年 1 月，各地方学会向学会推荐会员共 784 名，9 月增加到 2300 名。"二大"召开时，学会拥有会员达 3913 名（不含省、自治区、直辖市图书馆以下单位）。"三大"召开时，学会会员总数达到 6346 人。1992 年"四大"召开时，会员总数达到 9039 人。1997 年"五大"召开时，会员总数达到 10500 人。随后，由于持续的新老会员更替，会员总数基本保持在万人左右。

---

① 《征求会员》，《中华图书馆协会会报》1932 年第七卷第五期，第 19 页。

2015年4月9日，中国图书馆学会第九次全国会员代表大会审议通过了《中国图书馆学会会员会费标准及管理办法》。其中规定：单位会员缴纳单位会费后，本单位所有符合个人会员条件的工作人员均可自愿申请成为中国图书馆学会个人会员，并免交个人会员会费。同时，学会为了不断改善会员服务，主动适应"互联网＋"新趋势，研发上线了"中国图书馆学会会员管理与服务平台"。会员发展模式的更新、会员服务方式的改革以及服务会员内容的丰富都促进了会员数量的快速增长，学会个人会员发展进入新阶段。目前，会员发展和管理实现了基于信息化系统的实时动态管理。截至2017年底，个人会员数量即将突破15000名。

（二）单位（团体）会员

中国图书馆学会根据"三大"《章程》，吸收企业团体会员。之后，历次会员代表大会通过的《章程》扩展了团体会员的范畴，将与图书馆专业相关、参加学会有关活动、支持学会工作的科研、教学、设计、生产等企事业单位以及有关学术性群众团体囊括了进来。"六大"《章程》关于会员的条款基本保持了原有《章程》的内容，只是在"团体会员"的条款中删除了"与图书馆专业有关，具有一定科技队伍"的限制，进一步扩大了吸纳范畴，从而可以"利用厂矿企业的优势，实现学会和企业之间的互惠互利"，为学会工作服务。2006年2月17日，七届二次常务理事会审议通过的《中国图书馆学会团体会员管理办法》（修订稿）规定，团体会员包括事业团体会员和企业团体会员两大类。事业团体会员包含各级图书馆以及理事、常务理事所在图书馆。2010年3月26日，八届二次常务理事会审议通过了《中国图书馆学会单位会员管理办法》（修订稿），将"团体会员"改为"单位会员"。此后，将事业单位会员和企业单位会员统称为单位会员。截至2017年底，学会拥有单位会员539家，其中理事、常务理事所在单位会员99家，普通事业单位会员366家。

学会与企业的合作可以追溯到1985年。当年4月，学会、北京图书馆和民族图书馆在民族文化宫联合举办了"全国图书馆设备用品展览订货会"，各地50多个厂家单位直接向图书馆界展示了各自的产品。1987年"三大"召开之际，学会与深圳市图书馆、深圳国际企业服务公司合作在深圳市举办了"国际图书设备办公用品设备展览会"。这是学会利用会员代表大会的机会举办展览会,搭建平台促进事业团体会员和企业单位实现跨行业联系与合作的一次尝试,受到与会代表的欢迎。第二届理事长佟曾功在他的工作报告中指出,学会在不违反政策的前提下可以筹集资金,广开财源,把企业单位纳入学会的工作,受到高度重视。虽然以后举行的几次会员代表大会因会议时间短促,没有再与企业团体会员合作举办类似展览,但是与企业之间的合作不断开展和深化,并成为学会重要活动中不可或缺的一项内容。

学会举办大型学术研讨会,同期组织图书馆设备展览会,使相关企业能够及时了解图书馆的需求,与会代表可以直观感受图书馆相关产业的发展趋势,了解设备和产品的性能等,学会在促进图书馆界与相关企业界的交流和合作中发挥了重要作用。此外学会还参加国际图书博览会,设置图书馆专业设备、技术展区,吸引公司厂家前来展示设备产品。在1999中国图书馆学会年会暨学会成立20周年纪念活动期间,首次举办了"中国图书馆专业设备展览会"。本次展览会是继1996年北京第62届国际图联大会展览会之后,国内图书馆界规模较大的一次展览会,展览面积为1250平方米,所设展位52个,共有国内外30多家厂商参加。2000年后,年会期间举办的展览会在招展范围上有了很大的延伸,展览会更名为"中国图书馆专业设备及应用技术展览会"。直到2011年,年会改由中华人民共和国文化部主办,为更好地体现会展结合的理念,展览会更名为"中国图书馆学会年会展览会",本次展览会展区总面积进一步扩大,达3000平方米,有62家单位参展。2012年,中国图书馆年会——中国图书馆学会年会·中国图书馆展览会在广东省东莞市召开,由中华人民共和国文化部和广东省人民政府主办,邀请参展商百余家,参展范围涵盖整个图书馆产业链。展览会力求以国际化视野谋划中国图书馆事业的发展,搭建图书馆与地方政府、企业、学校、科研机构之间的互动平台,将展览会办成图书馆产业的交易盛会,从而实现图书馆事业与文化产业的合作共赢,借此展览会名称正式变更为"中国图书馆展览会",并沿用至今。2016年中国图书馆展览会展览面积达12600平方米,事业单位和企业单位共94家参展,参展商人数超过1200人,展览会参观超过60000人次。

随着在图书馆和企业界桥梁作用的逐步发挥，学会为企业提供服务的能力和水平也在不断深化，得到了图书馆和企业界的好评和欢迎，更多的企业也积极加入学会行列，支持图书馆事业发展，学会企业会员单位的数量不断增加。1987 年"三大"召开时，学会的企业团体会员只有 6 家。"四大"召开时，企业团体会员为 14 家。2001 年"六大"时，企业团体会员为 34 家。2017 年底，在册企业单位会员达到 74 家。

（三）荣誉会员与名誉会员

"三大"《章程》增加了"通讯会员"的规定，在学术上有较高成就，对我友好并愿意与我会联系、交往和合作的外籍图书馆工作者可以申请成为通讯会员。"四大"《章程》又将"通讯会员"名称改为"外籍会员"。"五大"《章程》规定了"荣誉会员"和"名誉会员"称号的条款。经常务理事会通过，前者可授予对图书馆学科或学会有重大贡献的个人会员，充分肯定他们做出的业绩；后者可授予对我国图书馆学科发展有重要贡献的外籍专家学者，有利于对外交流与合作。

"八大"《章程》对"荣誉会员"的表述是"凡对图书馆学科或本会工作有重大贡献的会员，经其所在学会（各系统分会、委员会或省、自治区、直辖市学会）推荐，本会常务理事会通过，可授予荣誉会员称号"。对"名誉会员"的表述是"凡对我国图书馆事业或本会事业做出重要贡献、给予重要支持和协助的社会各界人士，经本会常务理事会讨论通过，可授予名誉会员称号"。中国图书馆学会曾授予李华伟先生和曾程双修女士"名誉会员"称号。

"九大"修改《章程》时，根据各类会员的历史发展并参考对中国科协有关学会的调研情况，将各类会员进行整合和统一表述，其中第七条规定"本会的会员有个人会员和单位会员"，第八条规定"凡拥护并同意遵守本会章程，并符合会员条件者，均可申请入会，经本会批准后成为会员。入会自愿，退会自由"。

二 会员条件

（一）个人会员条件

学会成立之初，对个人会员要求必须具备本科或相当于本科以上的教育经历，还需具备一定的学术研究能力。"一大"《章程》规定，申请入会者必须具备"馆员""讲师""助研"以上技术职称。"二大"《章程》规定"高等院校本科毕业从事图书馆学教学、研究或图书馆工作三年以上，具有一定研究能力和学术水平者；或虽非高等院校本科毕业，但从事图书馆工作多年并具有相当于本条规定的工作经验和学术水平者"，进一步强调了会员的学术条件和资格。"三大"《章程》关于会员的条款增加了"获得硕士学位者"可直接申请入会的规定。"四大"以后历次修改《章程》，基本上保持了原有的关于会员资格的表述，即：具有3年以上图书馆工作经历，并具有一定的学术水平者；具有大学本科及以上学历，同时具有1年以上图书馆工作经历者；具有硕士及以上学位的图书馆及相关行业和机构的工作者；具有馆员、讲师、工程师等中级以上专业技术职称的图书馆工作者。学会吸收了一大批具有丰富业务工作经验和学术研究能力的图书馆工作者，成为学科研究和事业发展的带头人。

在当今融合业态的环境下，图书馆事业逐渐朝着跨学科、跨领域方向发展。学会为吸收更多热心于图书馆事业的各界人士，"九大"修改章程时，在上述四条的基础上增加了"热心支持本会工作的其他行业或机构人士"，符合其中条件之一者皆可申请成为个人会员，这也表明学会迈出了面向社会开放办会的步伐。

（二）单位会员条件

"一大"《章程》规定，各省、市、自治区和专业系统的图书馆学会为本会当然团体会员，是学会的组成部分，团体会员在业务上接受学会的指导。"三大"《章程》删除了关于"当然团体会员"的表述，规定"各省市自治区图书馆学会、中央国家机关和科学研究系统图书馆学会、北京地区高等学校图书馆学会是全国学会的组成部分"，并且被"四大""五大"和"六大"《章程》所采纳。"七大"《章程》中有关团体会员的内容发生了重大变化，它不再强调"六大"《章程》的表述，而是规定"凡愿意参加本会有关活动，支持本会工作的科研、教学、生产、设计等各级各类图书馆或信息、情报机构以及相关企事业单位和依法成立的学术性群众团体"均可成为学会的团体会员，其中包括图书馆以及与图书情报行业相近或相关的博物馆、档案馆、咨询业、信息业、新闻出版业、图书馆装备生产、营销机构等相关企事业单位，大幅度地扩大了学会可吸纳的范围和领域，为学会的组织发展拓展了空间。"九大"修改《章程》时对各类会员进行整合和统一表述，"团体会员"更名为"单位会员"，"单位会员"的条件为：凡愿意参加本会有关活动，支持本会工作和发展的各级、各类图书馆或信息机构以及相关企事业单位和依法成立的学术性社会组织。

三 入会程序

关于会员入会，"一大"《章程》规定，本人提出申请，省、市、自治区或专业系统图书馆学会推荐，经本会理事会同意后即可成为会员。《章程》还规定，必要时本会可直接聘请。"六大"《章程》规定了会员入会的程序：个人提交入会申请，经理事会授权的机构——秘书处讨论通过并报理事会备案，然后由秘书处颁发会员证。换言之，个人申请经秘书处讨论通过后向理事会备案，即可成为会员。"七大"之后至今，《章程》对会员入会的程序做了调整，变更为：提交入会申请书；由理事会或常务理事会讨论通过；在理事会或常务理事会闭会期间，由理事会授权的办事机构讨论通过，报下次理事会或常务理事会确认；由理事会或其授权本会秘书处颁发会员证。

四 会员的权利与义务

（一）个人会员、荣誉会员和名誉会员

个人会员、荣誉会员和名誉会员具有本会的选举权、被选举权和表决权（不含名誉会员）；对本会工作有批评建议权和监督权；优先或优惠参加本会组织的国内外学术研究与交流活动；优惠或免费取得本会有关资料；优先在本会主办的刊物上发表论文以及入会自愿、退会自由。近年来，学会不断丰富会员服务的内涵，通过向会员免费开放基于 PC 端和移动端等全媒体的线上学习平台等创新方式，服务于个人会员的成长和成才。同时，个人会员、荣誉会员和名誉会员需要遵守本会章程，执行本会决议，完成本会委托的工作；自觉维护本会合法权益；积极参加本会各项

活动，协助开展有关的学术和科普活动；向本会反映有关情况，提供有关信息；按规定缴纳会费。

（二）单位会员

单位会员有本会的选举权、被选举权和表决权；对本会工作有批评建议权和监督权；优先参加本会有关活动；优惠或免费取得本会有关学术资料；可要求本会优先给予技术咨询；可请求本会协助举办培训班等。单位会员入会自愿，退会自由。学会也在探索中逐步提高对企业会员的服务能力。同时，单位会员需要遵守本会章程，执行本会决议，完成本会委托的工作；自觉维护本会合法权益；积极参加本会各项活动，协助开展有关的学术和科普活动；向本会反映有关情况，提供有关信息；按规定缴纳会费。

五 会员荣誉体系

根据《中国图书馆学会章程》关于"表彰、奖励在学术活动中取得优秀成绩的会员和图书馆工作者"的规定，以充分调动会员和图书馆工作者的积极性，1981年11月，第一届理事会扩大会议做出在"二大"上对学会优秀工作人员进行表彰的决定。自此，学会在以后的历次会员代表大会期间都进行表彰和奖励活动。目前，按照《中国图书馆学会优秀会员和优秀学会工作者评选表彰办法》具体规定，中国图书馆学会已完成了"2013～2016年中国图书馆学会优秀会员和优秀学会工作者"推荐和评选工作。

（一）优秀会员

"优秀会员"是学会自2005年设立的奖项，为了选拔表彰具有3年以上个人会员会龄，热爱祖国、关心集体、团结同志、助人为乐、遵纪守法，热爱图书馆事业、遵守职业道德、勤奋工作、恪尽职守，不断学习、勇于创新，在理论研究、科研工作和学术交流等方面取得优异成绩，认真履行会员的权利和义务，热心学会工作，积极参加分支机构、地方学会和全国学会组织的活动及有关公益事业并在活动中表现突出的个人会员。目前，共计表彰"优秀会员"6批2359人次，分别是：2001～2004年（332

人）、2005～2007 年（335 人）、2007～2009 年（397 人）、2009～2011 年（483 人）、2011～2013 年（475 人）、2013～2016（337 人）。

（二）优秀学会工作者

"优秀学会工作者"是学会自 2005 年设立的奖项，为了选拔表彰从事学会工作 3 年以上，热爱祖国、遵纪守法、廉洁自律，具有大局意识和团队精神，热爱学会工作，遵守职业道德，结合实际，积极为会员和图书馆工作者策划、举办活动并取得好成绩，工作中富有创新意识和服务奉献精神，以会员为本、维护会员权益、为会员排忧解难的学会工作人员。

"优秀学会工作者"奖项的前身是 1983 年第二次会员代表大会上表彰的"学会优秀工作人员"，当时表彰了包括中央国家机关和科研系统在内的 31 名"学会优秀工作人员"。在第五次会员代表大会上将"学会优秀工作人员"变更为"学会先进工作者"奖项，表彰了 52 名先进工作者。2005 年，在第七次全国会员代表大会上将"学会先进工作者"进一步变更为现名，即"优秀学会工作者"，至此本奖项名称确定下来并沿用至今。目前，共计表彰"优秀学会工作者"6 批 244 人次，分别是：2001～2004 年（38 人）、2005～2007 年（32 人）、2007～2009 年（42 人）、2009～2011 年（45 人）、2011～2013 年（47 人）、2013～2016（40 人）。

（三）会员论坛之星

学会自 2007 年起在网站上为个人会员开设会员论坛，为会员提供了发表意见、交流情感的平台。2012 年 7 月和 2014 年 5 月，学会秘书处分别成功申报"中国科协学会改革发展基础工程——完善会员管理服务信息化平台，构建会员之家"与"中国科协学会管理制度改革基础培育工程——构建会员网络家园 提升会员服务能力"项目，将会员发表的文章整理出版，并评选出会员论坛之星若干名。2017 年底，学会围绕新颁布的《中华人民共和国公共图书馆法》，策划开展以"我身边的图书馆——公共图书馆法与新时代公共图书馆建设与服务"为主题的会员论坛，组织专家对征文进行评选，优秀征文者将获评"会员论坛之星"。

（四）青年人才奖

青年人才奖是学会特别为评选和表彰我国图书馆界青年工作者而于2009年设立的奖项，已形成一套规范系统的推荐、选拔和表彰机制，在全国图书馆界具有广泛的影响力。该奖项着力选拔在图书馆及信息情报机构、图书馆专业教学与研究机构等领域工作，年龄在35岁以下（含35岁），热爱祖国、爱岗敬业、团结协作、无私奉献，在服务和管理等岗位上做出突出贡献，钻研业务、学风正派，在理论探索、实务研究、技术研发，教学和研究等方面取得显著成绩并积极参加学会活动，为推动图书馆事业的发展做出突出贡献的中国图书馆学会会员。

青年人才奖候选人由学会各分支机构和各省、自治区、直辖市图书馆学（协）会推荐，经评审委员会评审，最终评定获奖者。自2009年以来，共计评出青年人才奖获奖者4批108人次，分别是：2009年（27人）、2011年（26人）、2013年（23人）、2016年（32人）。

六　会员管理与服务信息化平台

面对当今新的技术环境和趋势，学会自2015年开始利用大数据、互联网等多种技术手段，对现有业务进行信息化整合和创新发展，实现全面升级；对未来工作业务采用信息化的发展思路，统一规划，建成并上线了"中国图书馆学会会员管理与服务平台"。平台主要包含11大模块：个人与机构会员线上管理，会议、培训、征文、评奖的活动发布与监管，活动报名人员审核报到缴费确认，论文、创客作品在线评审，酒店预订人员统计，资源发布，会员考试、题库、试卷管理，考试的自动评分，分支机构管理，功能角色授权的权限管理，短信、邮件、站内信等消息发送与管理，构建了会务、培训等在线一站式发布、报名、缴费、签到、人员参与分析的系统，会员可实时登录平台进行在线会员申请、会议、培训、征文、创客大赛等在线报名、支付，实现流程化管理会务和培训，线下筹备、线上发布、线上报名、线下参与的线上线下一体化模式。平台的成功上线改变了会员发展和服务会员的模式，拓展了学会服务会员和行业工作者的渠道，提升了会员服务水平和能力。

第四节 会员代表大会及其理事会

一 第一次会员代表大会及其理事会（1979～1983 年）

1979 年 7 月 9 日，中国图书馆学会成立大会在山西省太原市举行。来自全国 29 个省、自治区、直辖市图书馆学会或学会筹委会，中央国家机关和科研系统图书馆学会以及高等学校图书馆学会的工作人员代表近 200 人参加会议，其中包括汉、回、满、蒙古、藏、哈萨克等民族的图书馆工作者以及在北京工作的台湾省籍图书馆工作者。大会讨论并通过了《中国图书馆学会章程》，选举产生了由 69 人组成的第一届理事会（为台湾省图书馆界保留 2 个理事名额），并在随后召开了一届一次理事会。理事会选举北京图书馆馆长刘季平为理事长，北京图书馆副馆长丁志刚、天津图书馆馆长黄钰生、上海图书馆馆长顾廷龙、南京图书馆馆长汪长炳、北京大学图书馆副馆长梁思庄、中国科学院图书馆馆长佟曾功等 6 人为副理事长，北京图书馆副馆长谭祥金为秘书长，产生了 21 名常务理事组成的常务理事会。于光远等 13 位知名人士被聘请为名誉理事。会议决定设立学术委员会和编译委员会，协助理事会工作。

1979 年 8 月，学会加入中国科学技术协会。1981 年 5 月，学会恢复了在国际图联（IFLA）的合法席位。

二 第二次会员代表大会及其理事会（1983～1987 年）

1983 年 10 月 31 日至 11 月 6 日，第二次会员代表大会在福建省厦门市召开，196 人出席会议。副理事长、北京图书馆副馆长丁志刚主持会议并作《第一届理事会工作报告》，对学术研究、编辑出版、国际学术交流和讲师团工作等进行报告。秘书长谭祥金作《第二次会员代表大会筹备工作报告》，就会员代表大会延期一年举行的原因作了说明，汇报了第二届理事候选人情况、表彰优秀工作者等事项。常务理事、首都图书馆馆长刘德元作《关于修改〈中国图书馆学会章程〉的几点说明》。从本次会员代表大会起，每隔四年召开一次会员代表大会，每一届理事会的任期改为四年，常务理事会任期为两年，在本届理事会任期内改选一次常务理事会。大会审议并通过了《第一届理事会工作报告》和几经修改的《中国图书馆学会章程》，选举产生由82人（为台湾省图书馆界保留2个理事名额）组成的第二届理事会，对全国和各省、自治区、直辖市共31名学会优秀工作人员进行了表彰。

大会期间召开的二届一次理事会选出常务理事22人，北京图书馆副馆长丁志刚当选为理事长，天津图书馆馆长黄钰生、上海图书馆馆长顾廷龙、中国科学院图书馆馆长佟曾功、文化部图书馆事业管理局局长杜克、北京大学图书馆馆长庄守经、北京图书馆副馆长鲍振西等6人为副理事长，首都图书馆馆长刘德元为秘书长。理事会还决定，佟曾功任学术工作委员会主任、丁志刚任编辑出版工作委员会主任、北京图书馆袁咏秋任《图书馆学通讯》主编。在闭幕会议上，副理事长、文化部图书馆事业管理局局长杜克作了总结发言，副理事长鲍振西作了题为《总结提高，继续前进》的发言，对"二大"以后的工作进行了说明。

"二大"是在贯彻党的十二大决议精神的条件下、处在开创社会主义现代化建设新局面的重要时期召开的。"二大"提出，首先做好学术研究和编辑出版工作，开展国际学术交流，促进与协助培训专业干部；组织力量研究关于图书馆教育体制、课程、学位制度等政策性问题，供教育部门改革图书馆学教育参考；协助中央广播电视大学开设图书馆学专业课程，便利在职人员进修，组织咨询服务等。

1986年4月，二届二次理事会在四川省新都县举行。副理事长杜克致开幕词，副理事长佟曾功作《第一届常务理事会工作报告》，对过去两年的工作进行了回顾，根据中国科协的部署，结合学会的实际对未来两年的工作安排提出建议。秘书长刘德元作了《1984～1985年决算和1986年预算报告》。会议选举产生了21名常务理事，佟曾功任理事长，天津图书馆馆长黄钰生、上海图书馆馆长顾廷龙、北京图书馆副馆长谭祥金、文化部图书馆事业管理局局长杜克、北京大学图书馆馆长庄守经、北京图书馆副馆长鲍振西为副理事长，北京图书馆的刘德元为秘书长。会议通过了《第一届常务理事会工作报告》《中国图书馆学会1986～1987年工作计划》。

会议期间举行的第一次常务理事会，决定北京图书馆黄俊贵、中国科学院图书馆阎立中、高等院校图书情报工作委员会肖自力为副秘书长，聘任武汉大学图书情报学院彭斐章为学术工作委员会主任，北京大学图书馆学系主任周文骏为编辑工作委员会主任。会议确认了 1985 年 6 月常务理事（在京）会议关于增设科普与教育工作委员会的决定，聘请首都图书馆馆长冯炳文担任委员会主任。会议还明确了《图书馆通讯》编委会在编辑出版工作委员会领导下开展工作。

三 第三次会员代表大会及其理事会（1987～1992 年）

1987 年 11 月 5～8 日，第三次会员代表大会在广东省深圳市举行，131 名正式代表和 60 名列席代表出席会议。副理事长顾廷龙主持开幕式并致开幕词，广东省文化厅副厅长张乐群、深圳市副市长邹尔康、深圳市委宣传部部长杨广慧、深圳市文化局局长叶于林、中国科协代表朱恩来出席，邹尔康讲话。理事长佟曾功作《第二届理事会工作报告》。代理秘书长黄俊贵作《第三次会员代表大会筹备工作报告》并就理事会理事候选人情况、大会代表选派、表彰学会优秀工作人员等情况作了说明。学会秘书处张永华作《关于修改〈中国图书馆学会章程〉的几点说明》。

大会审议并通过了《第二届理事会工作报告》和修改后的《中国图书馆学会章程》，选举产生了由 86 人组成的第三届理事会。会议期间举行的三届一次理事会上，选举常务理事 25 人，北京图书馆馆长任继愈当选为理事长，文化部图书馆事业管理局局长杜克、中国科学院图书馆馆长史鉴、北京大学图书馆馆长庄守经、上海图书馆馆长顾廷龙、北京图书馆副馆长谭祥金当选副理事长，黄俊贵为秘书长。会议对 26 名学会优秀工作人员进行了表彰。理事会同意，阎立中任学术研究委员会主任，周文骏任编译出版委员会主任，首都图书馆李烈先任科普教育委员会主任，高等院校图书情报工作委员会肖自力任文献资源开发与利用委员会主任，北京图书馆李竟任图书馆专用设备咨询开发委员会主任，黄俊贵任《图书馆学通讯》主编。

大会期间举办了"国际图书设备办公用品设备展览会"，开创了展览会配合学会重大会议的先例并成为许多会议沿用的一种模式。会议期间，秘书处召开了各省、自治区、直辖市学会秘书长会议，就 1988 年学会工作计划征求意见并研究改进省级图书馆学会工作等。

"三大"对《章程》总则第一条和第二条的内容作了修改，规定学会是中国科协的组成部分，从而确定了学会与中国科协的隶属关系。《章程》"会员条款"内增加了通讯会员的内容，以适应对外开放搞活的新形势，加强与国外图书馆工作者的联系。

"三大"是在党的十三大根据"我国正处于并将长期处于社会主义初级阶段"这一基本国情制定了"一个中心、两个基本点"的社会主义初级阶段基本路线的背景下召开的一次大会。学会围绕这个中心任务，加强对图书馆学理论、原则和方法的研讨，配合图书馆改革，使图书馆事业在改革当中得到提高和发展。学会还将加强宏观管理，微观搞活，用法规和制度进行自我调整，实现自身的改革。同时，"三大"报告中还提出广开财源的思路，以期改变单纯依靠政府拨款支持学会运作的局面。

第三届理事会处理的主要事务包括：一是在理事会的领导下，学会申办 1996 年第 62 届国际图联大会获得成功；二是举行庆祝建国 40 周年和学会成立 10 周年征文、优秀著作论文评奖活动；三是常务理事会同意并经国家新闻出版署批准，学会会刊《图书馆学通讯》从 1991 年第一期起更名为《中国图书馆学报》；四是召开"全国省市自治区图书馆学会秘书长工作会议"，讨论了《会员重新登记、颁发新会员证的办法》《个人会员缴纳会费制度的办法》等规定。

四　第四次会员代表大会及其理事会（1992～1997 年）

1992 年 4 月 25～27 日，第四次会员代表大会在江苏省南京市召开，281 名代表出席大会。这次会议是以邓小平南方谈话精神为指导，以动员全国图书馆工作者为"科技兴国"建功立业为宗旨召开的。副理事长、文化部图书馆事业管理局局长杜克致开幕词，理事长任继愈作《第三届理事会工作报告》，副理事长史鉴作《关于修改〈中国图书馆学会章程〉的简要说明》。

大会同意任继愈作的《第三届理事会工作报告》，原则同意史鉴作的关于《章程》修改的说明，责成第四届常务理事会做补充修改后予以公布。大会选举产生了由 97 人组成的第四届理事会，聘任任继愈等 6 位同志为第四届理事会名誉理事。在四届一次理事会上，选举30名常务理事组成常务理事会，选举文化部副部长刘德有为理事长，北京图书馆副馆长唐绍明、文化部图书馆事业管理局局长杜克、北京大学图书馆馆长庄守经、中科院图书馆馆长史鉴、中山大学图书馆学系主任谭祥金、上海图书馆馆长朱庆祚为副理事长，唐绍明兼任秘书长。

"四大"以后，常务理事会除了指导筹备1996年国际图联大会并保证大会成功举办，还处理了其他重要事务：一是讨论通过1996年国际图联大会的主题、副主题和会标的设计方案，并报送国际图联总部；二是研究学会发展基金问题；三是聘请北京图书馆刘湘生担任秘书长主持日常工作，副理事长唐绍明不再兼任秘书长；四是确定海外人士入会的原则；五是与澳门图书馆及资讯管理协会签订合作协议；六是确定学会会徽；七是学习1997年1月中央宣传部、文化部等9部委联合发出的《关于在全国组织实施"知识工程"的通知》，并就学会与政府职能部门的关系、发挥学会作用等问题展开讨论，为开展"全民阅读"活动做好准备。

五　第五次会员代表大会及其理事会（1997~2001年）

1997年7月30日至8月1日，第五次会员代表大会在云南省昆明市召开，近300名代表出席会议。文化部副部长徐文伯和云南省副省长赵淑敏出席并分别致开幕词和欢迎词。大会审议并通过了《中国图书馆学会第四届理事会工作报告》。副理事长史鉴作《关于〈中国图书馆学会章程〉（修改草案）的说明》，经审议，大会要求第五届常务理事会根据代表们提出的意见对《章程》进行修改补充后正式公布。常务理事孙蓓欣作《中国图书馆学会第五次会员代表大会筹备工作报告》，副理事长谭祥金作《关于中国图书馆学会"九·五"期间工作规划和2010年远景目标（建议稿）》的情况说明。大会肯定了"建议稿"，要求在广泛听取并综合各方面意见的基础上对其修改完善后正式公布。大会肯定了1996年国际图联大会的成功召开对促进我国图书馆事业的发展以及扩大我国图书馆事业的国际影响力做出的重要贡献。大会对过去五年来在学会工作中做出突出成绩的机构和个人进行了表彰，选举产生了由113人组成的第五届理事会。

在随后举行的理事会上，选举产生了常务理事40人，文化部副部长徐文伯当选为理事长，北京图书馆副馆长周和平当选为常务副理事长，文化部图书馆司司长杜克、上海图书馆馆长马远良、北京图书馆副馆长孙蓓欣、中山大学信息管理系教授谭祥金、高校图工委副主任王富、北京大学信息管理系主任吴慰慈、中国科学院文献情报中心①主任徐引篪等人当选为副理事长，北京图书馆刘湘生为秘书长。

提交"五大"讨论的《中国图书馆学会章程》，对总则进行了修改，增加了"公益性"的表述，即"中国图书馆学会是在中国共产党领导下的全国图书馆工作者组成的具有公益性的学术性社会团体……"。它对学会扩大服务领域、提高全民阅读和文化知识水平有着重要的意义。关于经费，《章程》对"国家拨款"作了细化，第二十二条第一款为"中国科协、文化部及北京图书馆拨款"，进一步明确了学会主管和挂靠单位的拨款责任，扩大了经费来源。

"五大"是学会在20世纪召开的最后一次会员代表大会。当时，随着党的十四大精神深入贯彻和《中共中央关于加强社会主义精神文明建设若干重要问题的决议》以及国家"九五"计划和2010年远景目标纲要开始实施，我国政治、经济、文化深入发展，科技体制改革不断深化，人们对信息的需求日益增长，使图书馆事业面临新的严峻挑战。学会适时提出了《中国图书馆学会"九五"期间工作规划和2010年远景目标（建议稿）》，作为学会今后一段时间工作的基本依据和宏观指导，对全国图书馆事业发展发挥了重要的引领作用。

第五届理事会做出多项重要决策：一是确立学术年会机制。从1999年开始，每年举行学术年会，成为学会最重要的活动内容之一。二是参与国际图联活动。针对国际图联设立"信息存取与言论自由特别委员会"和"版权与知识产权委员会"，采取了对策。三是根据大会意见，修改《中国图书馆学会章程》和《中国图书馆学会"九五"期间工作规划和2010年远景目标》后，报理事长签发。四是增加副秘书长，决定其他事务。五届二次常务理事会决定，任命文化部图书馆司公共图书馆处处长刘小琴为副秘书长；五次常务理事会确认，北京图书馆胡京波担任副秘书长。五届三

---

① 1985年，中国科学院图书馆更名为中国科学院文献情报中心。

次常务理事会认为，重庆市已经成为直辖市，重庆市图书馆学会应作为省级图书馆学会直接参与中国图书馆学会的有关工作和各项活动。五届六次常务理事会审议并通过了将"中国国家机关和科研系统图书馆学会"更名为"中国图书馆学会专业图书馆分会"。五是确定了国庆50周年暨学会成立20年庆典方案。六是决定会费问题。五届三次常务理事会审议了《中国图书馆学会关于调整会费的通知》，认为为了缓解学会经费紧张的局面，对会费进行调整是必要的，并对额度提出了意见。在"促进学会生存与发展专题研讨暨中国图书馆学会1998年秘书长工作会议"上，文化部副部长、理事长徐文伯在讲话中指出，"那种由国家包下来的模式应逐步改革，使学会成为能适应社会主义市场经济要求，自主活动、自我发展的学术性团体"。因此，学会在国家拨款以外，必须开动脑筋，广开经费来源，找出适合自身生存和发展的道路。

六　第六次会员代表大会及其理事会（2001～2005年）

2001年9月24～25日，第六次会员代表大会在四川省成都市召开。文化部副部长周和平，理事长徐文伯，各省、自治区、直辖市图书馆学会，各系统图书馆委员会和相关部门共260多名正式代表、列席代表和特邀代表出席。四川省副省长李进、文化部社会文化图书馆司副司长周小璞、中国科学技术情报学会常务副理事长梁战平应邀出席了开幕式。大会审议并通过了《第五届理事会工作报告》《中国图书馆学会章程》和《中国图书馆学会"十五"期间工作规划（建议稿）》。大会选举产生了由126名理事组成的第六届理事会。六届一次理事会选举产生了由42名常务理事组成的常务理事会，文化部副部长周和平当选为理事长，武汉大学信息管理学院院长马费成、上海图书馆馆长马远良、国家图书馆副馆长孙蓓欣、北京大学信息管理系主任吴慰慈、中国科学院文献情报中心主任徐引篪当选为副理事长，汤更生当选为秘书长。大会还对学会工作中涌现的先进集体和先进工作者进行了表彰。

"六大"的召开以及《中国图书馆学会"十五"期间工作规划》的制定，标志着学会工作进入了一个新的发展阶段。在中国科协和文化部的领导下，学会紧密依靠会员和图书馆工作者，以改革统领全局，在创新中求生存、求发展，充分发挥学术交流的主渠道、科普工作的主力军、国际民间交流与合作的主要代表和"会员之家"的作用，努力把学会建设成为符合党和国家以及图书馆事业和图书馆工作者需要，适应社会主义市场经济体制、符合学会自身发展规律、充满生机和活力的学术性社会团体。

第六届理事会在学会自身建设、行业自律和学科建设等方面审议许多工作和事项并做出了相应的决策：一是规范理事会和常务理事会会议制度。六届九次常务理事会审议了《中国图书馆学会常务理事会职权及工作规则》《中国图书馆学会理事会职权及工作规则》，经过六届五次理事会审议通过实行，使每一次理事会、常务理事会会议达到法定的参会人数，保证会议顺利地进行。二是审议通过了《关于提请六届二次常务理事会审议增补国家图书馆党委书记、副馆长杨炳延同志为中国图书馆学会常务理事并担任常务副理事长的议案》，并提交理事会进行选举。三是完善内部规章制度，强化日常管理机制。六届二次常务理事会审议并通过了《关于成立高等学校图书馆分会的议案》，审议了学会秘书处提交的《关于制定〈中国图书馆学会会费收取、使用及有关管理办法〉的议案》，认为该议案需做进一步调研和修改后再报常务理事会审议。该议案在"七大"上获得通过。从此，向常务理事会作年度财务情况报告、学术年会的财务情况报告等成为秘书处的一项惯常性工作。四是制定《中国图书馆员职业道德准则》。学会组织专家学者起草讨论稿，经六届三次理事会以通信方式表决通过。2002 年 11 月 15 日，学会正式公布《中国图书馆员职业道德准则》，供全体图书馆员遵循。五是撰写学科发展蓝皮书等重要文献。撰写学科发展蓝皮书是学会一项重要的科研工作，以期如实地反映图书馆学科发展现状，分析学科发展趋势，进而提出学科发展建议，使之为学术研究和创新提供科学、权威的依据。在六届三次常务理事上，学术研究委员会主任吴慰慈就2001 年《学科发展蓝皮书》撰写情况作了汇报。学术研究委员会继而起草并发布了 2002 年、2003 年度《学科发展蓝皮书》。六是参与第三次公共图书馆评估工作。文化部发布《开展 2003 年县以上公共图书馆评估定级工作的通知》并委托学会组织实施。六届四次常务理事会听取了学会组织专家评估组对省级图书馆和副省级城市、计划单列市图书馆进行第三次公共图书馆评估的汇报，并提出许多建设性意见，要求认真组织专家评估，做好此项工作。在全国省、市、自治区图书馆学会秘书长工作会议上，学会要求各省级学会把第三次公共图书馆评估作为 2003～2004 年的重点工作。

七　第七次全国会员代表大会及其理事会① (2005～2009 年)

2005 年 7 月 18～19 日，第七次全国会员代表大会在广西壮族自治区桂林市召开，240 余名代表与会。大会审议并通过了《第六届理事会工作报告》《中国图书馆学会章程（修改稿）》《中国图书馆学会会员会费标准及管理办法》《学会会徽方案》；审议同意聘任周和平为学会名誉理事长，彭斐章、吴慰慈为学会顾问，授予马远良等 14 人为名誉理事，授予美籍华人图书馆员李华伟、曾程双修为名誉会员。大会审议并原则通过了《中国图书馆学会"十一五"期间工作规划（建议稿）》，并责成秘书处进行相应的修改与补充。大会表彰了 2001～2004 年度先进学会 18 个、优秀会员 331 名和优秀学会工作者 38 名。在本次大会上，成立了科普与阅读指导委员会，为开展科普与阅读工作发挥积极的推动作用。大会选举产生了由 127 名理事组成的第七届理事会。在七届一次理事会上，产生了由 43 位常务理事组成的第七届常务理事会，国家图书馆馆长詹福瑞当选为理事长，上海图书馆馆长吴建中、中国科学院文献情报中心主任张晓林、国家图书馆副馆长陈力、首都图书馆馆长倪晓建、中国社会科学院图书馆馆长杨沛超、首都师范大学图书馆馆长胡越、北京大学信息管理系主任王余光、武汉大学信息管理学院院长陈传夫当选为副理事长，汤更生当选为秘书长。

为了适应政府职能转变、学会职能日益加强的形势，"七大"对《章程》做了比较大的修改，使之更有利于提高学会的行业权威性，推动图书馆事业的发展。《章程》对学会使用的英文名称做了修改，新名称 Library Society of China 更加接近国际图书馆团体惯常称谓。

图 1-1　中国图书馆学会会徽

---

① 从本次大会起，大会的名称改为全国会员代表大会。

大会原则通过《中国图书馆学会"十一五"期间工作规划（建议稿）》，要求学会发挥图书馆与公众社会、图书馆与政府之间的桥梁纽带作用，成为学术研究的组织者和推动者，发挥图书馆行业内部的协调、指导和监督作用。学会应该成为图书馆行业和工作者权益的维权发言人，保障公民的公共阅读权利，发现和培养图书馆学研究及实践的人才。

在"七大"召开以后的将近四年里，学会共召开了4次理事会议、8次常务理事会议，主要围绕以下重要问题进行审议并做出决策。学会每年举行由各地方学会秘书长参加的工作会议，贯彻执行理事会和常务理事会的决定，同时就相关问题进行讨论、论证，形成具体的方案或者提出建议，供理事会和常务理事会审议或者决策参考。

一是修改、补充和通过《中国图书馆学会"十一五"期间工作规划》。七届二次常务理事会对规划进行了讨论，提出要依照《中共中央关于制定国民经济和社会发展第十一个五年规划的建议》《关于深化文化体制改革的若干意见》和中国科协的有关精神来拟定。经讨论修改，最后获批通过。

二是建立"理事建议案"机制。关于"理事建议案"这种形式，最初在六届十次常务理事会上提出，后经讨论通过并实行。2006年2月举行的七届二次常务理事会讨论通过了《理事建议案审理小组人员构成及管理办法》，形成了理事提出的建议案先送交审理小组审理、常务理事会审议、理事会审议通过的运作程序。"理事建议案"方式一经实施就受到理事们的重视，从此理事建议案的数量增多，内容涉及诸多方面。七届二次理事会共收到《中国图书馆学会专项资金管理办法（试行）》和《中国图书馆学会志愿者行动试行方案（讨论稿）》等八项理事建议，经过讨论采纳了其中七项。

2007年8月举行的七届三次理事会对四项"理事建议案"进行了审议，要求对《关于建立学生会员制度的建议》进行修改，进而制定《中国图书馆学会学生会员管理办法》，在广泛征求意见后，再提交常务理事会审议。

七届四次理事会审议了所提交的五项理事议案，同意《举办内地与港澳台"促进少年儿童阅读工作专题研讨会"》《出版〈纪念中国图书馆学会三十周年文集〉》和《行业联合推进图书馆法立法工作》等三项理事建议。会议认为，对《建立健全图书馆员行业准入制度》的建议案应加强研究，对《评选年度图书馆十大新闻和感动人物》建议案，拟改为《评选年度图书馆十大创新举措》较妥，对《图书馆服务宣言》建议案，理事们认为发布宣言是必要的，但文词还需做推敲使其更趋完善。

三是关于团体会员。六届二次常务理事会曾就《关于第六届理事会理事所在单位为中国图书馆学会当然团体会员的议案》进行过审议，与会常务理事要求秘书处进行修改后再提交审议。秘书处据此进行了修改并形成《中国图书馆学会团体会员管理办法（修订稿）》，经过七届二次常务理事会审议后获得通过。

四是为政府决策提供咨询服务。学会积极参与《公共图书馆建设标准》和《信息网络传播权保护条例》的制定，为图书馆界争取应有的权利，彰显学会的地位与作用。

五是制定《图书馆服务宣言》。在 2007 年全国图书馆学会工作会议期间，召开了《图书馆服务宣言（审议稿）》征求意见座谈会。与会者希望，该宣言的制定要充分考虑到发达地区与欠发达地区、东部地区与西部地区图书馆的差异，也希望该宣言不仅应适用于公共图书馆，也应适用于高校图书馆和科研图书馆。七届六次常务理事会审议了"审议稿"，并决定将其提交理事会审议。

六是加强行业指导，促进资源共享。七届六次常务理事会审议并通过了《图书馆文献采访工作规范》，同时提请资源建设与共享专业委员会继续广泛征求意见并修改后提供业内参考。

七是中国图书馆学会专项资金使用。学会专项资金的使用和管理是在 2006 年作为"理事建议案"提出的，学会秘书处会同有关方面根据常务理事会的要求，拟出《中国图书馆学会专项资金管理办法（试行）》并获得理事会的审议和通过。2007 年 1 月，学会向学术研究委员会、编译出版委员会、图书馆交流与合作委员会、科普与阅读指导委员会发出了《关于申请中国图书馆学会专项资金的通知》。截至 2 月 28 日共收到 10 项申请，其中的 8 个研究项目获得资助。2008 年 3 月举行的七届六次常务理事会对 2007 年专项资金资助执行情况进行审议后，决定继续使用专项资金支持学术研究。2008 年度，学会使用专项资金总额达 10.9 万元（含韦棣华奖学金 5.9 万元），用于支持王子舟的"社会力量资助图书馆事业发展的政策与模式"、肖燕的"图书馆管理服务相关的知识产权法律与实务研究"和刘兹恒的"'中国图书馆学研究学术规范'研究"等多项学术研究课题。

八是健全荣誉体系。学会秘书处和学术研究委员会分别制定了《中国图书馆学会学术成果奖评选办法（草稿）》和《中国图书馆学会青年人才奖评选办法（草稿）》并提交常务理事会审议。七届四次常务理事会对两个草案进行了讨论并提出许多建设性意见，责成学会秘书处根据这些意见继续修改。经修改的《中国图书馆学会青年人才奖评选办法（试行）》在七届六次常务理事会上获准通过。

九是举行纪念中国图书馆学会成立 30 周年座谈会。2009 年 7 月，学会在北京举行了"纪念中国图书馆学会成立 30 周年座谈会"，部分历任副理事长、常务理事、秘书长、《中国图书馆学报》主编和副主编、学会筹备小组成员、部分现任副理事长以及特邀代表共 33 人应邀出席，座谈会由副理事长陈力主持。首先，秘书长汤更生用幻灯形式将历届理事长和老领导当年的风采一一展现给各位代表，一些弥足珍贵的照片和文字资料出现在大屏幕上，展示了学会走过的 30 年历程。第二、三、四、五届副理事长谭祥金，第二届秘书长刘德元，第二、三、四届副理事长庄守经，第三、四届常务理事周文骏，第五、六届常务理事周小璞，第六届常务副理事长杨炳延，第四、五届常务理事辛希孟，第二届《图书馆学通讯》主编袁咏秋，第五、六届副理事长、第七届理事会顾问吴慰慈，第五、六届副理事长孙蓓欣先后发言。他们回顾了学会的创建历程，缅怀为学会的创建和恢复做出卓越贡献的前辈们。对学会拥有一支热爱图书馆事业的队伍，在图书馆界发挥引领作用、重视培养人才、注重学术研究和出版并取得辉煌的成就感到欣慰。与会者殷切期望即将召开的"八大"继承学会优良传统，学习老一辈的精神，把图书馆事业发扬光大。

八　第八次全国会员代表大会及其理事会（2009～2014 年）

2009 年 7 月 7 日，第八次全国会员代表大会在北京召开，各地 300 余名代表和来宾出席。中国科协书记处书记冯长根应邀出席开幕式并发表重要讲话，文化部副部长周和平发来贺信，41 个兄弟学会向大会表示祝贺。部分为学会成立和发展做出贡献的老前辈、老领导作为特邀嘉宾在前排就座并接受代表们敬献的鲜花。开幕式上，为祝贺学会三十华诞，第四、第五届常务理事辛希孟将亲笔书写的"精骛八极心游万仞，求是创新继续奋进"字幅赠予学会。大会授予 11 个学会"先进学会"称号，授予 397 名会员"优秀会员"称号，授予 42 名学会工作者"优秀学会工作者"称号。

副理事长陈力受第七届理事会的委托作《开拓进取，创新服务，全面促进图书馆事业科学发展——中国图书馆学会第七届理事会工作报告》，副理事长胡越作《〈中国图书馆学会章程〉（修改草案）的说明》，秘书长汤更生作《中国图书馆学会财务收支情况报告（2005 年 1 月 – 2008 年 12 月）》，副理事长陈传夫介绍《中国图书馆学会会员会费标准及管理办法》。大会审议通过《中国图书馆学会第七届理事会工作报告》，审议并原则通过《中国图书馆学会章程（修改草案）》，审议通过《中国图书馆学会财务收支情况报告》和《中国图书馆学会会员会费标准及管理办法》。大会选举产生了由 138 名理事组成的第八届理事会。八届一次理事会选举产生了由 47 名常务理事组成的常务理事会，国家图书馆馆长詹福瑞当选为理事长，上海图书馆馆长吴建中、中国科学院国家科学图书馆常务副馆长张晓林、国家图书馆副馆长陈力、首都图书馆馆长倪晓建、中国社会科学院图书馆馆长杨沛超、北京大学图书馆馆长朱强、北京大学信息管理系主任王余光和武汉大学信息管理学院院长陈传夫当选为副理事长，汤更生当选为秘书长。大会通过了《关于聘请文化部副部长周和平同志担任中国图书馆学会名誉理事长的决定》《关于授予中国图书馆学会第八届理事会名誉理事的决定》《关于聘请彭斐章、吴慰慈担任中国图书馆学会顾问的决定》。其间还召开了八届一次常务理事会，审议并通过了中国图书馆学会第八届理事会专门工作委员会设置及负责人名单和中国图书馆学会副秘书长、《中国图书馆学报》编辑部负责人名单。最后，理事长詹福瑞致闭幕词，大会圆满结束。

"八大"章程依据民政部《社会团体章程示范文本》《中国科学技术协会章程》和《中国科协全国学会组织通则（试行）》并结合当前发展的形势特点，就学会的性质和定位做了修改和补充。其中，《章程》第一章

第二条根据党的十七大精神增加了"全面落实科学发展观""建设创新型国家"，使之成为发展我国图书馆事业的重要社会力量。第一章第三条增加了"充分发挥学会组织在建设公共文化服务体系、构建社会主义和谐社会中的作用"等表述，进一步明确了学会的定位。《章程》第二章增加了"促进学术道德建设和学风建设"的词句，把促进学术道德建设和学风建设纳入学会的任务加以重视。《章程》的修改和补充适应了形势的新发展，体现了时代特色。在我国"十一五"规划全面实施的关键时期，国家加大对公益性文化事业的支持力度，加快完善公共文化服务体系，公众的文化、教育权益得到进一步保障，公共文化基础设施建设得到加强的形势下，学会在理事会的领导下，以邓小平理论为指导，贯彻"三个代表"重要思想，把实践科学发展观、构建和谐社会这一主脉络作为开展各项工作的行动准则，同时配合党和国家实施科教兴国、可持续发展等重大战略，在经济改革不断深化的过程中，促进图书馆事业稳步发展。

"八大"以后的五年里，学会共召开了 9 次理事会和 30 次常务理事会，主要围绕以下重要问题进行审议并做出决策。

一是审议有关重要的管理文件，如八届二次常务理事会对《中国图书馆学会理事会职权及工作规则》等管理文件、《中国图书馆学研究学术规范》及解读、《2010 年中国图书馆学会专项资金资助方案》和理事建议案等进行了讨论。经审议，同意将有关修订的管理文件提交八届二次理事会；原则通过《2010 年中国图书馆学会专项资金资助方案》，同时对资助的重点方向提出了好的建议，并建议将其改为《2010 年中国图书馆学会专项资金资助申报指南》；对《理事建议案》进行了探讨；认为《中国图书馆学研究学术规范》及解读尚不成熟，暂不提交理事会。随后召开的八届二次理事会上，通过了有关文件。此后，陆续召开的理事会和常务理事会上基本都通过有关年度的专项资金资助方案、青年人才奖评选方案等文件和有关理事建议案等内容，对学会规范化管理和运作发挥了重要作用。此外，八届八次常务理事会审议通过《中国图书馆学会"十二五"规划纲要》，对学会未来五年的发展产生了重要影响。

二是根据工作需要并按照要求，对有关人事进行调整，包括对学会理事长、秘书长、常务理事和理事等领导人员进行更换。其中，八届三次理事会审议通过《关于严向东同志更换汤更生同志担任中国图书馆学会八届理事会理事及秘书长的请示》，同意严向东同志更换汤更生同志担任中国图书馆学会理事及秘书长。八届九次理事会审议通过《关于提请韩永进同志更换詹福瑞同志担任中国图书馆学会理事、常务理事和理事长的议案》和《关于提请霍瑞娟同志更换严向东同志担任中国图书馆学会理事及秘书长的议案》，同意韩永进同志更换詹福瑞同志担任中国图书馆学会理事、常务理事和理事长，同意霍瑞娟同志更换严向东同志担任中国图书馆学会理事及秘书长。八届二十九次常务理事会审议通过《关于提请韩永进同志更换詹福瑞同志担任〈中国图书馆学报〉主编的议案》，同意韩永进同志更换詹福瑞同志担任《中国图书馆学报》主编。八届二十八次常务理事会审议通过《关于聘请詹福瑞同志担任中国图书馆学会顾问的议案》，同意聘请詹福瑞同志担任中国图书馆学会顾问，等等。

三是加强对分支机构工作的指导和管理，先后通过专业图书馆分会、高等学校图书馆分会和中小学图书馆委员会等有关分支机构的换届方案，审议同意将"中国图书馆学会图书馆交流与合作委员会"更名为"中国图书馆学会交流与合作委员会"，审议通过《关于成立中国图书馆学会国家机关图书馆分会的申请》，同意设立这一新的分支机构。

四是领导学会参加全国学术类社会团体评估，并荣获4A等级。民政部为贯彻中央关于加强和改善社会管理、积极开展政府职能转移、大力发展社会团体和民间组织的指示，于2011年底对全国的学会等团体开展评估。经过积极筹备和争取，2011年度全国性学术类社会团体评估等级已经2012年4月24日全国性社会组织评估委员会审议通过，中国图书馆学会荣获4A等级（最高为5A，同批次仅评出3家）。

五是领导其他重要的专项工作，如八届八次理事会审议通过《关于开展"最美基层图书馆"评选表彰工作的方案》，八届十二次常务理事会讨论通过了关于设立李炳穆交流合作奖等相关事项，八届二十七次常务理事会审议通过《保护古籍　传承文明　服务社会——图书馆古籍工作者倡议书》，八届二十九次常务理事会审议通过《中国图书馆学会"阅读推广人"培育行动实施方案》。

六是推选代表和举荐人才。八届六次常务理事会审议通过《关于选举中国科学技术协会第八次全国代表大会代表及推选第八届全国委员会委员候选人的建议》，选举詹福瑞同志为"中国科协第八次全国代表大会代表"，并推选他为"中国科协第八届全国委员会委员候选人"。八届四次常务理事会和八届十一次常务理事会先后审议通过《推荐吴晞、杨玉麟为"全国优秀科技工作者"候选人的建议案》和《关于推荐张文举、张晓林为"全国优秀科技工作者"候选人的建议案》，同意推荐四位同志为全国优秀科技工作者，并成功获评。

此外，经八届十六次常务理事会审议，通过《关于延期召开中国图书馆学会第九次全国会员代表大会的申请》，学会"九大"延期至2015年4月召开。

九　第九次全国会员代表大会及其理事会（2015年~）

2015年4月9日，第九次全国会员代表大会在北京召开。中国科协党组成员、书记处书记徐延豪，文化部公共文化司副司长陈彬斌出席大会并讲话。大会主席团主席、理事长韩永进致开幕词。大会主席团成员、学会顾问、特邀的第八届理事会常务理事以及来自文化部、国家图书馆、中国图书馆学会各分支机构和各省、自治区、直辖市图书馆学会正式代表、列席代表和特邀嘉宾共400余人出席大会。

徐延豪在讲话中充分肯定了中国图书馆学会"八大"以来的各项工作，并希望中国图书馆学会以本次会议的召开为契机，深入贯彻党的十八大和十八届三中、四中全会精神，抓住全面深化改革的机遇，着力发挥学会的生力军作用，着力提升学术交流实效，着力承接政府转移职能，着力提高科普阅读工作成效，着力拓宽人才发展途径，着力提高决策咨询水平，创新和拓展学会工作，服务创新驱动发展战略，进一步调动全国图书馆工作者的积极性和创造性，推动我国图书馆事业全面发展。

陈彬斌在讲话中简要回顾了中国图书馆学会的光辉历史，对近年来的工作给予了充分肯定，并希望中国图书馆学会以本次大会的召开为契机，进一步发挥桥梁和纽带作用，按照中央关于推进公共文化服务标准化均等化的战略部署，密切结合图书馆事业发展需求，积极开展学术研究，促进学术创新，不断提高图书馆工作者的专业素质，大力培养学术带头人，共同推动我国图书馆事业实现新的跨越和发展。

大会审议通过《继往开来，开拓创新，努力促进我国图书馆事业全面发展——中国图书馆学会第八届理事会工作报告》、《中国图书馆学会第八届理事会财务收支情况报告》、修订后的《中国图书馆学会章程》和《中国图书馆学会会员会费标准及管理办法》。

大会经选举产生了由 175 名理事组成的第九届理事会。九届一次理事会选举产生了由 55 名常务理事组成的常务理事会，国家图书馆馆长韩永进当选为理事长，武汉大学信息管理学院院长方卿、北京大学图书馆馆长朱强、文化部公共文化司巡视员刘小琴、北京大学信息管理系主任李广建、上海图书馆馆长吴建中、中国科学院文献情报中心主任张晓林、国家图书馆副馆长陈力、中山大学图书馆馆长程焕文当选为副理事长，霍瑞娟当选为秘书长。

闭幕式上，向顾问和名誉理事颁发了证书，宣布了大会决议。大会号召，中国图书馆学会应当紧密团结和依靠全体会员和全国广大图书馆及相关行业科技工作者，在新一届理事会的领导下，充分发挥各分支机构、专门工作委员会和地方学会的积极性，抓住机遇，开拓创新，提升水平，增强能力，争取党和政府及社会力量的广泛支持，把学会建设成为学术影响力、行业协调力、会员凝聚力、社会公信力和自主发展力较强的现代化社会组织，为我国图书馆事业发展做出新的更大的贡献。

2016 年 12 月，第九届理事会按照习近平总书记系列重要讲话精神要求和中央关于社会组织党建工作的总体部署，依据《中国科协关于加强科技社团党建工作的若干意见》和《科技社团党委关于推进中国科协所属学会党建工作"两个全覆盖"专项工作方案》以及中国科协学会党建工作会议有关精神，经中国科协科技社团党委批复成立了中国图书馆学会党委，在学会建设中发挥政治核心、思想引领和组织保障作用，在学会"三重一大"事项中发挥重要作用。第九届理事会注重加强制度建设，创设了"学会负责人工作会议"制度，两年来共召开理事会 3 次、常务理事会 6 次，作出了许多重要的决策。

一是建章立制方面。审议并通过《中国图书馆学会财务管理办法》《中国图书馆学会分支机构管理办法》《中国图书馆学会分支机构活动管理办法》《中国图书馆学会"十三五"规划纲要（审议稿）》《中国图书馆学会第九届理事会分支机构设置建议方案》《2013～2016年中国图书馆学会优秀会员和优秀学会工作者评选报告》《中国图书馆学会专项资金管理办法（修订审议稿）》《2015～2017年中国图书馆学会专项资金资助方案》等重要文件。

二是注重顶层设计，统筹规划设置了第九届理事会分支机构，共设立分支机构17个，其中委员会5个、分会12个，吸引和凝聚了一批专家学者和图书馆工作者参与学会分支机构管理，共同推动事业发展。

三是就《中华人民共和国公共文化服务保障法》《中华人民共和国公共图书馆法》《中华人民共和国著作权法》《信息网络传播权保护条例》《全民阅读促进条例》等重要行业性法律法规草案或修改草案组织征求意见并向有关主管部门反馈，充分发挥了学会决策咨询的作用。

四是积极承接文化部第六次全国县级以上公共图书馆评估定级职能，审议《第六次县级以上公共图书馆评估定级工作评估标准（征求意见稿）》，配合文化部开展副省级以上公共图书馆评估，并对各个省份开展的地市级和县级公共图书馆评估工作进行抽查和认定。

五是积极申报并成功获批"中国科协学会创新和服务能力提升工程优秀科技社团项目"三类建设名单，学会借此成功跨入中国科协50个优秀科技社团行列，同时也成为本次入选的两个交叉学科学会之一。

六是推荐理事长韩永进同志为中国科学技术协会第九次全国代表大会代表及第九届全国委员会委员候选人，并顺利当选；推荐秘书长霍瑞娟同志为全国科协系统优秀工作者，并顺利获评；推荐李春明、陈锐和李俊国等同志为第七届"全国优秀科技工作者"候选人，并成功获评，等等。

现行《中国图书馆学会章程》规定，本会的最高权力机构是全国会员代表大会。理事会是全国会员代表大会的执行机构，在闭会期间领导本会开展日常工作，对全国会员代表大会负责。本会设立常务理事会，常务理事会在理事会闭会期间行使理事会部分职权，对理事会负责。

近年来，学会深入贯彻落实党的十八大和十九大精神，以习近平新时代中国特色社会主义思想为指引，按照中国科协和民政部统一部署，根据新的时代、新的形势和新的任务，不断加强学会改革，探索建立了务实高效、位阶有序的组织和议事制度，党委会、学会负责人工作会议、常务理事会、理事会和全国会员代表大会以及秘书长联席会议等在不同层面上发挥着重要作用，不断夯实中国图书馆学会的组织基础，为促进我国图书馆学术繁荣和图书馆事业发展做出了应有的贡献。

第五节　分支机构与地方图书馆学（协）会

一　分支机构

分支机构是中国图书馆学会根据开展工作的需要，依据图书馆事业在不同领域内形成的工作系统而设立的专门从事学会业务活动的机构，是学会的组织基础，分支机构可称分会、委员会。分支机构是学会的组成部分，接受中国图书馆学会理事会（常务理事会）的领导，不具有法人资格，不得另行制定章程，在学会授权的范围内开展活动、发展会员，其法律责任由学会承担。[①] 可见，分支机构是中国图书馆学会发挥职能、履行使命的重要依托。它们依靠学术会议、专家报告、专业培训、编辑出版、协同活动等形式，抓住各系统单位及领域的特点，传播先进理念、鼓励学术创新、促进交流学习、强化人才培养、推动学科和事业发展。[②]

关于分支机构的性质和任务，历次大会的《章程》作过较为笼统的表述。直至 2004 年 7 月，六届九次常务理事会审议通过《中国图书馆学会分支机构管理办法》才有了详尽的规定，使各分支机构的工作有章可循，在中国图书馆学会的框架下更加卓有成效地开展活动。2015 年 4 月前，中国图书馆学会的内部组织机构包括学会秘书处、《中国图书馆学报》编辑部以及各专门工作委员会和分支机构，学会历史上陆续设立了 4 个专门工作委员会和 9 个分支机构。

2015 年 4 月，中国图书馆学会第九次全国会员代表大会召开后，为了加强对分支机构的管理，促进各项工作顺利开展，中国图书馆学会秘书处

---

① 《中国图书馆学会分支机构管理办法》经 2016 年 4 月 14 日中国图书馆学会九届三次常务理事会审议通过。
② 中国图书馆学会编著《中国图书馆学学科史》，中国科学技术出版社，2014，第 248 页。

根据《中国科协全国学会组织通则》相关要求，参照第八届理事会分支机构设置及工作开展具体情况，本着工作延续性和负责人与挂靠单位一致性的原则，提出中国图书馆学会第九届理事会分支机构设置建议方案。该方案在征求相关单位和人员意见的基础上，经第九届理事会第二次负责人工作会议讨论，并提交九届一次常务理事会审议通过。

按照民政部和中国科协等主管部门有关规定，第九届理事会统筹规划分支机构工作，将原来的各专门工作委员会和分支机构统一定位为分支机构，并且统一了分支机构的名称，共设置 17 个分支机构，其中委员会 5 个、分会 12 个。同时，九届三次常务理事会还审议通过了修订的《中国图书馆学会分支机构管理办法》，并首次通过了《中国图书馆学会分支机构活动管理办法》，为分支机构组织建设和开展活动提供了重要保障。

（一）委员会

根据中国图书馆学会各时期开展工作的需要，按照中国图书馆学科和事业发展的实际，学会在每一届会设立若干专门工作委员会及内设专业委员会，并随着情况的发展变化而调整和完善。每一次专门工作委员会及其专业委员会的组建，均将图书馆学科和图书馆业务相关领域内有一定影响的学者、专家及图书馆工作者吸引和聚集起来，通过开展各类研究项目、研讨会、讨论会、培训班等活动，对图书馆学的理论与各项实践进行深入细致的探讨，把握和引领学术研究的方向，促进最新理论成果与实践经验的总结和推广，使图书馆事业始终保持活跃的状态。截至 2016 年 4 月，学会共计设立 4 个专门工作委员会：学术研究委员会、编译出版委员会、交流与合作委员会、阅读推广委员会。第九届理事会在保留这四个机构的基础上，又增加了图书馆学教育委员会，并将这 5 个机构统一定位为分支机构，命名为委员会，即学术研究委员会、图书馆学教育委员会、阅读推广委员会、编译出版委员会、交流与合作委员会。各委员会内又根据工作需要设立了若干内设机构。

（二）分会

2016 年 4 月前，学会部分分支机构使用"委员会"的称谓，部分分支机构使用"分会"的称谓。在学会成立之时，已经有了中央国家机关和科

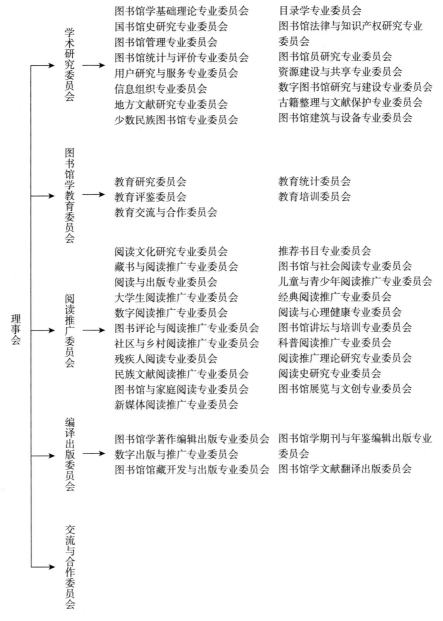

图 1 - 2　中国图书馆学会委员会设立情况

学研究系统图书馆学会和北京地区高等学校图书馆学会，之后党校图书馆委员会、军队院校图书馆委员会、工会图书馆委员会、团校图书馆委员会、医院图书馆委员会、中小学图书馆委员会和国家机关图书馆分会等先后成立并加入了中国图书馆学会。2016 年 4 月，第九届理事会统筹规划分支机构工作，将设置在各个系统的分支机构名称统一称为"分会"，并根据有关系统图书馆事业发展实践对相应的分支机构作了更名，如医院图书馆委员会更名为医学图书馆分会，国家机关图书馆分会更名为中央国家机关图书馆分会。同时，增加了 3 个分支机构，达到 12 个的规模，即公共图书馆分会、高等学校图书馆分会、专业图书馆分会、中央国家机关图书馆分会、医学图书馆分会、高职院校图书馆分会、中小学图书馆分会、军队院校图书馆分会、党校图书馆分会、团校图书馆分会、未成年人图书馆分会、工会图书馆分会。这些分支机构在理事会（常务理事会）领导下，密切配合全国学会开展工作，并努力做好本系统图书馆的特色工作。在一定意义上，分支机构在各自系统内开展的研究和实践工作，丰富和拓展了中国图书馆学会的工作内容和事业内涵。

1. 公共图书馆分会

公共图书馆分会是第九届理事会新设立的分支机构，是中国图书馆学会依据图书馆事业在公共图书馆领域内形成的工作系统而设立的专门从事公共图书馆业务活动的机构，支撑单位是首都图书馆，主任是文化部公共文化司原巡视员刘小琴。目前，分会设有图书馆创新工作委员会、图书馆政策研究工作委员会、图书馆标准化工作委员会、图书馆"一带一路"工作委员会、城市图书馆工作委员会、基层图书馆工作委员会、特色图书馆工作委员会、图书馆社会化工作委员会、图书馆扶贫工作委员会、图书馆区域协作工作委员会、图书馆绩效评估工作委员会、图书馆志愿服务工作委员会、图书馆创意工作委员会、图书馆青年工作委员会等 14 个内设机构。

2. 高等学校图书馆分会①

高等学校图书馆分会于 2004 年 10 月成立，是中国图书馆学会依据图书馆事业在高校图书馆领域内形成的工作系统而设立的专门从事高校图书馆业务活动的机构，支撑单位是北京大学图书馆，主任是北京大学图书馆馆长朱强。分会在对高校图书馆工作进行组织、咨询、研究、协调、评估

---

① 中国图书馆学会高等学校图书馆分会，http://www.sal.edu.cn/。

及业务指导等方面做出积极贡献。多年来，其积极与教育系统各方面协调和合作，围绕高校图书馆工作举办大量活动；主办"中国高校图书馆发展论坛"，对数字图书馆建设与发展中的热点问题连续定题研讨；主办"中国图书馆馆员暑期培训班（美国伊大）"，逐步形成海外学习的品牌项目，促进图书馆行业与国际化接轨。

3. 专业图书馆分会①

专业图书馆分会原名是"中央国家机关和科学研究系统图书馆学会"，成立于1979年6月19日，是中国图书馆学会依据图书馆事业在科研类图书馆领域内形成的工作系统而设立的专门从事科研类图书馆业务活动的机构，支撑单位是中国科学院文献情报中心，主任是中国科学院文献情报中心主任刘会洲。目前，分会设有学术工作委员会、教育培训工作委员会、交流合作工作委员会、青年工作委员会、区域信息服务工作委员会等5个内设机构。分会聚集了具有各种专业背景的图书情报学专家、学者，积极关注和引导专业图书馆发展新趋势和服务模式变化，编辑出版《中国专业图书馆年度发展报告》，组织开展多项学术交流和培训活动，包括"知识服务年度会议""数字出版国际论坛""国际专家前沿趋势系列讲座"和"专业图书馆、研究图书馆馆长研究沙龙"品牌活动，以及"情报分析""数字图书馆前沿技术""学科馆员服务"等专门系列技能培训活动。

4. 中央国家机关图书馆分会

中央国家机关图书馆分会原名是"国家机关图书馆分会"，成立于2013年8月，是中国图书馆学会依据图书馆事业在中央国家机关图书馆领域内形成的工作系统而设立的专门从事中央国家机关图书馆业务活动的机构，支撑单位是国家图书馆，主任是国家图书馆副馆长孙一钢。目前，分会设有资源建设委员会和用户服务委员会两个内设机构。

5. 医学图书馆分会②

医学图书馆分会原名是"医院图书馆委员会"，成立于1991年6月20日，是中国图书馆学会依据图书馆事业在医学图书馆领域内形成的工作系

① 中国图书馆学会专业图书馆分会，http://www.csla.org.cn/。
② 中国图书馆学会医院图书馆委员会，http://www.hlac.net.cn/。

统而设立的专门从事医学图书馆业务活动的机构，其先后挂靠在北京铁路总医院、中国康复研究中心，于 2003 年初由解放军医学图书馆作为支撑单位，主任是军事科学院军事科学信息研究中心副主任兼军事科学院图书馆馆长陈锐。分会是全国医学图书馆工作者的桥梁和纽带，是发展我国医学图书馆事业的重要社会力量。其组织召开的医院图书馆学术研讨会及年会，从 1991 年成立至 2017 年已达 25 届；而且注重组织各地分会推广医学图书馆学科研成果、开展对医学图书馆工作者的继续教育，以及为我国医学教育、医学科技发展决策提供咨询服务。

6. 高职院校图书馆分会

高职院校图书馆分会是第九届理事会新设立的分支机构，是中国图书馆学会依据图书馆事业在高职院校图书馆领域内形成的工作系统而设立的专门从事高职院校图书馆业务活动的机构，支撑单位是北京工业职业技术学院，主任是北京工业职业技术学院图书馆原馆长张兆忠。目前，分会设有学术研究专业委员会、文献资源建设专业委员会、人力资源建设专业委员会、读者服务与信息素养教育专业委员会、综合工作专业委员会等 5 个内设机构。

7. 中小学图书馆分会①

中小学图书馆分会成立于 1991 年 6 月，是中国图书馆学会依据图书馆事业在中小学图书馆领域内形成的工作系统而设立的专门从事中小学图书馆业务活动的机构，支撑单位是教育部教育装备研究与发展中心，主任是教育部教育装备研究与发展中心原副主任李玉先。目前，分会设有中小学云图书馆建设与发展专业委员会、民族地区学校图书馆建设专业委员会、书香基地建设专业委员会等 3 个内设机构。分会在全国中小学图书馆建设和中小学教学活动等方面开展了一系列工作，近年来，分会组织开展中小学图书馆的理论研究与国内外学术交流活动；编辑有关中小学图书馆及学生各种载体的文献信息资料，举办读书活动；开展对会员和图书馆教师的继续教育和培训工作等。曾参与开发并负责在全国推广"大中小学学生文明礼貌教育"录像带，连续举办全国中小学图书馆工作研讨会暨暑期高级

---

① 中国图书馆学会中小学图书馆委员会，http://www.zxxtwh.com/2013/index.jsp。

研究班，并组织阅读指导课优秀课件评选活动（2011 年起命名为"科普杯"全国中小学阅读指导课优秀课件评比活动）。针对中小学生组织"让精神世界更美好"等系列读书教育及征文活动等。

8. 军队院校图书馆分会

军队院校图书馆分会成立于 2002 年，是中国图书馆学会依据图书馆事业在军队图书馆领域内形成的工作系统而设立的专门从事军队图书馆业务活动的机构，支撑单位是国防大学图书馆，主任是国防大学图书馆原馆长于代军。分会承担了军队系统图书馆建设和发展的协调工作，举办馆长集训和文职人员专业技术培训，组织召开全军院校图书馆学术研讨会，加强军队系统图书馆之间及军地学术交流活动。特别是协助总部机关推进图书馆及阅览室发展，例如统计分析全军图书馆建设和工作数据，印发《军队院校图书馆机要阅览室建设指南》，组织数字图书馆建设成果、机要阅览室建设情况检（抽）查等。

9. 党校图书馆分会

党校图书馆分会原名是"全国党校文献情报学会"，成立于 1987 年，是中国图书馆学会依据图书馆事业在党校图书馆领域内形成的工作系统而设立的专门从事党校图书馆业务活动的机构，支撑单位是中央党校图书馆，主任是中央党校图书馆馆长郝永平。分会在中央党校和各地方党校的支持下，团结带领全国党校图书馆工作者，促进了党校系统图书馆事业的发展，也为党的干部教育事业做出了积极贡献。主要包括：加强党校系统图书馆之间的联系与合作；促进各项工作的规范化、标准化；开展人员培训；推动学术研究和交流，组织全国党校图书馆召开党校系统数字图书馆建设、数字资源共建共享等工作会议及理论研讨会；组织实施省级党校图书馆评估等。

10. 团校图书馆分会

团校图书馆分会成立于 2002 年，是中国图书馆学会依据图书馆事业在团校图书馆领域内形成的工作系统而设立的专门从事团校图书馆业务活动的机构，支撑单位是中国青年政治学院，主任是中国青年政治学院副校长陆玉林。分会的成员单位是全国各省地团校图书馆，也包括各类型学历教育的院校，具有培养青年干部的特殊使命。分会积极组织全国各地团校参加中国图书馆学会年会等交流活动，根据团校系统图书馆特点，组织科普文化教育相关展览，研究和推进青少年文献资源建设，促进全国各级团校系统图书馆工作的发展。

11. 未成年人图书馆分会

未成年人图书馆分会是第九届理事会新设立的分支机构，是中国图书馆学会依据图书馆事业在未成年人图书馆领域内形成的工作系统而设立的专门从事未成年人图书馆业务活动的机构，支撑单位是天津市少年儿童图书馆，主任是天津市少年儿童图书馆原馆长李俊国。目前，分会设有婴幼儿服务专业委员会、儿童服务专业委员会、青少年服务专业委员会、特殊儿童服务专业委员会、未成年人服务指导与研究专业委员会、未成年人活动专业委员会、未成年人服务与社会合作专业委员会、图画书阅读服务专业委员会、未成年人数字阅读服务专业委员会、资源建设与服务专业委员会等 10 个内设机构。

12. 工会图书馆分会

工会图书馆分会成立于 2002 年，是中国图书馆学会依据图书馆事业在工会图书馆领域内形成的工作系统而设立的专门从事工会图书馆业务活动的机构，支撑单位是中国工人出版社，主任是中国工人出版社办公室主任马东旭。分会积极拓展工会图书馆工作的外延，探索把工会图书馆工作纳入职工文化建设之中，主动服务于工会及国家各部委重要工作和活动的大局，进行了一些尝试。协助全国总工会开展全国工会"职工书屋"的建设工作并跟踪调研、推广；配合全国总工会"向农民工送文化行动"并号召全国工会图书馆参与；配合国家向基层工会图书馆荐书，积极组织开展各种行之有效的职工读书活动；建立健全职工图书借阅使用制度。

二 关于地方学（协）会

各省、自治区、直辖市图书馆学会，是由所在地的图书馆工作者自愿结合、依法登记成立的社会组织，是党和政府联系图书馆工作者的桥梁和纽带，是协调本地图书馆事业发展的重要社会力量。各省、自治区、直辖市目前基本建立了图书馆学会（香港、澳门和台湾除外），北京和海南没有图书馆学会，而是图书馆协会。各省级学（协）会自成立以来，能够团结、动员和组织广大会员和图书馆工作者，充分发挥学会职能，引领行业发展，致力于本地图书馆界的学术交流、学科建设、教育培训、阅读推广等各个方面的工作，对促进本地乃至全国图书馆学术繁荣和事业发展发挥了重要的推动作用。

"一大"《章程》规定"省、市、自治区和专业系统的图书馆学会为本会当然会员，在业务上接受本会的指导"。"三大"至"六大"通过的《章程》规定，各省、市、自治区图书馆学会是中国图书馆学会的组成部分，在业务上接受中国图书馆学会的指导。地方学会申请加入各自省、市、自治区科学技术协会和社会科学联合会并接受省、市、自治区科协的领导。各地方学会分别挂靠所在省、市、自治区图书馆，同时接受挂靠单位的指导。地方学会与挂靠的图书馆共同创办图书馆学刊物，开展各项学术交流活动和对外交流。

目前，学会《章程》对中国图书馆学会和各省级学会的关系未作明确表述，但在实践中各省级图书馆学（协）会都与中国图书馆学会建立了良好的合作关系，积极参加中国图书馆学会开展的各项活动，支持和配合中国图书馆学会开展了大量重要的工作，在所辖地域内发挥了重要的支撑作用，共同参与和见证了我国图书馆学术和事业的发展与繁荣。

表 1-1　各省、自治区、直辖市图书馆学会建立
和发展情况（按成立时间排列）

学会名称	成立时间	首任理事长	目前届次	换届时间	现任理事长
广东图书馆学会	1963-02-22	杜定友	第十二届	2015-10-16	刘洪辉
安徽省图书馆学会	1978-03-25	崔晋卿	第八届	2010-11-18	易向军
湖北省图书馆学会	1978-08-11	黄宗忠	第六届	2015-06-24	汤旭岩
青海省图书馆学会	1979-01-09	马苗姑	第七届	2011-05-20	张景元
四川省图书馆学会	1979-02-08	彭长登	第八届	2016-05-25	何光伦
天津市图书馆学会	1979-03-21	黄钰生	第七届	2013-09-27	李培
辽宁省图书馆学会	1979-03-27	战力光	第八届	2016-12-26	王筱雯
湖南省图书馆学会	1979-04-02	金汉珊	第十届	2017-04-12	张勇
贵州省图书馆学会	1979-04-26	黄英常	第八届	2013-10-26	罗青松
黑龙江省图书馆学会	1979-05-25	孙际昌	第十届	2013-06-19	高文华

学会名称	成立时间	首任理事长	目前届次	换届时间	现任理事长
甘肃省图书馆学会	1979-06-13	陆泰安	第七届	2010-06-19	郭向东
吉林省图书馆学会	1979-06-14	王承礼	第八届	2013-05-07	赵瑞军
云南省图书馆学会	1979-06-18	李高远	第七届	2016-04-15	王水乔
山东省图书馆学会	1979-06-19	刘健飞	第六届	2016-06-24	冯庆东
宁夏图书馆学会	1979-06-26	李希孟	第七届	2017-03-10	韩 彬
北京市图书馆协会（前身为北京市图书馆学会，2003年9月更名）	1979-06-29	刘子章	第五届	2013-12-18	倪晓建
新疆维吾尔自治区图书馆学会	1979-07-01	李梦庚	第六届	2015-10-27	历 力
山西省图书馆学会	1979-07-05	刘 江	第五届	2009-05-19	王建军
河北省图书馆学会	1979-08-25	李焕秀	第八届	2014-05-08	李春来
上海市图书馆学会	1979-09-15	方 行	第九届	2016-12-22	周德明
江苏省图书馆学会	1979-09-23	汪长炳	第七届	2016-04-28	裴 旭
浙江省图书馆学会	1979-10-21	张英田	第八届	2014-09-23	徐晓军
河南省图书馆学会	1979-10-29	班寿山	第九届	2014-06-16	孔德超
广西图书馆学会	1979-11-02	金石声	第十届	2016-11-28	韦 江
福建省图书馆学会	1979-11-25	金云铭	第九届	2015-10-14	郑智明
内蒙古自治区图书馆学会	1979-12-17	席宣政	第七届	2015-09-23	李晓秋
江西省图书馆学会	1980-09-01	方云平	第六届	2018-01-23	周建文
重庆市图书馆学会	1980-01-07	孙述万	第四届	2013-06-05	任 竞
陕西省图书馆学会	1981-07-23	张禹良	第七届	2012-04-06	马民玉
西藏自治区图书馆学会	2002-05-22	德吉措姆	第二届	2013-07-30	任淑琼
海南省图书馆协会	2009-03-26	马苏亚	第三届	2017-12-24	李 彤

第六节　学会秘书处

"一大"《章程》第九条规定，理事会根据工作需要设立专门工作机构。机构负责人（即秘书长）由理事会聘任或常务理事兼任。第一届理事会决定设立秘书处并挂靠北京图书馆，北京图书馆副馆长谭祥金担任秘书长，鲍振西、杜克、赵继生、郭松年担任副秘书长。秘书长由挂靠单位北京图书馆推荐，理事会任命。秘书处下设学术秘书组和国际联络组，北京图书馆徐文绪担任学术秘书组组长，杜克兼任国际联络组组长，北京图书馆李勋达任副组长。秘书处是理事会的执行机构，在理事会的领导下，由秘书长或副秘书长主持日常工作。

第二届理事会选举刘德元为秘书长，黄俊贵、阎立中和肖自力任副秘书长。第三届理事会决定，黄俊贵为秘书长，北京图书馆丘东江、民族图书馆馆长李久琦、中国人民大学图书馆孔令乾任副秘书长。1988 年 4 月举行的常务理事会决定，丘东江担任常务副秘书长，北京图书馆张永华为办公室主任。"四大"《章程》规定，秘书长候选人由学会的挂靠单位提名，报理事长批准并任命，交常务理事会备案。副理事长唐绍明兼任秘书长，丘东江担任常务副秘书长，中国人民大学图书馆副馆长孔令乾、民族图书馆馆长李久琦、文化部图书馆司周小璞、中科院文献情报中心曲红担任副秘书长。1994年 11 月，四届三次常务理事会议决定刘湘生接替唐绍明担任秘书长。第五届理事会任命刘湘生为秘书长，北京图书馆李桂兰担任常务副秘书长，李久琦、曲红、中国人民大学图书馆副馆长刘建良担任副秘书长。

秘书长的职权包括：主持办事机构的日常工作；组织实施年度工作计划，协调各分支机构、代表机构、实体机构开展工作，提名副秘书长以及各办事机构、各专业机构主要负责人，交理事会或常务理事会决定，决定办事机构、代表机构、实体机构专职工作人员的聘用等。秘书处负责提交本年度工作总结和新年度工作计划，报请常务理事会批准后参照执行。

秘书处通常每年举行一次全国省、市、自治区图书馆学会秘书长工作会议，传达贯彻理事会、常务理事会的指示精神，落实各项工作，交流各地方学会的工作，其间给予必要的指导。最初，秘书处承担学术和外事两大块任务。根据图书馆界的需要组织专业研讨，开展各类业务培训，出版学术成果，开展对外交流与合作活动，接待来访外国客人，举办学术研讨，同时协助组团出访。

学会自成立以来始终受到经费短缺的困扰，经费也是秘书处工作和发展过程中的一个重大问题。"一大"《章程》对学会经费来源做了规定，包括国家资助、接受捐赠和其他收入等三项，学会的运作主要依靠国家拨款。"二大"《章程》增加了"有关部门的资助、学会举办的各种事业收入和会费收入"等项内容，出现了以国家拨款为主，适当使用其他收入支持的格局。20世纪80年代中期，学会随着工作展开和活动增加，经费短缺问题凸显出来。"三大"未对《章程》的经费条款做出修改，但是大会的工作报告提出，在不违反政策的前提下可以筹集资金，广开财源，拓宽了学会生存和运作的经费来源渠道，增加学会自身创收的能力。"四大"的《章程》作了进一步细化，它规定除了国家拨款、捐赠和会费，还包括"举办各种事业和咨询活动的收入、学会的基金"。从此时起，学会实行内部改革，提出了争取社会各方面对学会工作的支持，多渠道开辟经费来源。为争取企业的支持，学会把吸收企业团体会员作为一项重要的工作来做。

"五大"《章程》与"四大"《章程》相比较，变化不大，只是直接点明了拨款单位，即中国科协、文化部和北京图书馆，但经费问题没有得到有效解决。第五届理事长徐文伯曾在1998年11月举行的"全国省市自治区图书馆学会秘书长工作会议"上讲话指出，"由过去那种适应计划经济要求，由国家包下来的模式逐步改革成为适应社会主义市场经济要求，自主活动、自我发展的学术性团体"。他要求，学会必须破除计划经济时期形成的"等、靠、要"思想，拓宽思路，寻找、开拓社会主义市场经济条件下自我发展和生存的社会空间。学会领会党中央、国务院对群众性团体的管理办法和相关政策，实行改革，实行多渠道地创收。改变依靠或者主要依靠拨款生存的局面已经成为学会必须面对的严重挑战。

学会作为中国科协的会员机构，积极参加中国科协举办的各项活动。秘书处以中国科协为依托开展科普宣传活动，在增长大众的科学知识，提高民众素质方面开展了不少工作。学会还注意利用这些机会，发扬图书馆界的服务优势，展示学会自身的工作成就。在中国科协"二大"期间，学会与北京图书馆配合会议，举办学会、协会出版物展览，介绍美、英、法、德、苏等国家自然科学技术学（协）会的组织结构、人事管理、经费开支、科研选题、科研等内容，并将"展出书刊目录"分赠大会代表。秘书处在中国科协普及部的支持下，于1991年组织人力编写、摄制了电视专题片《图书馆掠影》和《图书馆——人类知识的宝库》两部电视专题片并于1992年在中央电视台"科技时代"栏目播出，有助于大众对图书馆工作与服务的了解和使用。

进入 21 世纪以后，学会举行了第六、第七、第八、第九次全国会员代表大会，产生了四届理事会并分别任命了秘书长、副秘书长，具体内容详见表 1 - 2。

表 1 - 2　第六届至第九届理事会秘书长、副秘书长名单

序号	理事会	秘书长	副秘书长
1	六届理事会	国家图书馆汤更生	文化部图书馆司刘小琴
			中科院文献情报中心周金龙、刘建良
			北京师范大学图书馆胡越
			首都图书馆常林
2	七届理事会	国家图书馆汤更生	国家图书馆孙学雷
			北京邮电大学图书馆代根兴
			首都图书馆邓菊英
			北京师范大学图书馆顾文佳
			中科院文献情报中心刘细文
3	八届理事会	国家图书馆汤更生	国家图书馆孙学雷
			首都图书馆邓菊英
			中科院文献情报中心刘细文
			北京大学图书馆王琼
4	八届理事会（经八届三次理事会审议通过）	国家图书馆严向东	国家图书馆霍瑞娟（经八届六次常务理事会审议通过）
			首都图书馆邓菊英
			中科院文献情报中心刘细文
			北京大学图书馆王琼
5	八届理事会（经八届九次理事会审议通过）	国家图书馆霍瑞娟	国家图书馆仲岩（经八届二十次常务理事会审议通过）
			首都图书馆邓菊英
			中科院文献情报中心刘细文
			北京大学图书馆王琼
6	九届理事会	国家图书馆霍瑞娟	首都图书馆邓菊英
			中国人民大学图书馆宋姬芳
			中科院文献情报中心刘细文
			国家图书馆仲岩

学会成立的前 20 年里，其运作基本上依靠国家拨款的支持。随着改革开放逐步走向深入，以国家拨款为主要经费来源的模式越来越入不敷出。1998 年，国家图书馆作为文化部的改革试点单位和全国事业单位改革试点单位实行特殊的政策，秘书处作为国家图书馆的试点单位执行了全面创收政策。从 2000 年起，秘书处工作人员的工资（包括薪级工资、绩效工资和津贴）以及行政事业费必须自行筹措。学会必须采用以自负盈亏为主要手段，辅之以政府拨款的经费来源模式，支持自身的日常运作。从 1998 年起改革秘书处的人事制度，专职人员构成由行政调配方式逐步向选聘制和招聘制过渡，实行双向选择、竞争上岗、择优聘任的方式，形成一支精干、高效的队伍。秘书处在节流的同时，大做开辟财源的工作。在举办年会等重大活动中做到"以会养会"，不增加国家的负担；利用自身智力资源、人力资源的优势争取科研项目，为政府和各界献计献策，发挥学科研究的前沿作用；举办形式多样的活动与政府和各界的需求紧密地结合起来，从而获得各方面的支持。在探索和实践的 10 年中，学会举办了年会、青年学术论坛、百县馆长论坛和未成年人服务论坛，创立新年峰会，推行"理事建议案"，开展志愿者行动、中美图书馆员专业交流项目、未成年人服务提升计划和"阅读推广人"培育行动等重点项目，倡导资源共建共享等专业性工作和活动，推进"全民阅读""科普教育"等群众性活动，初步摸索出一条适合自身发展的道路，也使秘书处走出低谷，各项工作呈现出新的、活跃的局面。秘书处还开展了以下重要工作。

1. 为了加强信息交流，营造促进学术繁荣与事业发展的良好环境，秘书处于 2001 年建立起自己的网站，并于 2003 年完成了新版网站的整体框架和主页的设计并投入使用。改版后的网站共设立了 15 个大栏目、50 个分栏目，内容丰富，查找方便快捷。秘书处每周对网络内容进行更新，重要信息随时发布。为保证信息的时效性，加快学会网站的更新频率，从 2005 年起几乎每天都有新内容的发布，同时加大了图片新闻报道力度。2006 年，学会再次对网站进行了全面改版，栏目数增加到数十个，更新的频率更快，并配合重大活动的实时报道。到 2008 年底，学会网站已建立并随时更新的有 14 个频道、180 个栏目、2300 余个网页、1500 余幅图片，浏览总量达 14 万人次。学会和陕西省图书馆学会于 2006 年 11 月联合举办了"全国图书馆网站建设研讨会",讨论网站建设问题。这是图书馆界第一次有关网站的全国性研讨会。从 2006 年起,秘书处启用"年会征文系统",使年会征文和评审过程全部通过网络系统完成。学会网站已经成为与广大会员和图书馆工作者进行信息沟通的平台。2015 年起,学会秘书处整合已有系统,开发服务更为便捷的会员系统、会议系统、资源共享系统等,打造全新的会员服务信息化平台,并陆续开通微信公众号,开发微网站和会员学习中心,开展重点活动同步在线直播等,较好地契合了"互联网 +"、大数据和云计算等新的理念与趋势,为学会事业和我国图书馆事业发展提供了新的助力。

2. 学会建立了若干个数据库,为图书馆界提供相关信息。2003 年,中国图书馆学会建成包括 255 位学科带头人、581 位科技专家的"中国图书馆学会学科带头人及科技专家库"。秘书处着手"中国图书馆学会个人会员数据库"的建库工作。在对各分支机构、地方学会的个人会员申请表、登记表进行核查和统计的基础上,完成了会员数据的录入工作,能够全面了解全国个人会员的基本情况,为今后开展各项工作提供了便利。

"全国图书馆信息库"始建于 2004 年,收集各级各类图书馆信息,内容包括基本情况、设施、馆藏、读者服务、数字资源建设、科研与业务合作、馆舍扩建与新馆建设、历史沿革和图书馆介绍等项内容。"全国图书馆信息库"建成以后,学会不断地对该库内容进行整理、充实和更新,为个人会员、团体会员和各类图书馆提供服务,也向出版发行部门和相关公司企业提供使用。2009 年,秘书处启用"中国科协个人会员管理系统",开展咨询、培训,制定相关规则、指导日常使用,保证正常运转,已有 14 个所属学会使用该系统发展会员。2015 年中国图书馆学会会员管理和服务平台成功上线后,这一部分的功能更加完善。此外,在 2017 年开展第六次全国县级以上公共图书馆评估定级工作中,还研发上线了"全国公共图书馆评估定级管理服务平台",通过评估定级进一步打造动态的全国公共图书馆大数据服务平台。

3. 秘书处从 2002 年开始申请中国科协的资助,用于支持有关研究项目和科普活动。社区与乡镇图书馆专业委员会申报的"打开信息之门"出版项目、2003 年 3 月 "给西部一个支点——西部图书馆信息化示范" 项目、"打开信息大门（二）——科普网页" 项目、2004 年 "打开信息之门（三）——汉字，甲骨文到计算机" 展览等项目先后获得中国科协的专项资助。此外，"志愿者行动" 被纳入中国科协的 "继续教育示范项目" 而获得资助。此后至 2010 年，年会、青年学术论坛、高层论坛、中国科协年鉴索引编制等多项科普项目获得中国科协的资助，为学会向社会普及图书馆知识，开展科普研究创造了有利条件。2011 年起，学会不仅注重科普推广项目的申报，还着眼于图书馆学科和图书馆优势的专业研究以及联合项目的策划和承接。截至 2017 年底，获准科协资助的学术研究方面的项目主要有 2011～2012 年、2014～2015 年图书馆学科发展研究，中国图书馆学学科史、学会改革创新和能力建设的国际化比较研究，新媒体联盟地平线报告博物馆版翻译及研究等，获批的学术交流项目主要有中国科协学会创新发展推广工程项目——全国图书馆志愿者队伍的发展与管理、文化强国——图书馆的责任与使命研讨、中国图书馆学会青年学术论坛、现代图书馆与科技融合论坛等，获批的科普推广方面的项目主要有读书知化学——优秀化学类科普阅读推广，中国科协科技期刊展，全国学会科普活动资源包征集推介，美国、加拿大高校科普资源开发开放情况研究等，还有学会改革发展基础工程项目——会员工作体系建设类：完善会员管理服务信息化平台，构建会员之家、"互联网＋" 下创新会员管理和服务新模式研究，精品科技期刊工程项目——建立期刊国际培训机制等学会服务会员和工作机制方面的项目。

此外，2015 年，学会积极策划认真筹备，成功获评中国科协学会创新和服务能力提升工程优秀科技社团项目三类建设单位，2015～2017 年每年度将获得中国科协奖建经费 100 万元，总额 300 万元，利用资助的经费开展创新项目的探索与实践，还陆续获评承接政府转移职能试点培育项目和扩大试点项目、中国科协创新驱动助力工程项目以及改革发展工程等各类型项目，成为秘书处开展工作和举办活动的重要经费来源。

4. 作为多个项目的办公室，学会秘书处承担了项目的联系、协调工作。文化部将多个项目委托中国图书馆学会承接，秘书处作为项目工作办公室，承担联系、协调与组织工作。如全国数字图书馆建设与服务联席会议、县级以上公共图书馆评估定级、全国县级图书馆馆长培训等项目中，学会秘书处发挥了突出的联系协调作用。

学会秘书处注重内部管理和员工能力提升，具有较强的团队凝聚力和战斗力。2014年被挂靠单位国家图书馆评为"先进集体"，2015年"中国图书馆年会"被评为国家图书馆创新奖。

第二章

国家文化治理与社会组织发展

第一节　国家文化治理的深刻内涵

2013 年 11 月 12 日，党的十八届三中全会通过《中共中央关于全面深化改革若干重大问题的决定》（以下简称《决定》）。在《决定》中，国家层面的"治理"概念被首次提出，并以"国家治理""政府治理""社会治理""社区治理""治理体系""治理能力""治理体制""治理结构""治理方式""系统治理""依法治理"等多种角度和层次进行重要表述。"推进国家治理体系和治理能力现代化"与"完善和发展中国特色社会主义"作为全面深化改革的总目标得以确立。① 这标志着"治理"这一学术概念正式作为国家战略、方针和政策的重要导向，成为党和国家超越意识形态和基本政治制度的治国新理念、新方略，必将为中国特色社会主义注入新活力。② 而本书力图阐述的主要观点及内容正是在此宏观背景和重要前提下进行的，因而有必要在正式论述前先对与"治理"相关的概念与理论做一简要梳理。

---

① 《中共中央关于全面深化改革若干重大问题的决定》，《人民日报》2013 年 11 月 16 日。
② 徐晓全：《西方国家治理理论：内涵与评析》，《检察风云——社会治理理论专刊》2014 年第 3 期。

一 相关概念与理论

(一) 治理

作为现代学术概念的"治理"（governance）一词源出古典拉丁文和古希腊语，在英文概念中，治理指的是指导（directing）、引导（guiding）或者规制（regulating）个人、组织、国家或国际联盟的行动和方式，也即统治的行动和方式。

英文中的"治理"概念通常意义是指统治的行动和方式，专用于与"国家公务"相关的宪法或法律的执行问题，或指管理利害关系不同的多种特定机构或行业。到了 20 世纪 80 年代，治理理论逐渐成为多门学科共同使用的热门语汇，不同的学科从各自的学科理论和应用需求出发对"治理"进行了各有侧重的概念解释，使得"治理"一词成为一个语义含糊且内涵丰富的学术概念。根据英国学者罗伯特·罗茨的总结，"治理"一词至少有六种不同的学术用法，即最小国家意义上的治理、公司意义上的治理、新公共管理意义上的治理、善治意义上的治理、社会—控制系统意义上的治理、自组织网络意义上的治理。① 而在国际组织实践层面，世界银行于 1992 年针对公共部门治理提出了一个相对狭义的概念，认为治理是对一个国家用于发展的经济和社会资源进行管理过程中的权力实施方式。② 全球治理委员会于 1995 年在《我们的全球伙伴关系》研究报告中将治理定义为各种公共的或私人的个人和机构管理其共同事务的诸多方式的总和。③ 这一定义被视为当前对"治理"一词所做出的最具代表性和权威性的定义。

在治理理念引入我国学术研究领域后，亦有许多学者从各自的治学领域出发对"治理"一词做出了更为具体的界定。最具代表性的如俞可平教授从政治学的角度认为，治理是指政治管理的过程，它包括政治权威的规

---

① 〔英〕罗伯特·罗茨:《新的治理》,《英国政治学研究》, 1996。
② 周红云:《国际治理评估体系述评》,《国家治理评估——中国与世界》, 中央编译出版社, 2009。
③ 全球治理委员会:《我们的全球伙伴关系》, 牛津大学出版社, 1995, 第 23 页。

范基础、处理政治事务的方式和对公共资源的管理。它特别关注在一个限定的领域内维持社会秩序所需要的政治权威的作用和对行政权力的运用。治理的目的是在各种不同的制度关系中运用权力去引导、控制和规范公民的各种活动，以最大限度地增进公共利益。因而治理是指在一个既定的范围内运用权威维持秩序，满足公众的需要。① 再如，中国人民大学教授蓝志勇认为，国家治理是国家积极地组织、大度地包容，并且规范、规劝、吸引、激励各种力量参与国家事务的管理、国家制度的维护，以此来推动国家发展。治理应当理解为关于动员各方力量和资源，共同管好组织群体行为的学问和实践。②

由于西方国家与中国在社会制度、文化底蕴、社会发展状况等多方面的差异，"治理"一词在学术研究与社会实践中被赋予了不同的涵义。

西方学术界自 20 世纪末以来着重强调"治理"中的政府分权与社会自治，强调弱化政治权力，主张政府将某些权力让渡给社会，消除政治权威，在整个社会系统中构建多主体、多中心的国家多元化治理体系，以实现政府与社会多元共治和社会的多元自我治理。西方治理理念是以社会中心主义、去政府权威和社会的多中心自我治理为出发点与最终归宿的，因而其强调以合法性、透明性、责任性、法治、回应、有效为标准和规范，缓和政府与公民之间的矛盾③，实现"善治"。

当前，在中国特色社会主义前提下的"国家治理"，其基本涵义和实践指向既不应混同于传统中国封建制度下君主帝王对国家事务的处理与管理，也不应当简单地与西方治理理念直接画等号。从价值取向和政治主张层面上讲，中国共产党领导下的中国特色社会主义治理理念应当牢牢遵循马克思主义国家理论逻辑，政治统治与政治管理是国家职能的有机组成部分。中国特色社会主义的国家治理，在本质上既是政治统治之"治"与政治管理之"理"的有机结合，也是政治管理之"治"与"理"的有机结

---

① 俞可平：《治理与善治》，社会科学文献出版社，2000，第 5 页。
② 蓝志勇：《东西方历史经验中的治理思想》，《国家治理》2014 年 9 月 10 日。
③ 俞可平：《治理与善治》，社会科学文献出版社，2000。

合。① 中国特色社会主义国家治理的核心理念在于坚持中国共产党的领导核心地位，由中国共产党这个领导核心总揽全局、统筹各方，促进多方参与、各司其职，实现中国特色社会主义制度的发展和改革事业的全面深化，形成中国特色社会主义国家治理和社会治理的总体格局。中国共产党作为执政党，以创新的魄力和改革的勇气推进国家治理体系和治理能力现代化，既是马克思主义理论的重大创新和党的治国方略的重大转型，同时也是中国共产党执政成熟的重要标志和长期执政的必然选择，从某种意义上说是中国特色社会主义迈入国家治理新时代。②

（二）文化治理

文化作为社会实在，其本身便具有某些社会治理功能，与政治的、经济的治理工具不同，文化作为一种特殊的社会治理工具其功能的发挥往往是软性的、柔和的。在现代社会结构中，文化作为国家治理的一项重要工具和手段，不仅发展出更多的形式，而且实现了功能发挥的深入性与全面性。文化的核心内涵在于价值观念，在于为人生价值的解答、生活意义等的追寻提供某种"终极关怀"，这种"关怀"不仅关系到道德理想、审美体验等精神领域，更是通往"形而上"的，"超越"思想、观念、态度和情感与心理系统的心灵世界的某种桥梁和通道。③

"文化治理"是由西方学者最先提出的一个综合性的概念，其中"文化"二字所指向的是与政治、经济、社会、生态等密切相关、相互作用的整体性文化。国家文化治理所要实现的是将文化作为解决国家发展问题的重要手段和工具，通过国家层面的制度安排，以政府和社会为主体，由政府发挥主体作用，对国家政治生活、经济生活、社会生活等领域发挥文化相对应的功能和作用，形成社会参与共治。④

① 王浦劬：《国家治理、政府治理和社会治理的含义及其相互关系》，《国家行政学院学报》2014 年第 3 期。
② 徐晓全：《西方国家治理理论：内涵与评析》，《检察风云——社会治理理论专刊》2014 年第 3 期。
③ 毛少莹：《文化治理及其国际经验》，《中国文化产业评论》2014 年第 2 期，第 71 ~ 99 页。
④ 胡惠林：《国家需要文化治理》，《学习时报》2012 年 6 月 18 日。

虽然"文化治理"在内涵、意义、作用等方面的意涵是明确和公认的，但就其具体定义而言则尚无定论。限于所处的制度环境和文化背景等多种社会要素的差异性及各自研究领域、研究方法、观察视角等因素的多样性，不同的学者对文化治理的具体界定也不尽相同。

英国学者威廉斯认为文化包含了三种类别：一是用来描述思想、精神与美学发展的一般过程；二是用来表示一个民族、一个时期、一个群体或者全体人类一种特殊的生活方式；三是用来描述关于知性的，尤其是艺术方面的作品与活动。而相应的，文化治理则是涉及以上三种文化类别总和的治理，其对象也可以大致分为对抽象精神状态及发生的治理、对人的文明活动印记的治理和对艺术活动及产品的治理三类。①

在我国，较早地将"文化治理"概念引进中文世界的是台湾地区学者，以王志弘为代表的台湾学者在对台北等都市文化进行实证研究的过程中，尝试将文化治理作为主要的分析框架，取得了一些有益的研究成果。如《文化如何治理？——一个分析架构的概念性探讨》一文，阐明了文化治理内涵与福柯的"治理术"、新政治组织与沟通网络、政权理论与反身性自我驾驭等概念之间的关联，并进而运用文化领导权和调节学派的理论观点，将文化治理界定为"借由文化以遂行政治与经济（及各种社会生活面向）之调节与争议，透过各种程序、技术、组织、知识、论述和行动等操作机制而构成的场域"，其根本意涵在于把文化治理作为文化政治场域，即透过再现、象征、表意作用而运作和争论的权力操作、资源分配，以及认识世界与自我认识的制度性机制。王志弘还认为文化治理概念是统治（governance）和治理术（governmentality）这两种概念的结合体，文化治理的结构性功能在于联结多元文化主义和反身自控式主体化等操作机制，实现政治与经济的调节与争议。因而文化治理必须在强调其不仅仅局限于政府机构的性质和治理组织网络化复杂状态的基础上，着重关注文化治理是由权力规制、统治机构和知识形式（及其再现模式）所结成的复杂丛结的性质。②

---

① 〔英〕雷蒙德·威廉斯：《关键词：文化与社会的词汇》，生活·读书·新知三联书店，2005，第 106 页。

② 王志弘：《台北市文化治理的性质与转变：1967 - 2002》，《台湾社会研究季刊》2003 年第 52 期，第 121～186 页。

在内地，王啸、袁兰等学者则更多地从权力运作角度来对"文化治理"进行考察。他们认为，"文化治理"是一种综合机制，在这种机制中，掌权者在其权力运作的政治场域内，运用文化政策来表达和实施自己的观念意识，以影响社会政治生活参与者的思想行为，从而实现分配社会资源、稳定社会秩序、维护政治统治、保障整个社会有序运行的目的。① 也有学者进一步指出，文化治理"作为政治生活中掌权者对整个社会的文化资源进行分配和控制的一种策略，其本身就是具有工具性的特征"，是为了构建不同利益主体共同治理公共文化事务的制度框架，形成共同治理结构，实现公共文化事务善治的一种工具策略。②

二 治理理念的演变过程

（一）治理理念兴起的缘由

治理理念的兴起历史并不算长远，其真正成为学术研究和政府实践的"宠儿"最早可以前推至 20 世纪 90 年代。"治理"的概念源于政治学，但随着其学术影响力的不断加大，逐渐为经济学、管理学、社会学等学科所重视和研究应用；而随着学术研究成果的不断应用，"治理"逐渐成为西方各国管理国家事务的一种重要理念。③

从学术研究中的治理概念到政府实践中的治理理念，这种从学术话语到政治实践的转变肇始于西方国家有着深刻的背景和缘由，概括而言主要包括以下几个方面。

一是西方国家普遍的福利国家模式陷入困境。

西方国家普遍实行的福利国家模式是在二战之后逐步确立和完善的，这种福利国家模式的确立基于这样一种共识，即"国家应在社会发展中扮演关键角色。无论是经济的发展，还是社会公正与平等的实现，都有赖于国家的主导、维持；保证'一种相对运转良好的政治民主和相对较高的平

---

① 王啸、袁兰：《文化治理视域下的文化政策研究——对改革开放以来的文化政策分析》，人民网—理论频道，2013 - 01 - 08，http://theory. people. com. cn/n/2013/0108/c40537 - 20131372 - 2. html。

② 景小勇：《社会视角下的国家文化治理研究》，文化艺术出版社，2016，第 27 页。

③ 俞可平：《论国家治理现代化》，社会科学文献出版社，2014，第 15 页。

均生活水平'是国家的基本职能"①。西方各国虽然在福利国家模式的具体实施中存在着程度、范围、力度等各方面的细小差异，但大致都维持了由国家更多地承担社会职能以保障社会成员更好地生存和充分地发展，一定程度上实现了社会经济的发展和社会公平的实现。但是，随着 20 世纪 70年代中东石油危机的爆发，西方福利国家模式的弊端也逐渐暴露出来。

首先，高福利由高税收支撑，造成经济发展困境。高福利的实现离不开高比例的税收，以税收为主的财政收入是维系高福利社会体系的重要保障。而税收比例的提高将不可避免地"严重地削弱了投资者的投资热情，影响了经济的发展，并且，福利国家中失业保障制度顺利运行所需资金的最终承担者是在职的就业者，这无疑增加了劳动力的雇佣成本，使原本热情锐减的雇主尽量减少雇佣人数，致使社会中就业机会减少，随之而来的是失业保障费用的增加，这样便形成了失业保障与就业之间的恶性循环"②。

其次，高福利导致政府机构庞大，行政效率低下。福利国家模式的运行离不开庞大的政府机构，官僚队伍的扩大、官僚机构的庞杂、官僚作风的盛行都将成为政府运行成本趋高、行政效率趋低的重要因素，从而也就导致民众对行政部门的不满意、不信任。反过来，民众对行政部门的不满意、不信任，必将不同程度地提高政府运行成本、降低行政效率，造成各类社会问题，进一步导致福利国家模式的崩溃与解体。这就不仅影响到行政机构的正常运行和民众权益的正常实现，同时也将成为整个社会系统稳定运行的重要威胁。福利制度的设立原本是为了一定程度上消弭"市场失灵"对民众造成的诸多不利影响，使"市场在限制垄断、提供公共品、约束个人的极端自私行为、克服生产的无政府状态、统计成本等方面存在内在的局限"③，不致影响民众的政治利益与经济利益，但其实际结果则是造成了行政层面的新的"失灵"。

最后，高福利容易养成民众惰性，影响社会公平。高福利的实施容易降低民众对工作的积极性和主动性，部分西方国家的福利水平甚至高于劳

---

① 王诗宗：《治理理论及其中国适用性》，浙江大学博士学位论文，2009，第 15 页。
② 王彩波、李艳霞：《西欧福利国家的理论演变与政策调整》，《教学与研究》2013 年第 11 期。
③ 王彩波、李艳霞：《西欧福利国家的理论演变与政策调整》，《教学与研究》2013 年第 11 期。

动者辛勤工作的酬劳水平，这就促使民众放弃工作机会而转向依赖高度的社会福利。其结果不仅导致民众丧失工作热情和自立进取精神，影响整个国家和民族的精神面貌，降低国家和民族的竞争力，而且也对努力工作获取酬劳的民众造成新的社会不公平，违背福利制度设立的初衷。

二是全球化潮流兴起从多个层面对世界各国形成挑战。

当前世界各国所面临的全球化潮流是治理理念兴起的重要原因之一。随着人类活动范围的不断延伸，世界各国、各民族早已不是孤立分隔的闭锁空间，国与国之间、民族与民族之间、社会与社会之间日益紧密的联系使全体人类越来越成为一个整体，全球化的步伐早已开启，并且始终处于不断加快之中。这就不可避免地会对传统的有限且闭锁的社会空间和国家活动产生至少以下三个方面的影响。

首先，全球化表征之一在于基于经济全球化和资本全球化的世界市场的形成。资本作为一种基础性力量使得"跨国经济实体（如 WTO、IMF、OECD 等）和跨国公司以其强大政策影响力而同时成为政治实体，它们设定了基本游戏规则，控制着资源的配置流动，甚至可能操纵政策的全过程，使得国家在与资本的对垒中越来越处于不利地位，政府不断丧失对诸如产业政策、利率控制和公共支出水平等关键政策工具的决定权；原有民族国家的主权基础因此受到侵蚀，这可能进一步改变国别政治结构和行政运作方式"[1]。资本的力量使得经济至上成为一种可能，从而对政府运行造成相当程度的冲击和不利影响，妨害到政府对国家事务的正常处理。

其次，全球化表征之二在于强势价值体系对多元价值体系的压制与摧残。全球化是近代以来由西方资本主义国家强力主导的发展潮流，伴随着西方利益与控制范围全球化布局的过程，与之相适应的西方价值体系中的自由、民主、平等、人权等观念在世界范围内冲击和摧毁了非西方国家传统文化价值体系。与价值冲突相伴随的是政治的、经济的、军事的、社会的等多种手段和力量的干涉，西方资本主义国家倚仗其主导的价值体系不断在全球范围内干涉其他国家的内部事务，"在一点上，全球化拥有一种强大而复杂的影响：关于人权和民主治理的全球化的规范正在穿透国家，

---

[1] 王诗宗：《治理理论及其中国适用性》，浙江大学博士学位论文，2009，第 19~20 页。

重塑传统的主权和自治概念……这种规范已经形成并且正在不断发展，它使制止严重侵犯人权和人类安全的国际干预具有合法性"[1]。

最后，全球化表征之三在于推动了贫穷、犯罪、毒品、人口膨胀、恐怖主义等社会问题的全球性扩展。这些社会问题伴随着全球化的进程早已突破了一国一隅的范围而成为全球性问题，不仅其影响和威胁是全球性的，其解决和治理也需要依靠全球性的组织和力量，跨国性的国际合作成为国与国之间、地区与地区之间的必然选择。这种国际合作必然需要不同制度、不同文化、不同社会背景的不同国家之间彼此消除敌对与误解，在全球治理方面达成广泛共识，而这一过程必然影响到某一国领土范围内的诸多社会层面，这也正是新型的全球性治理产生的重要因素之一。

三是社会力量不断发展壮大成为影响国家事务管理的重要力量。

现代社会中，作为社会三元结构之重要一元的社会力量始终处于不断发展壮大之中，这既与政治文明进步、市场经济繁荣和社会良性发展密切相关，也成为治理理念不断深入的重要缘由。"随着自由民主制度的全面推行，市场经济的迅速发展，社会开始出现大幅度深层分工与整合，大批代表经济与政治利益的社会组织集团开始快速成长。社会组织集团是治理网络管理体系中不可或缺的重要因素，它为网络管理的全面运作提供了动力基础和体制化支援。社会组织集团将分散的个体利益组织化成集体利益，构成了政治过程的重要行动单位。"[2] 社会力量的发展壮大毫无疑问在很大程度上得益于开明的政治大环境，反过来，发展壮大之后的社会力量也会试图通过各种途径和方式直接参与到公共事务的管理之中，成为形成整体治理的重要力量之一，而治理理念则为这种努力提供了较为完美的理论框架和操作说明。通过合理的途径和方式让更多元的社会主体直接参与到社会事务的管理之中，不仅是政治文明进步、市场经济繁荣和社会良性发展的必然需求，同时也是发挥社会力量优势更好地满足公共产品供给和服务的有效手段。

---

[1] Gordon Smith, Moises Naim, *Altered States: Globalization, Sovereignty and Governance*, IDRC Books, 1999, p.27, 转引自俞可平《论国家治理现代化》，社会科学文献出版社，2014，第47页。

[2] 汪向阳、胡春阳：《治理：当代公共管理理论的新热点》，《复旦学报》2000年第4期。

（二）治理理念的发展

在治理理念出现并成为国家事务管理过程中的"时髦词汇"之前，长期在学术研究和行政实践中占据主流的概念是"统治"一词。统治是既定社会秩序维护者运用强制性手段迫使他人遵守既定社会规范的控制方式，在阶级社会中通常表现为普遍性的政治压迫。在阶级社会中，既定社会秩序往往只是为维护少数统治阶级利益服务的，更广大的被统治者处于政治受压迫、利益被剥夺的境地，二者之间存在着不可调和的矛盾与对抗。为避免有益于自己的既定社会秩序被破坏，统治阶级必然需要依靠某些强制性手段来维护自己的权益，这种强制性手段的运用便是统治一词的主要内涵。

进入现代社会，阶级间的斗争和对立已然不如之前那样紧张和明显，但权力依靠国家机器实现有益于自己的社会分配依然普遍存在。在马克斯·韦伯眼中作为即使遇到反对也能实现自己意志的可能性的权力，广泛存在于所有有组织的社会生活之中，并以政治领域中的不平等作为表征，强制性地对社会资源进行有利于权力操控者的社会分配。

这种严重不平等的控制方式在西方国家普遍的福利国家模式陷入困境、全球化潮流兴起从多个层面对世界各国形成挑战和社会力量不断发展壮大成为影响国家事务管理的重要力量等背景条件下，越来越难以更好地实现统治者意志。在这种情况下，由"统治"向"治理"的转变成为一种可能和必然，虽然"治理"一词在学术研究范围内尚处于概念含糊、意涵多样的阶段，但在现实的行政实践中的具体应用已成为一种普遍动向。

尽管治理理念在概念定义、应用范围等方面尚未形成统一意见，但总体而言可以归纳出一个共同的意涵取向，正如有些学者所说的那样，"治理的定义并非是前后矛盾的，如果将这些概念整合起来，就会形成一个或一套相对比较严密的概念"①。"治理意味着国家与社会，还有市场以新方式互动，以应付日益增长的社会及其政策议题或问题的复杂性、多样性和

---

① 〔美〕乔治·弗里德里克森：《公共行政的精神》，张成福等译，中国人民大学出版社，2003，第78页。

动态性"①。

与传统的社会控制方式——统治相比，治理实现了权威主体、权力运行向度和主体角色定位等三个方面的突破与进步。② 首先，在权威主体方面，治理理念打破了传统统治模式中政府及其相关联的公共机构的绝对核心主体地位。治理理念的重要意涵就是分权，"国家的主权地位和中央政府在公共行政中的核心地位被动摇，向地方分权、向社会分权、甚至将权力让渡于跨国家的组织成为一种趋势"③。传统统治模式中政府一元统治的主体地位将逐步向现代治理模式中政府、企业、社会三元共治过渡。其次，在权力运行向度方面，治理理念打破了传统统治模式中由上至下纵向命令的权力结构，取而代之的是"一个上下互动的管理过程，它主要通过互动、协商、伙伴关系、确立认同和共同的目标等方式实施对公共事务的管理。治理的实质是建立在市场原则、公共利益和认同之上的合作。它所拥有的管理机制主要不依靠政府的权威，而是合作网络的权威。其权力向度是多元的、相互的，而不是单一的和自上而下的"④。传统统治模式中那种"运用政府的政治权威，通过发号施令、制定政策和实施政策，对社会公共事务实行单一向度的管理"⑤ 已经不合时宜。最后，在主体角色定位方面，治理理念赋予了国家和公民新的角色定位。传统统治模式中国家是公共物品主要提供者、公民是公共物品被动消费者的模式被转换为"国家能力将主要体现在整合、动员、把握进程和管制等方面，公民则不再是消极被动的消费者，而是积极的决策参与者、公共事务的管理者和社会政策的执行者"⑥ 的模式。这是主体角色定位方面的实质性转换。

---

① J. Kooiman, Social – Political Governance: Overview, Reflection and Design, Public Management, 1999，转引自王诗宗《治理理论及其中国适用性》，浙江大学博士学位论文，2009年，第39页。
② 景小勇等：《政府与国家文化治理》，文化艺术出版社，2016，第11~12页。
③ J. Kooiman, Social – Political Governance: Overview, Reflection and Design, Public Management, 1999，转引自王诗宗《治理理论及其中国适用性》，浙江大学博士学位论文，2009年，第41页。
④ 俞可平：《论国家治理现代化》，社会科学文献出版社，2014，第23页。
⑤ 俞可平：《论国家治理现代化》，社会科学文献出版社，2014，第22~23页。
⑥ 王诗宗：《治理理论及其中国适用性》，浙江大学博士学位论文，2009，第41~42页。

（三）治理理念的核心内涵

前文已述，治理具有概念含糊、意涵多样的特征。有学者将其意涵归纳为六个层次："1. 作为最小国家的管理活动的治理，它指的是国家削减公共开支，以最小的成本取得最大的效益。2. 作为公司治理的治理，它指的是指导、控制和监督企业运行的组织体制。3. 作为新公共管理的治理，它指的是将市场的激励机制和私人部门的管理手段引入政府的公共服务。4. 作为善治的治理，它指的是强调效率、法治、责任的公共服务体系。5. 作为社会—控制体系的治理，它指的是政府与民间、公共部门和私人部门之间的合作与互动。6. 作为自组织网络的治理，它指的是建立在信任与互利基础上的社会协调网络。"[1] 无论是哪种层次的治理，其共同的意涵取向在于分权，在于将原本一元主体转变为多元主体，实现公共事务的多中心治理模式。

在现代治理理念中，原本处于统治地位的政府成为企业、社会组织等治理主体的平等性合作伙伴，"政府机构、私营机构和志愿性机构等通过合作、协商、伙伴关系等方式对公共事务进行共同管理，其权力构成和运行机制是多元的、相互的"[2]。在治理结构下，政府不再是单方独大的、绝对唯一的权力源，政府、企业、社会组织是平等的治理主体，在处理公共事务和提供公共产品等方面发挥各自的功能和作用，共同形成治理合力，实现整个社会的向好发展。

当然，应当指出的是，虽然在多中心治理模式下政府不再构成绝对的统治权威，但其在公共事务管理和公共产品供给方面所发挥的作用和功能是企业和社会组织所远远无法替代和企及的，政府仍然将是多元治理结构的中心，仍然将发挥主导作用，仍然将继续承担"立法和政策规则制定方面的首要角色，让各种各样的自组织网络得以运行"[3]。

[1] R. Rhodes, "The New Governance: Governing without Government", Political Studies, 44, 1996, 转引自俞可平《论国家治理现代化》, 社会科学文献出版社, 2014, 第18~19页。
[2] 薛澜、张帆：《治理理论与中国政府职能重构》，《学术前沿》2012年第6期，第7页。
[3] 薛澜、张帆：《治理理论与中国政府职能重构》，《学术前沿》2012年第6期，第7页。

第二节　国家文化治理中的社会组织

一　社会组织发展相关理论

社会组织是参与国家文化治理现代化的重要力量，也是国家文化治理三元共治模式中的重要主体之一。从社会组织的视角考察国家文化治理体系构建和治理能力提升，既是把握当前国家文化治理理论研究所必须的，也是把握我国社会组织发展方向的实践需要。

从考察国家文化治理的角度来讲，对社会组织发展的研究主要包括两个方面：一是作为国家文化治理三元共治模式中重要主体的政府、企业、社会组织三者之间的相互关系；二是从公共产品的角度来考察社会组织在其中所起的作用。其中第一方面又可从国家与社会的关系开始探讨，简要论述如下。

（一）国家与社会的关系

宏观层面的国家与社会关系的探讨很早就出现在学者的理论视野中，最早的较有代表性的观点来自古希腊时期。大致梳理之后可以发现，不同的历史时期、不同的社会制度下，对于国家与社会关系的论述也各不相同，大致经历了一个"国家容于社会之中—社会容于国家之中—社会优先于国家—国家优先于社会—国家与社会相互交叠"的理论发展历程。

古希腊时期，基于城邦制的社会事实，社会与国家没有明确的边界，国家容于社会之中。城邦就是公民生活的全部，社会事务即公共事务，公共利益即个人利益。以城市生活为中心，公民之间建立了普遍性的紧密联系，所有政治生活都是社会生活的一部分。而到了封建时期，基于国家力量的不断强大，特别是军队等国家机器的存在，国家开始逐渐凌驾于社会之上，将社会生活纳入政治生活之中。此外，随着公民自我意识的不断成长，社会生活与政治生活逐渐转换力量对比，这就为社会生活容于政治生活提供了可能。在这一时期，政府作为国家的代表和象征，操纵着庞大的政治力量和国家机器，逐渐完成了对公民社会生活的彻底渗透和全面管控，社会被置于国家之中。以上两种观点虽然存在明显不同，但是大致来讲可以归为国家与社会一体理论，其不同点在于国家与社会哪一方包容于哪一方之中以及哪一方成为国家社会的主体力量。

到了资本主义时代，商品经济的力量快速崛起，并不断对国家力量构成挑战。经济的发展逐渐突破了国家和地域的限制，国家对经济及各类经济主体的控制力量被不断削弱，直至成为经济利益的代言人。随着商品经济的发展，市民社会的力量不断壮大，并逐渐开始摆脱来自国家的渗透和管控。社会和国家之间开始逐渐出现明显的边界。在思想启蒙时期，洛克、霍布斯、孟德斯鸠、卢梭等思想家都从不同方面主张社会决定国家，国家只是社会生活的一种工具，无论是在道德上还是在伦理上，社会都要优于国家。他们进而提出，应当建立小政府来为社会服务，并限制政府的规模和权限，把政府的规模和权限压到最低。而在之后的思想领域，著名的思想家黑格尔则认为国家要高于社会，市民社会不能独立于国家而存在，其存在必须以国家为前提，"市民社会的利益必须集中于国家"[①]。以上两种观点各自主张社会高于国家或国家高于社会，其共同的理论前提在于国家和社会之间存在明显的边界，国家与社会处于二元对立状态。

而在当前的理论研究中，国家与社会之间处于交叠状态成为普遍的共识。这种观点认为，随着资本主义的不断发展，国家与社会之间的界限被逐步打破，二者的边界开始模糊，并处于彼此交融的状态，形成了"第三领域"。在"第三领域"中，国家和社会的主要着眼点和关注点在于向公民提供更好的公共产品和服务。

（二）政府、企业、社会组织三者关系

到了现代社会，政治、经济和社会成为宏观意义上的社会中的三大生活领域，相应地，其各自主体政府、企业和社会组织成为宏观社会生活最重要的三大主体。随着人类社会生活的不断发展和进步，政府、企业和社会组织之间各自的定位和角色逐渐明确，其各自的功能和作用也各不相同。实现政府、企业和社会组织三者之间的良性互动，促进整个人类社会生活的发展和进步成为普遍性共识。

---

① 黑格尔：《法哲学原理》，商务印书馆，1982。

在国家文化治理现代化的背景下，政府的定位可以归结为以下几个方面。一是加强宏观调控，克服市场失灵。市场虽然有着独特的发展规律，能够满足社会资源的有效分配，但是经常性的市场失灵是其较为明显的缺陷。政府在这一方面可以运用宏观调控能力，有效克服市场失灵。二是为市场秩序的维护和经济秩序的稳定提供有效的强力保障。政府可以通过各种行政性、法律性的手段对市场经济中的不正当行为进行纠正和惩处，可以有效地维护公平、公正、公开的市场竞争环境。三是调整社会分配。政府依靠税收、财政等手段，可以实现资源在全社会的有效分配，防止贫富差距过大等问题的出现，避免社会问题和社会矛盾的集中爆发，维护社会的公平和正义。四是提供公共产品和服务。提供公共产品和服务是政府的重要职责和任务，这是政府形成和存在的重要根源之一。

而企业的定位则主要表现在两个方面。一方面是实现社会资源的有效配置。以企业为主体的市场通过"看不见的手"对经济领域内的各项社会资源进行有效配置，可以实现市场经济供求关系的相对平衡，满足社会成员对各类经济资源的需求。另一方面是不断提高经济效率。追逐利益是企业存在和发展的重要目标，而实现利益追逐的途径之一就是不断提高经济效率。各类企业在市场经济环境中进行充分的竞争，优胜劣汰，可以有效地激发市场活力，提高经济效率。

政府和企业依据其各自不同的定位，充分发挥各自功能，实现整个宏观社会的正常运行和平稳发展。但是政府和企业并不能构成整个宏观社会，两者在互动的过程中，还遗留了相当大的社会空间，需要社会组织进行必要填充。简单来讲政府更多地解决的是必要的公共事务，企业则更多地解决的是整个社会的生计事务，而尚有许多公共事务及对公民个体的个性化需求需要社会组织的出现来解决。在我国当前的发展背景下，一方面行政管理体制改革逐步走向深入，政府职能不断转移，建设服务型政府已经成为既定的改革目标；另一方面对市场主体和市场行为的界定和规范不断明确，中国特色社会主义市场经济获得巨大成功，更加多元化和多样化的社会需求随着市场经济的繁荣不断被激发出来，这些都需要依靠大量的、高水准的社会组织来进行相应的互动配合。社会组织作为社会治理的主体之一，其定位需要被确立，其功能需要得到充分发挥，其与政府和企业的互动关系需要得到重视。

（三）公共产品理论

最早明确提出公共产品定义的是美国经济学家萨缪尔森，1954 年他在《公共支出的纯理论》一文中，将公共产品定义为不论个人是否愿意购买，都能使整个社会每一成员获益的产品，而每个人对这种产品的消费，都不会导致其他人对该产品消费的减少。这就明确指出了公共产品最主要的两大特征——非排他性和非竞争性。

公共产品的非排他性是指当某种公共产品被生产出来时，无法拒绝其他人对这种产品的使用，很难在完全意义上排除任何潜在消费者从这些公共产品中获益。这种困难通常表现为技术上的不可行，即便在特殊情况下某种技术条件得到了满足，但其相应的代价却是十分巨大的，往往导致入不敷出。换句话说，排他性也就是排除他人并不具有可行性。

公共产品的非竞争性指对于某种公共产品而言，增加一个人的消费，并不会减少其他人对这种公共产品的消费。即任何一个人对某种公共产品的消费，不会对其他人从这种公共产品获得效用造成影响。消费该公共产品每增加一个人所引起的消费边际成本增加为零。

此外，在萨缪尔森之后，许多研究还指出了公共产品的其他一些特征，如不可分性和外部性。所谓不可分性，是指为全体社会成员提供的某种社会产品具有共同受益和共同消费的特点，全体社会成员共同享用该种公共产品的效用，而不能进行人为的分隔和规定性的效用流向，同时也无法按照"谁付款、谁受益"的原则来限定使用的社会人员范围。所谓外部性，是指享用某种公共产品的社会成员的某种行为活动会对其他社会成员享用该种公共产品的行为产生有益或有害的影响。

随着公共产品理论的兴起，不同的学者从不同的知识背景和理论体系，对公共产品进行了不同学科领域内的研究，得出了许多有益的结论。总体而言，可以分为经济学领域的研究和财政学领域的研究。

经济学领域的研究较为侧重通过对公共产品特征的阐释来区分公共产品和私人产品，较为典型的是公共选择理论。这种理论主张在个人选择和个人理性的基础上，用经济学理论来研究政府对公共产品的选择，即非市场决策，政府是负责生产公共产品的特殊部门，是社会利益的调配者。财政学领域的研究则侧重从供给的角度进行阐释，主张只有由政府提供的产品才是公共产品。由于每个人在消费公共产品时都不想付出或想尽量少付出使用成本，因此政府在提供公共产品时应当确定公共产品的价值。边际效用价值理论认为，应当确定公共产品的主观价值，统一运用货币衡量对比公共产品的供应费用与运用效用之间的关系，以公共产品"税收价格"来解释税收，将公共产品供应成本和收费有机地结合起来。政府不仅要提供必要的条件保障市场经济运行，还要在市场失灵时发挥调节和矫正的功能。随着政府所提供的公共产品和服务越来越多，政府逐渐成为公共经济活动中心。

在国家文化治理现代化过程中，政府职能不断实现转移，政府提供某些公共产品和服务以及提供公共产品和服务的某些功能可以实现由政府向社会组织的转移，从而使得社会组织成为政府指导下提供某些特定公共产品和服务的重要主体，满足社会成员日益多元化和多样化的公共产品和服务需求。以上理论的探讨和当前我国国家文化治理现代化的具体实践的结合，为我国社会组织承接政府职能转移、提供某些特定的公共产品和服务提供了某种现实的可能性，同时也为社会组织成为国家文化治理现代化过程中与政府、企业平等的重要治理主体提供了重要的前提和基础，更为我国社会组织的成长壮大和长远发展提供了重大的战略机遇。

二 我国社会组织发展现状

社会组织（social organization）一词有多个层次的内涵。广义的社会组织包括了所有为了实现特定目标而有意识地组合起来可供共同活动的社会群体形式，如部落、家庭、政府、企业、军队等。本书所探讨的社会组织是指与政府、企业等并立的社会性组织，其在性质和功能上既不同于行政性的政府机构，又不同于追逐利益的经济性组织，而是基于成员自愿、平等互助等原则建立的非政治性、非营利性的组织形式。社会组织在通常意义上又被称为非政府组织（Non-Governmental Organization），即 NGO。

（一）社会组织发展历程

社会组织（NGO）——特定内涵的概念首次正式使用于 1945 年 6 月

签订的联合国宪章第 71 款，在条款中规定了联合国经社理事会"为同那些与该理事会所管理的事务有关的非政府组织进行磋商作出适当安排"。1952 年联合国经社理事会在其决议中将非政府组织定义为"凡不是根据政府间协议建立的国际组织都可被看作非政府组织"。联合国新闻部还对社会组织的内涵进行了较为详细的解释："非政府组织是在地方、国家或国际层面上组织起来的非赢利的、自愿的公民组织。这类组织面对同样的任务，由兴趣相同的人推动。它们提供各种各样的服务和发挥人道主义作用，向政府反映公民关心的问题，监督政策制定和鼓励在社区水平上的政治参与。它们提供分析专门的知识，发挥早期预警作用，帮助监督和执行国际协议。有些非政府组织是围绕诸如人权、环境或健康等具体问题组织起来的。它们与联合国系统各办事处和机构的关系会因其目标、地点和任务的不同而有所差异。"

在学术研究领域，赋予社会组织以较为准确含义的是美国著名的社会学家塔尔科特·帕森斯。他在《社会体系》（1951 年）、《经济与社会》（1956 年）等著作中把社会组织定义为强调成员自愿加入、彼此平等和决策程序化来完成社会整合任务的社团或协会。他认为，在社团或协会中，通过人际制裁、仪式活动等特定的社会化机制和社团控制机制，社团和协会中的个人将会自觉或不自觉地把现行的文化价值观作为一种行为规范接受下来。

20 世纪 70 年代以来，全球范围内的"结社运动"蓬勃兴起。与之相伴随，社会组织获得了迅速发展的良好机遇，同时学术研究方面的理论发展也取得了重要的进展。较为突出的是，美国霍普金斯大学莱斯特·萨拉蒙教授把社会组织的特征归结为五个方面：一是组织性。组织依据各自的章程进行运营、设立负责人并获取合法的注册身份。二是非政府性。组织不隶属于政府，不是政府的附庸，但可以接受政府的资助，其地位是独立自主的。三是非营利性。组织不以营利为目的，但可以开展营利性活动，所开展的营利性活动目的不是追求财富的积累和增长。四是自治性。组织各方面活动不受外界干涉，在决策、运营、管理等方面拥有自主性。五是志愿性。组织的建立基于成员自愿参与原则，不得强制或胁迫成员从事违背其意志和意愿的活动。

在我国，社会组织一词曾被民间组织的称谓所替代。但是，其提出和使用最早则可以追溯至1943年毛泽东在中共中央招待陕甘宁边区劳动英雄大会上名为《组织起来》的讲话，在讲话中毛泽东号召团结一切力量，克服经济困难，大力发展边区生产。其中关于加强社会组织建设的表述可以说是党和国家关注社会组织发展的思想之源。

在2004年3月召开的十届人大二次会议上，政府工作报告提出"要加快政企分开，进一步把不该由政府管的事交给企业、社会组织和中介组织"。此后，党的十六届六中全会报告和十七大报告都明确提及要"健全社会组织"，"加强社会组织建设"。至此，社会组织的提法得到了广泛的接受。党的十八大报告则首次确定了社会组织建设战略目标，成为新时期社会组织建设和发展的重要指导。报告指出："要围绕构建中国特色社会主义社会管理体系，加快形成党委领导、政府负责、社会协同、公众参与、法治保障的社会管理体制，加快形成政府主导、覆盖城乡、可持续的基本公共服务体系，加快形成政社分开、权责明确、依法自治的现代社会组织体制，加快形成源头治理、动态管理、应急处置相结合的社会管理机制。"

（二）我国社会组织类型

一般而言，社会组织可以分为社会团体、民办非企业单位、基金会和涉外组织四大类。对于前三大类，按照权威的定义，社会团体是指"由中国公民自愿组成，为实现会员共同意愿，按照其章程开展活动的非营利性社会组织"①，民办非企业单位是指"企业事业单位、社会团体和其他社会力量以及公民个人利用非国有资产举办的，从事非营利性社会服务活动的社会组织"②，基金会是指按照相应规定成立的"利用自然人、法人或者其他组织捐赠的财产，以从事公益事业为目的"的非营利性法人③。其具体类型简述如下。

一是社会团体。社会团体包括学会、协会、研究会、联合会、促进会

---

① 《社会团体登记管理条例》（1998年国务院令第250号，2016年修订）第二条。
② 《民办非企业单位登记管理暂行条例》（1998年国务院令第251号）第二条。
③ 《基金会管理条例》（2004年国务院令第400号）第二条。

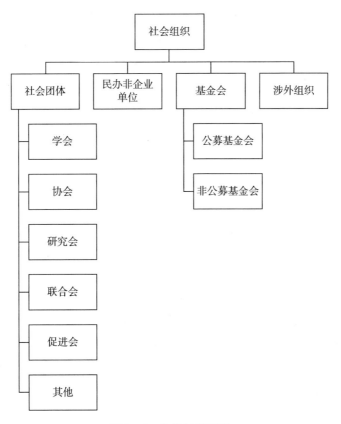

图 2 - 1　社会组织框架

和其他等六小类社会组织。

　　学会。一般而言，学会的业务多集中在学术交流、理论研究、展览展示、宣传推广、国际合作、书刊编辑、专业培训、咨询服务等范围。其根本任务在于从事学术研究与交流、促进学科发展、发现人才、培养人才、推荐人才、推动研究成果转化。学会的活力往往与该地区学科发展水平、学科带头人的学术造诣和社会名望紧密联系。学会在培养专门人才、推动学术发展、加强学科交流等方面发挥着重要作用。中国图书馆学会作为图书馆界文化类专门性社会团体，始终倡导学术公正、独立和创新，繁荣学术研究，促进全民阅读，推动图书馆事业发展和社会进步，成为我国推动图书馆事业发展的重要力量之一。本书的后几章将详细介绍中国图书馆学会在以上几个方面所做的努力。

协会。协会往往是某一行业的利益代表，通常通过开展行业调查研究，全面掌握行业动态，并通过向政府及相关部门反映行业、会员诉求，维护行业、会员合法权益，主动协调、解决本行业会员之间、本行业与其他经济组织以及个人之间的利益关系和纠纷。协会还往往参与行业相关的法律法规、宏观调控、产业政策的研究、制定，参与行业标准、行业发展规范、行业准入条件的制定及推广实施，是维护行业生态、保护行业利益的重要力量。

研究会。研究会一般是学术团体，由国内外各界专家、学者、社会人士组成，专业性比较明显，联络服务特定群体，以某一学科领域为中心，选取重大研究课题，广泛开展学术研究，通过发布和转化研究成果产生社会影响力。

联合会。联合会一般是由几个或十几个组织联合在一起，成为一个广义上的行业组织，具有一定的号召力。作为一种社会组织，文化领域内的联合会并不多。比较有影响力的是中国文学艺术界联合会，简称中国文联，是由全国性文学艺术家协会，各省、自治区、直辖市文学艺术界联合会和全国性的产业文学艺术工作者联合会组成的人民团体，有团体会员50个，包括中国戏剧家协会、中国电影家协会、中国音乐家协会等。中国文联负责联络、协调、服务各团体会员。需要特别指出的是，中国文联虽然是非政府性的组织，但在很大程度上行使着部分政府对文化领域的管理职能。

促进会。促进会多数业务都是集中于某一领域或某一项任务。比如中国世界民族文化交流促进会，主要是开展中外民族文化交流，让世界各国能更多地了解我国民族的优秀文化艺术，同时也积极借鉴和吸收世界各国的优秀文化艺术，以促进我国民族文化艺术的发展，增进世界各民族的了解和友谊。再如中国传统文化促进会，主要是继承和弘扬中华民族传统文化，并向海内外人士展示中华传统文化瑰宝，加强国际文化交流，促进海峡两岸的统一大业。

其他社会团体。除上述五类社会团体，还存在如中华文化联谊会、中国国际文化交流中心、中国文化书院等特殊的社会团体，实际来看这类社会团体数量较少。

二是基金会。基金会是指利用自然人、法人或者其他组织捐赠的财产，以从事公益事业为目的，按照法律法规的规定成立的非营利性法人。基金会分为面向公众募捐的基金会和不得面向公众募捐的基金会。根据《基金会管理条例》规定，基金会必须在民政部门登记方能合法运作，就其性质而言是一种民间非营利组织。基金会不同于政府、企业，也有别于一般的非营利组织，公益性、非营利性、非政府性和基金信托性是基金会的基本特征。

三是民办非企业。1998 年 10 月，国务院颁布了《民办非企业单位登记管理暂行条例》，将民办非企业单位界定为：企业事业单位、社会团体和其他社会力量以及公民个人利用非国有资产举办的，从事非营利性社会服务活动的社会组织。民办非企业单位与事业单位的区别在于其民办性，而事业单位则在 1996 年被强调为由国家举办。而非营利性是民办非企业单位区别于企业的一个重要特征。民办非企业单位的宗旨是向社会提供公益服务，通过自身的服务活动，促进社会的进步与发展，其目的不是营利。这就决定了社会公益性是民办非企业单位的最大特征。

四是涉外组织。涉外组织是指在中国注册成立，主要从事文化交流、国际合作、咨询服务等事项的民间组织，而非在境外成立、在中国境内开展活动的民间组织。随着国际交流的日益加深，涉外组织成为传播中国声音、展现中国魅力的重要力量。

（三）我国社会组织发展的成就与不足

改革开放以来，我国经济实力与日俱增，人民物质生活水平不断提高。经济建设领域获取的巨大成功成为政治文明、文化繁荣、社会进步的重要推动力和催化剂。加快政府职能转移，建设服务型政府，已经成为社会各界共识和当前的具体行政实践。在此背景下，我国的社会组织得到了充分重视和良好发展。国家治理现代化的明确，国家治理体系和治理能力的现代化建设，必将为社会组织发展提供更为重要的机遇和广阔的发展空间。当然，也应当充分认识到社会组织发展当中所面临的众多困境和挑战。总结正反两方面的经验和教训，有利于我们更客观、更全面地把握我国社会组织发展现状。

总体而言,我国社会组织发展所取得的成就主要体现在类别丰富、结构日趋合理、发展逐渐成熟和功能发挥充分等几个方面。

一是社会组织类别丰富。截至 2016 年第一季度,全国经民政部门依法登记的社会组织达到 66.48 万个,其中社会团体 32.9 万个,基金会 4841 个,民办非企业单位 33.1 万个。从行业领域来讲,覆盖了工商服务业类、科技研究类、教育类、卫生类、社会服务类、文化类、体育类、商务服务类、生态环境类、法律类、宗教类、农业及农村发展类、职业及从业组织类等多个类别。

二是社会组织结构日趋合理。在政府的规范引导下,社会组织建设和发展的相关法律、法规不断完善,对各类社会组织的组织结构进行了明确的规定和要求,有效避免了同行业、同类别、同地区和同部门的社会组织重复建设、功能叠合和资源浪费。根据《2015 年社会服务发展统计公报》,全国共有社会组织 66.2 万个,其中社会团体 32.9 万个,包括工商服务业类 3.7 万个,科技研究类 1.7 万个,教育类 1.0 万个,卫生类 1.0 万个,社会服务类 4.8 万个,文化类 3.3 万个,体育类 2.3 万个,生态环境类 0.7 万个,法律类 0.3 万个,宗教类 0.5 万个,农业及农村发展类 6.2 万个,职业及从业组织类 2.1 万个,其他 5.3 万个。各类基金会 4784 个,包括公募基金会 1548 个,非公募基金会 3198 个;民政部登记的基金会 202 个、涉外基金会 9 个、境外基金会代表机构 29 个。民办非企业单位 32.9 万个,包括科技服务类 1.6 万个,生态环境类 433 个,教育类 18.3 万个,卫生类 2.4 万个,社会服务类 4.9 万个,文化类 1.7 万个,体育类 1.4 万个,商务服务类 3355 个,宗教类 114 个,国际及其他涉外组织类 7 个,其他 1.9 万个。形成了较为完善的社会组织结构。

三是社会组织发展逐渐成熟。随着社会组织管理的不断规范和严格,我国社会组织发展逐渐成熟,不同行业、不同类别、不同地区和不同部门的社会组织普遍制定了相关的规则和制度,严格规范行业标准,不断加强行业管理,为行业和领域发展提供平台,促进行业交流,整合行业资源,较好地推动了行业内部各组织的发展和合作,实现了行业的繁荣,促进了社会的进步。另外,越来越多的社会组织积极配合国家发展总体战略布局,积极参与国家文化治理现代化,将自身建设和发展主动与国家建设和发展大局相关联，积极投身国家事业。

四是社会组织功能发挥充分。随着我国全面改革的深入，特别是服务型政府建设中政府职能转移的深入，社会组织承担的社会责任越来越广泛、越来越深入，这就为社会组织自身功能的发挥提供了充分的空间和机会，使得社会组织在我国的社会生活中发挥越来越重要的作用。社会组织成为国家事务三元共治的重要力量之一。

另一方面，结合国家文化治理的现实需求，我国社会组织发展的不足主要可以归结为以下几个方面。

一是权限界定尚不明确。三元共治的基础之一是政府、企业和社会组织在权限界定明确的前提下各司其职、各负其责。然而，在当前的社会组织建设和发展方面，相关的法律法规对社会组织的权利、职责界定尚不明确，特别是社会组织在国家文化治理方面的地位、作用、权责、功能等尚未进行充分讨论和规定，这就为社会组织参与国家文化治理、充分发挥其应有的且无法替代的作用造成了一定程度的障碍和困难，导致国家文化治理三元共治结构性缺陷。

二是独立性较为缺乏。社会组织不同于政府和企业，其非政府性和非营利性要求其与政府和企业保持相对的距离，应当成为与政府、企业地位平等的独立体，独立自主地开展相应的活动。然而受到我国行政体制和历史传统的局限，我国社会组织尚缺乏必要的独立性，大部分社会组织与政府之间存在着程度不一的关联性，许多社会组织实际上成为"二政府"，在组织结构、职责范围甚至工作作风等方面都与政府高度重合或相似，还有一些社会组织仅关注组织自身的运营和发展，沦为与企业争利的准企业。这些都严重妨害了社会组织的"纯洁度"，阻碍了社会组织的自身健康发展，影响国家文化治理三元共治建构。

三是发展程度不高。在长期的行政管理之下，社会组织往往没有真正受到重视，其建设和发展程度往往局限于当时的行政体制安排，而无法从根本上谋求自身独立自主发展。社会组织"二政府"或准企业的现实地位，也成为其受到政府和企业双重忽视的原因之一。这些因素导致我国社会组织在长期发展过程中组织管理涣散、自我意识缺失、发育程度不理想等症状，反过来成为阻碍社会组织建设和发展的重要影响因素。这种发展程度不高的社会组织很难适应国家文化治理的要求，很难成为国家文化治理三元共治结构中重要一元。

四是作用影响有限。长期以来，在行政体制和历史传统的影响下，社会组织处于政府的严格管控之下，在组织结构、管理运行、功能发挥等多个方面都或多或少地受到行政机构的束缚和控制，很难在真正意义上独立自主发挥自身作用。如果继续延续这种封闭式的受控管理，社会组织就无法在国家文化治理体系中构成三元之一体，也就无法承担其国家文化治理三元共治结构赋予的职责和任务，也就无法真正实现国家文化治理现代化的总体战略布局。

三 社会组织的作用

国家治理体系与治理能力现代化已经成为国家重大战略安排，而国家文化治理是国家治理的重要组成部分。当前，我国政治、经济、社会、文化等多个领域正在进行日益深刻的变革，社会组织作为国家文化治理多元共治模式的重要主体之一，应当在其中发挥重要作用。

进入中国特色社会主义建设新时期以来，党和国家不断深化政治体制改革，正稳步推进法治政府、服务型政府、创新型政府建设，逐步实施政府职能转移，致力于推动政府一元管理模式向政府主导、多元主体参与的多元共治模式演变。在经济领域，随着改革开放和经济体制改革的不断深入，我国所取得的巨大经济成就已经为世界所瞩目，当前正处于产业结构优化升级、供给侧结构性改革不断深入、经济活力持续激发的经济发展新常态之中。在社会领域，我国正在经历深刻的社会转型期，各类社会矛盾和各种社会问题正逐渐暴露出来，在思想文化方面表现得十分突出，提高社会治理水准和能力成为必然。在公民个人层面，多元化的个人诉求通过日益便捷的网络、媒介等渠道展现出来，关照每一位公民的现实诉求、实现国家善治的难度越来越大，所面临的挑战越来越严峻。在这种复杂背景下，正视社会组织发展，重视社会组织在国家文化治理中的主体地位，激发社会组织在国家文化治理中的功能作用，是构建国家文化治理体系、不断提升国家文化治理能力的现实需要。

社会组织在国家文化治理过程中所发挥的无可替代的重要作用可以归

结为以下几个主要方面。

一是承接政府职能转移，发挥三元共治主体功能。计划经济时代，政府依靠指令性计划和行政性手段对社会的方方面面进行管理，行政的、经济的、社会的、文化的等多个社会层面的管理均由政府一手操办，政府既是监督者、监控者，同时还是生产者、消费者，形成了全能型政府。在全能型政府中，政府直接干预微观的经济活动，并通过行政性指令对其进行管理和调整，取代了市场自身对资源的配置作用。而在社会层面则通过行政性手段直接参与到各类社会生活之中，并对其进行微观层次上的直接管理。在文化层面行政意志直接参与文化艺术创作，并对文化艺术创作进行细致入微的干预和管控。这就导致经济、社会、文化等多个层面丧失原有活力，同时行政体系难堪重负，官僚队伍庞大而效率有限。深化行政管理体制改革、进一步推动政府职能转移势在必行。社会组织作为国家文化治理三元共治主体之一，可以将政府某些事务性、服务性、中介性的职能承接过来，不仅能够为政府减负减重、分忧解难，而且能够充分发挥社会组织细致入微、充满活力、柔性管理的优势条件，取得良好的社会管理效果。由社会组织承担社会管理的主体角色，既是行政管理体制改革不断深化的必然结果，同时也是社会发展和时代进步的必然结果，应当以明确的法律形式予以确认，充分发挥其在国家文化治理三元共治模式中的主体功能。

二是助推经济繁荣发展，为经济发展提供智力支持。首先，经济的繁荣发展离不开各类优秀人才。各类优秀人才作为高素养、高质量、高技术水平的劳动者，与土地、资本、技术等一样，是重要的生产要素。而随着经济的发展和科技的进步，特别是知识经济时代的到来，各类优秀人才在经济发展过程中所起的作用更是日益显著。其次，经济的繁荣发展离不开先进的科技。科技是第一生产力，是提高劳动生产率、提高资源利用率、提升产业效能的重要因素，在当前的经济发展过程中起着其他生产要素无法替代的重要作用，可以说科技是经济发展的重要引擎。再次，经济的繁荣发展离不开畅通的信息资讯。随着信息技术革命的不断深入，信息资讯在经济发展过程中扮演着越来越重要的角色，并促生出新的产业形态。产业信息化和信息化产业作为许多国家新的经济增长点已经成为产业发展和经济发展的重要方向。社会组织的重要功能之一就在于其能够有效地凝聚和培养人才、提升科技研究水准、提供咨询服务、推动行业交流，同时还能够准确把握行业需求和发展方向，为行业发展提供统一的规范标准。因而，社会组织的建设和发展必将在相当程度上为我国经济实力的新一轮增长提供必要的智力支持，有效助推我国经济走向新的繁荣、取得新的经济建设成就。

三是完善社会治理体系，提高社会治理能力和成效。首先，社会组织参与社会管理是由其国家文化治理三元共治主体地位决定的。在国家治理框架下，社会组织与政府、企业共同构成治理模式的三元主体，承担着重要的社会治理功能和任务，是构成完整的社会治理体系的重要一环。社会组织应当在社会领域的治理过程中发挥主体作用。其次，我国当前正处于剧烈的社会转型期，各类社会矛盾和社会问题不断暴露出来，许多矛盾与冲突的对立双方往往是政府与公民个人、企业与公民个人的利益之争，社会组织作为独立于政府与企业的非政府性、非营利性机构，可以在这些社会矛盾与冲突的调解过程中发挥更为积极的作用，维护整个社会的稳定大局。当然，社会组织本身的公信力建设仍是一个艰巨的课题，需要通过行政性、法律性、社会性的多种方式加以确认和培植。其次，社会组织与政府、企业相比，组织形式更为灵活、覆盖范围更为广阔、与社会各领域的联系更为密切，社会组织可以深入文化、宗教、教育、卫生、体育、安全、公共服务等多个社会领域，并充分发挥其优势和功能，实现社会治理的既定目的。基于以上几点，社会组织参与国家文化治理，可以更好地完善社会治理体系，不断提高社会治理能力，取得良好的社会治理成效。

四是实现个体充分关怀，满足公民多元化现实诉求。社会组织是联结公民个人与政府、公民个人与企业的重要桥梁，社会组织以其与社会领域天然的密切关系可以充分而及时地了解公民个人的现实需求，并将利益相关的社会个体紧密地联结起来，成为政府和企业听取民情民意、了解公民需求、把握施力方向的重要渠道。从公民个人来讲，社会组织是其表达自身意志、反馈自身诉求、实现自身愿力的有效合法途径，可以为社会生活领域中种种矛盾和冲突提供一种正当合理的解决程序和方法，可以有效化解社会矛盾和冲突。另外，社会组织可以有效地动员各类社会资源，及时掌握社会现实需求，并以此提供充足的、多样的社会公益服务和公共产品，满足社会不同领域、不同群体、不同层次的社会生活需要。社会组织对社会公益服务和公共产品的提供与生产，是政府、企业提供的公益服务和公共产品的有益补充。基于社会组织类型的多样性，社会组织不仅可以充分地为公民个人提供良好的政治诉求表达渠道，还能够通过人才培训等形式化解就业问题等经济领域的矛盾，同时也能为不同群体提供社交空间与机会，提升公民精神面貌，满足其物质与精神两个层面的发展需求。社会组织的充分发展有利于实现国家与社会对公民个体的贴心关怀，提升整个社会的幸福感和归属感，实现不同社会群体多元化诉求的正当合理表达。

社会组织在承接政府职能转移、发挥三元共治主体功能，助推经济繁荣发展、为经济发展提供智力支持，完善社会治理体系、提高社会治理能力和成效，实现个体充分关怀、满足公民多元化现实诉求等方面具有独特且重要的作用，对构建中国特色社会主义国家文化治理体系和提升中国特色社会主义国家文化治理能力具有重要意义。然而，由于我国行政体制和历史传统等多方面因素影响，当前社会组织在构建中国特色社会主义国家文化治理体系和提升中国特色社会主义国家文化治理能力方面的重要作用尚未得到充分发挥，要实现社会组织的充分发展，使其真正成为国家文化治理三元共治模式重要主体之一，尚需从以下几个方面着手，努力提升社会组织自身建设水平和能力。

一是深入推进行政管理体制改革，增强社会组织的独立性和自主性。在我国原有行政管理体制下，政府长期被认为是管理社会的唯一主体，政府几乎包办了社会领域内所有事务，而社会组织也作为政府严格管控的对象，在程序上需要接受业务主管部门和登记管理部门的双重管理，社会组织不得不依附于政府，并在组织的运营管理、人事制度、决策程序等多个方面与行政风气保持一致。另外，政府在社会管理"一元主体"的影响下，无法从根本上重视社会组织的建设和发展，也无法从根本上认识到社会组织在社会管理方面所起到的重要作用。因此，要在国家文化治理体系和能力建设的过程中，充分发挥社会组织在社会管理方面的重要作用，首先要从根本上打破政府一元管理模式，深入推进行政管理体制改革，将部分社会管理功能和职责从政府部门转移给相应的社会组织，不断增强社会组织自身的独立性和自主性。

二是努力打造平等公平的良好环境，促进社会组织健康成长。长期以来，由于社会组织处于政府严格管控的境地，社会组织参与社会管理的范围、程度、效果均极为有限，而整个社会对社会组织缺乏正确的认识，对社会组织的关注度和重视度也处于较低的程度。此外，加之社会组织所承担的角色定位，社会组织很难与政府、企业处于平等地位、享受公平的社会管理待遇，在政策、财政、人事、运行、管理等多个方面受到阻碍和限制。这就在相当程度上影响了社会组织作为社会管理重要主体之一充分发挥其相应的功能，因而必须要在构建中国特色社会主义国家文化治理体系和提升中国特色社会主义国家文化治理能力的过程中，努力打造平等公平的良好环境，在全社会中形成重视和尊重社会组织及其从业人员的良好风尚，消除社会组织与政府、企业之间在政策、财政、人事等多个方面的不对等待遇，消除有政府背景的社会组织与民办社会组织之间在发展机会、项目竞争、政策优惠等多方面的不对等待遇，促进各类社会组织不断健康发展。

三是加强监督管理，推动社会组织运行管理的法制化、科学化。当前，我国社会组织的发育程度还较低，各方面的能力和水平还较为有限，除了受到行政管理体制和历史传统等因素的影响，对社会组织监督机制的不健全也是造成社会组织运行管理法制化和科学化水平较低的重要因素。就目前而言，我国大部分社会组织内部缺乏有效和必要的监督机制，而政府部门除了一年一度的年检，几乎没有有效的社会监督措施，同时社会民众也缺乏对社会组织进行监督的应有热情和态度。这就使得社会组织的管理运行处于几乎没有监督约束机制的条件之下，很难保障社会组织的发展始终处于健康状态。要想使社会组织真正成为国家文化治理三元共治模式中重要的一元，就必须大力提升社会组织运行管理的法制化和科学化水平，建立行之有效的监督管理机制，保障社会组织的运行管理始终处于法制的轨道之上，不断提升社会组织内部决策的民主化程度和科学化水平。只有如此，才能塑造出健康合格、有公信力、适应国家文化治理要求的社会组织。

　　四是强化服务理念，提升公共产品生产能力和公共服务提供水平。受到诸多不利因素影响，我国社会组织长期处于"二政府"的角色定位之中，组织内部科层制特征明显，官僚风气较盛，办事效率较低，缺乏应有的服务意识和服务理念。在国家文化治理三元共治模式中，社会组织对社会事务进行管理的过程，也就是社会组织充分运用自身在汇集多方资源、凝聚各类人才、促进行业交流、应用先进科技等方面的优势，对其管理对象进行服务的过程。因而，适应国家文化治理需要的合格的社会组织应当是那些公共产品生产能力较强、提供的公共服务水平较高、服务意识和服务理念较优的社会组织。要在国家文化治理过程中充分发挥社会组织应有的功能和作用，就必须运用行政的、经济的、法律的、文化的、社会的等多种手段和方式，通过多种渠道不断提升社会组织服务社会的能力和水平，不断加强社会组织生产公共产品和提供公共服务的能力和水平。只有在这种情况下，我国的社会组织才能从"二政府"的角色尽快地转变为国家文化治理三元共治的重要主体之一，并在国家文化治理过程中充分发挥其应有的功能和作用。

　　五是建立社会组织经费资金来源系统，保障社会组织功能发挥。社会组织要真正成为国家文化治理的重要主体之一，除自身能力和水平的提升之外，还需要获得财政和资金上的充分保障。由于多种条件的束缚和限制，我国长期以来没有形成可靠的、常态化的社会组织经费资金来源系统，财政和资金方面的限制成为影响我国社会组织独立自主运行管理、充分发挥其应有功能作用的重要阻碍。我国社会组织的经费来源主要由会员会费、社会捐助和政府资助等三个部分构成。受到经济发展水平和劳动收入等因素的影响，大部分社会组织对会员收取的会费都极为有限；整个社会慈善行动和捐助系统尚不成熟完善，也在很大程度上影响了社会组织的社会捐助额度；而政府的财政资金也极为有限。基于这几种情况，对于许多社会组织来说这三个部分的经费来源往往无法支撑整个组织的正常运行管理，因而其正常的功能发挥也就无从谈起，其在国家文化治理过程中的主体作用发挥也就只能是空谈。建立可靠的、有效的、可持续的社会组织经费资金来源系统，是社会组织在国家文化治理过程中承担重要主体功能的必要保障。

第三节　社会组织参与国家文化治理

一　社会组织参与国家文化治理的体系建设

体系建设是实现国家文化治理战略的重要方面，形成完善的、科学的体系是实现国家善治的有力保障。社会组织作为国家文化治理三元共治模式中重要的主体之一，其本身就是国家文化治理主体体系的重要部分。社会组织作为主体体系的重要一元，在参与国家文化治理的过程中，需要关注整个主体体系的建设和发展，需要处理好与同处主体系统中的政府和企业之间的关系，同时还要注意处理好与公民个体之间的联系。

（一）明确与政府之间的关系定位

在参与国家文化治理的过程中，社会组织要时刻把握自身与政府之间的关系。社会组织只有明确自身在国家文化治理中的定位，与政府形成良好的互动合作关系，才能够更好地在国家文化治理中充分发挥社会组织应有的作用。社会组织把握好与政府之间的关系定位，主要可以归结为以下三个方面。

一是明确主导与被主导的关系。在国家文化治理三元共治结构中，政府、企业、社会组织虽然同为治理主体，但其各自的地位和功能并不相同。政府是国家文化治理的主导者，是中国特色社会主义国家文化治理体系构建和能力提升的总体把握者。政府从根本上决定着国家文化治理的目标、走向、进程、方式等，而社会组织作为国家文化治理三元共治的主体之一，应当在政府的主导下承担国家文化治理某一方面或某几方面的任务并发挥自身的功能。社会组织在参与国家文化治理的过程中，应当积极主动配合政府对国家文化治理体系构建和能力提升的总体规划和步骤安排，服从政府在国家文化治理既定目标实现过程中的任务分工和方向指挥。只有这样，社会组织才能在真正意义上参与国家文化治理进程，才能在真正意义上充分发挥自身作为国家文化治理三元共治重要主体的相应功能，才能在真正意义上实现社会组织的价值取向和存在意义。

当然，社会组织对政府的配合和服从并不是绝对的和被动的，不同于以往行政管理体制结构下社会组织对政府行政性指令的绝对服从，在国家文化治理过程中，社会组织可以平等地向政府进行相关信息的反馈和回应，充分表达社会组织自己的声音和观点，为国家文化治理的具体实践提出具有参考意义和操作价值的有益建议。

二是明确管理与被管理的关系。在国家文化治理体系中，社会组织和政府一样是地位平等的治理主体之一，但是在纯粹的行政管理体制中，社会组织仍是政府重要的管理对象之一，社会组织自身的运行管理、各类活动的举办、相应功能的发挥等都应受到政府的监督和管理。社会组织在参与国家文化治理中平等的主体地位的获取并不意味着政府对社会组织管理职能的丧失，相反在国家文化治理过程中，政府对社会组织的管理和考核只会更为严格，而非松弛甚至彻底"放手"。国家文化治理战略的顺利实施离不开有能力、有担当的合格的社会组织，对于那些不符合国家文化治理要求，内部管理混乱、整体运行不力、正常功能无法实现的社会组织，政府应当运用行政性指令、法律性规范等手段使其在某一期限内完成整改和提升，而对于那些无法承担国家文化治理功能和职责的社会组织，政府还应当设立退出机制和清除机制，实现我国社会组织整体素质和能力的全面提升。政府对社会组织的严格管理和社会组织对政府管理的接受不会影响和削弱社会组织的独立性和自主性，相反能够促使社会组织严格按照法制规范、体制要求和现实情境进行必要的能力提升，有利于社会组织在适应我国基本国情的前提下提高其独立自主承担国家文化治理主体功能的能力和水平。社会组织正确把握与政府之间管理与被管理的关系有利于更好地实现自身建设和发展。

三是明确授权与被授权的关系。在国家文化治理过程中，政府将非行政性职能从自身分解出来转移给经济组织和社会组织是推进政府职能转移、建设服务型政府、实现简政放权的必然要求。政府从传统行政管理体制中的全能型向服务型转变，将市场的还给市场，将社会的还给社会，是政治体制改革不断深化、政府主动适应新的发展形势的必然结果。政府作为主动转移相应职能一方与社会组织作为被动接受职能转移一方，二者之间是一种授权与被授权的关系。政府应对被授权的社会组织进行认真考察、严格审核和全面监督，保障被授予的社会治理权力不被滥用、社会治理功能不被扭曲、社会善治的价值追求不被违背。社会组织应当在政府授权范围内作为国家文化治理的重要主体之一进行社会某些领域或某种程度上的治理。社会组织应当充分认识和重视这种政府授权行为以及由此带来的权益与责任，努力增强自身能力建设和功能完善，主动承担起相应的社会治理职责和任务，充分发挥自身在社会治理方面的重要作用，为实现国家文化治理的重大战略做出自身贡献。同时，社会组织也应当充分利用好政府职能转移的重大机遇，在做好组织管理和运行的前提下，努力实现社会组织的健康发展和长足进步，使社会组织逐步发展、壮大。

（二）加强与企业之间的互动合作

除了明确与政府之间领导与被领导、主导与被主导、管理与被管理、授权与被授权四个方面的关系定位，社会组织在参与国家文化治理的过程中，还应当妥善处理好自身与企业之间的关系，主要包括以下三个方面。

一是与企业保持好互尊互敬的关系。企业作为经济领域的重要组织机构，与社会组织一样，也是国家文化治理三元共治模式主体系统的重要一元，是参与国家文化治理现代化的重要力量。企业作为经济性组织参与市场经济各项经营性活动，其自身有一套经营发展的基本客观规律。只有遵循这套基本的客观规律，企业才能够保持正常的经营性活动，才能够在严酷的市场竞争环境中生存下来并不断发展壮大。以往的经济管理实践经验已经证明，对经济发展基本规律的遵循和敬畏是维护正常的市场经济环境、保持稳定的市场经济秩序、促进市场经济繁荣发展的重要前提。社会组织虽然不以营利为目的，但在实际组织活动中，为了维持正常的组织运行，必然要进行某些经营性活动。这些经营性活动虽然涉及范围较小、市场影响较小、盈利效果有限，但仍然可能会对某些企业的正常经营性活动形成冲击，特别是当社会组织的经营性活动超过某种限度的时候，就有可能对正常的市场活动造成不利影响，引起连锁性的社会反应。因此，社会组织在参与国家文化治理的过程中，也应当主动遵循市场经济基本规律，对正常的市场活动保持敬畏态度，严格约束自身的经营性活动，避免造成社会组织与企业之间的恶性竞争和不必要的对立，引发社会矛盾和冲突。社会组织作为国家文化治理三元共治模式的主体之一，应当对企业正常的经济行为保持必要的尊重与敬畏。

二是与企业保持好相辅相成的关系。企业既是参与国家文化治理的重要主体之一，也是参与市场经济经营性活动的重要主体。企业通过其经营性活动，向市场提供商品和服务，并获取相应的经济利益。社会组织所从事的则是非行政性和非营利性的公益活动，实现加强行业交流、培养专业人才、研发全新科技、提供信息资讯、提升行业凝聚力等功能。二者虽然各据追逐利润与献身公益的两端，但在国家文化治理现代化过程中，却可以实现充分地互相补充、互相辅助、互相促进的效果。一方面，企业在市场中的经营性活动离不开行业良性互动、优秀专业人才、全新科技应用、信息资讯畅通等条件的支撑，而这些条件都可以通过社会组织来实现。社会组织可以为企业的经营和发展提供充足的动力。另一方面，社会组织的生存和发展离不开资金支撑，仅仅依靠会员会费和部分非营利性的活动很难使社会组织在当前的社会环境中生存下来，事实上很多社会组织都依靠来自政府的资金资助存活下来。在国家文化治理三元共治模式中，政府不应当继续充当社会组织最大"金主"的角色，而应当鼓励更多的企业对社会组织进行资金捐助，特别是对那些纯公益性的社会组织。在国家文化治理主体系统中，社会组织应当与企业形成互为补充、互为辅助、互为促进的良性关系。

三是与企业保持好若即若离的关系。从组织性质来讲，企业与社会组织是完全不同的两种组织，从营利的角度来讲，二者甚至分处对立的两端。然而，如前所述，在国家文化治理模式主体系统中，在政府的主导下，二者完全可以成为互相补充、互相辅助、互相促进的合作主体。社会组织应当在自身建设和发展中加强与企业之间的密切联系。但同时，社会组织应当时刻清醒地牢记自身的公益性质，避免在与企业进行更广泛的合作时沦为资本的奴隶和企业的附庸。在国家文化治理三元共治模式中，社会组织和企业是相互联系又相互独立的两类重要治理主体，二者在组织结构、本质特性、经营方式、活动领域、服务对象、作用效果、价值追求等多个方面各不相同，应当严格保持其相对独立性和自主性，不应因互为补充、互为辅助、互为促进的良性关系成为"你中有我""我中有你""彼此不分"的混合体。这就要求社会组织与企业之间要时刻保持若即若离的状态，要准确把握与企业之间的合作关系和密切程度，严格区分国家文化治理主体系统中的两类不同性质的主体。简而言之，在构建国家文化治理体系和提升国家文化治理能力的过程中，应当鼓励和促使企业基于其营利性活动将一部分盈利捐助给社会组织，同时也应当鼓励和促使社会组织充分利用其在加强行业交流、培养专业人才、研发全新科技、提供信息资讯、提升行业凝聚力等方面的优势为企业提供公益性产品和服务，但应严格区分二者不同的性质和地位，确保其处于若即若离的关系之中。

（三）强化与公民个体的密切联系

社会组织参与国家文化治理过程中，应当妥善处理好自身与政府、企业之间的关系，形成良好的国家文化治理三元共治模式主体系统。另外，基于社会组织与公民个体之间的天然联系，社会组织还应当在构建国家文化治理主体体系的过程中，始终与公民个体保持密切联系，把握公民个体的现实诉求，树立和维护社会组织的公信力。

一是要做好公民个体现实诉求的"传声筒"。社会组织与公民个体之间具有天然联系，社会组织是公民个人参与社会事务的重要渠道之一，通过社会组织公民个人能够充分地表达自己的观点、意愿、建议和不满，而社会组织则可以通过筛选、化解、分类、归结等方式通过特定的渠道将公民个人的这些观点、意愿、建议和不满转化为组织行动，构成社会组织参与国家文化治理的重要部分。在这个过程中，社会组织要正确认识到自身在反映、表达和传递公民个人意志时要成为合格的组织机构，成为政治正确，有社会责任感、社会关爱心和社会敏感度的民意集合体。在国家文化治理三元共治模式中，社会组织一端联结着公民个体，另一端联结着政府和企业，社会组织对公民个人各种现实诉求的集合应当做到及时、准确、有效，通过合法合理的诉求反馈渠道传递给相关的组织机构，并通过各种方式及时跟踪这些诉求反馈后的解决情况，实现公民个人合法正当的诉求得到及时有效的反馈。当然，社会组织作为公民个人现实诉求的"传声筒"，并不是简单机械地将公民的具体需求原封不动或照本宣科式地进行转递，而应当依据相应的法律法规、公序良俗和现实可行性等原则进行基本判断，并在基本判断的基础上对其进行分门别类、梳理整合和化解转移等操作，以便更好地实现公民个人的现实诉求。社会组织做好公民个体现实诉求的"传声筒"，是社会组织参与国家文化治理的重要方面之一，也是社会组织作为国家文化治理重要主体之一在国家文化治理体系构建和能力提升过程中的重要职责和任务。

二是要做好消弭社会对立与矛盾的"清心丸"。当前，我国正处于激烈变革的社会转型时期，各种社会问题和社会矛盾不断涌现，并在某些社会领域内造成了严重的分歧对立和激烈的矛盾冲突，成为影响国家善治实现的重要因素。社会组织作为国家文化治理三元共治主体系统中的重要主体，同时也作为社会治理方面主要的行为主体，应当在消除社会分歧对立和矛盾冲突方面发挥更为积极和有效的作用。与政府和企业相比，社会组织更为贴近和贴合公民个体的社会生活，能够敏锐和及时地把握各类社会矛盾点，并做出相应的正当反映。社会对立与矛盾往往因多方利益冲突引起，政府、企业和公民个人在社会领域均存在较为明确和坚决的利益诉求和价值追求，因此往往在互动过程中引发各种对立和冲突，成为社会问题和社会矛盾的焦点和中心。而社会组织基于其非行政性和非营利性的属性，能够在各种社会对立和矛盾中保持相对独立和公平，可以成为政府、企业和公民个人等多方主体的利益调和者，从而成为消弭社会对立和矛盾的"清心丸"，实现国家文化治理过程中出现风清气正、时局清明的国家善治状态。当然也应当承认，在当前的现实状况中，大多数社会组织还无法承担起或者还无法更好地承担这一功能，这是国家文化治理主体建设过程中应当着力解决的问题，应当通过各种手段和方式，以极大的勇气和魄力赋予社会组织以更充足的社会公信力。

三是要做好加强业内团结的"凝结核"。社会组织往往是某一行业的联结纽带，起到汇集行业内优秀人才、提供行业内最新信息资讯、研发行业内全新科技、制定行业内统一标准和促进行业内交流互动等作用，在相当程度上能够加强行业内部的团结凝聚，实现行业性的社会团结，成为行业内部团结的"凝结核"。与政府部门的社会性、全员性动员与组织不同，社会组织对行业内部的团结是针对明确的行业内从业机构和从业者进行的，是社会生活某一领域内某一部分人的有意识的组合，其团结原则基于从事共同的行业。同样，与企业部门基于业缘形成的带有明确边界的组织团结不同，社会组织对行业内部的团结是突破企业的单位边界的，往往是某一行业内多个企业或个人的联合体，能够团结更广泛的同业者。社会组织通过为行业内从业机构和从业者提供专业性的公益性产品和服务，能够对其产生一定程度的业内团结影响，使行业内从业机构和从业者获取认同感、归属感和荣誉感，从而产生对社会组织的依赖感和信任感，实现社会组织成为加强业内团结"凝结核"的功能。当然，这种业内团结力并非一成不变，业内团结力的强弱与社会组织的自身建设和发展、影响力和覆盖面、提供产品和服务的能力等因素有着极为密切的关系。一个社会组织只有内部组织结构完整，功能发挥正常，具有明确的发展方向和足够的发展愿力，具有较强的影响力和较广的覆盖面，具有为社会组织成员提供优质、充足的公益性产品和服务的能力，才能对其成员产生切实、强有力的业内团结力。反之，则无法在真正意义上成为业内团结的"凝结核"。

四是要做好实现社会性团结的"黏合剂"。社会组织除能够成为业内团结的"凝结核"之外，还能够在整个社会层面实现更广阔范围内和更深程度上的社会性团结。在国家文化治理现代化过程中，同为社会治理重要主体的不同社会组织之间也应当产生密切的关联性，并在这种关联性的基础上形成社会组织整体。与政府部门不同，社会组织之间不存在中央与地方、指令与服从、上与下的纵向权力体系，因而也就无法像政府部门一样凝结为一个高度集中统一的整体。但是在国家文化治理现代化的进程中，社会组织之间可以依靠其深刻的社会性和高度的公益性凝结为横向展开的联合体，作为国家文化治理主体系统中的一元而存在。这就使得通过社会组织实现社会性团结成为可能。社会组织基于其内部对从业机构和从业者的强大团结力，可以在社会治理过程中实现不同社会领域和社会范围的合作互动，成为实现社会性团结的"黏合剂"。单个的社会组织在参与国家文化治理的过程中，应当有意识地增强团结观念，展现开放包容的心态，树立广泛交流、积极互动的理念，主动开展与其他社会组织的深度合作，实现不同社会组织的共同发展。只有这样，社会组织才能成为社会性团结的"黏合剂"，才能真正成为国家文化治理主体系统中重要一元。

二 社会组织参与国家文化治理的能力建设

（一）参与国家文化治理的能力要求

社会组织作为重要的治理主体之一，在参与国家文化治理现代化过程中，必须不断增强自身的能力建设，以确保发挥其应有的作用，实现社会领域内的国家善治。每一个社会组织都应具有多种能力，才能适应当前不断变化发展的社会现实，在国家文化治理现代化的进程中，对社会组织的能力建设要求也就更为严格和全面。总体来讲，社会组织参与国家文化治理应当至少具备以下四个方面的能力。

一是资源整合能力。社会组织在资源整合方面具有得天独厚的优势。社会组织利用其在行业内的影响力、凝聚力、威信力以及在社会领域内的密切联系，可以有效地实现行业内外的社会资源整合。在国家文化治理三元共治模式下，政府将部分社会管理职能转移出来，由相应的社会组织进行承担。社会组织作为国家文化治理主体系统中的重要一元，应当充分利用好自身在加强行业互动交流、增强行业内部团结、促进社会性团结等方面的功能优势，积极主动承担政府转移的相关职能，努力推动整个社会层面的各类资源整合，充分实现社会治理功能。社会组织在资源整合方面的能力主要有两个向度，一方面是社会组织充分发挥加强行业交流、培养专业人才、研发全新科技、提供信息资讯、提升行业凝聚力等方面的功能，不断提升自身的凝聚力，实现行业内部的资源整合；另一方面是社会组织充分运用自身在行业领域的独特优势，不断拓展和扩大自身的社会影响力和威信力，实现社会范围内的资源整合。从作用的范围来讲，后一方面明显大于前一方面，但从作用的力度来看，前一方面则明显强于后一方面。社会组织应当在发挥自身资源整合能力的过程中，时刻注意根据组织自身定位和具体发展情况把握好两个向度的结合。

二是利益表达能力。社会组织作为能够团结行业内外的组织，同时也是公民个体表达现实诉求的重要渠道，在参与国家文化治理体系构建和能力提升的过程中，扮演着表达社会利益诉求的重要角色，也就应当努力提升自身的利益表达能力。在传统行政管理体制下，出于维护政治稳定和社会安定的考虑，社会组织在利益诉求表达方面处于较弱地位，其代表不同的社会阶层和公民个体表达利益诉求的作用不被重视，甚至受到抑制。但是，在新的治理理念指导下，在国家文化治理现代化进程中，通过各种方式实现政府与社会、政府与企业、政府与公民个体之间的深入沟通和良性互动已经成为实现社会善治的必然选择。社会组织作为参与国家文化治理的重要主体之一，收集、汇总、筛选、反馈社会领域内的相关利益诉求，是其参与国家文化治理的主要表现形式和重要途径。社会组织在参与国家文化治理过程中，一定要注意利益诉求表达的方式、性质、内容和社会影响等因素，并对其进行严格审核，避免造成利益主体多方的直接对立和矛盾，对利益诉求的表达必须符合相关的政治纪律要求、法律法规和公序良俗等原则，不能凭借国家文化治理三元共治模式中平等的主体地位肆意妄为，对政治稳定、经济发展和社会秩序造成不良影响。

三是组织协调能力。组织协调能力是社会组织生存和发展的必备能力之一。社会组织往往是行业性的交流互动组织，起着联系行业内会员、拓展行业外合作、联结行业内外互动的作用。在这个前提下，可以说，组织协调能力是社会组织"安身立命"的基本技能之一，不能正常进行行业内外交流互动的社会组织，其生存力和发展力往往是极其微弱的，甚至会有走向消亡的可能。在参与国家文化治理现代化建设的过程中，社会组织提升组织协调能力可以归结为以下四个方面。其一，大力提升对组织内部会员的组织协调能力。会员是社会组织生存和发展的根基，是社会组织一切行为活动的出发点和落脚点，加强对组织内部会员的组织协调能力不仅是社会组织能力的具体表现，也是社会组织生命活力的重要体现。其二，大力提升与社会领域内其他社会成员之间的组织协调能力。社会领域内不同的社会组织相互之间在组织结构、运行方式、服务对象、组织目标、价值追求等方面各不相同，加强不同类别社会组织之间的交流互动，有利于增进彼此了解、促进互相团结，是提升社会组织组织协调能力的重要方面。其三，大力提升与政府部门之间的组织协调能力。政府是国家文化治理现代化的主导，社会组织作为主体系统中的一元，也应在政府的指导下承担社会治理的具体任务，必须加强与政府部门之间的组织协调能力。其四，大力提升与企业等经济部门之间的组织协调能力。如前文所述，在国家文化治理现代化过程中，社会组织与企业有着千丝万缕的关系，社会组织应当在参与社会治理的过程中不断加强与企业之间的组织协调能力。

四是执行实施能力。任何组织要圆满地完成任务、实现组织既定目标、获取良好的社会效果，都离不开较强的执行实施能力。如同组织协调能力一样，执行实施能力同样也是社会组织生存和发展必备的基本能力之一。在行政管理体制改革不断深化和政府职能转移的背景下，政府将部分可以由社会组织承担和实施的社会职责移交给社会组织来实施完成，其前提就是接受政府职能转移的社会组织必须具有较强的执行实施能力，能够充分运用社会组织自身的各种优势和资源，较为圆满地完成政府交付的社会治理任务，实现社会善治的目标。如果一个社会组织缺乏基本的执行实施能力，也就无法担负起政府职能转移接受方的角色，无法较好地履行相应的社会治理职责，无法圆满地完成相应的社会治理任务，也就无法在国家文化治理现代化的进程中迅速成长为国家文化治理三元共治模式中合格的主体之一。社会组织执行实施能力的水平高低与其本身的组织结构、人员素质、目标管理、任务分配以及绩效考核等诸多因素密切相关。社会组织应当时刻关注这些因素在日常组织运行过程中的表现与影响，及时纠正和扭转不良的运行势态，避免陷入人浮于事、效率低下、组织散漫、离心离德的危险境地。在参与国家文化治理现代化的过程中，社会组织要真正成为合格的社会治理主体，就必须不断加强自身的执行实施能力建设。

（二）社会组织能力建设途径

社会组织在参与国家文化治理现代化的过程中应当至少具备资源整合能力、利益表达能力、组织协调能力、执行实施能力等四个方面的能力，才能真正担负起国家文化治理的重要战略任务，在社会治理过程中充分发挥自身优势，成为国家文化治理三元共治模式的合格主体。而社会组织要实现资源整合能力、利益表达能力、组织协调能力、执行实施能力的有效提升，就必须至少从以下几个方面着手。

一是坚持党和政府的领导。党是社会主义事业的坚强领导核心，政府是国家文化治理主体系统的主导。社会组织在加强自身参与国家文化治理现代化能力建设的过程中，必须始终坚持党和政府的领导，牢固树立党和政府的领导核心理念，与党和政府政治要求、施政理念、政策导向、治理举措等保持高度一致。在国家文化治理三元共治模式中，社会组织与政府、企业一起作为社会治理领域中平等的治理主体，承担着重要的社会治理职责和任务，发挥着政府和企业无法替代的重要作用。但是社会组织应当充分认识到，这些社会治理职责和任务的承担、自身功能的发挥都是在党和政府的战略安排和宏观指导之下进行的，社会组织是政府职能转移的被动承接方。因此，坚持党和政府的领导是社会组织在参与国家文化治理现代化过程中发挥资源整合、利益表达、组织协调和执行实施等功能的前提和基础。没有了党和政府领导这一前提和基础，社会组织在以上几个方面功能的充分发挥也就无从谈起。社会组织要想真正成为国家文化治理三元共治模式中重要的主体之一，就必须首先毫不动摇地始终坚持党和政府的领导，并在党和政府的战略安排和宏观指导下，在所设定的范围内不断提升自身在资源整合、利益表达、组织协调和执行实施等方面的能力。

二是创新内部管理机制。健全的内部管理机制是社会组织保持正常运转并不断发展的重要保障，也是社会组织各项功能正常发挥的重要保障。内部管理机制作为社会组织获得长远进步和发展的永恒动力，是社会组织建设和发展的关键。当前，我国社会组织在内部管理机制方面还存在着许多不足和缺陷，特别是有些社会组织还存在着组织结构不合理、管理制度混乱、管理手段匮乏、人浮于事、人心涣散等严重问题，难以适应国家文化治理现代化的新要求，必须从组织结构、人事管理、财务管理、绩效评价、监督考核等多方面着手，从根本上对其内部管理机制进行大胆创新。在国家文化治理三元共治模式中，社会组织是重要的治理主体之一，这就要求社会组织必须具备承担社会治理职责和任务的素质和条件，而社会组织的内部管理机制就是其素质和基本条件的重要表现之一。社会组织只有在参与国家文化治理现代化的过程中，不断创新内部管理机制，才能不断提升自身在组织协调、执行实施等方面的原有能力和在资源整合、利益表达等方面适应国家文化治理现代化新要求的全新能力。内部管理机制创新到位、运行得力，社会组织在资源整合、利益表达、组织协调和执行实施等方面的能力发挥得就越突出、越优异；反之，社会组织就无法保障其功能的正常发挥，必将在国家文化治理现代化的过程中丧失其社会治理主体地位而被淘汰。

三是提升科学决策水准。在现代社会中，科学决策水准越来越成为影响组织机构正常运行和长远发展的重要因素。社会组织在参与国家文化治理现代化的过程中，必须不断提升组织自身决策的科学化水平，从而实现社会组织发展方向的正确性、运行管理的准确性和项目实施的科学性，才能保障社会组织在资源整合、利益表达、组织协调和执行实施等方面的能力得到充分有效的发挥。科学决策是一种判断事务并对其实施进行全面预先审核的过程，在这一过程中，具有决策力的领导层、具有智慧力的专家队伍以及具有执行力的工作团队在充分探讨的基础上充分互动和配合，通过一定的程序进行创造性的智力劳动，从诸多方案中择优选择并对计划项目或活动进行有效指导。程序性、创造性、择优性和指导性是科学决策的重要特征。社会组织在参与国家文化治理现代化的过程中，承担着政府转移的诸多社会治理职能和任务，对这些职能的履行和任务的完成，应当竭力避免传统的权威型决策方式，避免出现"一言堂"和某个个体的独断专行现象，而应当依靠领导层、专家队伍和工作团队的充分互动，形成较为科学、合理、具有可行性的执行方案。只有这样，社会组织作为国家文化治理三元共治模式重要主体之一元，才能在社会治理的进程中充分实现其资源整合能力、利益表达能力、组织协调能力和执行实施能力。

四是提高法治化、制度化水平。社会组织作为国家文化治理三元共治模式下的重要主体参与国家文化治理现代化进程，必须不断适应组织自身在法治化和制度化的轨道上运行。法治化既是我国全面依法治国战略的必然要求，也是现代社会运行发展的重要基础，是现代社会组织和社会成员行为活动的重要准绳。只有在法治化的基础上，社会组织的社会治理主体地位才能得到认可和确立，社会组织参与社会治理的种种行为活动才能得到保障和支撑，社会组织相应功能和能力才能得到充分展现和发挥。同样，制度化也是确保社会组织社会治理主体地位、保障社会组织正常运行并不断发展、实现社会组织诸多功能和能力充分发挥的重要因素，是社会组织参与国家文化治理现代化合法地位实现的必要条件。在传统行政管理体制下，社会组织往往成为政府的附庸或"二政府"，内部科层等级明确，个别主要领导往往存在着独断专行、权力滥用或懒政惰政等不良现象，社会组织的功能和能力发挥往往不够充分、不够完整，只有依靠法治化和制度化的不断健全和完善，才能有效避免此类现象在国家文化治理现代化进程中继续出现，才能促使社会组织在资源整合、利益表达、组织协调和执行实施等方面的能力得到有效而充分的展现和发挥。

五是完善监管反馈机制。监管反馈机制是确保社会组织参与国家文化治理现代化正常进行的有效手段，可以及时纠正社会组织在社会治理中各种行为活动的不正当、不规范、不合法，避免社会组织在社会治理过程中出现各种不良现象，对国家文化治理整体布局和战略实施产生不良影响。社会组织完善监管反馈机制是保证其诸多功能和能力正当发挥的有力举措，主要来讲，可以归结为两个方面。其一，社会组织必须加强组织内部的监管反馈机制，对社会组织参与国家文化治理的各类行为举措进行严格的监督管理，并及时反馈其运行状态和进行情况，对组织自身的运行管理等各方面进行有效把控。其二，必须加强其他社会力量对社会组织的监督反馈机制，对社会组织所提供的公益性产品和服务、资金使用状况、组织运行管理等各方面进行评价和监督，实现全社会对社会组织运行和发展的监督和管理。社会组织要在参与国家文化治理现代化的过程中提升资源整合、利益表达、组织协调和执行实施等方面的能力，就必须自觉完善组织自身的监管反馈机制，同时自觉接受来自社会各领域、各方面、各主体的监督和评价，保证组织自身参与社会治理的各类行为活动有序、有效、合法进行。监管的结果除了向社会组织进行反馈，也应当及时向国家文化治理现代化的其他主体进行反馈，并成为社会组织参与国家文化治理现代化的方式、程度、范围等方面的重要参考依据。

六是适应互联网发展趋势。当前，互联网科技正以超乎人类想象的速度、广度和深度对社会领域各个层面产生越来越深刻的影响。互联网时代的到来使得一切事物的数据化成为可能，社会领域内公益性产品和服务也同样如此，互联网科技本身就构成了国家文化治理的重要方面之一。深处互联网时代的社会组织在参与国家文化治理现代化的过程中，必须不断迎合时代发展的需求，顺应时代发展的方向，赶超时代发展的潮流。社会组织参与国家文化治理的重要任务之一就是在互联网时代如何借助互联网科技为整个社会提供更优质、更适合的公益性数字产品和数字服务。社会组织的建设和发展必须与当前的互联网发展趋势相结合，才能更好地实现其在资源整合、利益表达、组织协调和执行实施等方面的独特能力。另外，互联网科技的发展也为社会组织参与国家文化治理现代化提供各种可行的、有效的、便捷的途径和工具，使得社会组织能够更好地参与到中国特色社会主义国家文化治理体系构建和能力提升过程之中。社会组织应当以积极主动的姿态学会充分利用和借助互联网科技，用好互联网科技这一最新的工具性手段，深入地参与到当前的国家文化治理现代化进程中。当然，社会组织在学会利用和借助互联网科技的同时，也应当时刻敏锐地察觉和抵制互联网科技发展所引起的种种弊端和挑战，避免在参与社会治理过程中陷入不利境地。

第三章

国外典型国家文化治理模式

第一节 美国社会运作型文化治理模式

自独立以来,美国就以自由为标榜,形成了独特的历史文化传统。以自由为标准,美国形成了私人事务与公共事务之间明确的界限,只有涉及公共事务的社会领域才会成为政府行政管理和提供服务的对象和范围。在这种历史悠久且根深蒂固的自由主义思潮影响之下,美国把文化艺术事业的发展看作私人事务,对文化艺术事业的资助、扶持、引导都属于公民个体或社会团体的非公共行为,而政府对此并不负有必然且必需的责任与义务。因此,美国政府在行政体系内始终没有设置专门的文化艺术管理部门,而是更多地依靠某些中介性质的社会机构代表政府行使文化艺术领域的管理职能。这种对文化艺术事业的管理方式构成了美国社会运作型文化治理模式。

一 美国社会运作型文化治理模式的主要特征

美国对文化艺术事业的治理主要是通过税收、拨款等经济方式来进行的,对文化艺术事业进行资金捐助的主体是多元化的,其中既包括联邦政府、州政府、本地政府等政府机构,也包括众多的企业、基金会和社会成员个体。而在整个文化艺术事业发展过程中,每一个主体都无法在根本上决定、干涉、诱导艺术家及其文化艺术行为和活动的具体形式、实质内容等，任何主体都是社会运作型文化治理模式中的一元，其相互间的互动、制衡、联合共同构成了美国文化治理模式由整个社会共同运作的特征。

美国社会运作型文化治理模式的主要特征包括以下几个方面。

一是美国政府与文化艺术事业之间保持绝对距离，不直接参与具体管理。受到自由主义、个人主义和社会自治等思想传统的影响，美国政府刻意与文化艺术事业保持一定的距离，而美国的社会大众也十分反对行政机构对文化艺术自由、文化艺术创作和文化艺术发展施加任何影响，在美国行政体系中不存在文化部或与文化艺术事业相关的部门。为了避免出现因政府放任不管而对文化艺术发展造成诸多不利影响，美国设置了许多不具有行政性质而又担负文化艺术行政管理职能的中介性质的社会机构，如国家艺术基金会、国家人文基金会、国家图书馆学会、国家博物馆学会等。通过这些机构的良好运行，确保文化艺术事业在发展过程中能够得到充足和必要的支持和扶助。

二是文化艺术事业的发展由中介性质的社会机构进行有限资助，而非全额资助。美国政府虽然不直接参与文化艺术事业的发展，但仍通过诸多中介性质的社会机构对文化艺术进行资助。当然，这种资助并不是全额和无条件地进行。一方面为了保证文化艺术正常发展所必需的资金得到满足，另一方面又为了避免各类文化艺术团体完全依赖政府资助，美国政府通过中介性社会团体对文化艺术事业发展所进行的资助是有限度的。"联邦政府机构提供的资金……一般要求对任何项目的资助总额不超过所需经费的50%，也就是说，最多只能提供某一项目所需费用的一半，另一半则必须由申请者从政府机构以外筹款。"[①] "资金匹配一方面促进各地方政府拨出相应的地方财政来与联邦政府的资金配套，另一方面也要求各艺术团体或艺术家积极向社会筹集资金以获得政府的资助。显然这种资金匹配方式调动了各州、各地方乃至全社会资助艺术事业的积极性，也调动了各艺术团体、艺术家的积极性，同时，通过多方考察，既确认该项目的社会意

---

① 王列生、郭全中、肖庆：《国家公共文化服务体系论》，文化艺术出版社，2009，第244～245页。

义和艺术意义，又提高了项目的可实施度，避免了无效投入。"①

三是政府虽然不直接管理文化艺术事业，但运用税收等经济手段引导社会力量对文化艺术事业进行捐助。与直接资助相比，美国政府更多地灵活运用税收等经济手段来引导全社会的力量参与到文化艺术事业的建设和扶助之中。在美国，如果企业和个人对文化艺术事业进行捐赠，可以相应地依法享受税收减免政策。"美国的税收率一般为企业利润金额的35%，如企业向慈善性（包括文化）事业的捐款占企业利润金额的10%，税收率就可减免30%。也就是说，赞助费可以冲抵税收。"② 这种政府通过减少自身税收收入从而刺激企业和社会个体对文化艺术事业进行资助的行为，可以视为政府对文化艺术事业发展所进行的间接资助。

二 美国社会运作型文化治理模式的组织结构

美国文化治理模式表现为社会力量共同参与，属于社会运作型，从客观来讲并不具备完整、系统、严谨的组织结构。但是在整个国家文化治理模式中，仍有几个主体显得尤为重要，承担了其他社会力量无法承担的职责。简单而言，主要包括以下三个方面。

一是美国政府。任何国家的文化治理以及形成整套的国家文化治理体系和模式，都无法忽视政府的存在及其力量，即便是在高度推崇自由主义、个人主义和社会自治的美国社会，也无法从根本上完全排除政府的力量和作用。在美国社会运作型文化治理模式中，美国政府虽然既不直接参与文化艺术事业的行政性管理，也不为促进文化艺术事业发展制定相应的引导性政策，但仍通过国会经费拨付和税收减免政策调整在实际上为文化艺术事业创建良好的发展环境、必要的发展空间并提供充足的发展资金。而对美国文化艺术事业发展起着无法替代的行政管理作用的各类中介性质的社会机构，特别是国家艺术基金会、国家人文基金会和国家图书馆学会、国家博物馆学会等机构在本质上仍与美国政府有着千丝万缕且无法分

---

① 王列生、郭全中、肖庆：《国家公共文化服务体系论》，文化艺术出版社，2009，第245页。

② 王列生、郭全中、肖庆：《国家公共文化服务体系论》，文化艺术出版社，2009，第244页。

割的密切关系。政府是国家文化治理的主导者。

二是中介性质的社会机构。由于联邦政府、州政府及各级政府均没有设置专门的行政机构对文化艺术事业进行直接管理，具有中介性质的社会机构便取而代之成为美国文化艺术事业发展实际上的主导者和直接管理者。其中最重要的中介性质社会机构包括国家艺术基金会、国家人文基金会、国家博物馆学会等。国家艺术基金会代表政府向文艺团体和艺术家提供财政和技术援助，帮助其发展艺术，保护美国的文化艺术传统；国家人文基金会主要对人文学方面的各种研究、教育和社会活动给予资助，资助对象主要包括博物馆、图书馆、大学、公共电视台和电台以及从事人文科学研究的学者等；国家博物馆图书馆学会专门负责对博物馆、美术馆和图书馆的资助，其中，博物馆不是通常意义上的博物馆，还包括动植物园、水族馆及相关科研培训中心，而图书馆还包括档案馆、历史研究学会和高等教育机构。① 这些中介性质的社会机构代表美国政府行使文化艺术管理职责，但仅限于协调和财政资助，既不能进行行政指导，也不能使用行政命令。

三是各类非营利性社会组织。中介性质的社会机构只能为文化艺术事业发展提供充足的资金支持，并不能直接生产文化艺术产品，也很难满足整个美国社会对文化艺术产品和服务的需求。在美国，实际生产和提供文化艺术产品和服务的是众多的非营利性社会组织，它们是"美国公共文化体制结构中的核心环节。没有非营利性文化组织也就没有美国公共文化体制。实际上，今天美国只有部分文化艺术是通过商业运营从市场需求获得支持，而绝大多数则要依靠数以千计的非营利性文化艺术机构的支持"。② 通常而言，非营利性社会组织的正常运营离不开社会捐助，但美国各级政府对非营利性社会组织的资助仅占其必要活动经费的 10% 左右，来自企业、基金会和社会个体的捐助占到 40% 左右。③ 由于来自社会的资助有限，美国的非营利性社会组织一方面接受来自政府、企业、基金会和社会个体

---

① 凌金铸：《外国文化行政研究》，上海人民出版社，2014，第 146 页。
② 凌金铸：《外国文化行政研究》，上海人民出版社，2014，第 46 页。
③ 凌金铸：《外国文化行政研究》，上海人民出版社，2014，第 49～50 页。

的捐助，另一方面也开展适当的经营性活动以补贴差额。

三 美国国家艺术基金会的运作方式

美国国家艺术基金会成立于 1965 年，是隶属美国国会、代行政府文化管理职责的最大的独立基金会，其宗旨是为有益于个人或社会的杰出艺术、创意及各种艺术创新提供资金和帮助。美国国会和参议院拨款委员会负责审议和决定基金会的年度拨款，基金会通过同行评审制度分配资助资金，资助对象主要包括具有特殊才能的艺术家、非营利性文化艺术机构和州及地方艺术机构或地区性文化艺术团体。

基金会的核心人物是基金会主席，直接向总统报告工作。下设执行和咨询两个系统。其中执行系统设有负责政策和计划的副主席、艺术总顾问、国会联络主任等职位，此外还设有主席助理，具体协助主席处理新闻媒体事务、少数民族事务和主席私人事务。具体业务工作的开展，则根据不同的项目部门设置理事、助理理事和职员等职位。咨询系统设有国家艺术委员会，由基金会主席和若干名委员会成员组成，基金会主席担任艺术委员会主席，成员由总统任命、参议院通过的知名艺术家、艺术管理人员、艺术赞助人、学者等组成，同时包括少数无投票权的国会议员。委员会每年举行三次会议审议专业顾问团的推荐结果，并且向国家艺术基金会主席提出推荐建议。

每一项资助申请都要经过顾问团的闭门评审，顾问团涉及不同艺术领域，如艺术教育、舞蹈、设计、文学、博物馆、音乐、戏剧等。顾问团推选出获得资助的项目，基金会工作人员分配给项目所需的相应资金。之后，推荐结果送交国家艺术委员会。基金会主席根据委员会的推荐结果进行决策，最终确定资助项目。

美国国家艺术基金会是美国最大的独立基金会，代表美国政府对美国文化艺术事业的发展行使管理职能，有效地使文化艺术事业的发展免受来自行政系统的牵制与干扰，进一步促进了美国文化艺术的繁荣与发展，使得美国自由主义和多元主义的思想传统得以在文化艺术领域充分展现。

但即便如此，美国国家艺术基金会在组织结构和管理运作等方面仍存在一定的缺陷，至少包括以下几个方面。

一是基金会对美国文化艺术发展的促进作用受到其自身功能结构的限制。受美国自由主义政治传统影响，文化艺术的发展更多地受到市场和社会影响，而非政府。基金会是传统价值理念与现实政治妥协与平衡的产物，无法真正在市场失灵和社会失控时对文化艺术发展发挥强有力的治理作用。

二是基金会的功能发挥受到领导人决策、国会政治斗争和社会思潮的多重影响。基金会主席由总统任命，基金会年度拨款由国会和参议院拨款委员会审议和决定，因而也就决定了基金会功能的发挥受到这两个方面的影响。同时由于基金会不具有行政机构性质，深嵌于社会制度之中，决定了基金会所资助的艺术项目在很大程度上受到社会思潮和社会监督的影响。

三是基金会对艺术项目的资助受到主席个人、顾问团成员及委员会成员艺术好恶影响，评审的客观性和专业性仍需通过功能结构的不断完善加以提高。

四 美国图书馆协会的事业发展

成立于1876年的美国图书馆协会是世界最大的图书馆协会之一。早在1853年，美国的多位图书馆员和专家在纽约集会时便提议成立图书馆协会，其间受到美国南北战争影响，直至1876年美国图书馆协会才得以正式成立。首任协会理事长为J. 温泽，秘书长为M. 杜威，其创始人还有W. F. 普尔等人。除总部设在芝加哥外，还在华盛顿特区设有办事处，主要负责联络美国国会和美国政府各部门；在康涅狄格州的米德尔敦市设有《选择》编辑部，主要以杂志的形式负责指导大学图书馆文献采选工作。

协会成立早期制定的章程规定，协会的宗旨是通过交流观点、得出结论和诱导合作，通过使公众意见倾向于建立和改进图书馆，通过在其会员之间培养良好的意愿等，促进全国图书馆的利益。其中"促进全国图书馆的利益"一条在1942年修订时被改为"促进全世界图书馆的利益"，表明美国图书馆协会的活动目标和范围突破美国疆界限制，试图成为全球图书馆事业发展的领导者。

美国图书馆协会设有理事会作为其决策和立法机构，理事会由选举产生的多名理事组成，每四年改选一次。执行委员会是理事会的管理机构，负责监督总体工作，执行主席每年改选一次。美国图书馆协会因其下设众多协商会议和子协会，又被称为"协调机构"或"协会的协会"。其共设有美国学校图书馆员协会、美国图书馆受托管理人协会、图书馆儿童工作协会、大学与研究图书馆协会、专业与协作图书馆机构协会、图书馆行政与管理协会、图书馆和情报技术协会、公共图书馆协会、参考与成人工作部、资源管理协会（原为资源与技术工作部）和青年工作部等11个部门，图书馆继续教育网络和交换、少数民族资料情报交换、展览、联邦图书馆员、政府文献、馆员交换、求知自由、国际关系、初级会员、图书馆史、图书馆教学、图书馆研究、地图和地理、社会责任、人员组织等15个协商会议，美国法律图书馆协会、研究图书馆协会、医学图书馆协会等21个专门图书馆协会以及会员发展小组、ALA学生分会等设在各图书馆学院内部的小组织。

美国图书馆协会的职能和工作领域包括培训图书馆员、制定图书馆法和图书馆标准、编辑出版物、保护求知自由、合作编目和分类、编制书目工具、促进馆藏建设和情报检索、推动自动化和网络化、促进国际图书馆事业的交流活动等。此外，还编辑发行了众多出版物，包括专著、期刊、小册子、行业标准、视听材料等。

美国图书馆协会是美国图书馆界最重要的行业组织，也是世界最大的图书馆协会之一。在美国国家文化治理体系中，美国图书馆协会作为社会机构承担着培养图书馆专业人才、提升图书馆专业水平、实现图书馆界内部和国际图书馆之间交流互动、推动图书馆事业发展等诸多重要职责。美国图书馆协会的建立和发展为美国图书馆事业以及美国文化艺术事业的发展起到了积极的促进作用，是美国社会运作型文化治理模式下众多社会力量中重要的主体之一。

第二节　英国政府分权型文化治理模式

英国作为单一制的君主立宪制国家，其国家文化治理模式深深根植于其政治体制之中。英国实行议会内阁制，国会是国家的权力中心，首相是政府最高领导，由议会多数党领袖出任。但是由于历史传统中地方自治色彩的浓厚特征，英国在相当程度上保留了地方政府和市镇等地方的相当自主权，许多地方社会事务的主要管理者和承担者身份由地方机构充任。例如，"威尔士、苏格兰和北爱尔兰都各保留相当大的地方独立性，在法律制度、社会及文化方面，地方性色彩都很浓厚，特别是北爱尔兰有高度的自治权。这种国家结构和政治体制的特点，决定了英国的文化治理体制会比较复杂"①。事实上，英国在中央政府层面设置了统一管理但不直接管理全国文化事业的主管部门，但是为了保持地方政府的自治权，同时还设立了许多公共文化机构来对具体的文化艺术活动进行直接管理。这就在实际的国家文化治理过程中，在很大程度上将相关职权和责任下放至地方政府和社会组织，因此，英国的文化治理模式简单地讲可以称为"政府分权型"。

一　英国政府分权型文化治理模式的主要做法

英国政府分权治理模式下所形成的国家文化治理体系主要由中央政府层面、地方政府层面和社会公共文化机构等主体构成，对其主要做法的分析也可以通过这三个层面来进行。

在中央政府层面，英国设置文化媒体和体育部，统一管理全国文化艺术事业。文化媒体和体育部的职责在于统一管理全国的文化艺术、新闻广播、电影电视、图书出版、体育和旅游事业，制定和贯彻国家文化政策，统一划拨文化经费。其主要目标在于保护和开发利用文化遗产，鼓励艺术活动持续创新和多样化发展，推动对外文化交流，实现英国文化教育在世界范围内的传播。与英国众多的社会公共文化机构相比，中央层面的文化艺术主管机构的形成时间明显要晚得多。直到1965年，英国才设置国家艺术与图书馆部作为中央层面的文化行政主管部门，以协调众多社会公共文化机构的文化活动和文化行为，并对英国艺术委员会从政策上进行具体指导、在经费上进行直接拨款。到了1992年，为避免文化管理部门中出现"叠床架屋""政出多门"的问题，英国成立国家遗产部，将艺术、博物

---

① 凌金铸：《外国文化行政研究》，上海人民出版社，2014，第107页。

馆、图书馆、文化遗产、媒体、体育以及旅游等事业纳入统一管理范畴之中，成为英国历史上第一个综合性行政部门。1997 年，国家遗产部更名为文化媒体与体育部，其设置实现了中央政府层面对国家文化艺术事业的统一管理，成为英国政府分权文化治理模式中的重要一环。

在地方政府层面，苏格兰、威尔士和北爱尔兰的地方政府享有制定文化政策的自主权。这里的地方政府主要是指以上三个地方政府。它们既是中央政府已经制定和推行的文化政策的执行者，同时也是地方性文化政策的制定者，在地方文化艺术活动中对具体的文化艺术行为进行政策性指导，并具体划拨相应的文化经费。这种地方自主权与英国的政治传统密切相关，"英国的地方政府和市镇自古就取得了国王的特许权，由地区公民选举产生的各级地方政府管辖本地事务，并依法享有地方自主权"①。地方政府的文化自主权在相当程度上避免了中央政府对具体文化艺术活动的不必要干涉和影响，同时也使得文化艺术团体和艺术家的文化艺术创作活动能够得到来自政府层面的关切和帮助，是英国政府分权文化治理模式中承上启下的重要环节。

在社会机构层面，英国拥有众多的社会公共文化艺术机构。这些社会公共文化艺术机构具有准政府性质，对上执行政府的文化艺术政策，对下具体分配由中央文化机构拨付的文化艺术经费。基层的社会公共文化机构还承担着向相应的文化艺术活动或行为、向文化艺术组织或机构、向艺术家提供资助的重要职责。这些机构类似于连接政府与文化艺术主体的桥梁和介质，负责实现政府政策、资金与文化艺术主体之间的对接，从而实现政府对文化艺术事业的资助与扶持。英国在历史上曾经长期没有政府性的文化艺术事业管理机构，因此，各类社会文化艺术机构自发形成，民间出现了许多维护行业利益的组织，如英国皇家合唱协会（1871 年）、英国出版商协会（1896 年）、英国版权协会（1921 年）、英国民间歌舞协会（1932 年）和英国全国音乐协会联合会（1935 年）等。② 这些社会文化艺术机构对英国文化艺术的发展发挥着极为重要的作用。

① 凌金铸：《外国文化行政研究》，上海人民出版社，2014，第 260 页。
② 凌金铸：《外国文化行政研究》，上海人民出版社，2014，第 150～151 页。

二 "一臂之距"原则

英国政府分权文化治理模式有意识地在政府和文化艺术机构之间、政府和艺术家之间保持一定的距离,并设立众多的委员会、理事会作为中间介质执行政府的文化艺术政策、拨付政府的文化艺术资金、督管具体的文化艺术活动和行为。这种有意识的行为体现了欧洲许多国家在文化艺术事业管理中普遍推行的"一臂之距"原则。

所谓"一臂之距"(Arms'Length Principle),原意是指军人在部队行军过程中彼此之间要保持等量而适当的距离。到了 20 世纪 40 年代,英国将这一概念引入文化艺术管理和发展规划工作中,以此形象地比喻政府和各个从事具体文化事务的主体之间应保持适当的距离。

具体而言,"一臂之距"原则指的是政府不直接管理具体的文化艺术机构,而是在政府和艺术机构之间设立某种中介机构,这类中介机构对上接受政府委托,向政府提供文化政策建议和咨询,对下拨付政府文化艺术资金,资助文化艺术项目,并对其进行绩效评估。这种原则是政府对文化艺术事业采取的一种分权式的行政管理方式,其目的是确保文化艺术自由免受来自政府行政意志和行政行为的干预与影响。

在"一臂之距"原则下,政府在文化治理中的角色定位可以从两个维度进行考察:在垂直维度上,一般分为三级管理体制。在中央一级,文化、新闻、体育部负责制定文化政策和统一划拨文化经费及审核使用情况;在中间一级,中级地方政府及代表政府行使部分职能的中介代理机构等各类文化艺术委员会,负责执行文化政策和具体分配文化经费;在基层一级,是基层地方政府和地方艺术董事会,具体使用文化经费。三级架构各自相对独立行使职能,无垂直行政领导关系,但通过制定和执行统一的文化政策,逐级分配和使用文化经费,相互紧密地联系在一起。中间一级具体负责国家艺术经费和基金的分配和使用,避免了文化主管部门直接干预文化艺术,防止资金分配上的政治影响。在横向维度上,政府在文化治理中扮演着立法者、指导者和监督者三种角色。立法者是指政府通过立法部门对文化领域进行立法,对相关领域的运作和发展提供宏观性的法律规范,为文化发展划定边界、提供规则、保障权益等;指导者是指政府通过行政性、市场性、社会性、法律性、财政性的多种手段对文化发展进行宏观指导，而非具体管理；监督者是指政府对文化的间接管理并非放手不管，而是通过对文化发展中出现的各种问题进行及时纠正，扭转文化发展的非正常趋势，保证文化向好的方向发展。

综合欧洲其他采用"一臂之距"文化艺术管理原则的诸多国家的实践经验，可以将"一臂之距"原则简单地理解为：政府对文化实体实行有限指导和管理，较为具体的管理事务由包括非政府组织等形态在内的中介性文化机构来承担，而政府则更多地发挥监督作用，以使文化艺术自由得到充分保障。

三 英国政府分权文化治理模式的特征

与欧洲其他国家相比，英国政府在分权文化治理模式中更具有典型性，其重要特征主要表现在以下几个方面。

一是英国分权文化治理模式对文化艺术活动和行为采用间接管理的方式，而非直接管理。在这种模式中，各级政府并不直接对艺术家的具体文化艺术活动或某种行为进行管理，也不直接决定将资金用于资助某位艺术家的某种具体文化艺术活动和行为，而是将这种管理权力和资金分配权力转移给具有中介性质的社会文化艺术机构，并通过这些机构对艺术家的文化艺术活动和行为进行评估，作为制定和调整文化艺术政策、决定文化艺术扶助资金额度的衡量标准。通过调整政策和资金来实现对文化艺术事业的宏观管理。这就一方面减轻了行政机构的管理任务，有利于提高行政机构的工作效率；另一方面也能够避免行政机构在管理文化艺术活动中出现艺术腐败行为，同时也能够为艺术家的文化艺术活动和行为提供一种较为宽松和自由的社会环境。

二是英国的分权文化治理模式对文化艺术活动进行有限性资助，而非全额性的无条件资助。政府通过各类社会文化艺术机构对文化艺术团体所进行的资助往往只占文化艺术团体全部收入的三成左右，其余的差额部分通常由文化艺术团体自身解决。不仅如此，政府还通过各种渠道和多种方式对受资助的文化艺术团体进行评估和审核，从而实现对文化艺术事业的监督管理。"政府每年与享受政府资助的艺术团体签订资助协议，规定签约艺术团体需要达到的水准并设立具体指标，包括观众人数、演出场次、售票额、筹款数额等等。此外，还对受助团体采取年度评审、派出评审员跟踪持续评审、五年评审等方式进行评估，以此作为政府未来提供资助的依据。为了不使享受资助的文化团体不求上进，拨款机构在以下几种情况下，有权削减或取消对其资助：（1）当一个团体的工作质量退化，或由于某些原因不再履行享受国家长期资助所承担的义务。在具体执行之前，会有 18 个月的警告期。（2）当接受资助的团体所生产的作品其数量和质量的价值和拨款数额不相符。在具体执行前也会有 18 个月的警告期。（3）当政策发生变化，支持某个特定的团体不再对实施相关政策产生最佳效应。（4）当政府财政经济拨款减少。"①

三是英国的分权文化治理模式十分重视地方自主权，而非由中央政府完全主导。这种地方自主权的存在和发挥与英国的政治传统密切相关，可以说英国的分权文化治理模式的形成既是英国地方自治传统的政治体制所决定的，同时也适应了地方自治这种政治传统和施政环境，是国家文化治理模式与国家政治体制相互作用、相互影响、相互适应的产物。

第三节　法国政府主导型文化治理模式

法国作为历史悠久的欧洲大国，十分重视本民族在历史长河中创造和形成的丰富文化资源。特别是二战后，法国更是提出重振法国世界大国地位的重要战略，而其独特且丰富的文化资源则是实现这一战略的重要资源。在欧洲逐步走向一体化的过程中，法国作为主导欧洲一体化的欧盟创始国，却在文化领域提出"文化例外"的口号，极力反对欧洲一体化过程中对国家文化个性的消磨与抹杀，而是制定和出台一系列保护国家文化遗产、弘扬民族文化个性的"硬政策"。法国在国家文化艺术事业中所采取的带有民族主义色彩的政策和立场正与其自身所构建的政府主导型文化治理模式密切相关。

---

① 王列生、郭全中、肖庆：《国家公共文化服务体系论》，文化艺术出版社，2009，第263页。

一 法国政府主导型文化治理模式形成的历史背景

"法国文化政策的历史可以上溯到 16 世纪的王室赞助传统，从那时起直到今天，国家在管理文化、艺术中扮演着核心角色，并逐步完善了国家文化行政管理机构和文化预算。"① 在文艺复兴时期，当时的法国王室便开始资助和庇护像达·芬奇这样的文艺复兴艺术大师，同时还兴建了许多重要的文化艺术机构，并颁布法令将法语确定为唯一官方语言，以构建和确立自身的民族身份标识。之后的法国国王路易十四更是继承并发扬了这一传统，不仅资助众多的文艺创作者和文艺创作行为，更是兴建了如舞蹈学院（1661 年）、绘画和雕塑学院（1664 年）、科学院（1666 年）、巴黎天文台（1667～1672 年）、音乐学院（1669 年）、建筑学院（1671 年）、巴黎喜剧院（1680 年）等一大批文化艺术机构，同时还创建了对图书出版行业的监督审查制度。法国大革命时期，文化艺术产品作为"民族遗产"的概念得到确立和强化，国家图书馆、国家档案馆、中央艺术馆等一大批中央层面的文化艺术行政机构产生，并对当时的国家文化艺术事业管理发挥了极为重要的作用。此后，法国虽然经历了多次历史性社会动荡，但国家在文化艺术事业管理方面所确立的主导者地位一直得到很好的继承。1959年，法国正式成立文化事务部，对文化艺术事业进行集中管理。近些年，法国为了重塑自身的世界大国形象，将法国文化作为一项重要的方式和途径，不断地强化对国家文化艺术事业的控制和主导，并不断通过各种法律规范来确认和保障这种控制和主导，极力推广法国文化。这样，国家对文化领域的控制进一步强化，许多文化事业被国家以正式法律来规范。

二 法国文化艺术机构的组织架构

为了在国家文化治理中贯彻中央集权的意志，实现重振法国文化的国家既定目标，法国在中央和地方两个层面上都设置了体系完整、职能明确、施政有效的行政机构。

---

① 凌金铸：《外国文化行政研究》，上海人民出版社，2014，第 194 页。

表 3 - 1　法国政府的主要文化管理机构及其职能

级别	机构	机构职能
中央文化艺术管理机构	办公厅	为各总司和公立机构提供财务、人事、法律、外事咨询与建议，负责指导文化部各项改革，协调各项跨领域的文化政策
	遗产总司	负责制定、协调和评估国家建筑、档案、博物馆、建筑和考古遗产政策
	艺术创新总司	负责制定、协调和评估国家有关造型艺术和舞台艺术的文化政策
	媒体和文化产业总司	负责制定和推动落实国家鼓励媒体及广告多样化发展的政策，保证增加网络内容供给，促进音像产业的发展，鼓励图书出版和阅读
地方文化艺术管理机构	地区文化局	负责在博物馆、文化遗产、文献、书籍读物、音乐舞蹈、戏剧演出、造型艺术、电影和视听艺术等部门中分配国家拨款，并提出建议和评价报告，同时负责在当地协调大型文化活动
	地方政府文化事务厅、局	同中央政府合作管理和投资地方文化事业和产业活动
	经济和社会委员会	地方政府文化决策的重要咨询机构

在中央层面上，中央政府设立的文化和通讯部是管理文化艺术事业的行政主管机构。其职责主要包括：制定政府文化政策和文化法规；编制年度文化预算，报议会审批；管理和使用文化经费；对国家重点文化设施、文化团体、艺术院校的领导和管理；保护文化遗产；促进艺术创作和文化普及工作；与外国的文化合作与交流。[①] 而其职责的发挥则主要通过向地方派驻代表和专业技术人员的方式来实现，而与总统、总理和国民议会相比，文化部长对文化艺术政策的制定扮演着更为重要的决定性角色。此外，法国还设立了众多的中央直属机构来执行国家的文化艺术政策，开展具体的文化艺术活动。这些中央直属机构基本上受到文化和通讯部的直接领导，机构的重要决定需经过文化和通讯部审批，机构的主要负责人由中央政府任命，机构的文化艺术活动经费来自中央政府的拨款。这些机构大致可以分为三类：一是如卢浮宫博物馆、国家图书中心、公共信息图书馆、蓬皮杜国家文化艺术中心等直属文化和通讯部的国家重点文化设施；二是如巴黎国家歌剧院、法兰西喜剧院、夏乐宫国家剧院、国家舞蹈中心

---

① 苏旭：《法国文化》，文化艺术出版社，2001，第 25 页。

等受到文化和通讯部直接领导的文化艺术团体；三是如建筑学院、国家文化遗产学院、巴黎国家高等音乐舞蹈学院、国家高等戏剧艺术学院等直属文化和通讯部的文化艺术院校。①

在地方层面上，各类文化艺术管理机构大致可以分为大区、省和市镇两个级别。每个大区都设置了文化局，而文化局长则由中央政府直接指派，接受文化和通讯部、大区政府的双重领导。其基本职能主要是落实中央政府的文化分散政策，协调中央政府和地方的文化关系，制定地方文化发展规划，为发展地方文化事业提供建议，督促文化设施运转，组织文化活动开展等。省和市镇负责具体执行和落实中央政府制定的各项文化政策，实现文化艺术事业的建设和发展。②

三　法国政府主导型文化治理模式的主要做法

法国政府主导型文化治理模式形成和实施过程中，其主要做法包括以下几个方面。

一是明确中央集权制原则，反对以"一臂之距"原则为代表的文化艺术间接管理方式。英国所大力倡导的"一臂之距"原则，也即政府机构不对文化艺术事业进行直接管理，而是通过各类中介性质的社会文化艺术机构对文化艺术事业进行间接管理，在瑞典、丹麦、比利时、奥地利、芬兰等诸多欧洲国家得到了推广和应用，许多国家仿照英国政府的做法对文化艺术事业进行分权型治理。然而法国却对这种做法明确表示反对，坚持对文化艺术事业进行直接管理，以实现其重振法国文化、重塑法国世界大国形象的国家战略。

二是建立系统性的文化艺术管理机构，强化对文化艺术事业的领导。法国从中央到地方都建立起一整套成系统的文化艺术管理机构，以实现对文化艺术事业的直接管理。中央层面设立文化和通讯部作为国家文化艺术事业的行政主管机构，并设置相应的直属文化和通讯部或受其领导的各类

---

① 王列生、郭全中、肖庆：《国家公共文化服务体系论》，文化艺术出版社，2009，第276页。

② 苏旭：《法国文化》，文化艺术出版社，2001，第30页。

中央直属机构，通过向地方派驻代表和专业技术人员的方式落实中央文化艺术事业政策，指导地方文化艺术事业发展。中央文化艺术行政主管机构对地方进行垂直领导。当前法国文化和通讯部拥有近两万名工作人员，其中在中央机关工作的只占到约10%，90%的工作人员被派驻到地方各类文化艺术管理机构之中，对当地的文化艺术事业进行直接管理。

三是加强文化立法，以法律的形式保障和促进国家文化艺术事业的发展。1994年通过的《杜蓬法》是其中比较典型的文化法律。该法制定和通过的目的在于抵制英语在世界范围内的霸主地位，维护法语的使用不受英语的冲击和影响。该法明确规定在影视、出版、会议等领域必须使用法语或带有法语说明，禁止使用其他语言，否则将涉嫌违法并将被处以不同额度的罚款。《杜蓬法》是法国以文化立法形式管理国家文化艺术事业的典型代表，此类法律的制定和实施使得法国文化艺术事业的发展和文化产业的发展得以向着国家意志指明的方向前进。

四是法国政府为文化艺术事业发展直接提供必要的资金支持和人力保障。法国文化艺术事业的财政预算基本稳定在财政收入的1%左右。法国政府不仅完全承担了文化和通讯部等中央到地方的文化艺术事业行政主管机构每年的财政负担，而且每年向代表国家水准的文化艺术机构和团体进行固定额度的直接补贴。在法国，具有政府性质或准政府性质的文化艺术机构的经费主要来自政府的财政补贴。"在法国，凡官办的或政府直接管理的文化事业单位，均可得到政府较多的财政支持，一般可占全部收入的60%以上。"[1]

五是法国政府以签订文化协定的形式保障财政资金的使用效果，保障对文化艺术实施直接管理的目标实现。在国家组织的重大文化艺术活动、国家资助的重大文化艺术设施建设和国家文化艺术资金分配过程中，法国政府主要依靠与受资助的单位或团体签订合同来实现财政资金的使用效率和使用效果。受到资助的对象必须接受国家行政主管机构的监督和管理。

---

[1]　王列生、郭全中、肖庆：《国家公共文化服务体系论》，文化艺术出版社，2009，第277页。

第四节 日本多元合力型文化治理模式

受到国家文化背景和历史发展路径不同的影响，日本的文化治理模式不同于美国、英国、法国等欧美各国，既非美国式的社会运作型，也非英国式的政府分权型，更非法国式的政府主导型。比较而言，日本的文化治理模式更像是介于美国式与法国式之间的一种中间形态，在这种文化治理模式下，政府、企业以及包括公民个体在内的诸多社会力量均在相当程度上参与到整个文化治理过程之中，成为整个文化治理模式的重要主体和组成部分。因而，大致可以将这种文化治理模式概括为多元合力型文化治理模式。

一 日本多元合力型文化治理模式的形成过程

从二战之后到日本文化治理模式的基本成型大致可以划分为三个阶段。

第一个阶段是政府不干预时期，时间大致可以从二战之后延续到20世纪60年代中期。在这一时期，日本政府的工作重心是实现经济领域的战后恢复，一方面对文化艺术的发展和管理无暇顾及，另一方面受到战后反思潮流的影响，对文化艺术的发展和管理实施不干预原则。在二战之前和二战期间，日本政府为了实现军事扩张和文化奴役的虚妄目标，对文化艺术实行相当程度和极为严格的文化干涉和文化管制政策。随着战争失败，迫于内外压力的日本政府开始对这种文化干涉和文化管制政策进行反思与纠正。同时，由于当时的文化艺术界对政府干预的反感和反对，日本政府在文化艺术行政管理上较为消极，不仅没有制定明确的目标和方针，也没有设计具体的运作机制。① 这一时期，日本政府对文化艺术事业的管理仅限于对文化遗产和民族传统文化的重视与保护。

第二个阶段是政府积极作为时期，时间大致是20世纪60年代中期到70年末期。与之前一个阶段相比，日本政府在这一时期对文化艺术事业的

---

① 赵敬：《试论日本战后文化行政的变迁》，《日本学刊》2012年第4期，第111～112页。

管理更为积极主动，采取了许多措施对国家文化艺术事业进行管理和扶助。在这一时期，经济的高速增长使日本的现代化、城市化进程不断提速，传统的文化艺术和文化遗产受到不同程度的冲击和破坏，地域性的文化艺术陷入生存和发展危机之中。在这一时代背景下，日本政府于1966年在文部省下设文化局，负责对文化艺术、国语、版权、宗教行政以及文化普及等进行管理；1968年，又将文化局与文化遗产保护委员会合并为文化厅；1968年，设立文化遗产保护审议会，并修订《文化遗产保护法》。①在经费方面，经济实力日渐雄厚的日本政府对各种艺术门类和各类文化艺术团体的资助额度不断提升、资助范围不断扩大。日本的文化治理进入政府积极作为时期。

第三个阶段是政府引导实现多元合力时期，时间大致可以从20世纪80年代初延续至今。到了20世纪70年代后期，日本已经进入经济稳定发展阶段，随着物质需求的不断满足，精神文化层面的需求开始旺盛起来。日本政府在不断加强对文化艺术事业的财政资助的同时，开始积极探索社会力量参与国家文化艺术事业管理和发展的新途径。1980年，日本文化厅提出《振兴艺术活动的新方式》，提出了政府资助与社会资助相结合的重要观点。1990年，企业公益活动协议会设立，文化艺术振兴基金会成立，文化艺术事业的资助来源不断丰富，资助额度不断增加。1996年，日本文化厅将民间艺术振兴费补贴、日美舞台艺术交流项目、优秀舞台艺术演出奖励项目、艺术活动特别推进项目整合为"艺术计划21"。"民间力量的加入，不仅缓解了政府文化财政资金的不足，还形成了中央及地方政府、民间企业、艺术团体三方共同推动文化艺术振兴的相互协作、互相补充、职责明确、职能互补的文化行政新机制。"②

二 日本多元合力型文化治理模式的主体结构

日本的多元合力型文化治理模式集合了政府、企业以及包括公民个体在内的诸多社会力量的财力、物力和人力资源，有效推动了日本文化艺术

---

① 赵敬：《试论日本战后文化行政的变迁》，《日本学刊》2012年第4期，第113页。
② 赵敬：《试论日本战后文化行政的变迁》，《日本学刊》2012年第4期，第115～116页。

事业的发展。该模式的主体结构主要由政府、企业、社会组织和公民个体构成。

首先，从中央政府到地方政府都是推动日本文化艺术事业发展的重要主体。作为文化艺术事业的行政主管机构，日本政府早在1995年就确立了"文化立国"的国家战略，并通过立法保障、政策优惠、法律规范等多种方式刺激文化艺术事业和文化产业发展。《科学技术基本法》《文化艺术振兴基本法》《著作权管理法》《观光立国基本法》等一系列文化立法，有效地实现了文化艺术发展有法可依。① 日本文化厅作为中央层面的文化艺术主管机构，承担着重要的文化行政职责，主要表现在制定相关的文化艺术法律和文化艺术政策、为各类文化艺术机构和文化艺术项目提供必要的财政支持、运用税收减免等手段引导民间力量参与文化艺术事业的建设和发展等方面。② 地方政府也在文化艺术事业管理中享有较大的自主权，承担了相当程度的地域性文化艺术保护和文化遗产保护职能。

其次，企业是国家文化产业发展的重要主体，也是国家文化艺术事业发展的重要资金来源。在日本政府的鼓励和支持下，日本的各类文化艺术企业得到了较好的发展，并在传媒业、娱乐业、电信业、出版业等多个领域形成了世界性的文化产业集团。这些企业为日本文化艺术事业的发展提供了强大的资金保障，"在20世纪90年代到21世纪初，企业赞助除有几次下降外一直保持稳定。当前在日本大型文化活动的举办多依赖于企业、公司的资金赞助"。而类似于日本文化艺术振兴基金的各类基金会，可以把来自公共机构和私人组织的捐赠用于鼓励和扶持文化艺术创新项目的发展，"从1990年到2009年日本文化艺术振兴基金为14704个项目提供了353亿日元的资助额"③。

再次，各类社会组织为日本文化艺术事业发展和文化产业发展发挥了重要的支撑作用。在日本，各类行业协会组织十分发达，基于其社团法人

---

① 李海霞：《日本文化产业战略思想及其启示》，《现代日本经济》2010年第6期，第25页。

② 金雪涛、于晗、杨敏：《日本公共文化服务供给方式探析》，《理论月刊》2013年第11期，第173~176页。

③ 赵敬：《试论日本战后文化行政的变迁》，《日本学刊》2012年第4期，第111页。

地位和行业性优势，在加强行业自律和推动行业发展方面起到了重要作用。它们不仅可以制定行业规则，还可以统计行业相关数据、审查文化艺术产品、提供行业信息咨询和中介服务、参与相关调查研究和国际交流活动，在很大程度上有利于维护会员企业权益、规范文化市场良好秩序、促进文化艺术发展。而各类非营利性组织则具有较强的自治性，建立和形成了较为系统和成熟的治理制度和组织体系，是地方地域性文化艺术事业发展的重要参与力量。

最后，各类文化艺术人才为日本文化艺术事业和文化产业发展提供了强大的人力支持和智力支持。日本政府高度重视文化艺术人才培养，特别是文化产业人才培养。在文化产业方面，许多教育机构设有专门的文化人才培养方案和计划，开设文化产业等专门学科，不仅重视文化艺术类的专业技术人才培养，也十分重视文化产业管理人才的培育。同时设立多种奖项，对在文化艺术相关领域具有才能和成就的杰出人才提供激励和资助。鼓励和支持各类文化讲习班、文化竞技等活动的举办。通过这些举措，各类文化艺术人才成为日本文化艺术发展的重要动力来源。

三 日本多元合力型文化治理模式的主要特点

日本多元合力型文化治理模式的主要特点包括以下几个方面。

一是重视文化立法，通过制定文化法律和文化政策保障国家文化艺术事业面向良好的方向发展。为了实现文化立国的国家战略，日本政府针对不同的文化艺术领域和不同的文化艺术类别制定了大量详尽的文化法律，并不断出台相应的文化艺术政策，刺激国家文化艺术事业和文化产业的发展。其中比较重要的就有《文物保护法》《文化遗产保护法》《科学技术基本法》《文化艺术振兴基本法》《著作权管理法》《观光立国基本法》《著作权法》《著作权等管理事业法》《知识产权基本法》《关于促进媒体内容的创造、保护以及利用的法律》《文字、印刷品文化振兴法》等多部法律。

二是重视体系建设，通过中央政府和地方政府的相互补充和良性互动实现对国家文化艺术事业的治理。在日本，无论是中央层面的文化厅，还是地方各级政府，均十分重视文化艺术事业发展，并不断制定相关政策为文化艺术事业和文化产业发展提供政策优惠、资金支持和人力保障。"文化厅作为中央政府的执行机构从本世纪初开始在国家层面政策法规的制定、文化活动的组织以及文化资金的筹措、文化艺术人才的培养等各个领域日益发挥出了重要作用。与此同时，地方政府根据地域的实际情况对中央的政策予以灵活地贯彻和创造性地执行。中央和地方政府做到了相互补充，使日本公共文化服务体系呈现出多层级的立体化管理体系，极大地促进了日本公共文化的发展，满足了民众对公共文化产品和服务日益增长的需求。"①

　　三是重视社会化运作，通过创建指定管理者制度等引入社会力量参与国家文化艺术事业的治理过程。所谓制定管理者制度，是指"允许地方政府将公共设施（包括公共文化服务设施）的管理服务外包给私营企业组织或者社会团体"②。该制度是日本政府于 2003 年参照西欧国家公共文化设施运营经验所创立的，其目的在于降低准入门槛，把企业、社会组织等社会力量引入文化艺术事业的建设和发展中，从而扩展文化艺术事业发展的资金来源，壮大文化艺术事业发展的力量支持。制定管理者制度是日本多元合力型文化治理模式的集中体现和重要制度特征。

---

① 赵敬：《试论日本战后文化行政的变迁》，《日本学刊》2012 年第 4 期，第 112 页。
② 吕志胜、金雪涛：《基于公共财政的公共文化多元化供给模式研究》，《现代经济探讨》2012 年第 12 期，第 112 页。

| 第四章 |
学会事业发展：学术建设

中国图书馆学会以"组织学术研究与交流，促进学术繁荣"作为立会之本。自成立以来，学会高度重视学术建设，并在《章程》中将学术建设的任务做了明确规定。如"一大"《章程》第三条（1）款规定"组织学术研究和各种形式的学术活动"，第三条（3）款规定"普及图书馆学基础知识，介绍和推广国内外图书馆学研究成果"，第十条规定"本会根据开展学术活动的需要，在理事会领导下，设立学术委员会……"，等等，并在后续《章程》修订中得到不断充实和细化。实践中，学会积极组织不同形式、不同层次的学术交流活动，开展高水平、多元化、开放性的学术研究工作，以此作为促进业界交流的重要手段和指导理论与实践相结合的切入点，传播先进理念、技术和经验，引发思维碰撞，鼓励学术创新，有效地促进了学科发展和人才培养，谋求行业权益，推动事业发展。

具体来说，无论是学会层面直接开展的活动，还是以学术研究委员会或其内设机构名义组织的活动，学术研究委员会都是学会开展学术建设的重要力量。学会自成立起即设立了学术委员会。随后，每一次会员代表大会以后，组织成立新一届委员会。委员会根据需要设立若干专业委员会，其名称、设置以及组成人员随着新一届委员会的成立而发生变更。"二大"曾将"一大"使用的"学术委员会"改称"学术工作委员会"，"三大"后称为"学术研究委员会"并沿用至今。同样，学术委员会下设的专业研究组的名称也随之发生变化。对于研究组，最初根据我国图书馆学研究的现状和需要而设置。随着学会在国际图联合法席位的恢复，加之图书馆不断采用新技术、新观念，在设置研究组时，就开始借鉴国际图联专业组设置的特点，兼顾新技术的出现及其在图书馆的应用而进行相应的变更。第一届学术委员会下设的各组均称为"专业研究组"，第二届学术工作委员会下设机构改称"研究组"，第三届学术研究委员会将所属各机构名称更改为"研究分委员会"，第四届学术研究委员会又沿用"研究组"，第五届学术研究委员会成立以后，将各组改称"专业委员会"，并沿用至今。各专业委员会由主任所在单位作为挂靠单位，提供一定的人力、物力和经费上的支持。

"一大"以来，学会先后设立过九届学术研究委员会，佟曾功（一、二届）、阎立中（三届）、彭斐章（四届）、吴慰慈（五、六、七、八届）、吴建中（九届）等图书馆学领域的著名专家先后担任学术研究委员会主任。第九次全国会员代表大会之后，第九届理事会根据中国科协和民政部有关政策和最新要求，统筹规划分支机构设置，经常务理事会审议通过，学术研究委员会设置了 15 个内设机构。新一届学术研究委员会制订总体工作计划和年度任务，负责具体研究领域的研讨和交流。每一次学术研究委员会及其内设机构组成人员的变动，都是将当时业内具有较大影响的专家学者吸收进来。他们的学科理论功底扎实、实践经验丰富、学术触角敏锐、善于吸收最新的理论与实践经验，通过举办各种研讨会、论坛、培训班等活动把最新、最前沿的理念和技术传递给各级各类图书馆工作者，使图书馆事业发展始终保持活跃的态势。

学会成立后，举办了三次全国科学讨论会，在业界产生了巨大的影响。1979 年 7 月，在成立之际，由学术委员会主持召开了第一次科学讨论会，106 个单位的 165 名同志提交了 174 篇论文。科学讨论会分两个阶段进行，第一阶段为大会交流，第二阶段按照"图书馆学基础理论""目录学""图书分类和标题法""高等学校图书馆工作""图书馆工作现代化""版本学"等 6 个专题进行分组讨论。这是中华人民共和国成立以来图书馆界召开的规模最大的一次综合性学术讨论会。1980 年 10 月，第二次科学讨论会在浙江省杭州市举行，各省、自治区、直辖市的 139 位代表出席，其中包括论文作者 74 名。与会者围绕"图书馆学基础理论""藏书建设与分类编目""读者工作""古籍版本与目录学"等 4 个专题进行了论文交流，旨在促进图书馆之间的合作，向标准化、规范化的方向迈进。1982 年

10 月，第三次科学讨论会在云南省昆明市举行，出席这次讨论会的有常务理事，学术委员会主任、副主任及各专业组组长、副组长，各省、自治区、直辖市图书馆论文作者和工作人员共 114 人，列席代表 34 人。大会收到 131 篇由各省、自治区、直辖市图书馆学会推荐的论文。一些论文将心理学、管理科学、信息论、系统论、控制论、统计学等学科的原理、方法和研究成果运用到图书馆学研究的领域中来，以期解决图书馆学研究和图书馆工作中的问题，大大提高了专业研究的深度和广度。三次全国性科学讨论会，是在中国图书馆事业经历长时间停滞之后，对图书馆的业务工作和学术研究进行的重要梳理，了解和交流了学界的发展成果。三次科学讨论会显示我国图书馆界经过"文革"后，依旧保持着一支人数众多、专业门类广泛、工作经验丰富、具有较高学术水平和科学研究能力的队伍，可以很好地发挥引领和带动作用。

图书馆学情报学优秀科研成果等全国性评选活动，也是学会开展的极具代表性的重要学术活动，体现了学会及学术研究委员会对学术研究成果的总结和推广的重视。1989 年，学术研究委员会围绕国庆 40 周年和学会成立 10 周年举行了全国性的征文评审活动，于 1 月发出《关于纪念中华人民共和国成立 40 周年、中国图书馆学会成立 10 周年的征文通知》。3 月，学会发出《关于评选图书馆学情报学优秀科研成果的通知》，并组成以阎立中为主任，周文骏、吴慰慈为副主任的征文和优秀科研成果评审委员会。8 月，学会发出《关于评选图书馆学情报学优秀科研成果的补充通知》，而后对应征研究成果进行了初选。11 月，评委会经过对上报的全部成果进行审阅评选以后，49 篇论文获优秀征文奖，198 篇论文获优秀论文奖，370 篇论文获论文奖；82 部著作获优秀著作奖，52 部著作获著作奖；15 种丛书共 171 册获丛书奖，11 种专业期刊获图书馆学优秀期刊奖。评审委员会还规定，凡已经获得省、自治区、直辖市及其以上级别奖励的科研成果均被评为特别奖。1990 年 5 月，学会发出了《关于 1990 年评选全国二次文献优秀成果的通知》，旨在肯定中华人民共和国成立以来图书馆工作者在二次文献工作中所取得的成果，鼓励并促进二次文献编辑工作进一步开展。12 月，二次文献优秀成果评审委员会对全部 564 项参评成果进行了评议，评选出二次文献优秀成果奖共 108 项，成果奖 230 项。评委会还决定，对申报材料中说明已获省、自治区、直辖市以上奖励的 11 项成果授予特别奖。这些活动有力地激发了会员和图书馆工作者开展科研和实践的积极性，使图书馆界的学术研究得到了进一步发展和繁荣。

2003 年，在 1989 年举办的第一届图书馆学情报学学术成果奖评奖活动 14 年后，六届八次常务理事会决定举行第二届图书馆学情报学学术成果评奖活动，以纪念学会成立 25 周年，检验十多年来的学术研究成果，并将学术研究推向一个更高的层次。为此，学会制订了《中国图书馆学会第二届图书馆学情报学学术成果奖评奖方案》及实施细则并向全国图书馆界发出了评奖通知。评审办公室共收到 866 人申报的 959 篇论文，2 人申报的 2 项科研项目和 162 人申报的 169 部著作；内容涉及图书分类、图书编目、图书馆管理、图书馆自动化、图书馆史、图书馆建筑、二次文献的开发与利用、文献信息资源建设与管理、电子文献、情报检索、数字图书馆等各个方面。评审办公室先后组织 21 位专家学者对申报的成果进行初评、复审和终审，共评出获奖著作 41 部，其中一等奖 5 部、二等奖 9 部、三等奖 27 部；获奖论文 186 篇，其中一等奖 20 篇、二等奖 53 篇、三等奖 113 篇；获奖科研项目 2 项，均为二等奖。学会在 2004 年会上宣布了《关于第二届图书馆学情报学学术成果奖获奖者的表彰决定》，并向获奖者颁发了证书和奖牌。

如今，整合我国图书馆界优质学术资源，构建多样性的综合学术交流体系，培育具有广泛影响力的学术研究团队，塑造良好的学术生态，促进我国图书馆界学术繁荣和学科发展，为图书馆事业整体协调发展提供理论支持和智力支撑，已成为学会学术建设的主要任务。同时，经过近 40 年的积淀和发展，目前已形成以中国图书馆年会为核心，以青年学术论坛、百县馆长论坛和未成年人服务论坛等品牌学术活动为重点，集我国图书馆界相关重要学术活动于一体的综合学术交流体系，学术创新能力显著提升。

其中，年会以其大规模、综合性和权威性成为业界最重要的交流平台，促进了图书馆界的学术交流、工作交流、国际交流和社会合作。青年学术论坛重在激发业界青年的创新思维和敬业精神，为青年才俊脱颖而出搭建平台，创造机会。百县馆长论坛重视基层图书馆的生存发展，引起媒体和社会关注，是学会扶弱援困，促进行业全面和谐发展的重要平台。未成年人服务论坛着眼于倡导儿童阅读服务新理念，交流儿童阅读服务的好经验，宣传儿童阅读服务的最佳实践，以此不断提升全国图书馆界的未成年人服务水平。与此同时，根据图书馆学研究和图书馆事业发展需要，学会还协调各分支机构紧扣年度或特定阶段的重点问题、热点话题，组织开展大量专题研究与交流，也广受行业关注，产生了积极影响。

第一节　年会

中国图书馆年会是我国图书馆界重要的综合性学术活动，也是图书馆界一年一度的行业盛会。年会的召开在促进学术研究、指导行业发展方面发挥了重要作用，也为会员和图书馆工作者提供了一个交流心得、弘扬先进、改革创新的平台，有利于促进图书馆工作者对图书馆学理论与实践的研讨，共同应对新技术、新观念和经济形势带来的新挑战。年会以其巨大的规模体量、全面的内容覆盖、强大的专家阵容等独有特点，在整个中国图书馆界乃至相关业界都具有独特的地位。

自 1999 年成立大会暨第一次全国图书馆科学讨论会在山西太原召开以来，学会已成功举办了 18 届年会。随着社会环境的变化，图书馆承载的社会职能相应改变，年会的举办模式也在不断变革中探索。1999～2010 年，历届年会均由学会主办、省级图书馆学会和省级公共图书馆共同承办。从 2004 年开始，年会名称隐去了"学术"一词，直接使用年会，表明年会的内容发生了变化。它一方面继续保持年会的"学术性"特点，另一方面开始关注其"大众性"的要素，使学术性和大众性有机地结合起来，注意满足公众不同层次、不断增长的文化知识的需求，因而得到年会召开地政府的支持，有利于促进图书馆事业的良性发展。2011 年年会改为政府主办、学会承办的模式，由文化部主办并更名为中国图书馆年会暨中国图书馆学会年会，分为工作会议、学术会议和展览会，参考借鉴了国际经验，结合实际，在丰富会议内容、创新会议形式等方面进行了有益探索，体现了政府主导与社会参与结合、文化产业与文化事业结合、理论研究与实践工作结合的新思路。其中，学术会议作为整个年会的重要组成和依托，仍由学会主要负责和具体筹备。本着将理论研究与实践工作相结合的思路，以繁荣学术研究、促进学术交流，推动实践工作为宗旨，会议组织模式逐年得以完善，也加强了议题的深度和广度，"站位更高，视野更广阔"，"明确图书馆事业在国家文化战略中的重要地位"。从 2012 年开始，年会名称确定为"中国图书馆年会——中国图书馆学会年会·中国图书馆展览会"。2016 年，中国图书馆年会首次改由文化部指导，学会与承办城市共同主办。城市承办制是年会改革创新的重要内容，也是年会成功举办和可持续发展的重要保障。近年来，中国图书馆年会已先后在广东东莞、上海浦东、北京东城、广东广州和安徽铜陵举办，对于推动城市公共文化服务体系建设、提升城市文化形象发挥了重要作用。通过近年来的探索和培育，中国图书馆年会不断改革办会理念和机制，拓展功能板块，吸引社会参与，使得规模不断扩大，影响力持续提升，成为图书馆界合作交流、共谋发展的重要平台，促进文化事业和文化产业融合发展的有效载体。

每一届年会确定的主题都立意高远，紧密围绕社会发展与改革方向，紧跟国内外图书馆事业发展趋势，结合图书馆事业研究和发展的现实需求。年会召开的同时，配合开展大规模学术征文活动、学术交流活动及举办图书馆专业展览会，全方位推动学术研究与交流，也使与会代表有机会直接了解国内外新技术、新设备、新业务和新动态。

年会征文活动是推动图书馆工作者对事业发展进行思考和交流的重要配套活动，深受业界关注和欢迎。按照惯例，年会召开前，学会围绕年会主题和若干分主题面向全国图书馆界组织征文，并在业界近百名专家的积极参与和大力支持下，成立"论文评审委员会"，通过"一审——二审——终审"的严格程序，评选出一、二、三等奖予以表彰和推介。一等奖论文会结集出版，并在年会上向参会代表发放。同时，依据征文通知评选征文活动组织奖的规定，按各分支机构，各省、自治区、直辖市图书馆学会和各图书馆对年会征文活动的宣传、发动、组织情况及所辖系统、地区和图书馆应征论文的数量、质量等因素进行综合评定，评出征文活动组织奖，并在年会上进行表彰。为加强学风建设，从 2014 年度起引入学术不端检测环节，复制比检测结果成为论文评奖的参考依据。

年会活动组织方面，除主会场外，一般设立分会场，进一步针对细分的交流主题和领域组织交流，以便为更多的与会代表提供深入参与和发表见解的机会。而且，分会场的策划和申办逐步提高面向业界开放的程度，宏观规划、精细组织。年会学术活动以"主会场、分会场"为基本框架的组织形式也不断创新，积极推出了新的学术交流方式，具有较强的感召力、吸引力和互动性。2012 年，首创主题论坛，代表齐聚，名家云集，引起广泛关注，是学会协调我国图书馆界集体力量开展学术交流的成功范例。据统计，每个主题论坛均超过 300 人次参加。2013 年，根据业界需求和本届年会实际，年会首次策划组织卫星会议，进一步完善学术会议体系，挖掘年会内涵。借鉴国际图联大会卫星会议的成功经验，以"会前会"和"会后会"的形式组织实地调研和交流研讨。卫星会议为业界同仁，特别是中西部欠发达地区图书馆进行考察观摩、工作交流及学术研讨提供了便利，同时实现年会学术会议时空跨度的延展，年会成效进一步显现，为与会代表在办馆理念、专业理论、业务工作等各方面带来更多启发和经验借鉴。此外，还在地方图书馆协会和各图书馆的支持下，利用地方各图书馆场地设施，设立若干"自由交流空间"供注册代表免费申请使用，鼓励非正式会议交流的成长，进一步营造年会交流研讨的良好氛围。

为提高中国图书馆年会的影响力，展现和宣传当代图书馆人的职业精神与道德风范，彰显和弘扬推动图书馆事业发展的榜样力量，中国图书馆年会组委会于 2012 年年会上首次组织开展"中国图书馆榜样人物"评选活动，并在开幕活动中举行颁奖典礼。从 2014 年开始，增设"最美基层图书馆"奖项，并由学会具体负责组织评选。2016 年，随着文化部主办年会变更为指导年会，经文化部同意，由学会组织开展"中国图书馆榜样人物"和"最美基层图书馆"风采展示活动。2017 年进一步深化改革，为推动图书馆事业创新发展，发掘更多具有代表性的图书馆故事，经文化部同意，由学会组织开展"中国图书馆最美故事"系列风采展示活动，包含感人事迹、优秀服务和创新案例三个类别。

目前，年会已经形成一种集学术性和大众性于一体的综合性活动，成为业内学术、信息交流的最大平台，也日益成为业界、学界共同的家园。代表们置身其间，参与学术交锋，触及新理论、新观念、新技术，从而激发起图书馆工作者热爱事业、潜心学术研究的热情。随着年会成功举办和对学术及事业发展的带动，年会这个见面、交流、交谈、倾听的平台越来越受到广大业界同仁的重视，成为图书馆人工作生活中不可缺少的组成部分。

表 4 - 1 1999 ~ 2017 年历届年会主题及交流论文情况

年份	年会主题	交流论文数量
1999	世纪之交：图书馆回顾与展望	750 篇
2000	21 世纪图书馆：发展与变革	640 余篇
2001	21 世纪图书馆可持续发展战略	720 余篇
2002	知识经济时代图书馆的发展趋向	722 篇
2003	新世纪的图书馆员	838 篇
2004	回顾与展望——中国图书馆事业百年	931 篇
2005	以人为本　服务创新	1374 篇
2006	图书馆发展与和谐社会构建	1196 篇
2007	图书馆：新环境、新变化、新发展	1092 篇
2008	图书馆服务：全民共享	1314 篇
2009	中国图书馆事业：科学·法治·合作	1363 篇
2010	提升能力与效益　促进学习与创造	1346 篇
2011	公益·创新·发展："十二五"时期的图书馆事业	1261 篇
2012	文化强国——图书馆的责任与使命	1617 篇
2013	书香中国——阅读引领未来	1559 篇
2014	馆员的力量：改革发展　进步	1611 篇
2015	图书馆：社会进步的力量	1309 篇
2016	创新中国：技术、社会与图书馆	1131 篇
2017	图书馆与社会：共享　效能　法治	1170 篇

一 1999 年会

"中国图书馆学会首届年会暨成立 20 周年纪念活动"于 1999 年 7 月在辽宁省大连市隆重开幕，以"世纪之交：图书馆事业回顾与展望"为主题，由学术会议和展览会组成，意义重大。

文化部副部长艾青春，理事长徐文伯，大连市副市长贺旻，市委宣传部部长王会金、副部长王永林，辽宁省文化厅副厅长刘效炎，常务副理事长、国家图书馆党委书记、副馆长周和平，文化部社文图司副司长周小璞，副理事长、国家图书馆副馆长孙蓓欣，副理事长、上海图书馆馆长马远良，副理事长、中山大学信息管理系教授谭祥金，副理事长、北京大学信息管理系主任吴慰慈，原国家图书馆副馆长谢道渊以及中国科协学会部、教育部高教司等单位的领导出席了开幕式。来自全国各地图书馆界1100 余名代表出席了年会。

开幕式上，徐文伯作了讲话，艾青春等向大会致辞。日本图书馆协会代表团团长酒川玲子向大会致辞。周和平代表第五届理事会作了题为《总结经验、迎接挑战，开创我国图书馆学会工作新局面》的工作报告。会议期间，代表们围绕"数字图书馆和网上图书馆"等 6 个分主题进行了研讨与交流。周和平作了《建设数字图书馆，迎接新世纪挑战》的发言，阐述了建设中国数字图书馆工程的必要性。会上展示了国家图书馆研制的数字图书馆实验系统。

闭幕式上，艾青春讲话。他在充分肯定图书馆界过去 20 年取得成就的同时，要求注重图书馆运行机制的改革，在发展图书馆事业的过程中注意自我发展。谭祥金致闭幕词，他回顾大会取得的成果，谈到了学会采取经费自筹的方式，没有使用政府拨款举办了如此规模的年会，达到了"以会养会"的目的。学会借年会发挥了学术研究与业务交流的主渠道作用，确立了在学术研究领域的权威性。

本届年会共收到论文 750 篇，评选出交流论文 341 篇、优秀论文 70篇，将 66 篇优秀论文结集出版。

二 2000 年会

中国图书馆学会 2000 年学术年会于 2000 年 7 月在内蒙古海拉尔市举行，以"21 世纪图书馆：发展与变革"为主题，由学术会议和展览会组成。文化部、内蒙古自治区政府和学会领导出席开幕式。韩国图书馆协会会长李斗荣、美国华人图书馆员协会主席周幼兰分别向大会致辞。常务副理事长、国家图书馆副馆长周和平代表第五届理事会向大会作了题为《转变观念、开拓进取，努力创建充满生机与活力的中国图书馆学会》的工作报告，总结了学会自 1999 年年会以来的工作并介绍了下一步的工作。来自各地区、各系统、各行业、各部门近 800 名图书馆界代表出席了开幕式。

本届年会的学术会议确定了 6 个分主题，代表们围绕主题和分主题在各分会场进行了学术交流。美国代表李华伟、何光国、周幼兰、李学博、黄柏楼、袁海旺等分别在大会上作专题发言，并在分会场的学术交流中宣读了论文。在大会专题学术交流中，周和平作了题为《建设中国数字图书馆工程，促进我国知识经济的发展》的报告，中国数字图书馆有限公司常务副总经理秦苏宾的交流题目为《发展中的中国数字图书馆有限公司》，美国俄亥俄大学图书馆荣誉馆长李华伟作了题为《21 世纪知识时代的图书馆》的演讲，四川大学信息管理系主任张晓林作了《虚拟信息服务体系的资源建设》的演讲，美国霍华德大学图书馆副馆长何光国作了《"数位分"与为图书馆社区服务》的演讲，内蒙古自治区巴彦淖尔盟图书馆副馆长段如云作了《论新形势下民族地区图书馆建设》的发言。

本届年会共收到征文 640 余篇，经年会论文评选委员会评选，选出交流论文 352 篇、优秀论文 67 篇。

三　2001 年会

中国图书馆学会 2001 年学术年会于 2001 年 9 月在四川省成都市隆重召开。本次年会由中国图书馆学会主办，以"21 世纪图书馆可持续发展战略"为主题，分为学术会议和展览会。各地图书馆界及相关行业 500 多名代表出席年会，其中包括日本、美国、英国和韩国等国 30 余位代表。

开幕式上，四川省委宣传部副部长徐有胜、四川省文化厅厅长张仲炎、日本国立国会图书馆副馆长宇治乡毅先后致辞，美国华人图书馆员协会执行理事长曾程双修代表美国图书馆协会执行理事长 W. 格登、周幼兰代表美国图书馆协会主席 J. 巴雷向大会致辞。常务副理事长、国家图书馆副馆长周和平作了题为《以"三个代表"重要思想为指导，大力推进我国图书馆现代化建设》的讲话，中国科协科普研究所原所长袁正光应邀作了题为《当代科学技术对世界经济和社会的影响——迎接知识经济时代》的学术报告。上海图书馆副馆长吴建中，中信万方数据公司副总裁张帆，美国卡内基梅隆大学计算机学院博士牛振东，北大方正电子有限公司网络传播事业部总经理周劲，副理事长、北京大学信息管理系主任吴慰慈先后作了专题发言。

本次年会的分主题是：图书馆在实施西部大开发战略中的作用；图书馆资源的交流与共享；数字图书馆的研究、开发与建设；文献信息情报工作在科技创新和立法决策中的作用；图书馆的管理与改革；新时期图书馆理论研究。代表们围绕主题与分主题进行学术交流。大会共收到论文720余篇，从中评选出交流论文368篇、优秀论文56篇，优秀论文结集成《21世纪图书馆可持续发展战略》一书出版。

四　2002 年会

中国图书馆学会2002年学术年会于2002年7月在陕西省西安市召开。本届年会由中国图书馆学会主办，年会主题是"知识经济时代图书馆的发展趋向"，由学术会议和展览会组成。来自全国各级各类图书馆的约800名代表出席了会议。

文化部副部长、理事长周和平致开幕词。开幕式由常务副理事长、国家图书馆副馆长杨炳延主持，陕西省政府副秘书长郑德义和中国计算机用户协会理事长陈正清先后致辞。安琪拉·杨代表美国图书馆协会主席、曾程双修代表美国图书馆协会执行理事长 W. 格登致辞。大会特邀中国社会科学院知识产权研究中心副主任李顺德作《数字图书馆与知识产权》的报告，介绍了中国加入世界贸易组织以后在知识产权保护方面面临的新问题、采取的新举措、制定的新法规，提出了法律依据和解决的对策。大会报告包括副理事长、武汉大学信息管理学院院长马费成的《我国信息化与世界贸易组织》，北京大学信息管理系教授李国新的《法制环境和国际视野下的图书馆员职业伦理》，深圳图书馆副馆长王大可的《数字图书馆体系与应用平台》，万方数据公司副总裁张帆的《万方数据——信息高速公路的建库备车者》，清华同方光盘股份有限公司副总裁王明亮的《信息资源的高度共享境界与知识服务的产业化》和北大方正电子有限公司网络传播事业部总经理周劲的《如何建立可持续发展的数字图书馆》。这些报告从不同角度反映了图书馆界在理论研究、科研水平、技术创新等领域的现状和成果。

学术会议设立6个分会场，在各专门工作委员会专家学者的支持下，40多位代表围绕分主题"加入世界贸易组织后图书馆立法与知识产权保护""数字图书馆的建设与研究""图书馆信息资源建设""图书馆服务模式与用户需求""图书馆的社会职能与作用""图书馆管理与改革""图书馆学科发展与创新"等进行了热烈的研讨和交流。本届年会共收到征文722篇,评出交流论文361篇、优秀论文44篇,会后将优秀论文结集出版,题为《知识经济时代图书馆的发展趋向》。

五 2003年会

由于受"非典"的影响,2003年学术年会延期至2004年举行。但是对应征文的评审工作并没有中断。经过初评、复审和终审,最终从838篇论文中评出交流论文366篇、优秀论文80篇。优秀论文于同年12月由北京图书馆出版社结集出版。

2004年会的第二分会场以2003年会的主题"新世纪的图书馆员"为议题展开研讨。代表们围绕新世纪的图书馆员将扮演何种社会角色、承担什么样的历史使命、应具备哪些素质,队伍建设,人力资源开发等进行了详尽的探讨。贵州大学图书馆的黄志奇作了《做有亲和力的图书馆员——兼论图书馆员的人文素养》的报告,广东惠州学院图书馆的蓝芬芬作了《谈现代高效图书馆员的角色》的发言,无锡市东林中学图书馆的许云舟作了《角色转换与形象再塑——新课程背景下学校图书馆员的新使命》的发言,天津图书馆的王孝所作的《论图书馆员与读者的信息沟通》分析了影响图书馆员与读者沟通的诸项因素。天津图书馆馆长陆行素提出"图书馆学系如何培养图书馆需要的人才,如何解决图书馆学毕业生不愿去图书馆"的问题,主持人对此做了解答。

六 2004年会

中国图书馆学会2004年年会暨学会成立25周年纪念大会于2004年7月23~26日在江苏省苏州市隆重举行。本届年会由中国图书馆学会、苏州市人民政府主办,苏州市文化广播电视管理局承办,苏州图书馆协办。年会主题确定为"回顾与展望——中国图书馆事业百年",由学术会议和展览会组成。来自全国各地图书馆以及韩国、美国、日本、马来西亚、沙特阿拉伯等国1100名代表参加了会议。

常务副理事长，国家图书馆党委书记、副馆长詹福瑞主持了开幕式。理事长、文化部副部长周和平，中国科学技术协会学会学术部部长马阳，苏州市委副书记杜国玲，文化部社文图司副司长刘小琴，江苏省文化厅副厅长王慧芬等领导，以及韩国图书馆协会代表团团长韩相完和美国华人图书馆员协会执行理事长曾程双修出席了会议。周和平在回顾了中国图书馆事业的百年历史后指出，图书馆应在科学发展观的指导下，不断提高服务水平，满足老百姓不断增长的精神文化需求、在提高全民族思想道德水平方面发挥重要作用。中国图书馆学会将在组织、协调、沟通等方面继续发挥应有的作用，进一步团结全国图书馆工作者，促进图书馆事业的快速健康发展。马阳代表中国科协致辞，希望中国图书馆学会团结广大会员和图书馆工作者，为我国图书馆事业的发展做出新的贡献。杜国玲、王慧芬、韩相完、曾程双修也分别致辞。曾程双修还代表美国华人图书馆员协会会长温时幸向中国图书馆学会成立25周年表示祝贺，赠送了上书"弘扬中华文化，嘉惠全球士林"的贺礼。开幕式上还举行了学会成立25周年系列活动的颁奖仪式，对获得"第二届图书馆学情报学成果奖"、"我的图书馆情缘"征文优秀作品奖和"第二届全国图书馆系统书画摄影展"优秀作品奖的代表颁发了荣誉证书，56名获奖代表上台领取了荣誉证书和纪念奖品。

本届年会共收到征文931篇，评出交流论文411篇、优秀论文82篇。学术会议共设立了8个分会场，部分获奖论文作者和专家学者在各分会场作了演讲，其中包括9位境外学者。在以"百年图书馆精神的魅力"为议题的第一分会场上，吴慰慈作了《我国图书馆学学科建设的未来发展之路》的发言，华东师范大学信息学系主任范并思作了《中国图书馆精神的百年历程》的主旨演讲。在以"第二届图书馆法与知识产权论坛"为内容的第三分会场上，日本图书馆协会图书馆员伦理纲领策定委员会委员后藤畅以《日本"图书馆中图书馆员伦理纲领"的核心理念与实施现状》为题，介绍了图书馆员伦理纲领的性质。美国新墨西哥大学的M.马奎斯介绍了美国图书馆协会《图书馆员伦理准则》的制定与修改过程，强调了图书馆职业伦理准则在美国图书馆工作者中的重要地位和深远影响。澳门大学图书馆的杨开荆介绍了香港、澳门和台湾地区图书馆员的伦理现状。这些对我国图书馆员职业伦理道德的塑造和知识产权保护提供了借鉴。

年会期间还播放了记录于光远、任继愈、周文骏、彭斐章等前辈对中国图书馆事业的寄语和展望的专题片，闭幕仪式上对在征文等活动中获奖的单位和个人颁发证书予以表彰。

七 2005 年会

中国图书馆学会 2005 年年会紧随第七次全国会员代表大会，于 2005 年 7 月 20～24 日在广西桂林召开。本届年会由中国图书馆学会主办，广西壮族自治区图书馆、广西壮族自治区桂林图书馆、广西师范大学图书馆协办，以"以人为本，服务创新"为主题，分为学术会议和展览会。来自各地、各系统 850 余名图书馆同仁以及 28 位来自美国、韩国的图书馆界同行出席了开幕式。

开幕式上，新当选的第七届理事会理事长、副理事长集体登台亮相并即席作了表态性发言。随后，理事长詹福瑞致开幕词。在主会场，副理事长、中国科学院文献情报中心主任张晓林作了题为《建立用户驱动、面向未来的可持续发展机制》的主旨报告，副理事长、武汉大学信息管理学院院长陈传夫和华东师范大学信息学系主任范并思分别作了题为《图书馆职业：目标与角色的变化》和《信息技术冲击下的图书馆人文思潮》的专题报告，围绕图书馆学研究前沿领域的问题作了探讨。

在图书馆法律与知识产权研究专业委员会的共同努力下，有关著作权的合理使用问题的研究取得实质性进展。学会为此召开了《中国图书馆学会关于网络环境下著作权问题的声明（征求意见稿）》（以下简称《声明》）说明会，起草委员会就《声明》产生的背景、起草的过程及其主要内容作了详细说明，《声明》经七届一次理事会审议通过并正式发布。

学会大力推动全民阅读活动的开展，根据各地各馆的活动总结情况，首次评选出"2004 年全民阅读活动最佳组织奖"和"2004 年全民阅读活动先进单位"共 10 个给予宣传表彰。年会组委会确定《新华书目报》为媒体支持单位，对年会进行了及时、有深度的报道，留存下宝贵的第一手历史记录。由于年会内容与形式多方面创新，取得显著的交流效果，因此获得中国科协 2005 年重点学术活动奖并获得资助。

本届年会共收到征文 1374 篇，共选出交流论文 573 篇、优秀论文 128 篇，优秀论文由北京图书馆出版社结集出版。

表 4 - 2 2005 年学术分会场

会场序号	分会场主题
第 1 分会场	人文视野中的图书馆学
第 2 分会场	图书馆权利
第 3 分会场	信息素养教育与导读
第 4 分会场	图书馆信息资源的建设模式与规范
第 5 分会场	文献信息描述、组织进展与展望
第 6 分会场	参考咨询服务及其管理
第 7 分会场	图书馆建筑与人文关怀
第 8 分会场	专业图书馆的改革、发展与深化服务

八 2006 年会

中国图书馆学会 2006 年年会于 2006 年 7 月 23～27 日在云南省昆明市隆重召开。本届年会的主题是"图书馆发展与和谐社会构建"，主题契合今后相当长时期我国图书馆建设的现实需求和精神需求。年会分为学术会议和展览会。近千名来自各地、各系统图书馆的代表，企业会员代表和参展商以及美国华人图书馆员协会的代表出席。

开幕式由学会副理事长、上海图书馆馆长吴建中主持。詹福瑞理事长致开幕词，回顾了学会一年来所取得的重要成就，特别提到了学会在乌鲁木齐、林州、海口分别召开的科协年会分会、首届百县馆长论坛、新年峰会所取得的成果，也提到了学会在《著作权网络传播保护条例》《公共图书馆建设标准》制定等方面所做出的贡献。鉴于近几年的出色表现，学会首次被中国科协评为全国先进学会。文化部社会文化和图书馆司图书馆处处长张小平代表文化部社会文化和图书馆司致辞。他充分肯定了学会近几年所取得的突出成绩。他说，学会近几年不满足于做单纯的学术交流平台，带领业界做了许多实事大事，有非常突出的成绩。如在推动中文成为 IFLA 第 6 种工作语言、成功举办和发起"读书日"活动、志愿者行动、推动 11 个部委发出"全民阅读"的倡议、制定公共图书馆建设标准等方面发挥了重要作用。在《著作权网络传播保护条例》制定方面，也充分发出了自己的声音，表现得十分"英勇"。这一切表明，学会是一支具有战斗力的、值得全国图书馆员信赖的队伍，是当前图书馆事业发展不可或缺的力量。云南省文化厅副厅长陶国相代表省文化厅对年会的召开表示欢迎。他说，每年一度的年会是图书馆界规格最高的学术盛会，本次会议能够到风光壮美、风情绮丽的云南召开，是云南文化界的荣幸。希望云南的图书馆工作者虚心学习会议精神，多向先进地区的同行请教，推动云南省图书馆事业的发展。美国华人图书馆员协会主席李海涛介绍了该协会情况。该会成立于 1973 年，现有会员 1200 余人，各有专长、人才济济，为美国图书馆事业做出了突出贡献。该会已经和中国图书馆学会建立了一定程度的交流，例如，2006 年中国图书馆学会组织 35 人的代表团参加了美国图书馆协会的年会。此次年会，该会也派 14 位代表出席。

开幕式上为获得"全民阅读奖"的单位颁奖。在热烈的掌声中，詹福瑞、吴建中、陈力分别为 4 个获得优秀组织奖、10 个获得先进单位奖的单位颁发奖状。深圳市文化局副局长李南生作了题为《建设图书馆之城，构建和谐社会》的发言，向代表们介绍了深圳市构建覆盖全市的图书馆网络的做法、经验与体会，受到了与会代表的欢迎。杭州图书馆馆长褚树青作了题为《藤蔓再长，瓜落故乡——对公共图书馆服务定位的思考和实践》的发言，指出公共图书馆在服务活动中要充分发挥自身优势，积极争取政府支持，为读者提供优质的服务，图书馆在面对各种困难时，要想方设法去解决，一切都是"事在人为"。北京大学图书馆馆长戴龙基作了题为《共享资源，共建和谐——从〈图书馆合作与信息资源共享武汉宣言〉谈起》的发言，向代表们介绍了"武汉宣言"的背景及其意义，以 CALIS 为例，指出了资源共享的重要意义与具体做法及其发展前景。三个主旨发言虽然时间都不长，但讨论的都是业界关心的热点问题，是图书馆实际工作中的具体问题，引起了全体与会代表的关注与共鸣，提问不断、掌声不断，会场的学术气氛浓烈。

本届年会共收到征文 1196 篇，评出一等奖 89 篇、二等奖 283 篇、三等奖 366 篇，北京市图书馆协会等 12 家单位荣获"论文组织奖"。图书馆学理论专业委员会委员李超平应邀对征文情况做了述评。在"面向大众的图书馆关怀"为议题的第一分会场，程焕文作的主旨报告阐述了以民为本、社会公平、和谐社会与图书馆的关系，韩继章的专题报告则从理论与实践层面综述了图书馆的人文精神，三位美国同行介绍了美国图书馆界的服务理念和具体措施。第二分会场以"中国图书馆法治环境构建：法律保障与行业自律"为议题，张小平、冯守仁以及美国、中国台湾地区的与会者，分别阐释了我国图书馆法制建设的重点，介绍了国内外图书馆立法及实施过程中的实例经验，分析了目前国内有关条例对图书馆权利地位的影响以及相关的对策和解决方案。第三分会场的议题为"图书馆数字资源的建设、共享与服务"，由资源建设与共享专业委员会和数字图书馆研究与建设专业委员会联合举办。高波、耿骞、孙坦、刘炜等分别就我国五年来信息资源共建共享的研究进展和未来走向、数字图书馆建设、文献资源整合建设等热点问题进行了论述。第四分会场由科普与阅读指导委员会、目录学专业委员会和图书馆学教育与培训专业委员会联合主持，围绕"大众阅读指导与和谐社会"这一议题展开研讨。吴晞、肖希明等从公共图书馆的服务理念、倡导大众阅读的方法、为读者提供个性化服务的专题培训、上网与读书的关系、阅读状况问题、民族文化建设等方面进行了深入研讨。美国代表李海鹏和袁海旺以实例介绍了国外的具体做法和成功经验。第五至第八会场分别由 IBM 中国有限公司、大连博特软件科技有限公司、清华同方知网（北京）技术有限公司、龙源期刊网、机械工业出版社和北京世纪金典图书有限公司等单位主办。图书馆软件技术开发商、资源生产提供商、出版单位和网络媒体通过年会平台，为企业参与图书馆事业的发展提供了更加广阔的空间。继《新华书目报》之后，新浪网和龙源期刊网也加入了支持媒体的行列。新浪网读书频道对程焕文、李国新、褚树青、肖希明等专家进行了现场采访，"新浪在线访谈"对会议进行了全程报道。

九 2007 年会

2007 中国图书馆学会年会于 2007 年 8 月 5 日在兰州隆重举行。本届年会主题为"图书馆：新环境、新变化、新发展"，分为学术会议和展览会两部分。来自全国各省、自治区、直辖市和香港、澳门特别行政区以及美国、德国的 800 余名代表出席了会议。

在开幕仪式上，理事长、国家图书馆馆长詹福瑞致开幕词，文化部社会文化图书馆司副司长刘小琴讲话，甘肃省文化厅副厅长王兰玲致欢迎词，美国华人图书馆员协会代表李国庆向大会致贺词并宣读了美国图书馆协会主席的贺信。随后举行了优秀会员及优秀学会工作者颁奖仪式、韦棣华奖学金颁发仪式、"全民阅读"活动颁奖仪式和"志愿者行动"证书颁发仪式。会上宣布了中国图书馆学会与中国出版对外贸易总公司《现代阅读》杂志联合启动的"全民阅读"赠书计划；科普与阅读指导委员会与《新华书目报》合作，从机械工业出版社等 6 家出版社募集到 10 万码洋新书，赠送给甘肃省的基层图书馆，会上举行了赠书仪式。

在主会场，华东师范大学信息学系主任范并思、北京大学信息管理系教授李国新、苏州图书馆馆长邱冠华、武汉大学信息管理学院图书馆学系主任肖希明分别作了题为《图书馆核心价值研究》《图书馆法治建设：现状与问题》《人民的图书馆：公共图书馆向基层延伸的模式研究》《我国图书馆学专业教育与职业需求的调查与分析》的发言。副理事长、首都图书馆馆长倪晓建宣读了《图书馆服务宣言（草案）》。另外，3M 中国有限公司的陈韶辉作了题为《RFID 技术在图书馆领域的应用——前景，现状及规划》的专题发言。

本届年会共收到征文 1092 篇，评出一等奖 87 篇、二等奖 202 篇、三等奖 323 篇；12 个省学会和单位获得征文活动组织奖。年会共设 14 个分会场。学术研究委员会下属的各专业委员会以各分主题组织分会场，46 位专家学者及论文作者作了专题发言（其中包括 3 位外籍人士），研讨内容涵盖了图书馆学理论、图书馆法制建设、图书馆学专业教育、信息服务、图书馆建筑与设备、地方文献、公共图书馆服务等诸多方面。其中第二分会场"中国图书馆学专业教育与职业需求——图书馆学教授与图书馆馆长的对话"、第十一分会场"公共图书馆服务体系构建"和第十二分会场"'图书馆服务宣言'大家谈"均采用了圆桌会议或开放式论坛的方式，不设主旨报告、专题发言，而是让与会者围绕分主题畅所欲言、充分沟通，透露出浓厚的学术氛围。兰州市图书馆、兰州市图书馆学会等组织了"新亚欧大陆桥沿线中心城市公共图书馆协作网第六届年会"分会场，少数民族专业委员会主办了"和谐社会与西部地区图书馆的新变化"分会场，针对地区性问题开展集中研讨。3M 中国有限公司和香港慧科讯业有限公司也分别组织了分会场。

年会期间，召开了"2007 中国图书馆学会会员信息发布会"，会员可以利用这一平台宣传、展示自己，同时可以及时了解业内有关动态和热点问题。在"会员联谊晚会"上，120 余位新老代表欢聚一堂，共享"会员之家"的温馨与和谐。年会期间还举办了"汉字：从甲骨文到计算机"科普展览。厦门大学图书馆"网志中心"对本次年会进行全程网络直播报道，对部分分会场实施现场直播，实现了场内场外互动，实时网上参与量近 300 人次，提高了年会的参与度、影响力和传播效益。

表 4-3　2007 年学术分会场

会场序号	分会场主题
第 1 分会场	图书馆核心价值的再认识
第 2 分会场	中国图书馆学专业教育与职业需求——图书馆学教授与图书馆馆长的对话
第 3 分会场	图书馆法律与知识产权研究专业委员会
第 4 分会场	文献信息描述与组织的新进展及其对策
第 5 分会场	城乡图书馆信息服务的协调发展
第 6 分会场	和谐社会和西部地区图书馆的新变化
第 7 分会场	网络信息环境下图书馆建筑与设备的新发展
第 8 分会场	区域特色文献建设论坛
第 9 分会场	《四库全书》研究
第 10 分会场	公共图书馆与社会主义新农村文化建设
第 11 分会场	公共图书馆服务体系构建
第 12 分会场	"图书馆服务宣言"大家谈
第 13 分会场	RFID 技术在图书馆领域的应用——前景、现状及规划
第 14 分会场	报纸的存档与应用应用——慧科数据库专场

十　2008 年会

2008 中国图书馆学会年会于 2008 年 10 月 27～31 日在重庆隆重召开，由中国图书馆学会主办，重庆图书馆和重庆市图书馆学会协办，主题为"图书馆服务：全民共享"，由学术会议和展览会组成。来自各省、自治区、直辖市、澳门特别行政区以及美国、德国和新加坡的 800 余名代表和重庆市有关方面的负责人出席了会议。

开幕式上，学会理事长、国家图书馆馆长詹福瑞致开幕词，重庆市副市长谭栖伟代表市委、市政府对大会在重庆召开表示欢迎。文化部社会文化图书馆司副司长刘小琴、首次应邀出席年会的国际图联主席克劳迪亚·卢克斯、文化部文化信息资源建设管理中心副主任张晓星、美国图书馆协会国际部主任麦克尔·道林和美国华人图书馆员协会主席张沙丽也先后致辞。大会对 2007 年度"全民阅读"活动、2006~2008 年度中国图书馆学会志愿者以及获得 2008 年度韦棣华奖学金的学生代表颁奖。

会上，学会发布了《图书馆服务宣言》，它体现了图书馆工作者对图书馆精神、现代图书馆理念的共识和对社会做出的职业承诺。在主会场上，国际图联主席 C. 卢克斯作了题为《把图书馆提上议事日程》的发言。常务理事、北京邮电大学图书馆馆长代根兴在《北京地区高校图书馆的资源共建与服务》的发言中，介绍了北京地区高校联合体为 39 所高校师生服务的民间图书馆联盟模式。东莞图书馆的李东来以《让更多的人享受图书馆》为题作了发言。

本届年会共收到论文 1314 篇，经评审，686 篇论文获奖。年会现场设有 10 个分会场，与会代表围绕年会主题，针对图书馆服务的价值、覆盖全社会的图书馆服务体系的理论与实践、地方文献与地方文化、公共图书馆与政府信息公开、"志愿者行动"、图书馆行业组织的管理与合作等分主题进行讨论，介绍研究成果，交流学术观点、切磋实际工作的感受。年会设立了以"志愿者行动"为主题的第五分会场，以期扩大志愿服务活动的覆盖面和影响力，联合政府部门和社会各方面力量并形成合力，把"志愿者行动"推向深入。海恒智能、阿法迪、神州数码、北京国图数字技术有限公司等企业组织了"RFID 技术在图书馆的成功应用及发展""图书馆RFID 最佳实践区——RFID 与智能化图书馆""应用交付虚拟化技术在图书馆领域的应用""数字图书馆建设整体解决方案及信息存储"四个分会场，受到图书馆界的广泛关注。

围绕"5·12"汶川地震，年会设立抗震救灾专题，部分代表发言对抗震救灾和图书馆重建进行回顾和展望，从社会保障机制的层面进行思考和探讨。会议现场布置了"大震不屈·大爱无疆——赈灾重建：图书馆在行动"图片展，真实地反映出全国图书馆界抗震救灾的情况。根据"全民阅读赠书计划"，学会与《新华书目报》合作，从 11 家出版社募集了 40 万码洋新书，赠送给重庆地区基层图书馆。科普与阅读指导委员会副主任吴晞和《新华书目报》主编赖雪梅代表捐赠方，向以重庆市图书馆学会副理事长宋继珍为代表的受赠方赠书。学会和新加坡 Cybrarian 有限公司签署了《合作谅解备忘录》，在图书馆人力资源开发与培训、读者信息素养教育与公众阅读推广等领域进行合作。

表 4-4　2008 年学术分会场

会场序号	分会场主题
第 1 分会场	图书馆价值
第 2 分会场	覆盖全社会的图书馆服务体系的理论与实践
第 3 分会场	地方文献与地方文化
第 4 分会场	公共图书馆与政府信息公开
第 5 分会场	"志愿者行动"研讨会
第 6 分会场	图书馆行业组织的管理与合作
第 7 分会场	RFID 技术在图书馆的成功应用及发展
第 8 分会场	图书馆 RFID 最佳实践区 RFID 与智能化图书馆
第 9 分会场	应用交付虚拟化技术在图书馆领域的应用
第 10 分会场	数字图书馆整体解决方案及安全与存储解决方案

十一　2009 年会

2009 中国图书馆学会年会暨 30 周年会庆大会于 2009 年 11 月 3 日在广西南宁举行，由中国图书馆学会主办，广西壮族自治区图书馆和广西图书馆学会协办。本届年会主题是"中国图书馆事业：科学·法治·合作"，由学术会议和展览会组成，恰逢中国图书馆学会 30 周年会庆。全国各地以及美国、韩国图书馆界、出版界、图书馆技术研发机构和企业界代表 800 余人出席了会议。

开幕式上，理事长、国家图书馆馆长詹福瑞致开幕词，广西壮族自治区人民政府副秘书长杜新、文化部社会文化司巡视员刘小琴、文化部全国文化信息资源建设管理中心副主任崔建飞、广西壮族自治区文化厅厅长余益中等莅临大会并致辞，美国华人图书馆员协会执行理事长李海鹏致贺词，美国图书馆协会发来贺信。学术研究委员会主任吴慰慈作了题为《中国图书馆学的发展与新一代图书馆学人的使命》的主旨报告，对 30 年学术研究进行回顾，并做了前瞻。

本届年会设置了 16 个分会场，围绕科学、法治与合作的议题展开研讨。用户研究与服务专业委员会以"图书馆服务标准与图书馆评估"为议题，探讨服务的标准、定位与评估。目录学专业委员会关于"信息素养与目录学的数字化和大众化"、信息组织专业委员会和资源建设与共享专业委员会的"书目信息资源的共建共享"等分会场的专题研讨以及各企业分会场关于 RFID 标准化与 IT 技术的研讨，均着眼于图书馆事业发展的思考与探讨。由图书馆法律与知识产权研究专业委员会、图书馆管理专业委员会和图书馆统计与评价专业委员会联合主办的"图书馆管理、评价与公共图书馆立法"分会场，讨论对中国图书馆立法的研究与推进。图书馆社会合作研究专业委员会主办的"图书馆社会合作"分会场，针对"图书馆、出版商、发行商——合作中的利益与冲突"与"图书馆与媒体的合作"以及"图书馆与数据商：在合作中双赢"等议题展开。图书馆史研究专业委员会和"图书馆家园"主办了"不朽的图书馆精神：汶川地震与家园重建"特别会场，28 位来自四川灾区的图书馆员与会。第二分会场"传统经典阅读与网络数字阅读"由阅读推广委员会主办，《关掉电脑，捧起书本——论传统阅读》与《数字阅读——开启全民阅读新时代》两个主旨报告的主题互相呼应，成为图书馆人的重要命题。其他分会场还有：信息组织专业委员会、资源建设与共享专业委员会主办的"书目信息资源的共建共享"，地方文献专业委员会的"多学科背景下的地方文献研究"，数字图书馆建设与研究专业委员会的"数字图书馆的服务与技术"，国家数字资源部、北京拓尔思技术股份有限公司的"图书馆政府公开信息联合服务平台建设研讨"等。第 12、13 分会场分别为"'志愿者行动'工作会议""美国公共图书馆的体制与服务——'中美图书馆员专业交流项目'推介"分会场。上海阿法迪智能标签系统技术有限公司、慧科讯业、北京网络科技有限公司、中国数字图书馆有限责任公司和深圳市远望谷信息技术股份有限公司分别组织了"RFID 技术推动图书馆延伸服务""慧科讯业如何为您的图书馆日常工作带来便利""提升工作效果""建立国际领先的图书馆绩效管理系统""远望谷 RFID 图书馆智能管理系统高峰论坛"等企业分会场。"2009 中国图书馆应用技术与专业设备及图书馆资源展览会"同期举办。

本届年会征文共收到论文 1363 篇，评选出一等奖论文 95 篇、二等奖论文 232 篇、三等奖论文 384 篇。15 个学会、12 个图书馆获得征文活动组织奖。年会上还颁发了"中国图书馆学会青年人才奖"、全民阅读基地奖、"会员论坛之星"奖、韦棣华基金会奖学金、"全民阅读"先进集体奖和优秀组织奖及年会论文奖和优秀组织奖，举行了向广西地区的基层图书馆赠书的仪式。

表 4 – 5   2009 年学术分会场

会场序号	分会场主题
第 1 分会场	图书馆服务的价值
第 2 分会场	覆盖全社会的图书馆服务体系的理论与实践
第 3 分会场	地方文献与地方文化
第 4 分会场	公共图书馆与政府信息公开
第 5 分会场	"志愿者行动"研讨会
第 6 分会场	图书馆行业组织的管理与合作
第 7 分会场	RFID 技术在图书馆的成功应用及发展
第 8 分会场	图书馆 RFID 最佳实践区——RFID 与智能化图书馆
第 9 分会场	应用交付虚拟化技术在图书馆领域的应用
第 10 分会场	数字图书馆建设整体解决方案及信息存储

十二   2010 年会

2010 中国图书馆学会年会于 2010 年 7 月 25 ~ 29 日在吉林长春隆重召开，由中国图书馆学会主办，吉林省图书馆学会和长春图书馆协办。本届年会主题是"提升能力与效益，促进学习与创造"，由学术会议和展览会组成，是一次图书馆交流与合作的盛会。吉林省陈晓光副省长和学会名誉理事长、国家图书馆馆长周和平出席开幕式。来自全国各地各系统的图书馆工作者，出版界、图书馆技术研发机构和企业界的代表以及美国图书馆界代表 900 余人出席了大会。

开幕式上，学会理事长，国家图书馆党委书记、常务副馆长詹福瑞致开幕词，长春市委常委、副市长郑文芝致欢迎词，周和平发表讲话，文化部社会文化司司长于群、中国科协国际部部长张建生和文化部全国文化信息资源建设管理中心副主任刘惠平先后致辞，美国华人图书馆员协会和美国图书馆协会代表李国庆致贺词。出席会议的还有吉林省文化厅厅长林君、副厅长谢文明，长春市政府副秘书长卢福建，长春市文化局局长吴强以及学会副理事长吴建中、陈力、朱强和杨沛超等，副理事长张晓林主持了开幕式。在隆重的年度颁奖典礼上，领导们先后为 2006~2008 年"志愿者行动"的 30 个主、承办单位和 19 位志愿者个人颁发了第三届文化部创新奖；向 53 个单位和机构颁发了 2009 年"全民阅读示范基地""优秀组织奖""先进单位奖""全国少年儿童阅读年特殊贡献奖"；向学生代表颁发了 2010 年韦棣华奖学金。为推动"全民阅读"活动的开展，中国出版集团公司支持学会"全民阅读"赠书计划，共筹集新书 30 万码洋，吉林省图书馆书记、副馆长杨柏林代表基层图书馆接受了中国出版集团代表刘伯根副总裁的赠书。

本届年会以"提升能力与效益，促进学习与创造"为主题，希望以低成本高效益的专业化图书馆服务促进全体社会成员的终身自主学习，促进全社会的知识传承、文化创造和科技创新，从而实现图书馆的普遍、均等服务。吴建中就《创新型社会中的图书馆责任》，国际知名图书馆学与情报学专家罗伯特·斯图尔特就《提升能力与效益——促进学习与创造》作了大会发言，从不同的视角诠释和论证了主题。会议主、分会场围绕这一主题充分展开研讨和交流，有助于全面提高业界认识，提升图书馆服务。

本届年会共设 20 个分会场，再创分会场数量新高，进一步扩大了与会代表的话语权，成为同仁们研讨问题、交流思想、增进了解的重要平台。分会场针对图书馆的社会责任、信息素养教育的理论与实践、图书馆法与知识产权、图书馆员、信息资源建设的新环境与新策略、信息技术发展环境下的用户需求与服务创新、地方文献的参与和共享、少数民族文献资源保障体系建设研究、保障阅读权利、交流与合作、图书馆联盟等分主题设立，代表们与国外的同行积极交流、热烈讨论，大家相互介绍研究成果、学术进展和发展设想，并对实际工作中遇到的问题进行了沟通。这些讨论必将促进今后的图书馆理论与实践的发展。

年会上，由国家图书馆和公共、高校、科研、党校、军队系统图书馆及"共享工程"国家中心等组成的"全国数字图书馆建设与服务联席会议"发布了《数字图书馆安全管理指南》和《数字图书馆建设与服务中的知识产权保护政策指南》，公布了《数字图书馆服务政策指南》和《数字图书馆资源建设指南》；国家图书馆和学会联合中国残疾人联合会，共同向全国图书馆界发出《加强图书馆信息服务无障碍、创建"全国图书馆信息服务无障碍联盟"的倡议》，学会向全国图书馆发出《参与节能环保，建设绿色图书馆的倡议》。

年会共收到论文 1346 篇，1717 位作者参加了论文撰写。经专家评审，评出一等奖论文 124 篇、二等奖论文 192 篇、三等奖论文 394 篇；评出征文活动组织奖 15 个。

表 4 - 6　2010 年学术分会场

会场序号	分会场主题
第 1 分会场	图书馆的社会责任
第 2 分会场	图书馆信息素养教育的理论与实践
第 3 分会场	图书馆法与知识产权论坛
第 4 分会场	我是图书馆员
第 5 分会场	信息资源建设：新环境、新策略
第 6 分会场	信息技术发展环境下的用户需求与服务创新
第 7 分会场	共享与参与
第 8 分会场	少数民族文献资源保障体系建设研究
第 9 分会场	保障阅读权利，享受阅读快乐
第 10 分会场	边界与范式：跨文化视野下的交流与合作
第 11 分会场	合作、共享、服务——图书馆联盟探索与实践

会场序号	分会场主题
第 12 分会场	图书馆节能技术及发展趋势
第 13 分会场	数字图书馆建设指南发布与宣传推广会
第 14 分会场	积极推进信息无障碍，人人共享公共文化服务
第 15 分会场	图书馆宣传推广：读者活动和社会合作案例研讨
第 16 分会场	现代图书馆的选择——读者图书自助扫描复制中心解决方案
第 17 分会场	筑图书馆经典之梦——远望谷 RFID 智能图书管理论坛
第 18 分会场	第三代图书馆——城市街区自助图书馆
第 19 分会场	提高图书馆情报工作效率，实现自我升级与价值最大化
第 20 分会场	论 RFID 技术在图书馆领域未来的发展趋势——阿法迪（RFID）让图书馆充满想象

十三 2011 年会

2011 中国图书馆年会暨中国图书馆学会年会于 2011 年 10 月 26～27 日在贵阳隆重召开。本届年会由文化部主办、中国图书馆学会等单位共同承办，以"公益·创新·发展：'十二五'时期的图书馆事业"为主题，分为工作会议、学术会议和展览会。2011 年中国图书馆年会暨中国图书馆学会年会是首届由文化部主办的图书馆年会，既是一次图书馆交流与合作的盛会，也是一次推动文化事业和文化产业携手共赢的盛会。贵州省副省长刘晓凯，学会名誉理事长、国家图书馆馆长周和平，文化部社会文化司司长于群等出席大会，来自全国各省（区、市）文化行政主管部门的负责人，全国各级各类图书馆馆长，图书馆界和公共文化服务领域的专家、学者，以及国内外图书馆界代表近 1500 人参加了本次大会。国内外与图书馆相关的产业包括图书出版发行、数字出版、图书馆应用系统软件开发研制、信息产业设备生产、图书馆专用设备生产等方面的企业代表，也参会进行展示和交流。

10 月 26 日上午，首先举行了 2011 年中国图书馆年会暨中国图书馆学会年会展览会剪彩仪式。突出"会""展"结合，是本次年会的一大亮点，实现文化事业与文化产业的相互结合、携手共赢。随后，年会开幕式隆重举行。刘晓凯和周和平先后致辞。刘晓凯对年会在贵州召开表示热烈祝贺，表示将贯彻十七届六中全会的精神，在"十二五"时期以科学发展为主题，以建设社会主义核心价值体系为根本任务，以改革创新为动力，切实增强文化自觉和文化自信，推动贵州省文化大发展大繁荣。周和平指出，十七届六中全会为我国图书馆事业的发展描绘了宏伟蓝图。本届年会对于认真贯彻六中全会精神，在新的形势下进一步推动全国图书馆事业发展，构建完善的公共文化服务体系，推动文化大发展大繁荣，具有重要意义。文化部副部长杨志今向大会发来贺信，热烈祝贺年会召开。他强调，图书馆是人民的终身学校，图书馆事业的发展水平是衡量一个国家、一个地方文明进步程度的重要标志。我国社会主义文化建设正面临历史性的发展机遇，党的十七届六中全会进一步阐明了文化的重要地位和作用，对文化领域的发展和改革做出了全局性、纲领性、战略性部署。学习好、贯彻好、落实好六中全会精神，是全国图书馆界面临的首要任务，是全体图书馆工作者应自觉担当的光荣使命。希望与会同志利用这次盛会的契机，加强交流，深化合作，增进团结，锐意进取，团结奋斗，努力开创我国图书馆事业的美好未来！开幕式由学会理事长，国家图书馆党委书记、常务副馆长詹福瑞主持。

年会开幕式上，刘晓凯、周和平和于群共同启动了贵州省数字图书馆推广工程。数字图书馆推广工程是文化部、财政部2011年共同启动实施的一项重大文化建设工程。工程将构建以国家数字图书馆为中心、以各级数字图书馆为节点，覆盖全国的数字图书馆虚拟网，全面提升各级公共图书馆的文献保障水平和信息服务能力，对推动公共数字文化建设、打造新信息环境下的服务新业态将发挥重要作用。与会领导向安阳市图书馆、北京市怀柔区图书馆、长沙市图书馆、福建省图书馆学会、甘肃省图书馆学会、吉林省图书馆、嘉兴市图书馆、青岛市图书馆、温州市图书馆和云南省曲靖市图书馆学会等10家单位颁发了2010年"全民阅读优秀组织奖"。学会自2004年开始组织全民阅读活动，该活动组织得力、策划新颖、内容丰富、形式多样、宣传面广，有力地促进了"全民阅读"活动的开展，并产生了较大的社会影响力。文化部社会文化司巡视员刘小琴在年会上为美方代表波拉·考夫曼女士颁发了"中美图书馆员专业交流项目"感谢状。波拉·考夫曼女士发表了感言。"中美图书馆员专业交流项目"是中美两国图书馆界的首个政府间合作项目，该项目自 2008 年启动以来，我国共派出 4 批 41 名图书馆馆长、业务骨干和专业人员访问美国，有 7 批 51 人次的美国图书馆馆员访问了中国，中美双方参与该项目的图书馆专业人员总计超过 4000 人次，对提高我国图书馆工作人员的业务素质和管理水平，增强中美图书馆界之间的相互了解，推动交流与合作发挥了重要的作用。

周和平向大会作了题为《抓住机遇　开拓创新　加快推进我国数字图书馆建设》的主旨报告。报告指出，党的十七届六中全会对建设社会主义文化强国做出了重大战略决策和部署。加快数字图书馆建设，促进图书馆新业态的形成，对于加快构建公共文化服务体系，建设社会主义先进文化，推动文化大发展大繁荣具有十分重要的意义。数字图书馆是网络环境和数字环境下图书馆新的发展形态，具有海量的资源规模、有序的资源内容、基于多种媒体的服务和高度共享的平台等显著特点。在我国，数字图书馆建设正面临着信息交流环境剧烈变化、数字资源内容日益丰富、知识获取途径日趋多样等新的机遇和挑战。因此，必须直面技术发展带来的机遇和挑战，认清和把握图书馆事业发展的新趋势，充分利用现代信息技术，加快我国数字图书馆体系建设，构建惠及全民、覆盖各行业、全媒体、全时空的数字文化服务体系，从而使图书馆在经济社会发展中发挥更大的作用。十几年来，我国在数字图书馆建设中进行了大量的探索与实践。在网络平台建设、关键技术研发、数字资源建设和数字图书馆服务等方面均取得重要进展，为加快数字图书馆建设积累了丰富的经验，打下了坚实的基础。目前，服务体系初步形成，数字资源初具规模，服务模式初步确立，技术研发初见成效。但从总体上看，我国数字图书馆建设仍处于初步发展的阶段，还存在"信息孤岛"现象突出、"交通规则"不尽统一、"全时空服务"尚未实现等亟待解决的问题。因此，建立覆盖全国的数字图书馆服务平台，形成有效的共建共享机制，推动数字图书馆可持续发展，是当前我国数字图书馆建设中亟待解决的问题。建议通过加快服务网络建设、数字资源建设、服务能力提升、完善标准规范体系、人才队伍建设和协作机制建设等加快推进我国数字图书馆建设。

本届年会特别邀请著名作家刘醒龙在开幕式上做了题为《生命之上，诗意漫天》的演讲。刘醒龙先生是湖北省作家协会副主席，武汉市文联专业作家，长篇小说《天行者》荣获第八届茅盾文学奖、第十一届全国精神文明建设"五个一"工程奖、第二届中国出版政府奖提名奖。刘醒龙在演讲中与参会代表分享了文学创作的切身感受，内容生动，受到了热烈欢迎。

本届年会的突出特点是学术会议与工作会议并重，理论研究与实践工作紧密结合。浪潮集团高级副总裁袁谊生做了题为《激活云动力，创新公共数字文化建设新模式》的新技术报告；上海社会科学院文学研究所副所长蒯大申以《文化的公共性与我国公共文化服务体系建设》为专题进行发言；学会副理事长、武汉大学信息管理学院院长陈传夫就《图书馆员职业化与图书情报专业学位教育》发言。其间，由詹福瑞、吴建中、倪晓建等学会领导和贵州省文化厅副厅长宋健共同颁发了中国图书馆学会第二届青年人才奖、中国图书馆学会优秀会员与优秀学会工作者、中国图书馆学会"全民阅读"先进单位奖、示范基地及2011年韦棣华奖学金。10月27日，安排了17个主题分会场会议，主题涉及图书馆法律与知识产权、数字资源建设与共享："十二五"展望、免费服务与可持续发展、少儿图书馆的服务创新与可持续发展、数字图书馆推广工程等方面。

经过两天丰富多彩、精彩纷呈的活动，年会于10月27日下午圆满闭幕。闭幕式由刘小琴主持，会上颁发了2011中国图书馆学会年会论文奖、中国图书馆学会"会员论坛之星"、年会展览会"十佳参展单位"等奖项，并向贵州省基层图书馆赠书。于群宣布下届年会主办城市申办结果。学会副理事长、国家图书馆副馆长陈力致闭幕词，强调年会将在2011年的基础上，进一步探索和提升，推动我国图书馆事业创新发展。

表 4 - 7　2011 年学术分会场

会场序号	分会场主题
第 1 分会场	数字素养、数字目录学与文献遗产的数字化保护
第 2 分会场	图书馆法律与知识产权论坛
第 3 分会场	图书馆评估：反思、借鉴与创新
第 4 分会场	改革·创新·发展："十二五"时期图书情报专业人员的教育与培养
第 5 分会场	数字资源建设与共享："十二五"展望

续表

会场序号	分会场主题
第 6 分会场	免费服务与可持续发展
第 7 分会场	理论拓展与实践延伸
第 8 分会场	"十二五"期间少数民族图书馆事业的发展
第 9 分会场	分享智慧,启迪人生——图书馆公益讲座案例分享会
第 10 分会场	创新·嬗变:国际交流与图书馆事业发展
第 11 分会场	少儿图书馆的服务创新与可持续发展
第 12 分会场	数字图书馆推广工程:资源整合与服务创新
第 13 分会场	公共电子阅览室的建设与服务
第 14 分会场	统一规划,分步实施——RFID 智能图书馆分步实施方案
第 15 分会场	高频还是超高频——超高频应用模型探讨
第 16 分会场	数字图书馆大型触摸屏整体解决方案
第 17 分会场	图书存储新理念——图书馆自动化存储系统 ALS

十四 2012 年会

"2012 年中国图书馆年会——中国图书馆学会年会·中国图书馆展览会"于 2012 年 11 月 22～23 日在广东省东莞市召开。2012 年中国图书馆年会是由文化部和广东省人民政府主办,学会作为主要承办单位之一。本次年会以"文化强国——图书馆的责任与使命"为主题,是我国在新的历史发展时期,特别是党的十八大胜利召开后举办的一次文化盛会,意义重大。本次年会由工作会议、学术会议和展览会三大板块组成,是一次图书馆交流与合作的盛会,也是一次推动文化事业和文化产业携手共赢的盛会。文化部副部长杨志今,广东省副省长林少春,学会名誉理事长、国家图书馆馆长周和平,学会理事长、国家图书馆党委书记、常务副馆长詹福瑞,学会顾问吴慰慈,学会副理事长陈力、陈传夫、倪晓建、王余光、吴建中、杨沛超、张晓林、朱强等出席大会。来自全国各省(区、市)文化行政主管部门的负责人、国内外图书馆领域的管理者、专家学者、图书馆工作者、新闻媒体记者及相关企业代表近 3000 人欢聚一堂,共同谋划我国图书馆事业未来的发展大计。

11 月 22 日上午,2012 年中国图书馆年会在东莞市玉兰大剧院开幕。

文化部公共文化司司长于群主持开幕式。东莞市委副书记、市长袁宝成，美国图书馆协会主席玛丽·拉斐尔及周和平先后致辞。周和平指出，近年来图书馆已经成为我国公共文化服务体系建设的重要力量，在社会发展中发挥了重要作用。我国正处于全面建成小康社会的重要历史时期，人民对丰富、美好的精神生活的期待日益热切。中国图书馆年会已经发展成为全国图书馆界规模最大的行业盛会，是业界专家学者和图书馆工作者研究问题、交流思想、学习经验的重要平台，希望与会代表围绕本次会议"文化强国——图书馆的责任与使命"这个主题，广泛交流，深入思考，集思广益，策划未来。站在事业发展的新起点，中国图书馆人应努力学习，开拓创新，团结奋斗，自觉承担起新的历史使命，紧跟时代步伐，扎实工作，齐心协力推动图书馆事业发展，为全面建成小康社会做贡献。袁宝成表示，图书馆是城市文化的载体，是城市文明程度的重要标志。近年来，东莞深入实施文化名城战略，积极创建国家公共文化服务体系示范区，大力推进图书馆之城建设。先后建成图书馆（室）641个，构建起覆盖全市的图书馆网络，为知识传播提供了坚实载体，营造了全民读书的浓厚氛围。东莞市将以本次年会为契机，借鉴先进经验，进一步健全网络、创新服务，促进图书馆事业发展，不断丰富城市人文内涵。拉菲尔在致辞中对2012年中国图书馆年会的召开表示祝贺，期待着两国图书馆学会和协会继续加强交流与合作，并诚挚邀请中国同行参加在美国伊利诺伊州芝加哥市举办的2013美国图书馆协会年会。杨志今、林少春、周和平、袁宝成以及广东省文化厅厅长方健宏、浪潮集团高级副总裁袁谊生共同为"2012年中国图书馆年会——中国图书馆学会年会·中国图书馆展览会"揭幕。

开幕式上举行了"2012中国图书馆榜样人物"颁奖典礼。中国图书馆年会组委会组织评选出8名"中国图书馆榜样人物"，他们分别是杭州图书馆馆长褚树青、国家图书馆古籍馆敦煌文献组专家萨仁高娃、新疆喀什地区帕合太克里乡文化共享工程基层服务点工作人员阿巴斯·阿布都肉苏力、陕西省延安市宝塔区中山图书馆馆长高巧玲、中国科学院国家科学图书馆馆长张晓林、湖南省怀化市鹤城区少儿图书馆馆员沈红、中国中医科学院图书馆资深专家薛清禄、北京大学图书馆馆长朱强。此次入选的"榜样人物"特点鲜明，事迹感人，既有倡导先进服务理念，为树立行业形象做出突出贡献的馆长代表，还有年过八十仍活跃在古籍整理和保护第一线的资深图书馆员，更有长期在基层图书馆工作、数十年默默无闻甘于奉献的普通馆员。本届年会首次对图书馆行业的"榜样人物"进行表彰和颁奖，将全面提升图书馆员的荣誉感和使命感，带动全社会对图书馆事业的关注和支持。

随后，学会副理事长、上海图书馆馆长吴建中作了题为《新常态　新指标　新方向》的大会学术报告，詹福瑞主持报告。报告主题鲜明、内容生动、数据翔实、理论与实践并重，反响热烈。报告中，吴建中先生以闻名遐迩的伦敦"概念店"在危机中求生存、谋发展的成功故事为引子，提出我国图书馆界要有忧患意识，珍惜和维护来之不易的大好局面。他指出，影响图书馆未来发展有四个新指标：推广活动、社会媒体、数字流通和数字参考，并强调今后发展要更加注重图书馆作为城市第三空间的价值，更加注重复合型图书馆的建设，更加注重信息交互和咨询能力的提升，更加注重与社会各界的广泛合作。他说，今天图书馆事业正面临转型，转型不仅需要开拓创新的思路，而且要有大胆探索的勇气。2012年中国图书馆年会为图书馆界创新驱动转型发展提供了一个很好的平台。本次年会本身也体现了一种创新，不仅注重学术研讨，而且更加注重互动交流，让每一位参与者都能以主人公的姿态有所作为、有所期待。最后，他希望本次年会能将大家的创新热情充分地激发出来，并化为推动我国图书馆事业在文化大发展大繁荣的大好形势下可持续发展和进步的自觉意识和具体行动。

年会征文活动备受关注，征集论文数量达1617篇，较2011年增长了35%，共有超过2000人次参加了论文征集活动。经过评委会严格评审，共计评出一等奖论文120篇、二等奖论文228篇、三等奖论文441篇，合计789篇，占征集论文的48.79%。其中，一等奖论文已结集出版，并在年会上向参会代表发放。同时评出征文活动组织奖9个。本次年会学术会议经过精心策划和组织，充分阐释了"文化强国——图书馆的责任和使命"的年会主题。据统计，共有1691名代表注册参加了学术会议，另外还有来自工作会议、展览会和广东及东莞本地未注册人员也参加了学术会议。学术会议近两天的议程中，共有6544人次参加了主题论坛、分会场和信息发布会。

年会学术会议首创 4 个"主题论坛"，引起广泛关注，代表齐聚，名家云集，共谋数字图书馆发展大计，共议图书馆人的时代担当，共迎数字图书馆建设与服务中的知识产权挑战，共话图书馆的光荣与梦想，真可谓理论与实践交融，前沿与实用并重。据统计，每个主题论坛均超过 300 人次参加，共计高达 1390 人次参加。最后，年会评委会一致评定："融合创新　超越——共谋数字图书馆发展""责任与使命——图书馆人的时代担当""数字图书馆建设与服务中知识产权挑战""光荣与梦想——广东图书馆建设现状与未来"等 4 个主题论坛为"优秀主题论坛"，并在年会闭幕式上进行了表彰。

年会分会场的策划和申办也进一步面向业界开放，进一步细分研究与交流的方向，注重扩大与会代表的参与度和话语权。年会共设置 27 个分会场，比上一年度增加了 59%，交流平台更加广阔，交流机会更加充足，交流内容更加丰富，交流方式更加多样，交流效果更加显著，充分反映了我国图书馆界对学术研究与交流新的关注、期待和追求。最后，年会评委会根据各分会场在主题、内容、形式、组织和参加人次等各个方面的综合情况，优中选优，评出 8 个分会场为"优秀分会场"，并在年会闭幕式上进行了表彰，分别是：第三分会场：公共图书馆——公众的第三文化空间；第六分会场：2012 年全国图书馆学博士生学术论坛；第八分会场：图书馆信息资源建设的可持续发展；第十二分会场：播撒阅读种子——守望少儿幸福；第十六分会场：e 读 e 学 e 生活——构建新型图书馆学习空间；第十七分会场：图书馆学理论：使命与担当；第十九分会场：图书馆服务与评估标准；第二十六分会场：免费开放环境下县级图书馆的服务创新和思辨。据统计，高达 4524 人次参加了各分会场，所有分会场均超过 100 人次，其中有 11 个分会场超过 150 人次，占分会场总数的 40.74%；有 3 个分会场超过 300 人次，占分会场总数的 11.11%。

年会分别于 11 月 22 日和 23 日上午举办了两场行业、企业信息发布会，主要围绕《图书馆学家文库》《全国少年儿童图书馆基本藏书目录》《〈公共图书馆法〉立法支撑研究丛书》《中国基层图书馆基本藏书推荐书目》《公共图书馆服务体系的探索与实践——东莞调研报告》等书目推荐、

《公共图书馆评估标准》解读和图书馆学情报学专著无偿授权的倡议以及大数据时代的公共文化服务信息化平台构想等相关企业的信息发布为主要内容。据统计，共有 630 人次莅临信息发布会现场，参与相关环节，并接受相关专家签名赠书。

11 月 23 日下午，文化部原部长、著名作家王蒙在年会上作了题为《现代性·文化与阅读》的精彩演讲。王蒙先生剖析了现代性与全球化的迅猛发展所带来的诸多文化困境：文化不安感，浏览取代了阅读，便捷与舒适导致浅薄化和非创意化，文化被消费和娱乐，等等。最后，他对现代性下如何正确对待文化与阅读给出了自己独到的见解，让与会代表受益匪浅。中国图书馆学会理事长詹福瑞主持了嘉宾演讲。文化部公共文化司巡视员刘小琴主持闭幕式。闭幕式上举行了表彰仪式，颁发了 2012 年中国图书馆年会征文活动组织奖和论文优秀个人奖、优秀学术会场奖、中国图书馆学会"全民阅读示范基地""全民阅读优秀组织奖""全民阅读先进单位奖"、韦棣华奖学金、2012 中国图书馆展览会特装展区设计奖等。

表 4-8　2012 年学术分会场

会场序号	分会场主题
主题论坛	融合·创新·超越——共谋数字图书馆发展
主题论坛	责任与使命——图书馆人的时代担当
主题论坛	数字图书馆建设与服务中知识产权挑战
主题论坛	光荣与梦想——广东图书馆建设现状与未来
第 1 分会场	儿童优先与公共图书馆服务
第 2 分会场	古籍整理与文献保护
第 3 分会场	公共图书馆——公众的第三文化空间
第 4 分会场	技术的力量：图书馆公共服务体系建设与发展
第 5 分会场	共建共享学识：美国图书馆对社会的服务和贡献
第 6 分会场	2012 全国图书馆学博士生学术论坛
第 7 分会场	图书馆法律与知识产权论坛
第 8 分会场	图书馆信息资源建设的可持续发展
第 9 分会场	多元合作与地方文献工作

会场序号	分会场主题
第 10 分会场	2012 年全国图书馆学期刊编辑出版研讨会
第 11 分会场	中国图书馆学会编译出版委员会高端论坛
第 12 分会场	播撒阅读种子　守望少儿幸福
第 13 分会场	推荐书目编制与目录学现代发展
第 14 分会场	网络阅读与数字图书馆服务创新
第 15 分会场	我国图书馆标准化工作
第 16 分会场	e 读 e 学 e 生活——构建新型图书馆学习空间
第 17 分会场	图书馆学理论：使命与担当
第 18 分会场	信息素养教育与文献检索课程建设
第 19 分会场	图书馆服务与评估标准
第 20 分会场	数字图书馆建设与服务推广
第 21 分会场	信息组织——新的理论与工具应用
第 22 分会场	多元文化保护与民族图书馆的使命
第 23 分会场	陶冶性情　提升人生——图书馆经典阅读推广经验分享
第 24 分会场	共享文化资源，服务全民学习
第 25 分会场	新兴媒体在党的理论宣传与研究中的作用
第 26 分会场	免费开放环境下县级图书馆的服务创新和思辨
第 27 分会场	未来图书馆：无限可能

十五　2013 年会

"2013 年中国图书馆年会——中国图书馆学会年会·中国图书馆展览会"于 2013 年 11 月 7 日上午在上海浦东世博中心隆重开幕。本届年会由文化部主办，文化部公共文化司、文化部文化产业司、上海市文化广播影视管理局、上海市浦东新区人民政府、中国图书馆学会、国家图书馆、文化部全国公共文化发展中心共同承办，主题为"书香中国——阅读引领未来"。全国各省（区、市）文化厅（局）长，第一批、第二批国家公共文化服务体系示范区（项目）创建城市市长、文化局长，国内外图书馆领域的管理者、专家学者、图书馆员、媒体记者及企业代表逾 3000 人出席。文化部党组副书记、副部长杨志今出席开幕活动并讲话。上海市副市长翁铁慧、学会名誉理事长、国家图书馆馆长周和平，上海市政协副主席、浦东新区区长姜樑等出席开幕活动。学术会议云集中外业界翘楚，在国际化的背景下探讨"阅读引领未来"的主题，美国、加拿大、新加坡等国家和港、澳、台地区图书馆界同仁，也应邀专程前来参加年会。

开幕式上举行了"2013 中国图书馆榜样人物"颁奖典礼。解放军医学图书馆馆长陈锐、贵州省正安县图书馆馆长冯康、西藏藏医学院图书馆馆长郎东·多吉卓嘎、广东省东莞市图书馆馆长李东来、天津市少年儿童图书馆馆长李俊国、上海市浦东新区图书馆馆长张伟、全国古籍保护工作专家委员会主任李致忠等 7 位图书馆人荣获此项殊荣。十二届全国政协常委、副秘书长，民进中央副主席，中国教育学会副会长朱永新先生作了题为《文化中心，精神客厅，心灵牧场——我心目中理想的图书馆》的大会学术报告。中国图书馆学会副理事长、国家图书馆副馆长陈力主持了报告。朱永新先生从一个读者、一个教育家的角度，从六个方面描述了他心目中理想的图书馆的模样。他认为：第一，理想的图书馆，它应该是文化中心、精神客厅和心灵牧场。第二，理想的图书馆应该有最经典最美好的书籍，基本藏书。第三，理想的图书馆应该有用心推荐好书的专业馆员。第四，理想的图书馆应该面向未来培养读者。第五，理想的图书馆应该快捷、方便，没有门槛。第六，理想的图书馆要成为推动阅读的枢纽。报告既是对理想中图书馆的赞美，同时也带给每一位图书馆员对现实图书馆服务深深的思考。

征文活动继续保持了较高的关注度，征集论文数量达 1559 篇，参与作者近 2000 名，体现了年会对全国图书馆界的巨大影响力。年会期间，一等奖论文结集出版并向参会代表发放。同时，评出征文活动组织奖 19 个予以表彰。学术会议针对图书馆如何在倡导全民阅读、提升国民素质中更好地发挥作用进行深入研讨和广泛交流，对我国图书馆学理论研究和图书馆事业的发展起到了重要的引领作用。同时，会议倡导全民阅读理念，对营造多读书，读好书的良好氛围，为推动"书香中国"建设发挥了积极的作用。年会期间，共有近 2000 名代表报名参加了学术会议，另外还有来自工作会议、展览会和上海及浦东新区本地未注册人员也参加了学术会议。

继 2012 年创新设立"主题论坛"，本次年会继续围绕年会主题，针对当前业界关注和推进的重大议题策划组织五场主题论坛，分别于 11 月 7 日下午、8 日上午和下午三个时段重点推出。阅读推广委员会主办的"知识给人力量　阅读引领未来"主题论坛，以案例分享和专家点评的方式展现了图书馆阅读服务的风采。上海图书馆、上海科学技术情报研究所和上海浦东图书馆主办的"阅读的未来——生态重塑与阅读复兴"主题论坛交流和探讨了未来图书馆阅读服务的生态发展。专业图书馆分会、高等学校图书馆分会和医院图书馆委员会联合主办的"图书馆学科化服务战略转型和最佳实践"，针对图书馆学科化服务的发展进行了分享和交流。《图书馆报》主办的"融合与机遇：数字时代的馆社对话"，对数字时代图书馆和出版社携手共进做了积极的探索。龙源数字传媒集团期刊传播研究中心主办了针对"公众移动阅读服务"主题进行的交流和探讨。本届年会的主题论坛内容丰富，专家云集，气氛热烈，吸引了不同类型和层面的代表参与。

年会分会场的策划和申办进一步面向业界开放，宏观规划、精细组织，数量超过 2012 年达 29 场，分布在 11 月 7 日下午、8 日上午和下午三个时段展开。分会场更加注重对各图书馆优秀经验的推介，分别针对图书馆未成年人服务、图书馆法律法规、图书馆多元化服务、基层图书馆服务体系建设、图书馆资源建设、绿色图书馆建设、图书馆用户教育、民族图书馆事业、古籍整理与保护、地方文献工作、机构知识库建设等方面设立，通过相互介绍和交流学术成果、实践经验和发展设想，促进今后图书馆理论与实践的发展。

根据业界需求和本届年会实际，年会首次策划组织卫星会议，在苏州、常熟、杭州、嘉兴、南京等地图书馆的大力支持下，首次以"会前会"和"会后会"的形式组织交流研讨会和图书馆实地考察。11 月 3 ~ 5 日，以"公共文化服务体系示范区创建与公共图书馆发展"和"基层图书馆服务体系和服务效能"为主题的会前会分别在苏州市和常熟市举行。11 月 9 ~ 12 日，题为"公共图书馆服务体系建设研讨会——第二届总分馆建设论坛""公共图书馆服务体系建设——中心馆、总分馆及专业主题分馆服务实践""数字时代大学图书馆服务创新实践"的会后会分别在嘉兴市、杭州市、南京市举行。卫星会议的举办实现了年会学术会议时空跨度的延展，年会成效进一步显现。此外，本次年会在上海图书馆协会和上海各图书馆的支持下，于11月9日上午在上海市区图书馆内设立若干"自由交流空间"供注册代表免费申请使用，鼓励非正式会议交流的成长，进一步营造年会交流研讨的良好氛围。

11月8日下午闭幕式前，著名学者余秋雨作了题为《生命，因阅读而宁静》的嘉宾演讲。闭幕式上，举行了隆重的表彰仪式，颁发了2013年中国图书馆年会征文活动组织奖和论文优秀个人奖、中国图书馆学会"全民阅读示范基地""全民阅读优秀组织奖""全民阅读先进单位奖"、2013年中国图书馆年会展览会优秀展示奖等。中国图书馆学会副理事长、上海图书馆馆长吴建中发布了《图书馆发展浦东共识》。2014年中国图书馆年会承办城市代表，北京市东城区委常委、宣传部部长金晖女士致辞，并举行了会旗交接仪式。最后，由文化部公共文化司司长张永新致闭幕词。文化部公共文化司巡视员刘小琴主持了闭幕活动。

表 4-9   2013 年学术分会场

会场序号	分会场主题
主题论坛	知识给人力量　阅读引领未来
主题论坛	阅读的未来——生态重塑与阅读复兴
主题论坛	图书馆学科化服务战略转型和最佳实践
主题论坛	融合与机遇：数字时代的馆社对话
第1分会场	儿童最大利益原则与公共图书馆
第2分会场	出版物的发展与图书馆资源建设的对策
第3分会场	乡村图书馆服务体系建设
第4分会场	多元文化·人·图书馆服务——图书馆多元文化服务国际研讨会暨第九届中日图书馆学国际研讨会
第5分会场	古籍整理保护与阅读推广
第6分会场	打造具有党校特色的领导干部现代化读书平台
第7分会场	图书情报专业学位研究生培养教育与实践基地建设
第8分会场	机构知识库建设与服务
第9分会场	美国图书馆创新服务的探索与实践
第10分会场	图书馆用户教育与信息素养教育新模式
第11分会场	图书馆法律与知识产权论坛

续表

会场序号	分会场主题
第 12 分会场	地方文献与图书馆的核心服务能力
第 13 分会场	推荐书目与阅读推广
第 14 分会场	馆员书评与全民阅读推广
第 15 分会场	节能减排与绿色图书馆建设
第 16 分会场	书香伴我成长——关爱流动、留守儿童
第 17 分会场	书香世界 阅读天堂——图书馆阅读创新案例推介会
第 18 分会场	阅读点亮生活——社区与乡村阅读案例推介会
第 19 分会场	数字资源使用规范化统计研讨会
第 20 分会场	基层公共图书馆服务体系建设
第 21 分会场	阅读的多样性与读者用户服务的创新转型
第 22 分会场	正确使用研究方法，提高论文写作质量
第 23 分会场	构筑中国梦——来自最基层图书馆的声音
第 24 分会场	少数民族图书馆阅读推广与服务创新
第 25 分会场	公共图书馆，我为自己代言：青年馆员团队的阅读推广实践与探索
第 26 分会场	战略模式、最佳实践和未来趋势——针对"外来务工人员服务"
第 27 分会场	藏以致用——典籍封藏技术应用推广
第 28 分会场	盲人阅读与图书馆服务
第 29 分会场	社会力量参与全民阅读推广的现状与未来

十六 2014 年会

"2014 年中国图书馆年会——中国图书馆学会年会・中国图书馆展览会"于 2014 年 10 月 10～12 日在北京市东城区召开。本届年会由文化部主办，北京市文化局、北京市东城区人民政府、中国图书馆学会、国家图书馆、文化部全国公共文化发展中心共同承办，以"馆员的力量：改革发展 进步"为主题，分为工作会议、学术会议和展览会三大模块。年会吸引了来自公共、高校、专业等不同图书馆，省、市、县等不同级别图书馆，党校图书馆、民族图书馆、盲文图书馆等不同类型图书馆的约 2000 名代表参加。

文化部部长蔡武，学会理事长、国家图书馆馆长、党委书记韩永进，东城区人民政府区长张家明以及韩国图书馆协会会长尹熙润出席开幕式并致辞。学会副理事长吴建中、张晓林、陈力、倪晓建、朱强、王余光、杨沛超、陈传夫出席会议。年会开幕式上举办了"2014年中国图书馆榜样人物"颁奖仪式,首都图书馆副馆长邓菊英、太湖县图书馆馆长曾玉琴、国家图书馆典藏阅览部副研究馆员余学玲、上海图书馆副研究馆员赵嘉福、襄阳市图书馆馆长高军、温州市图书馆馆长胡海荣、辽宁省图书馆研究馆员韩锡铎、广西图书馆馆长徐欣禄等8位图书馆人获此殊荣。年会首次开展"最美基层图书馆"评选活动,并在开幕式上举行了颁奖仪式,常熟市图书馆、福建省霞浦一中图书馆、中科院新疆生态与地理研究所图书馆、唐山市丰南区图书馆、张家港市图书馆、海宁市图书馆、繁昌县图书馆、北京市潘家园街道图书馆、陇西县图书馆和成都市龙泉驿区图书馆等10家单位获此殊荣。开幕式后,著名学者、全国人大常委会原副委员长许嘉璐围绕"图书馆面临的挑战"作了嘉宾演讲。

本届年会征文活动继续保持了较高的关注度,征集论文数量达1611篇。经过评委会严格评审,共计评出一等奖论文112篇、二等奖论文191篇、三等奖论文293篇,合计596篇,占征集论文的37%。为加强学风建设,本年度征文在初评阶段增加学术不端检测环节,复制比检测结果作为评奖的参考依据。年会期间,一等奖论文结集出版并向参会代表发放。同时,本年度共评出征文活动组织奖16个予以表彰。学术会议设主题论坛4个、分会场23场,重点突出弘扬中华优秀传统文化,建设社会主义文化强国、实现中华民族伟大复兴中国梦的时代主旋律,充分阐释"馆员的力量:改革发展 进步"的年会主题,亮点纷呈。

10月10日下午,国家古籍保护中心和学术研究委员会古籍整理与文献保护专业委员会联合举办"中华优秀传统文化名家论坛"。会上举行了"我与中华古籍"有奖征文颁奖典礼,名家云集,共议中华优秀传统文化在现代社会的传承、转化和创新,以及图书馆(古籍保护中心)在传承中华优秀传统文化中的作用。2014年,正值中国现代图书馆运动之皇后——韦棣华女士来华115周年,为纪念她为中国图书馆事业发展所做出的卓越贡献,以及她为中美图书馆界交流所做出的奠基性贡献,以"韦棣华女士与中美图书馆事业"为主题的论坛在10月10日下午举办。论坛由学术研究委员会图书馆史研究专业委员会、中国国家图书馆中国记忆项目中心、中山大学图书馆联合举办。会议全面介绍、回顾韦棣华女士生平及其对中国现代图书馆及教育发展的卓越历史贡献，弘扬韦棣华女士伟大的图书馆精神，强调图书馆员是推动图书馆事业发展的内在动力，彰显图书馆在促进社会文明和进步中所贡献出来的强大正能量。10月11日上午，专业图书馆分会和高等学校图书馆分会联合举办"开放获取：图书馆的挑战与机遇"主题论坛。会议邀请国内有实际研究和实践的机构介绍了面对开放获取的战略与措施，并共同讨论和探索图书馆面对开放获取的战略选择与实践策略。10月11日下午的主题论坛"图书馆公共服务体系的实践与探索"，由首都图书馆联盟主办，北京市图书馆协会和首都图书馆协办。会议从政府、馆员、志愿者及理事会制度等多个方面，就图书馆公共服务体系建设的实践经验进行了交流和分享，共同探索新形势下公共服务体系建设的良方。

10月10日下午至11日下午，围绕年会主题，学术会议组织举办23个分会场，内容包括图书馆公共服务体系建设、公共图书馆法人治理、图书馆未成年人服务、图书馆绩效与价值评价、馆员继续教育、少数民族图书馆事业发展、图书馆区域联盟的创新、图书馆家庭阅读服务、图书馆视障文化志愿服务、电视图书馆建设、资源的采访、地方文献工作、图书馆读书会、馆社合作、图书馆决策咨询服务、文献影像事业发展、图书馆新体验缔造、知识组织揭示、开放获取、机构知识库的构建、高校阅读推广活动、美国大学图书馆实践，紧扣年度国内外图书馆学研究和图书馆事业发展的脉搏，体现我国图书馆行业乃至文化事业未来发展的方向。

在年会相关学术会场和闭幕式上，举行系列颁奖仪式，表彰和奖励一年来在各个方面做出贡献的专家、学者和图书馆工作者及在校学生。"韦棣华女士与中美图书馆事业"主题论坛上，举行了2014年韦棣华助学金颁奖仪式，共计24名学生获得2014年韦棣华助学金36000元人民币。"图书馆公共服务体系的实践与探索"主题论坛上，举行了2014"会员论坛之星"颁奖仪式，共有17名会员荣获这一奖项。"中华优秀传统文化专业论坛"分会场上，举行了2014年"中华古籍保护计划"成果宣传推广活动颁奖仪式，江苏等5地的省级图书馆学会和图书馆荣获优秀组织奖，重庆等5地的省级图书馆学会和图书馆在活动中表现突出，受到通报表扬。

年会闭幕式前，中央文献研究室副主任、中国中共文献研究会副会长陈晋作了题为《毛泽东的阅读史》的嘉宾演讲。闭幕式上，举行了年会征文活动个人奖和组织奖以及全民阅读奖项的颁奖仪式。北京市文化局副局长王珠和文化部公共文化司司长张永新先后致辞。

表 4 - 10　2014 年学术分会场

会场序号	分会场主题
主题论坛	韦棣华女士与中美图书馆事业
主题论坛	中华优秀传统文化论坛（名家论坛）
主题论坛	开放获取：图书馆的挑战与机遇
主题论坛	图书馆公共服务体系的实践与探索——政府、馆员、志愿者及理事会制度等
第 1 分会场	图书馆法人治理结构——理事会建设
第 2 分会场	新空间·新服务·新体验——转型时代的图书馆员
第 3 分会场	图书馆绩效与价值评价研究
第 4 分会场	馆员的胜任力与继续教育
第 5 分会场	资源的变化与采访馆员的使命
第 6 分会场	图书馆员：新环境下用户问题的解决专家
第 7 分会场	知识组织揭示：技术、方法与实践
第 8 分会场	中华优秀传统文化论坛（专业论坛）
第 9 分会场	区域文化发展背景下的地方文献工作
第 10 分会场	阅读的起点——儿童与图画书论坛
第 11 分会场	馆员能力提升与少数民族图书馆事业发展
第 12 分会场	图书馆如何推进家庭阅读
第 13 分会场	图书馆读书会与阅读推广
第 14 分会场	关注全民阅读中馆社合作的价值
第 15 分会场	阅读滋润童心
第 16 分会场	转型与升级——高校阅读推广活动的理论与实践
第 17 分会场	大数据环境下机构知识库的构建与服务
第 18 分会场	图书馆决策咨询服务的实践与发展
第 19 分会场	数字与缩微——文献影像事业的可持续发展
第 20 分会场	图书馆视障文化志愿服务
第 21 分会场	图书馆区域联盟的创新与发展
第 22 分会场	电视图书馆建设的实践与探索
第 23 分会场	转型时代的图书馆员：美国大学图书馆的探索与实践

十七　2015 年会

"2015 年中国图书馆年会——中国图书馆学会年会·中国图书馆展览会"于 2015 年 12 月 16～17 日在广东省广州市隆重召开。本届年会由文化部主办，广州市人民政府、中国图书馆学会、国家图书馆、文化部全国公共文化发展中心、中国古籍保护协会承办，广东省文化厅协办。文化部副部长杨志今，广东省委常委、宣传部部长慎海雄，广州市委副书记、广州市市长陈建华，国家图书馆名誉馆长周和平，全国人大教科文卫委员会文化室主任朱兵，文化部公共文化司司长张永新，中国图书馆学会理事长、国家图书馆馆长韩永进，文化部全国公共文化发展中心主任李宏，广东省文化厅厅长方健宏，广州市副市长王东，国际图书馆协会联合会主席多娜·席德尔，韩国图书馆协会会长郭东哲，德国图书馆协会会长芭芭拉·斯克赫雷哈根等领导和嘉宾以及参会代表出席开幕式。年会吸引了来自全国各级各类图书馆的 3000 余名代表参加。

杨志今、韩永进、王东以及国际图联、德国图书馆协会、韩国图书馆协会代表分别致辞。年会开幕活动中举行了"2015 年中国图书馆榜样人物"颁奖仪式，北京大学图书馆副馆长陈凌，广州图书馆馆长方家忠，江西省抚州市图书馆馆长孔彬，国家科技图书文献中心原主任袁海波，四川省甘孜藏族自治州图书馆馆长刘骧，河南省少年儿童图书馆馆长、书记崔喜梅，内蒙古图书馆馆长李晓秋，福建省漳州市南靖县图书馆馆长吴文智，新疆维吾尔自治区克拉玛依市图书馆馆长李军，湖北省图书馆古籍书目专家阳海清等 10 名图书馆人荣此殊荣；举行了"2015 年最美基层图书馆"颁奖仪式，西藏自治区林芝市图书馆、宁夏回族自治区银川市贺兰县图书馆、安徽省合肥市望湖小学图书馆、江苏省苏州市吴江区图书馆、浙江省湖州市德清县图书馆、海南省定安县多校村知海书屋、陕西省榆林市神木县图书馆、云南省保山市腾冲县绮罗图书馆、广西壮族自治区河池市罗城仫佬族自治县图书馆、黑龙江省绥芬河市图书馆等 10 家单位获此殊荣。开幕式后，陈建华以《发展图书馆事业，聚集社会推动力》为题作了嘉宾演讲。韩永进主持开幕活动。

作为整个年会的重要组成和依托，学术会议通过组织嘉宾演讲、主题论坛、学术分会场、卫星会议等活动，服务文化强国战略，结合社会发展和图书馆价值，充分阐释"图书馆：社会进步的力量"的年会主题。年会征文活动继续保持了较高的关注度，征集论文数量达 1309 篇，参与作者近 2000 名，体现年会对全国图书馆界的巨大影响力。年会期间，一等奖论文结集出版并向参会代表发放。同时，本年度共评出征文活动组织奖 10 个并给予表彰。会议内容充实，亮点纷呈。

围绕年会主题，本次年会针对业界关注和推进的重大议题策划组织了四场主题论坛。广州市图书馆学会、广州图书馆主办的"迈向权利保障时代——公共图书馆发展与广州实践"主题论坛，对现阶段我国公共图书馆发展模式进行探讨，分享了广州地区图书馆在政府保障、规划制定、绩效管理、法律建设、体系建设、交流合作等各方面的经验。国家图书馆主办了"使命·创新·未来——互联网信息的保存与利用"的主题论坛。开展网络信息保存工作，能够及时、有效地记录时代文明发展脉络。论坛交流和探讨了网络信息资源与图书馆未来的联系和影响，立足服务网络强国战略，交流分享了网络信息资源保存规划的思路。学术研究委员会图书馆法律与知识产权研究专业委员会、广州市图书馆学会、广州图书馆、中山大学图书馆与资讯科学研究所等单位主办的"公共图书馆法制建设"主题论坛，通过报告和各方对话，积极探讨健全我国图书馆法律制度的思考及法制建设的重点任务，并以《广州市公共图书馆条例》为例进行评析。专业图书馆分会、高等学校图书馆分会、国家机关图书馆分会联合主办了"知识服务支撑经济与区域发展"的主题论坛，以"创新驱动·知识服务·决策咨询"为主要交流内容，聚焦文献情报服务与决策咨询支持创新驱动发展战略，探讨了图书情报机构在科技创新全链条中的地位、作用、任务、发展途径以及实施路线，分享了图情机构面向未来发展的战略思考及情报服务创新实践。

本次分会场的策划和申办进一步面向业界开放，宏观规划精细组织，数量达 21 场，分布在 12 月 16 日下午、17 日上午和下午三个时段展开。分会场更加注重对各图书馆优秀经验的鼓励和推介，分别针对图书馆未成年人服务、图书馆法律法规、图书馆学研究方法、"互联网＋"时代的图书馆变革、数字保存的国家战略和具体实践、地方文献建设、中国记忆项目资源共建共享、图书馆与出版社的跨界合作、MOOC 与信息素养教育、少儿阅读推广、校园阅读文化与阅读推广、馆员自发阅读推广活动、阅读推广人培育，图书馆的馆舍空间发展、学习型图书馆、少数民族图书馆的社会责任、图书馆网络化体系化服务、图书馆事业发展"十三五"规划等方面设立，通过相互介绍和交流学术成果、实践经验和发展设想，促进图书馆理论与实践的发展。

继 2013 年首创卫星会议形式，本次年会在东莞、深圳、广州等地图书馆的大力支持下，再次以"会前会"和"会后会"的形式组织交流研讨会和图书馆实地考察。12 月 14～15 日，以"信息技术助推图书馆社会化"和"阅读·城市·图书馆"为主题的会前会分别在东莞图书馆和深圳图书馆举行。12 月 19～20 日，题为"作为社会公共空间的公共图书馆建筑与功能"的会后会在广州图书馆举行。

年会闭幕活动中，学会副理事长、上海图书馆馆长吴建中先生为全体与会代表作了一场题为《从未来看现在——图书馆下一个十年（2015～2025）》的精彩演讲，带给每一位图书馆员对图书馆现在与未来的深入思考。闭幕式上，举行了中国图书馆学会年会征文活动个人奖和组织奖、全民阅读奖项、2015 年中国图书馆展览会优秀展示奖等颁奖仪式。文化部公共文化司副司长陈彬斌宣布了 2016 年中国图书馆年会和中国文化馆年会承办城市。2016 年中国图书馆年会承办城市——安徽省铜陵市副市长叶萍致辞。最后，文化部公共文化司巡视员、中国图书馆学会副理事长刘小琴致闭幕词。学会副理事长、国家图书馆副馆长陈力主持闭幕活动。

表 4－11　2015 年学术分会场

会场序号	分会场主题
主题论坛	迈向权利保障时代——公共图书馆发展与广州实践
主题论坛	使命·创新·未来——互联网信息的保存与利用
主题论坛	公共图书馆法制建设
主题论坛	知识服务支撑经济与区域发展
第 1 分会场	中国原创图画书的未来
第 2 分会场	推动理论变革的图书馆学研究方法

会场序号	分会场主题
第3分会场	数字保存：从国家战略到具体实践
第4分会场	脑力激荡——少儿阅读推广中若干问题的是与非
第5分会场	大学图书馆的馆舍空间发展
第6分会场	中国记忆项目资源共建共享
第7分会场	图书采访在"互联网＋"时代的创新模式
第8分会场	图书馆与出版社、书商的跨界合作
第9分会场	图书馆网络化、体系化服务推进社会进步
第10分会场	古籍保护与现代科技
第11分会场	关联与创新——校园阅读文化与阅读推广
第12分会场	地方文献研究及其理论体系建构
第13分会场	阅读推广与阅读推广人的培育
第14分会场	"互联网＋"环境下公共特色资源数字化建设与服务
第15分会场	MOOC与信息素养教育
第16分会场	少数民族图书馆的社会责任与可持续发展研究
第17分会场	"学习型图书馆"与书目推荐、馆员书评
第18分会场	数字资源建设的困境与变革
第19分会场	新起点，新思路，新发展——图书馆事业发展"十三五"规划
第20分会场	彩云之旅阅读推广与图书馆服务多样性
第21分会场	图书馆在社会进步中的作用：美国大学与公共图书馆的目前趋势

十八　2016 年会

"2016 年中国图书馆年会——中国图书馆学会年会·中国图书馆展览会"于 2016 年 10 月 26～27 日在安徽省铜陵市召开。本次年会首次由文化部指导，中国图书馆学会和铜陵市人民政府主办，国家图书馆（国家古籍保护中心）、文化部全国公共文化发展中心、中国古籍保护协会和安徽省文化厅协办，主题为"创新中国：技术、社会与图书馆"，分为工作会议、学术会议和展览会三大模块。文化部党组成员、部长助理兼办公厅主任于群，安徽省副省长谢广祥，国家图书馆名誉馆长周和平，国际图联主席多纳·希德以及来自全国各级各类图书馆工作者、有关专家学者，文化部相关司局和直属单位，各省（区、市）文化厅（局）和公共文化处有关负责人，部分国家公共文化服务体系示范区创建城市市长和文化局长，以及企业代表和特邀嘉宾 3500 多人参加会议。

文化部公共文化司副司长陈彬斌主持开幕式。中共铜陵市委书记李猛、安徽省副省长谢广祥、国际图联主席多纳·希德先后致辞。李猛代表中共铜陵市委、铜陵市人民政府和 170 万铜陵人民，对年会的举办表示热烈的祝贺。他表示，相信通过本次年会，大家广泛学习借鉴国内外图书馆建设管理的新理念新技术新经验，以技术创新促进管理创新、服务创新，共同推动图书馆事业发展进步，丰富城市人文内涵。谢广祥代表安徽省人民政府向莅临年会的领导、嘉宾和代表表示热烈的欢迎。他表示，将借助年会平台，向全国同行学习，交流探讨图书馆领域的新思想、新观念、新技术、新进展，为促进我国图书馆事业的繁荣与发展做出应有贡献。多纳·希德在致辞中对 2016 年中国图书馆年会的召开表示祝贺，表示本次大会以"创新中国：技术、社会与图书馆"为主题，恰逢其时。希望所有图书馆员勠力同心开创未来，使图书馆事业继续发展壮大，也祝愿中国图书馆界未来更美好。文化部党组成员、部长助理兼办公厅主任于群致辞并宣布年会开幕。他指出，当今世界，创新已经成为时代的特征。本届年会以"创新中国：技术、社会与图书馆"为主题，契合了时代精神，顺应了发展潮流。我们要把握历史机遇，聚焦年会主题，围绕中央推进文化改革发展的要求和工作实际，探索图书馆在互联网时代的新定位，拓展图书馆服务社会的新功能，创新图书馆监督管理的新机制，使年会真正成为引领行业发展的"助推器"。相信大家一定会以年会为起点，深刻认识自身肩负的时代责任，以实际行动迎接挑战，共同开创图书馆事业发展的美好明天。

开幕活动中，举行了"2016 年最美基层图书馆"和"2016 年中国图书馆榜样人物"风采展示仪式。为展现图书馆的风采、宣传图书馆人的职业精神与道德风范，推动图书馆事业发展，经文化部同意，中国图书馆学会组织开展了"2016 年最美基层图书馆"和"2016 年中国图书馆榜样人物"风采展示活动。经推荐、资格审查、专家研议和公示等阶段，天津图书馆天津市古籍保护中心办公室副主任万群等 15 人进入"2016 年中国图书馆榜样人物"风采展示活动名单，北京市西城区白云驿站阅读空间等 25

家单位进入"2016年最美基层图书馆"风采展示活动名单。其中，四川省北川羌族自治县图书馆馆长唐成、上海市晋元高级中学副校长刘璇、广东省深圳市罗湖区图书馆馆长师丽梅以及河南省内黄县马上乡微光书苑负责人李翠利和中山大学图书馆馆长程焕文还现场参加了"讲我们的故事"活动。之后，举行了第二批国家公共文化服务体系示范区颁牌仪式。

国家图书馆馆长韩永进在开幕活动中作了题为《创造出中华文化新的辉煌》的嘉宾演讲。演讲从中华民族的文化辉煌、中国共产党的文化自觉以及大国崛起的文化准备三个方面进行了深入的分析和阐述，并指出要实现"夺取全面建设小康社会新胜利，实现中华民族的伟大复兴"的中国梦，首先要实现中华文化的伟大复兴，创造出中华文化新的辉煌。为此，必须从战略上思考和谋划加强文化建设的路径。

本届年会征集论文1131篇，举办3个工作论坛、4个主题论坛和25个学术分会场及4场卫星会议。各项活动围绕年会主题，凸显图书馆在创新中的价值。党的十八届五中全会提出的五大发展理念中，创新理念居首。本次年会以"创新中国：技术、社会与图书馆"为主题，旨在促进我国图书馆事业的创新发展，展示图书馆作为社会创新驱动器的价值所在。年会期间，文化部以"公共图书馆文化创意产品开发""国家公共文化服务体系示范区创建""公共图书馆评估定级的理论与实践"为主题举办了3场工作论坛，以"图书馆服务创新趋势与能力建设""公共图书馆发展的新理念、新经验、新视野""图书馆学科服务的创新与发展""双创背景下图书馆服务新模式"为主题举办了4场主题论坛。同时，进一步以"未来图书馆新形态与新功能""大数据时代图书馆学教育面临的挑战与创新""阅读推广的理论引领与服务创新"等为细分主题组织了25个分会场，通过相互介绍和交流学术成果、实践经验、发展设想，促进图书馆理论与实践的发展。此外，还有会前会、会后会以及其他配套学术活动，共同搭建多层次、多维度的学习交流体系，为参会者发表观点、学习交流、推广展示提供宝贵的机会。同期，中国图书馆学会还召开了相关分支机构的工作会议和2016年"书香城市（区县级）发现活动专家研议会"。

11月27日下午，举行了闭幕活动。网易公开课负责人刘锋作了题为

《公开·创新·改变——网易公开课的技术探索与实践》的嘉宾演讲。他从"平等·公开""技术·创新""比较·思考"等三个方面，全面介绍了网易公开课的发展历程，其理念和实践对全国图书馆工作者产生了较大的影响。中国图书馆学会副理事长刘小琴主持了嘉宾演讲。

为了表彰在 2016 年中国图书馆年会学术征文活动中涌现出来的优秀论文作者和组织单位，表彰在全民阅读活动和展览会中做出贡献的优秀单位，闭幕式上举行了颁奖仪式。经过申办和协商，2017 年中国图书馆年会将由河北省廊坊市承办。闭幕活动中，播放了廊坊市的城市形象展示片，廊坊市委常委、副市长刘健致辞，向在场的嘉宾和代表以及全国图书馆专家学者和工作者发出邀请。最后，学会理事长、国家图书馆馆长韩永进致闭幕词并宣布年会闭幕。他指出，2017 年是中央出台的《关于加快构建现代公共文化服务体系的意见》《关于推进基层综合性文化服务中心建设的指导意见》等一系列重要文件的"落实年"，希望大家按照中央关于构建现代公共文化服务体系的部署和要求，坚持以群众文化需求为导向，以改革创新为动力，以更加奋发有为的姿态，提高图书馆标准化、均等化、数字化和社会化建设水平，共同为推动中国图书馆事业腾飞做出新的更大贡献。中国图书馆学会副理事长、国家图书馆常务副馆长陈力主持了闭幕式。

本届年会的举办，特点明显，亮点纷呈，充分体现了年会作为中国图书馆学会乃至图书馆行业最重要的学术交流平台所具有的价值和意义。

一是年会首次在中部地级城市举办，将带动中西部图书馆事业快速发展。近年来，包括铜陵市在内的中西部地区图书馆事业发展取得了长足进步。本次年会举办了"2016 年中国图书馆榜样人物"和"最美基层图书馆"风采展示活动。其中，有很多中西部地区的优秀代表，向大家展示了自己热爱图书馆事业，运用新的理念和手段，全心全意为读者服务的感人事迹，引发广大图书馆工作者的强烈共鸣。通过充分展现和宣传铜陵市图书馆以及中西部图书馆事业建设成就，必将带动中西部地区图书馆事业的进一步发展。

二是促进图书馆事业与相关产业融合发展。本次展览会展览面积超过12000 平方米，由中国图书馆学会统筹策划，顺应"会展一体化"的国际化办展思路，充分整合各方面信息和资源，将展览与年会其他议程进行了有机结合。展览会设立了文化事业展区、各地图书馆事业成果展区、文化创意产品开发展示区、相关企业展区和国际展区等，展示图书馆事业发展成就和相关产业的前沿产品，为观众带来丰富的图书馆相关产品和先进服务理念。事业展区集中展示了全国文化信息资源共享工程、数字图书馆推广工程、中华古籍保护计划以及铜陵市等地方图书馆事业发展成果；企业展区聚集了众多包括图书馆数字资源、技术和应用软件、古籍保护技术与装备等图书馆行业上下游的相关企业，全方位展现了近年来全国图书馆行业的发展成就和未来前景。

三是注重加强国际交流，吸引国际图书馆同行参与年会。本次年会受到了国际和我国港澳台地区图书馆界的高度关注，国际图联主席多纳·希德女士、秘书长杰拉德·莱特内先生和美国、日本等国家以及我国港澳台地区的同仁应邀出席年会。同时，还举办了国外图书馆协会组织的论坛，如美国高校图书馆的创新服务和技术等，有效促进了中外图书馆界的交流与合作。

四是突出文化惠民，充分展现铜陵文化底蕴。铜陵作为三千年铜都，历史文化底蕴深厚。年会期间，铜陵市组织了丰富多彩的文化展示活动，举办了以"铜的故事——一座城市的文化记忆"为主题的文化之夜活动。同时，年会不仅是图书馆行业的盛会，还突出了文化惠民，打造"群众的文化盛宴"，组织了"阅读从我开始"，关爱农民工、关爱留守儿童文化服务，"文明阅读、美好家乡"读书月等一系列文化惠民活动。

五是宣传力度空前，方式创新且多样化。本次年会邀请中央电视台、中央人民广播电台、《人民日报》、《光明日报》、《中国文化报》、人民网、光明网、央视网以及安徽和铜陵当地媒体进行深度报道和广泛宣传，光明网和国家图书馆网站首页制作了年会专题。同时，本次年会创新了宣传方式，丰富了宣传手段。通过扫码，学会官方微信关注人数瞬间增长了800多人。开幕、闭幕活动通过央视网、2016年中国图书馆年会官方网站、学会官方微信进行网络直播，代表们现场积极转发链接，海内外更多的专家学者和图书馆工作者同步直观地分享了开幕、闭幕活动盛况。

表 4 - 12　2016 年学术分会场

会场序号	分会场主题
主题论坛	图书馆学科服务的创新与发展
主题论坛	双创背景下图书馆服务新模式
主题论坛	图书馆服务创新趋势与能力建设
主题论坛	公共图书馆发展的新理念、新经验、新视野
工作论坛	公共图书馆文化创意产品开发
工作论坛	公共图书馆评估定级的理论与实践
工作论坛	国家公共文化服务体系示范区创建
第 1 分会场	童书同享　铜陵同行
第 2 分会场	未来图书馆新形态与新功能
第 3 分会场	研究方法论与青年图书馆员科研能力提升
第 4 分会场	古籍数字化及其在图书馆应用研究
第 5 分会场	图书馆员论文撰写与投稿
第 6 分会场	数据驱动现代文献情报服务
第 7 分会场	图书馆信息技术应用新进展
第 8 分会场	医学图书馆服务创新与实践
第 9 分会场	服务社会——开放的高职院校图书馆
第 10 分会场	公共图书馆社会化的探索与实践
第 11 分会场	图书馆法律与知识产权
第 12 分会场	图书馆员：守藏与创新
第 13 分会场	信息资源建设：新环境、新思路
第 14 分会场	阅读推广的理论引领与服务创新
第 15 分会场	"图书馆＋"环境下少儿阅读推广的创新与变革
第 16 分会场	品读音乐之美——音乐图书馆的探索与实践
第 17 分会场	图书馆服务标准化
第 18 分会场	图书馆在数字时代的变迁
第 19 分会场	数字人文：图书馆的历史传统与时代使命
第 20 分会场	少数民族图书馆创新：回顾"十二五"与展望"十三五"
第 21 分会场	大数据时代图书馆学教育面临的挑战与创新
第 22 分会场	书目书评与图书馆阅读共享空间建设
第 23 分会场	城市图书馆实践的最佳案例
第 24 分会场	合作与社区：公共图书馆服务体系发展新趋势
第 25 分会场	美国高校图书馆的创新服务和技术

第二节　品牌学术活动

一　青年学术论坛

青年图书馆工作者和研究者是图书馆事业发展的生命力所在，是创新的生力军，学会高度重视青年一代在事业发展中的重要作用。从 1986 年至 20 世纪末，先后组织召开过 8 次全国中青年图书馆学情报学学术研讨会，吸收 40 岁以下中青年图书馆工作者踊跃参加。每届研讨会围绕一个或者数个议题展开探讨，涉及的议题包括图书馆学理论和社会、图书馆教育与社会、图书馆工作与社会、情报学与社会、图书馆学情报学理论及教育、中国图书情报事业从现实走向 21 世纪、图书馆与情报事业的总体发展、人才教育、图书馆事业为社会主义市场经济服务等。每一届研讨会均吸引众多中青年图书馆员提交论文踊跃应征，不少优秀的中青年图书馆工作者脱颖而出，成为图书馆事业的骨干。

进入 21 世纪以来，继这 8 次学术研讨会之后，学会根据新的形势和发展需要，创设了青年学术论坛，从 2002 年起每两年举办一次，后改为每三年举办一次，至今已连续举办了七届。论坛旨在聚集青年图书馆人的聪明智慧，以活跃的形式、丰富的内容、创新的思维，推动图书馆工作和图书馆学的研究。每届论坛由学会各分支机构和地方学会推荐 40 岁以下的青年人才参加，充分开展学术研究和业务交流。论坛适应青年特点，始终贯彻一个"新"字，通过形式和内容的变化，彰显青年的特点，促进学术交流，营造公正、开放、个性、民主的学术生态。目前，论坛已成为我国图书馆界青年工作者和研究者成长成才的舞台，也成为学会的品牌学术活动。

第一届青年学术论坛于 2002 年 11 月在河南省图书馆召开，吸引了来自全国各地 130 余名青年图书馆工作者参加，主题是"向知识化、网络化、社会化、国际化迈进的中国图书馆"。学术研究委员会副主任吴建中作了《向国际化迈进中的中国图书馆》的报告，介绍了国际图书馆界一些最新的理念和动态，描述了未来图书馆发展的七种模式。中国科学院文献情报中心副主任张晓林作了《从数字图书馆到电子知识》的演讲，介绍了数字图书馆应用环境，说明环境的重点已经不在于图书馆，而在于用户信息空间。未来图书馆是知识过程的参与者、促进者，而不是信息产品的管理者。北京大学信息管理系教授李国新以《现代图书馆观念的确立与本土化》为题，介绍了我国图书馆立法成果。论坛采用主旨讲坛、专题论坛、信息交流和"我的图书馆情缘"沙龙等方式，台上台下互动，交流踊跃，文思泉涌，达到了展示青年图书馆工作者最新学术观点和研究成果、提升图书馆理论研究和业务工作水平的目的。

受学会委托，河南省图书馆副馆长夏雁向全国图书馆同仁发出倡议，全体代表以举手表决方式和热烈掌声响应并通过倡议。具体包括：1. 每两年召开一次青年学术论坛，在全国各地巡回举办。2. 在学会网站设立"青年学术论坛"专栏，以供休会期间加强联系、交流思想、沟通感情、共享信息。3. 建立青年奖励基金，奖励在学术研究和工作实践中卓有成效的青年图书馆工作者；资助欠发达地区青年图书馆工作者与全国同行共同进步。4. 在图书馆向国际化迈进的进程中，为青年人参与国际图书馆界的活动创造条件。5. 鼓励在学术研究、行业实践和科普教育方面的创新，并积极争取国家有关资金的支持。6. 建立青年人才数据库，了解青年队伍状况，为发现人才、培养人才、推荐人才提供第一手资料。

之后，学会分别于 2004 年 11 月、2006 年 10 月、2008 年 7 月、2011年 5 月和 2014 年 11 月在浙江绍兴、福建武夷山、上海、江苏苏州、福建厦门召开了第二届至第六届青年学术论坛。第二届青年学术论坛以"新青年、新理念、新秩序——知识传播与图书馆变革"为主题，设置了主旨讲坛和专题论坛，专家和青年馆员论辩结合，互相交流，思想交锋时有出现，场面极为活跃。第三届青年学术论坛以"在创新中成长"为主题，厦门大学图书馆进行了网络直播，首次实现了场内与场外实时互动，引起图书馆界的广泛关注和积极参与。第四届青年学术论坛以"图书馆公共形象：研究、策划与设计"为主题，采取专家学术报告、代表研讨典型案例和场景演绎礼仪服务、专家点评相结合的方式进行，生动而富有感染力，在内容、形式和成效等方面取得新的突破和发展。第五届青年学术论坛以"全媒体时代的图书馆建设与服务创新"为主题，是结合当时的新形势、新变化和新要求，积极谋划图书馆事业新发展的重要议题。论坛的召开体现了四个"新"：第一是论坛的主题新，是在全媒体时代背景下讨论图书馆的建设和服务创新；第二是论坛的内容新，论坛首次将理论研究成果与图书馆实践进行了较好的融合，开展典型案例的征集、评选和现场 PK 活动，首次邀请国外图书馆专家——美国图书馆协会主席 Roberta A. Stevens 女士出席论坛并作主报告；第三是论坛的代表新，到会的代表多数为图书馆界的新人；第四是宣传手段新，首次通过微博和手机报等创新的形式进行宣传。第六届青年学术论坛以"未来的图书馆和未来的图书馆员"为主题，特别邀请德国科隆图书馆馆长汉娜萝蕾·沃格特作了题为《数字时代的图书馆服务——以德国科隆图书馆为例》的主题报告。论坛首创了面向全国业界公开遴选发言代表的方式，从各分支机构和各省、自治区、直辖市图书馆学（协）会推荐的 151 名代表中遴选出 35 名优秀青年代表，在"夯实基础　深化服务""社会责任　职业担当""技术进步　业态创新"3 场主题沙龙中精彩亮相，展示自我，为青年图书馆员提供了充分展示自己研究成果并与专家学者交流的舞台。

2017 年 10 月 11 ~ 14 日，由学会主办，武汉图书馆和武汉市图书馆学会承办，超星集团支持的第七届青年学术论坛在最美基层图书馆——武汉图书馆汤湖分馆召开，主题是"转型与创新：新时代图书馆员的使命与责任"，来自全国图书馆界和相关业界的专家学者，国内主要图书馆学院系和各省、自治区、直辖市各级各类图书馆青年代表以及新闻媒体代表 300 余人出席。图书馆学教育委员会主任、武汉大学研究生院院长、信息管理学院教授陈传夫，副理事长、学术研究委员会主任、上海市政府参事吴建中，副理事长、中国科学院文献情报中心教授张晓林和超星集团副总经理杨庆刚分别以"新视野·新方向——图书馆事业发展探索""新业态·新模式——图书馆业务建设研究""新技术·新课题——图书馆技术创新跟踪""新媒体·新服务——数字图书馆技术创新发展"为主题作了主旨报告。为更好地在全国范围内发现和培养优秀青年人才，本届论坛专门组织推选各系统和各地区图书馆及相关机构中已有一定研究成果或突出贡献，观点新颖、业务专精、具有较高认可度的青年学术人才和管理人才，遴选出 24 名代表由知名专家带领在 3 场主题沙龙上精彩亮相，分享观点，交流成果。最后，基于发言代表在主题沙龙中的表现，以专家点评和与会代表现场投票相结合的方式评出"青年学术之星""青年管理之星""优秀奖"等奖项。论坛首次开设嘉宾演讲，专门邀请武汉大学文学院教授、中国新文学学会副会长、湖北省作家协会副主席樊星作了题为《读书：认识武汉》的精彩演讲，受到与会代表的热烈欢迎。

二　百县馆长论坛

2005 年，《中共中央关于制定国民经济和社会发展第十一个五年规划的建议》明确指出："发展文化事业和文化产业，丰富人民群众精神文化生活，是建设和谐社会的重要任务。要按照文化事业和文化产业的特点，采取不同的政策。加大政府对文化事业的投入，逐步形成覆盖全社会的比较完备的公共文化服务体系。"同时指出，建设社会主义新农村仍然是"十一五"期间全党工作的重中之重，而建设社会主义新农村的核心内容之一，就是要大力发展包括县、乡镇图书馆在内的农村公共文化事业。同年 8 月，在乌鲁木齐召开的中国科协 2005 年年会中国图书馆学会分会场上，关于县级图书馆发展状况的主旨报告引起社会各界的广泛关注。李长春同志为此还专门作了批示。詹福瑞理事长也多次通过媒体向社会各界呼吁：关注和扶持基层图书馆的建设，认为"国家应鼓励多建小型的社区图书馆，小而分散的图书馆布局更能充分满足老百姓的借阅需求"。在此背景下，学会策划组织了"百县馆长论坛"。

2005 年 11 月 1~3 日，由中国图书馆学会主办，安阳市图书馆学会、林州市图书馆承办，常州春晖技术服务有限公司协办的首届"百县馆长论坛"在举世闻名的红旗渠所在地林州召开，来自全国 20 余个省、自治区、直辖市 100 余位县级图书馆馆长参加。副理事长、国家图书馆副馆长陈力致开幕词，代表学会和詹福瑞理事长对来自祖国各地基层图书馆的馆长能够克服种种困难，跋涉千里，前来参会，表示衷心的感谢，同时也希望通过与会代表对坚守在中国图书馆事业前沿阵地，默默无闻、甘于奉献、造福一方的 2000 多位县级图书馆馆长，表示由衷的敬意。文化部全国文化信息资源建设管理中心副主任崔建飞也作了热情洋溢的发言。在开幕式上，还向获得首届"百县馆长论坛"征文一、二、三等奖的论文作者代表颁发了证书。在接下来的会议中，安排了题为《我国公共图书馆事业进一步发展的突破口——县级图书馆的振兴》的主旨报告；文化部社会文化图书馆司图书馆处处长张小平作了题为《关于贫困地区图书馆援助计划的思路》的专题报告。河南省林州市图书馆馆长石太生、湖南省衡阳县图书馆馆长刘向阳、甘肃省天水市麦积区图书馆副馆长周改珠、安徽省六安市金寨县图书馆馆长吴建国也分别作了专题发言。会议还组织了分组讨论，与会代表围绕大会发言及所在地区图书馆状况进行了认真、务实的交流研讨，气氛融洽、热烈，并最终形成了《首届百县图书馆论坛林州共识》。

2007 年 10 月 30 日至 11 月 2 日，在江苏常熟市召开"第二届百县馆长论坛"。此次论坛由学会与德国歌德学院共同举办，常熟图书馆承办，主题是"社区乡镇图书馆的建设与发展"，旨在通过中外图书馆同行的实地考察和交流比较，研究探讨社区乡镇图书馆在服务网络模式、资源共建共享、文献借阅流通、信息咨询服务等各环节所面临的共性问题，总结和推广成功经验，推动我国基层图书馆事业的健康有序发展。

2010 年 5 月 12～15 日，由中国图书馆学会、江苏省图书馆学会和江阴市人民政府联合主办，江阴市图书馆承办的"第三届百县馆长论坛"在历史文化名城江阴召开，来自全国各省、自治区、直辖市的 130 余位县级图书馆馆长参加了会议。论坛以"构建体系、提升效益、持续发展"为主题，针对县级图书馆管理体制、运行机制、服务效益和人才队伍等重要方面，集思广益，达成共识，为"十二五"期间我国县级图书馆的发展壮大贡献智慧和力量。

2012 年 7 月 12～13 日，由中国图书馆学会和陕西省神木县人民政府共同主办，陕西省图书馆学会和陕西省神木县图书馆共同承办的"第四届百县馆长论坛"在陕西历史文化名城和中国十大最关爱民生县之一的陕西省神木县召开，主题是"免费开放环境下县级图书馆的建设与服务创新"。论坛突破了传统征集论文的形式，面向全国征集服务创新过程中的典型案例共计 123 个，其中排名前十的案例代表在会上作了交流，专家现场点评。

2015 年 5 月 21～22 日，由中国图书馆学会和晋江市人民政府主办，福建省图书馆学会和晋江市图书馆承办的"第五届百县馆长论坛"在福建省晋江市召开，主题为"县级图书馆在构建现代公共文化服务体系中的地位和作用"。围绕主题，学会面向全国图书馆界开展了案例征集活动。会议围绕"以县级图书馆为中心的总分馆制建设""基层图书馆的阅读推广""贫困地区基层图书馆发展"等内容，通过优秀案例获奖单位的代表发言、专家点评和专家报告，共同引领与会代表进行了广泛研讨和深入交流。

综上所述，百县馆长论坛自 2005 年 10 月在河南省林州市举办以来，每届论坛都有不同的主题，每个主题都紧扣同期我国基层图书馆事业发展的脉搏，论坛上基层图书馆馆长们围绕主题充分研讨，先后形成并发布了《林州共识》《常熟共识》《江阴共识》《神木共识》《晋江共识》。这些"共识"成为总结我国基层图书馆工作和引领未来事业发展的"重要宣言"，振奋了基层甚至是全国图书馆人的精神，被赋予不同寻常的意义。例如，《晋江共识》中提到"《关于加快构建现代公共文化服务体系的意见》明确要求，公共文化服务均衡发展、标准体系实施以县为单位，县级公共图书馆在我国公共图书馆服务体系中处于事业基石、体系枢纽、服务前端和总分馆中心的地位，县级馆强，则中国图书馆事业强"，总结精辟，引人深思，催人奋进。如今，论坛已经成为学会品牌性学术活动，得到了业界广泛认可，对推动我国县级图书馆发展发挥了重要的作用。

三 全国图书馆未成年人服务论坛

学会一直高度重视图书馆未成年人服务这一重要课题，成立专门机构研究、指导和支持图书馆未成年人服务的有效开展，并于 2012 年开始在全国范围内实施"全国图书馆未成年人服务提升计划"，成效显著。2013 年，又创设了全国图书馆未成年人服务论坛，拟将其打造成与青年学术论坛、百县馆长论坛等知名学术品牌齐名的高端学术交流平台。

2013 年 8 月 14～15 日，由学会、国家图书馆和云南省文化厅主办，云南省图书馆学会和云南省图书馆承办的第一届全国图书馆未成年人服务论坛在云南省昆明市隆重召开，论坛主题是"阅读与圆梦"。论坛包含开幕式、主旨报告、优秀案例展示评审和图书馆新技术专题发言、学术分会场、嘉宾演讲等几大板块，内容丰富，形式新颖，受到业界代表热烈欢迎。

学会理事长，国家图书馆党委书记、常务副馆长詹福瑞，云南省文化厅副巡视员郭伟,教育部基础教育课程教材发展中心评价处处长李水平等领导和嘉宾,来自全国图书馆界和相关业界的专家学者,来自全国各省、自治区、直辖市公共图书馆、少儿图书馆和中小学图书馆的代表,以及媒体代表和图书馆相关技术的企业代表共计450余人出席论坛。开幕式后,詹福瑞作了题为《顺从天性 激发好奇——图书馆未成年人阅读之我见》的主旨报告。报告主题明确,思想深刻,内容丰富,引人入胜,深受与会代表好评。主旨报告后,论坛进行了图书馆未成年人服务优秀案例展示和评审。为实现图书馆未成年人服务理论研究与实践工作的有效融合,集中展示和推广近年来我国图书馆界未成年人服务实践中形成的优秀案例,进一步促进全国图书馆未成年人服务方法的多样化和服务水平的整体提升,学会于6~7月面向全国图书馆界征集未成年人服务优秀案例。全国图书馆界积极响应,踊跃申报,短短一个月内共计征集案例148个。论坛精选10个优秀案例现场集中展播,邀请图书馆和相关业界知名专家进行现场点评,最终由全体参会代表现场投票评出一等奖2名、二等奖8名、三等奖12名以及优秀奖若干名。14日下午,由国家图书馆少年儿童馆、深圳少年儿童图书馆、武汉市少年儿童图书馆、学术研究委员会未成年人图书馆服务专业委员会和天津市少年儿童图书馆分别主办的以阅读指导、阅读实践、绘本阅读和阅读管理为主题的4个学术分会场同时举行,让与会代表充分交流讨论。8月15日上午,举行闭幕式。中国新闻出版研究院副院长张立先作了题为《从国民阅读与购买倾向调查看儿童阅读状况》的演讲。来自4个学术分会场的代表分别就会议交流情况进行了汇报发言。随后,举行了信息发布仪式和颁奖仪式,来自昆明少年儿童图书馆的小读者们为获奖案例代表颁发了证书。江苏省图书馆学会、广西图书馆学会、云南省图书馆学会因组织得力、动员广泛和所投案例质量和数量优势,被授予优秀组织奖。最后,向云南省图书馆学会、云南省图书馆和昆明少年儿童图书馆颁发感谢状并致闭幕词。

2016年8月31日至9月1日,由学会和河南省文化厅主办,未成年人图书馆分会、河南省图书馆学会、河南省少年儿童图书馆和图书馆报承办的第二届全国图书馆未成年人服务论坛在郑州隆重召开,主题是"阅读与成长"。副理事长、文化部公共文化司原巡视员刘小琴,河南省文化厅党组成员、副厅长康洁等领导和嘉宾，全国图书馆界和相关业界的专家学者，来自全国各省、自治区、直辖市公共图书馆、少儿图书馆和中小学图书馆的代表，以及媒体代表和图书馆相关技术的企业代表近 500 人出席论坛。

开幕活动前，河南省少年儿童图书馆和小读者、家长以及河南歌舞演艺集团为本届论坛精心编排了开场表演——阅读与成长。开幕活动上，刘小琴和康洁先后致辞，学术研究委员会图书馆员研究专业委员会副主任、浙江大学公共管理学院副教授李超平对案例征集活动进行了学术点评，并举行了颁奖仪式。开幕活动后，德国驻华大使馆学校图书馆部主任卡嘉·维斯多夫博士作了题为《德国未成年人图书馆服务——分年龄段阅读》的主旨报告。论坛举办了包括未成年人特色活动和未成年人分级阅读在内的6 个分会场。其中，未成年人特色活动分会场又分为"少儿图书馆服务空间——布局与设计""图书馆特色服务——科创阅读""2016 全国少儿阅读峰会——绘本阅读与少儿成长"3 场，未成年人分级阅读分会场又分为"婴幼儿阅读服务：爱·阅读——成长的起点""小学生阅读服务：儿童黄金阅读期的图书馆服务""中学生阅读服务：快乐阅读 健康成长"3 场，让与会代表充分交流讨论。同期，举办了小型主题展览会，将图书馆未成年人服务的优秀案例和为图书馆服务的企业推广有机结合。

为配合此次论坛的召开，学会于 5 月 16 日至 7 月 10 日，面向全国开展了图书馆未成年人服务优秀案例征集活动。活动得到了各省、自治区、直辖市图书馆学（协）会及全国各类未成年人服务相关单位的大力支持，征集期间共计收到有效案例 214 个，覆盖了 26 个省、自治区、直辖市 100余家单位，包括公共图书馆、独立建制的少儿图书馆和中小学图书馆等。这些案例为我们全面调研了解全国图书馆未成年人服务工作进展及趋势、发掘最佳的服务实践、交流优秀的服务理念做出了积极贡献，对提升全国图书馆界的未成年人服务水平具有现实意义。经专家评审委员会评议推荐，最终选定一等奖案例 10 名、二等奖案例 15 名、三等奖案例 20 名，并根据相关单位的综合表现评出优秀组织奖 6 个，予以表彰。

应当说，两届论坛内容丰富，形式新颖，受到业界代表热烈欢迎。综合来看，第一届论坛以"阅读与圆梦"为主题，设置了开幕式、主旨报告、优秀案例展示评审和图书馆新技术专题发言、学术分会场、嘉宾演讲等几大板块，其中分会场以阅读指导、阅读实践、绘本阅读和阅读管理为主题；第二届论坛以"阅读与成长"为主题，从少年儿童成长过程中不同年龄段出发提倡分级阅读，凸显阅读对孩子们成长的重要意义。论坛有效地促进了全国图书馆界充分交流、讨论、分享和提高，有利于全国图书馆未成年人服务工作者将好的理念、模式、方法和手段运用到实际工作中，积极钻研理论，大胆创新实践，进而提升全国图书馆未成年人服务水平，让孩子们在阅读中快乐成长。

第三节　专题学术研究与交流

学会自成立以来引领图书馆界专家、学者和图书馆工作者在多个领域开展学术研究。由于学会会员和图书馆工作者人数众多，专业涉及面宽，定期召开全国性的科学讨论会存在不少困难。第一届理事会决定，学会的学术活动主要以召开专题研讨会的方式进行，充分发挥学术委员会及其下属专业研究组的作用，使学术研究活动更好地向深度和广度发展。根据这一决定，学术研究委员会遵循小型、多样、有效的原则，发挥各专业委员会人才荟萃、横向联系方便、交流渠道通畅的优势，使学术活动更加有序深入地开展起来。而且，为了适应新形势的发展，学会在加大学术研究力度的同时，注重扩大学术研究的领域，第八届理事会将学术研究委员会下设专业委员会的数量从 12 个增加到 19 个，学术研究领域扩大到图书馆史研究、地方文献研究、社区和乡镇图书馆研究。在此带动下，各分支机构、各省、自治区、直辖市图书馆学会都建立了自己的学术研究组织，它们组织或与当地图书馆联合组织了不同内容、不同规模、数量更多的学术活动，开创了我国图书馆界学术研究与交流的繁荣局面。

一　图书馆学科发展及图书馆学教育

开展图书馆学科发展及图书馆学教育相关研究，是图书馆事业和图书馆职业稳定发展的支撑。图书馆学是研究图书馆的发生发展、组织管理，以及图书馆工作规律的科学，是一门典型的实践性较强，并处于发展中的交叉学科。现代图书馆学融入了多种属性的科学内容。图书馆学研究与教育必须与图书馆工作实践结合起来，采取综合性研究与专题性研讨相结合的方式进行。随着社会和科学技术的进步，特别是人类对信息、文献交流需要的变化，图书馆不断采用新方式、新技术、新设备，使得图书馆学研究的领域不断扩大，涉及图书馆学基础理论、图书馆管理和图书馆发展战略研讨等带有整体性发展战略等方面。

学会关注图书馆学教育及图书馆工作者的继续教育。1995 年 12 月，教育与培训研究组与华南师范大学图书馆和信息管理学系共同举办的"全国图书馆学信息管理学教育与培训学术研讨会"是一次重要的会议。此次研讨会以"面向 21 世纪：图书馆学信息管理学教育改革及其发展方向"为主题，研讨了教育改革的方向，培养目标，信息人才需求，课程设置，教学内容与方法，理论与实践，信息技术与图书馆情报学，图书馆员的在职教育，继续教育，中外教育比较研究，国际图书馆情报教育发展趋势等内容。此外，通过举办各类培训班、学习班、研习班，开展包括学历教育、继续教育和图书馆新入职人员的在职培训的形式，以期从整体上提高图书馆员专业工作水平。学会根据不同时期的需求在图书馆学、情报学领域开展专题性在岗培训，已经形成一个多专业、多层次、多渠道、多规格的专业教育体系。

学会重视图书馆学学科发展的研究。在中国科协支持下，组织行业力量先后编写完成《2011～2012 图书馆学学科发展报告》《2014～2015 图书馆学学科发展报告》和《中国图书馆学学科史》。其中，《中国图书馆学学科史》是"图书馆学学科史研究项目"的项目成果，也是 2012 年度中国科协立项资助的 5 个学科史项目之一。随着这些项目的开展和研究成果的完成，对我国图书馆学科的萌芽、形成、确立和发展等过程有一个更加深入的了解和梳理，对我国图书馆学学科的科学发展起到了重要的推动作用。

为了回顾图书馆的历史和图书馆学术思想，总结经验和教训，更好地促进图书馆学科发展和开展图书馆学教育，起到承前启后、继往开来的作用，对图书馆史的研究也是一件有意义的事情。2002 年 10 月，学会举行了"古越藏书楼创建百年纪念暨绍兴图书馆百年馆庆"活动以及"开放的藏书楼，开放的图书馆"学术研讨会，探索从传统图书馆向现代化图书馆转型期出现的新理念、新问题、新方法，促进图书馆史研究。其后，2005年11月，学会在学术研究委员会下设了图书馆史研究专业委员会，专门开展对图书馆史的研究并组织相关学术研究和交流，意在梳理中国图书馆发展历史的脉络，以史为鉴。2006年10月举行的第一届图书馆史学术研讨会，以"建国以来中国图书馆史研究"为主题，围绕中国近代图书馆事业、抗战时期文献研究和图书馆事业、教会藏书与教会图书馆、传统藏书与藏书楼、20世纪中国图书馆事业发展重要历史人物研究等问题展开了讨论。2008年4月，以"敬惜字纸：读网时代的纸张崇拜和文献情结"为主题的第二届图书馆史学术研讨会举行，与会代表围绕"纸本——图书馆的核心价值"等5个专题进行了热烈的讨论。

二 图书馆学基础理论

图书馆学基础理论研究，一直以来都是图书馆行业首要关注的重要问题。学会成立至今，从未停止相关研讨活动的组织。1984年2月"新技术革命与图书馆"新春科学讨论会、1984年11月"图书馆学基础理论讨论会"、1986年"图书馆学基础理论研讨笔会"和1991年9月"图书馆学基础理论研讨会"，不仅对20世纪80年代以来我国图书馆学基础理论研究所取得的成果进行了很好的总结，还就图书馆学基础理论的范畴、基础理论与应用研究的结合、图书馆学的理论基础等问题进行了充分的研讨。

2017年10月，全国图书馆学基础理论研讨会在湘潭大学召开，主题为"现当代图书馆学理论问题的回顾与探索"，由学会学术研究委员会主办，图书馆学基础理论专业委员会和湘潭大学公共管理学院等承办，《图书馆》编辑部协办，为全国图书馆学界专家学者共同探讨当前图书馆学基础理论研究热点和焦点问题提供了良好交流平台。

三 图书馆资源建设与共享

文献资源建设是图书馆建设的重要任务。1986年11月举行的"全国文献资源布局学术研讨会"，讨论了文献资源的建设体制、文献资源保障的条例与立法、文献资源供应系统的改善、文献资源联机检索的实现、联合目录的编制、文献工作者的素质等问题。会议建议成立国家文献资源协调委员会，统筹、规划和协调全国文献资源布局，由中国科协组织中国图书馆学会、档案学会、情报学会、社会科学情报学会等联合对全国文献资源分布状况展开调查。此次会议以后，"全国社科文献资源调查"研究课题被纳入"七五"社科基金重点资助的研究项目。该研究课题于 1991 年 4 月通过部级鉴定并于 12 月出版《全国文献资源调查与布局研究成果汇编》，收录了此次调研的成果，为以后的文献资源合理布局提供了理论依据和具体的方法。与此同时，各地、各系统的许多图书馆学会和图书馆开展了对本地区、本系统、本馆的文献资源调查和布局研究，撰写出很多文献资源调查报告，如《北京图书馆文献调查集》《北京大学图书馆馆藏文献调查评估报告集》等。1998 年，以"改革开放以来中国图书馆文献资源建设研究进展与取得的成就"为主题的笔会，对十多年来文献资源建设的调研工作做了总结。

后来，随着事业发展环境的变化，资源共建共享又成为热门话题。特别是在数字图书馆建设中，如何克服重复建设造成的浪费等诸多问题，受到学会重视。在 1999 年 1 月召开的"全国文献信息资源共建共享协作会议"上，与会的 124 个图书馆的代表共同签署了《全国文献信息资源共建共享倡议书》，按照"资源共享，优势互补，互利互惠，自愿参加"的原则，建立以国家级文献信息资源网络为主导、地区级文献信息资源网络为基础的全国图书馆文献信息资源共建共享网络。会议要求，将建立各具特色的馆藏体系，协调外文书刊文献的订购，实施全国网上联合编目，合作开发数字资源，利用网络开展服务，加强网上馆际互借，扩大业务交流与培训，建立协调机构作为今后的努力目标。会议决定成立全国文献资源共建共享协调委员会，由国家图书馆、北京大学图书馆、中科院文献情报中心、中国科技信息研究所、首都图书馆、上海图书馆、广东省中山图书馆、四川省图书馆、辽宁省图书馆、甘肃省图书馆等单位组成，国家图书馆作为召集单位并设专门办事机构，其他成员馆同时承担相关系统和大区的联络工作。各省（区、市）图书馆原则上作为本省协调委员会的召集单位并设专门办事机构。2000 年 3 月，全国文献资源共建共享协调委员会办公室成立，挂靠在学会秘书处，利用学会跨部门、跨行业、跨地区、跨系统的优势，开展文献资源共建共享的协调工作。2000 年 5 月举行的全国图书馆联合编目中心工作会议，探讨了中文机读目录格式、主题标引与规范化、联合编目的组织与管理和各种编目软件的兼容与接口等相关问题。2003 年，学会设立图书馆集体采购协调中心，针对共同面临的图书品种繁多、书价上涨、购书经费短缺、读者需求增加且信息需求的个性化趋势明显，通过建立采购协调中心使成员图书馆自愿结成一个动态的"图书馆联盟"，进而形成"集团采购"模式，学会作为"集团采购"的代言人，与出版发行等相关行业沟通洽谈，使图书馆以有限的经费获得尽量大的资源效益。2004 年，学会与图新书店共同推出"出版社库存图书集体采购"活动，探索用"集团采购"的模式与图书出版发行机构进行沟通洽谈，使图书馆享受"集团采购"所带来的方便和实惠。2008 年，资源建设与共享专业委员会举行了"新信息环境下图书馆联盟发展研讨会"，对采访工作的联盟做进一步探讨。2009 年 2 月，国际图联资源采访与建设专业委员会和中国图书馆学会学术研究委员会资源建设与共享专业委员会及中国科技情报学会召开"数字资源建设与共享研讨会"，来自美国、挪威和国内的专业图书馆及情报机构、大学图书馆和国家图书馆的 200 余位专业人士就图书馆资源建设、自动化、引文数据库与服务等内容进行了深入探讨。

四 目录学发展

目录学是一门研究目录工作形成和发展一般规律的学科。中国目录学的发展经历了数千年的历史过程，得到了长期积累，并在我国图书馆界一度具有重要地位。学会举办过多次全国性的目录学专题学术讨论会。1983 年 8 月举行的"全国目录学专题学术讨论会"，围绕书目工作为四个现代化建设服务、国内外目录学研究现状与发展趋势等问题展开讨论，会议汇编并出版了《全国目录学专题学术讨论会论文摘要》一书。1991 年 5 月，"第二届全国目录学学术研讨会"在总结交流目录学研究成果的基础上，对书目工作的性质、作用、与其他文献工作的关系，目录学的教学等问题进行了探讨。1994 年 9 月，"第三届全国目录学学术研讨会"对理论目录学、应用目录学、当代目录学、专科目录学、外国目录学、书目工作自动化和标准化等进行了广泛的讨论。会议还对世纪之交的目录学理论研究作了展望，对中华人民共和国成立以来书目工作的成就与问题、导读书目与书业书目、应用目录学和当代目录学的架构与基本理论问题、目录学研究和书目情报服务的社会化、目录学与文化和经济建设的关系、21 世纪目录学的发展方向等作了深入的讨论。

此后，2002 年 4 月，目录学专业委员会在北京成立，分别举行过第四届和第五届目录学学术研讨会，在更深层面上总结了目录学面临的挑战和应对变革的措施。2004 年 10 月，召开了以"'网络信息文化'——新世纪书目工作与目录学的发展"为主题的第四届目录学学术研讨会；2007 年 5 月，召开了以"数字时代目录学的发展"为主题的第五届目录学学术研讨会；两届目录学学术研讨会将目录学带入了新时代，实现了目录学的初步转型。2009 年 9 月，新一届目录学专业委员会在上海成立后，连续 4 年在学会年会上举办目录学分会场，大力发展信息素养教育，大力发展数字目录学，发现和培养中青年目录学学科带头人，组织目录学研究的力量进行重大课题攻关，充分发挥目录学的社会功能，为图书馆事业和信息事业做出应有的贡献，取得了标志性、高水平的学术成果，推进了目录学的创新发展。

五 文献编目与信息组织

实现信息资源的有序组织是图书馆的主要职能之一，因此文献编目就成为图书馆工作中极具特色的重要组成部分。为使文献编目工作规范化，达到书目数据的共享，学会组织了多次研讨会，对《中国图书馆分类法》《中国分类主题词表》《中文标准书目著录》《中国文献编目规则》《西文文献著录条例》《中国机读目录格式》等重要的图书馆文献编目工具书进行研究和推广，为我国图书馆编目水平的提高以及计算机辅助的文献分类、标引、编目的开展做了许多有益的工作。

如《中国图书馆图书分类法》（以下简称《中图法》）是图书馆通用的大型综合性文献工具书，由北京图书馆等 36 个单位组成编辑部于 1971 年开始编制，先后更新了五版。在每次新版修订问世后，学会都组织各类培训班或研讨会，对新版分类法进行推介和宣传，使新版《中图法》逐渐为全国图书馆界熟悉并采用。1980 年 7 月召开的"全国文献目录著录标准化学术讨论会", 就国家标准《文献著录总则》《普通图书著录规则(草案稿)》《文献检索刊物的文摘与题录著录格式(第三次修订草案)》进行讨论。对涉及文献标引、分类等的国家标准, 如《文献分类规则》《文献分类颜色区分规则》《文献叙词标引规则》的制定, 给予关注、支持和参与。《中国分类主题词表》是在《中国图书馆图书分类法》编委会的主持下, 从 1987 年开始由北京图书馆等 40 个图书情报单位共同编制, 1994 年出版的一部大型综合性的文献标引工具书。它实现了分类和主题一体化标引, 也为计算机辅助标引提供帮助, 降低了标引难度, 大大提高了标引和检索的效率。1996 年出版的《中国文献编目规则》, 将各类文献著录规则融为一体, 它既有汉字特点的目录传统, 又与世界书目控制原则相吻合。1997 年 12 月, 学会举办全国编目工作研讨会和《中国文献编目规则》骨干研讨班, 对文献编目工作进行研讨并对图书馆相关工作人员开展培训。

此外, 随着计算机技术、网络技术在图书馆领域的应用, 联机编目和检索、远程网络编目及检索得到了快速发展。1989 年 9 月, 学会自动化研究分委员会召开"中国机读目录格式学术研讨会", 推广以国际通用机读目录格式(UNIMARC)为基础制定的"中国机读目录格式"(CNMARC)在图书馆界的使用。1995 年 4 月, 图书馆自动化研究组直接参与制定的《中国机读目录格式标准》(文化行业标准)征求意见稿经文化部科技司组织专家评审通过, 并与《中国机读目录格式使用手册》一起出版发行。此后, 学会参与对"国际通用机读目录格式"更新动态的调研, 并及时对"中国机读目录格式"进行修改, 不断完善《中国机读目录格式使用手册》。为了让广大会员和图书馆工作者尽快掌握新版《中国机读目录格式使用手册》, 学会在北京举办了《新版中国机读目录格式使用手册》培训班, 使学员们了解中国机读目录格式概述、机读目录格式的发展与变化、机读目录格式的基本原理与框架结构、新增字段的使用等, 并围绕这些议题展开讨论。由于网络资源和电子文献迅速发展, 信息载体及其传播方式、组织形式发生较大的变化, 文献编目的理论与方法相应发生变化。为了适应新环境下图书馆联合编目工作, 学会也多次举办相关研讨班, 研讨内容涉及网络环境下的联合编目、书目数据的上传与下载、联合编目与书目数据共享、联合编目与数字图书馆、元数据的功用、元数据的重要一族——目录、元数据的格式与表现形式、电子编目技术等方面。1996 年 7 月，学会和《中图法》编委会等联合举办"全国分类法、叙词表发展学术研讨与成果展示会"，演示了词表计算机管理或辅助标引系统，开展了计算机辅助主题标引的研究。1998 年 11 月，召开"中文普通图书编目工作业务研讨会"，对计算机环境中中文普通图书的编目发展及其相关的问题进行了讨论。随着《中国文献编目规则》（第二版）的出版，学会多次配合举办培训班，让广大会员和图书馆专业工作者尽快熟悉并使用。

在西文文献编目工作方面，学会于 1984 年协同全国文献工作标准化技术委员会和全国高校图书馆工作委员会编辑《西文文献著录条例》。1985 年 12 月，《西文文献著录条例》出版。该条例采用《英美编目条例》《国际标准书目著录》（ISBD）及其他国际标准，结合我国实际情况编写，适用于手工和计算机编目。1985 年 12 月和 1986 年 2 月，学会分别举办《西文文献著录条例》讲习班和《西文文献著录条例》师资培训班，专家们讲述了著录条例在目录管理中的作用、会议录款目的著录、计算机编目、非书资料的著录等课题。此后，学会还参与对《西文文献著录条例》的多次修订，并配套举办研讨班和培训班以推广使用。

进入 21 世纪以来，为了更好地推动全国文献编目工作领域内的学术研讨，学会于 2006 年 4 月 23 ～ 26 日在武汉组织召开了"第一届全国文献编目工作研讨会"，主题为"21 世纪的信息资源编目"。此后，于 2009 年 5 月、2013 年 10 月、2015 年 10 月、2017 年 11 月分别在南京、厦门、重庆、洛阳举办了第二届至第五届研讨会，围绕"变革时代的文献编目""编目：新的变化与应对之策""编目——核心能力与挑战""回顾与展望——新媒体时代下信息组织方法的创新与发展"等开展研讨，为全国文献编目工作者提供了重要的交流平台。

六　图书馆建筑与设备

随着图书馆事业的发展，兴建或扩建馆舍、引进使用新技术和新设备成为图书馆界的迫切需求。学会及图书馆建筑与设备分委员会（后称：图书馆建筑与设备专业委员会），针对国内新馆舍建设的需要，举办了多次专业研讨会，对有关问题进行探讨。

1982 年 3 月在陕西省西安市召开的"全国图书馆建筑设计经验交流会"，是一次全国性图书馆建筑设计学术交流会。与会代表就图书馆建筑 30 年总结、图书馆建筑设计的特点和体会、模数式图书馆介绍、国外大学图书馆建筑的研究等进行交流。1990 年 5 月的"图书馆建筑设计学术研讨会"，为山西大学、河北农业大学、湘潭师范学院、南京航务专科学校、天津外国语学院、宁波大学等筹建新馆的单位提供了咨询服务。1991 年 10 月举行的"图书馆未来及其建筑研讨会"，邀请荷兰鹿特丹市图书馆馆长舒茨围绕"图书馆未来及其建筑问题"作了讲演。代表们研讨了图书馆建筑如何适应未来发展，以及在设计中应遵循适用、灵活、高效、经济、安全、美观 6 个原则等问题。会议论文被编辑成《论图书馆设计：国情与未来——全国图书馆建筑与设计学术研讨会文集》并于 1994 年 4 月出版。会议还向国家有关部委和中国科协提交了《图书馆建筑规划问题建议书》。1993 年 9 月举办的"全国图书馆建筑评估研究会"，对北京农业大学图书馆建筑进行了评估。这也表明，我国图书馆界和建筑界有能力设计出符合中国国情的高水平现代化图书馆。1995 年 8 月，建筑与设备研究组拟制了《图书馆建筑评估标准提纲（草案）》，共分 11 个部分 59 条。这一研究成果对我国图书馆馆舍建设具有很好的参考价值。1996 年 4 月，中国图书馆学会与中国建筑学会在黑龙江省牡丹江市联合召开图书馆建筑评估论证会，对《图书馆建筑评估标准提纲（草案）》进行讨论并对牡丹江市图书馆建筑进行评估。

进入 21 世纪后，关于图书馆建筑设备的研究进一步注重人性化环境特色，重视以生态化、智能化的设计来满足用户的需求。2013 年 11 月，学会在中国图书馆学会年会设置分会场，主题为"节能减排与绿色图书馆建设"，由郑州图书馆承办。会议邀请相关建筑、节能技术等方面的专家围绕公共图书馆建筑节能等主题进行了专题研讨。专家们结合实际调研，从技术角度给出了多种解决对策，为公共图书馆走向绿色图书馆建设道路提供了良好的思路，取得了良好成效。2015 年 12 月 19 日，由中国图书馆学会主办，广州市图书馆学会和广州图书馆联合承办的 2015 年中国图书馆年会学术会议会后会（广州）——"作为社会公共空间的公共图书馆建筑与功能"学术研讨会在广州图书馆成功举办。会议邀请美国、德国、法国、新加坡、俄罗斯、芬兰、日本以及我国香港和澳门地区 16 名嘉宾，还有我国十多位知名社会学家、建筑学家和图书馆界专家及学者参与学术研讨，近 400 人参加会议。与会专家从社会学、建筑学、图书馆学的不同角度阐述了作为社会公共空间的图书馆建筑及其应有的功能。

七　用户研究及服务

读者或用户是图书馆的重要因素之一，用户服务是图书馆的主体工作之一，开展用户及用户服务的研究自然成为学会一项基本工作而得到重视。可以说，对用户研究与读者服务的研究也始终贯穿于学会工作，学会专门在学术研究委员会下设了"用户研究与服务专业委员会"。随着新技术的采用，新理念的引进，关于用户研究和服务的研讨重点也逐渐得以深化。

例如，1999 年 5 月的"中国当代图书馆文献信息服务与拓展学术研讨会"，探讨了文献信息服务如何适应市场经济的发展与用户的需要、网络环境下文献信息服务的范畴与模式、文献信息服务专业人员的要求与培养等问题。在 2003 年 8 月召开的"文献信息的服务与创新报告会"上，副理事长徐引篪应邀作主旨报告。她从现实的角度指出了我国文献信息工作的服务规模、水平、效率方面的差距，提出了可采取的对策。2001 年 10 月举行的"全国图书馆特色服务与实践研讨会"，探讨了在知识、信息、高科技空前发展的时代，图书馆如何通过多种特色服务满足读者的个性化需求。湖北省文化厅、首都图书馆、东城区图书馆、唐山市图书馆和安徽大学图书馆的代表分别做了《特色图书馆探索之路》《面向数字都市的特色数字文献生产与管理》《北京市特色图书馆的建设与资源共享》《开展特色服务与搞好协作协调》《关于"中国地域文化系列数据库"建设的若干思考》的发言，从各个方面探索了特色服务的模式、思路、理念和技术，促进图书馆特色服务更加完善。为了执行文化部发布的《公共图书馆电子阅览室暂行管理办法》，与天津市图书馆学会、天津图书馆在 2002 年 10 月联合举办了"公共图书馆电子阅览室的管理与服务：现状与发展对策研讨会"，与会代表围绕网络安全、读者管理、电子文献资源建设、网络环境下的文献信息服务等论题展开交流和探讨，还对该办法提出了意见。

2000 年以来，学会多次举办图书馆服务创新研讨班，内容紧扣用户需求的变化及其对图书馆服务能力的新要求，从传统的以文献、馆舍和馆内的服务，延伸和拓展到提供深度参考咨询服务、学科服务、情报服务、智库服务和智慧服务等知识服务。以参考咨询为例，2003 年 4 月以"参考咨询——转变、探索与发展"为主题的"全国图书馆信息咨询工作学术研讨会"，深入探讨了参考咨询服务在信息时代的角色转变、网络环境下参考咨询服务的特点、图书馆参考咨询核心业务新机制的研究与建立、虚拟参考咨询、参考咨询评价、世界贸易组织（WTO）与信息咨询服务、参考咨询与信息资源、用户信息需求与服务、有偿咨询服务等方面的问题。2005 年 5 月举行的"图书馆参考馆员实务研讨班"，专家介绍了国外参考咨询馆员制度、国内参考咨询馆员制度建立与岗位评估，与会代表围绕图书馆信息资源检索与应用、文献信息服务和提供、上海市中心图书馆知识导航与全国高等教育文献保障体系的虚拟参考咨询、学科馆员咨询平台和参考咨询的新工具（Web of Knowledge 和清华同方网格平台）等内容进行研讨。2006 年 4 月的"网络环境下图书馆参考咨询服务研讨班"，研讨了国内外参考咨询服务的现状及发展趋势、数据库的检索与利用、虚拟和实体参考咨询服务的质量控制、检索工具的应用等问题。2016 年 3 月，配合全国文化行业标准——《图书馆参考咨询服务规范》（以下简称《规范》），学会在广东省立中山图书馆举办《图书馆参考咨询服务规范》培训班。国家图书馆参考咨询部主任王磊以《个性化服务与标准化管理——新信息环境下参考工作发展策略谈》为题进行详细讲解，提出了标准规范是业务存在和发展的基石。广东图书馆学会理事长、广东省立中山图书馆馆长、《规范》编写组组长刘洪辉从《规范》的背景、历程、编制思路、编制特点和标准条文等方面对《规范》进行了全面的解读。《规范》验收组组长、《图书情报工作》杂志社社长兼主编初景利从图书馆当前发展环境分析、从参考咨询到知识咨询的转型变革和图书馆学科服务战略与实施等三个方面，对从参考咨询服务走向学科知识咨询服务进行了全面阐述。

八　图书馆发展与管理

聚焦图书馆科学管理和图书馆事业健康发展，学会及学术研究委员会联合文化主管部门及各地图书馆多次召开研讨会，围绕有关议题进行研讨。1981 年 3 月的"图书馆科学管理学术讨论会"及 1984 年 11 月的图书馆改革学术座谈会和图书馆改革研讨班、1994 年 11 月的"迎接 21 世纪挑战——中国图书馆事业改革"研讨会、1999 年 4 月的"改革开放 20 年中国图书馆事业高层论坛"等，着重探讨了图书馆在改革前提下，针对图书馆管理体制、图书馆立法、产业化、数字图书馆建设、人才培养、高层专业人才的作用、图书馆馆长的素质与能力等关系到图书馆生存与发展等问题。

进入 20 世纪 90 年代，计算机技术、信息技术、网络技术在图书馆工作中的应用逐渐广泛，针对图书馆发展规划的研讨也不断走向深入。1995 年 11 月的"中国图书馆发展战略研讨会"，集中探讨了中国图书馆事业发展若干问题的分析研究与对策，图书馆事业发展战略的有关政策，中国图书馆自动化、网络化、规范化发展战略，面向 21 世纪的文献资源建设，信息技术在图书馆领域的应用与发展等构想。

随着数字图书馆建设与服务的深入推进，与知识产权有关的保护问题也随之显现，成为制约图书馆发展的重要问题。数字图书馆领域知识产权保护已经成为年会、新年峰会和全国数字图书馆建设与服务联席会议关注并深入探讨的议题。学会及学术研究委员会下设的"图书馆法律与知识产权研究专业委员会"，针对图书馆相关的知识产权问题组织专题性研讨。1996 年 8 月举行的以"版权与图书馆"为主题的国际图联大会会前会，探讨了国际图联版权顾问的角色、电子版权、版权使用者的需要——图书馆等问题，2004 年 5 月的"数字时代图书馆的版权问题研讨会"，探讨了馆藏数字化所涉及的复制权保护，数字图书馆版权保护现状、困难及出路，网络传播的管理等问题。在国家新闻出版总署主办的"2006 中国数字出版年会"上，有关专家作了题为《图书馆：从数字出版到数字享用的重要桥梁》的演讲。会议期间，学会举办了"图书馆数字文献需求分论坛"，图书馆界与出版界、数字出版界的代表一道就信息网络传播权保护与图书馆服务和数字出版、图书馆的数字资源需求、图书馆的数字资源利用现状等专题进行了热烈讨论。

九　数字图书馆建设及技术应用

图书馆行业对现代技术的应用一直持开放、积极的态度，随着新技术的不断发展，图书馆对现代技术的应用发展很快，特别是计算机技术在图书馆领域不断普及，图书馆自动化、数字资源加工、数字图书馆建设成为研究的重要领域。进入 21 世纪后，数字图书馆研究和建设的节奏加快，成为图书馆界的一项主要工作。为应对由此发生的挑战，学会适时开展相关的学术研讨活动，对涉及的各领域课题开展了深入的研究和探讨，使图书馆工作者快速掌握有关技术应用及数字图书馆建设的各项内容。

1985 年 12 月，学会根据当时电子计算机在图书馆领域实际应用及发展前景，召开了"电子计算机在图书馆中的应用"学术讨论会，对计算机辅助的书刊资料采编和流通管理，地方文献及专业文献的管理以及文献检索等方面进行了研讨，与会代表交流了各馆情况、经验，梳理了有待解决的诸项问题。

1992 年 9 月，学会与北京图书馆等单位共同主办了"九十年代图书馆现代技术国际研讨会"，来自 25 个国家和地区及我国的 80 多位专家学者，分别就"九十年代的图书馆""书目控制与中文处理""多媒体与电子信息""图书馆网络""九十年代的图书馆技术教育""光盘技术与图书馆"等 6 个专题进行了交流。会议期间还举办了技术展示会。在 1996 年 3 月举行的"现代信息技术在图书馆的应用学术研讨会"上，代表们观看了情报技术研究组组长陈光祚演示的"中国名胜诗词辞典"检索系统、"市场经济大辞典"检索系统和"国共两党关系史"检索系统。1996 年 5 月举行的"北京 1996 图书馆自动化研讨会"，IBM 公司介绍并演示了数字图书馆模型以及多种信息数字化的制作、录入与存储、查询与访问、屏蔽与权益保护、发布与传播等新技术。会上，十多位代表分别介绍了中国教育科研网、中科院院所网、军队院校图书馆信息网以及北京图书馆、清华大学图书馆、北京邮电大学图书馆、上海交通大学图书馆、中山图书馆、深圳市图书馆等在实施计算机管理、文献信息数据库建设、国内国际联网、文献电子化以及计算机国际语言等工作和研究方面的新进展和成功的经验。

2001年4月举办的"图书馆网络资源建设研讨培训班"，学员们学习了中文图书馆数据库建设、中文期刊报纸数据库建设、中文古籍善本和普通古籍图书数据库建设、中文元数据建设等内容。同年12月举办的"可扩展置标语言（XML）理论与应用技术培训班"，国内外的专家分别讲授了XML的变迁、定义与SGML，超文本置标语言HTML、XML的概要、逻辑和物理构造，XML等格式语言的应用。2002年9月召开的"21世纪中国图书馆建设与发展论坛——全国地级市公共图书馆自动化发展战略研讨会"，探讨地级市图书馆自动化建设的模式、经验和做法。2003年，举行了若干次研讨班，主要围绕数字资源库建设、数字图书馆体系结构及应用、国际标准通用编码字符集及其应用、数字图书馆技术规范与标准、信息资源数字化与数字图书馆、数字信息发布与检索以及数字信息资源检索和利用等问题展开研讨。2004年11月，举办"首届工具书电子化网络化应用与发展论坛"，专家们围绕国内外电子工具书的状况及走向等议题研讨了数字化资源的应用与发展。2005年举行的研讨班涉及数字化专题、专藏与特色数据库建设、海量数字资源管理系统的开发、数字图书馆个性化服务、虚拟参考咨询等问题以及开放源代码环境下的数字图书馆建设等内容。

2006年10月，数字图书馆研究与建设专业委员会与中国科学院国家科学图书馆举办了2006"数字图书馆与开放源码软件"学术研讨会。这是全国图书馆界第一次将"开放源码软件"作为一个重要议题进行研讨的会议，各地、各系统130多名数字图书馆研究和建设者参加。会议围绕"'开放源码'环境下数字图书馆的建设，探索我国数字图书馆的创新发展策略"这一主题，组织了"数字图书馆的开源战略和策略""开源数字仓储和数字图书馆""开源的数字图书馆工具和系统""商业数字图书馆新方案""开源的内容管理和门户集成""开源的检索引擎和搜索引擎""开源软件在数字图书馆中的应用实践"等7个主题分会，共有34名专家学者作了报告。2009年举行的第二届"数字图书馆与开放源码软件"学术研讨会，以"让数字图书馆中开放源码软件的应用，从普遍的公众意识走向坚实的实践应用"为主题。中国开源软件推进联盟、工业和信息化部软件与集成电路促进中心、中国科学院国家科学图书馆、中国图书馆学会数字图书馆研究与建设专业委员会、国防科技信息中心图书馆、清华大学图书馆、中国科学院国家科学图书馆、中国高等教育文献保障系统、中国科学技术信息研究所、北京万方数据有限公司研究院、北京大学管理学院、北京邮电大学图书馆、北京师范大学管理学院、北京师范大学图书馆、美国霍普金斯大学图书馆以及相关企业和机构共 150 多人出席会议。针对开源软件的应用与技巧演示及数字图书馆开放两项内容,举办了 5 场技术讲座。

十 古籍整理与文献保护

文化是民族的血脉,是人民的精神家园。中国古籍是中华民族在数千年历史发展过程中创造的重要文明成果,蕴含着中华民族特有的精神价值、思维方式和想象力、创造力,是中华文明绵延数千年,一脉相承的历史见证,也是人类文明的瑰宝。我国历史上遗留有大量珍贵的古籍善本,是一笔巨大的文化遗产。古籍资源的研究、整理和保护受到党和国家的高度重视,也是图书馆界持久关注和研究的议题,成为图书馆的一项重要工作。学会在学术研究委员会专门设立古籍版本研究组(后称:古籍整理与文献保护专业委员会),负责组织并协调各方面力量对古籍善本开展学术研究,在古籍整理与文献保护方面取得了较大的成果。

1987 年 5 月,学会参与对《古籍著录规则》(以下简称《规则》)的起草和修订,为《规则》最终投入使用做了努力。1991 年 12 月,古籍版本研究组与湖北省图书馆召开了"古籍版本学术研讨会",就建立中国古籍书目数据库等事宜进行了研讨。1993 年 8 月,古籍版本研究组召开扩大会议,回顾了过去几年古籍研究工作的状况,讨论了未来图书馆古籍整理的方向。1994 年 6 月的"图书馆古籍工作研讨会",围绕图书馆古籍工作的现状及展望、《中国古籍著录规则》的拟定与修订、关于《中国古籍总目》的编纂与实施、古籍版本鉴定与著录中的若干问题以及古籍的整理与开发等进行了研讨。会议期间,还举行了两次座谈会,内容主要涉及"图书馆古籍工作如何适应时代的需求"和"古籍合作整理与开发的前景"。1998 年 6 月,古籍整理与保护专业委员会再次对"中国古籍文献机读书目数据格式"进行研讨,并呼吁各馆统一使用该书目数据格式,采用统一的格式，便于建立古籍文献数据库，达到资源共享的目的。

2000 年以来，古籍保护工作在国家层面得到进一步推动。结合有关重点工程和计划的任务，学会组织业界开展了研究和相关工作。2002 年，国家正式立项建设一项国家重点文化工程——"中华再造善本工程"，由财政部、文化部共同主持，国家图书馆具体承办，集中国内一批顶尖学者共同参与，通过大规模的复制出版，保护和合理开发利用古籍善本的一项系统工程。2003 年 2 月，古籍整理与文献保护专业委员会在北京召开了工作会议，就文化部、财政部共同推出的"中华再造善本工程"明清时期书籍的选目之草稿，进行了遴选和增删。会议对明清部分的选目原则和标准进行了讨论，针对各馆的馆藏情况，对书目提出了删改意见。2007 年，国务院办公厅发布《关于进一步加强古籍保护工作的意见》，提出在"十一五"期间大力实施"中华古籍保护计划"。2017 年 1 月，中共中央办公厅、国务院办公厅印发了《关于实施中华优秀传统文化传承发展工程的意见》，指出要实施国家古籍保护工程，完善国家珍贵古籍名录和全国古籍重点保护单位评定制度，加强中华文化典籍整理编纂出版工作。2007 年和 2008 年，古籍整理与文献保护专业委员会先后召开了"全国图书馆古籍工作会议"，意在强调古籍的科学保护、合理利用，促进图书馆古籍工作的和谐发展。古籍整理与文献保护专业委员会曾在全国范围开展文献保护现状的问卷调查。经过调研发现，古籍整理与文献保护工作中存在的三个主要问题：修复人员不足且后继乏人、修复用纸缺乏、多数图书馆的文献修复工作无法展开。对有关问题的发现和呼吁，对于主管部门出台相应的政策起到了重要的促进作用。2014 年 10 月 11 日，在中国图书馆年会第 20 分会场，古籍整理与文献保护专业委员会举办了"中华优秀传统文化专业论坛"，邀请复旦大学图书馆馆长陈思和、中山大学图书馆馆长程焕文及委员会专家就国家古籍保护中心起草的《图书馆古籍工作者倡议书》进行讨论。专家对宣言给予了高度肯定，号召不仅是图书馆古籍工作者，全社会都加入古籍保护的队伍中。最后，全体举手通过并宣读倡议书。

十一　地方文献工作

地方文献是我国文化遗产的重要组成部分，收集、保存、整理地方文献并提供使用是图书馆的工作之一。为了更好地开展地方文献工作，提升地方文献理论研究者和业务队伍的能力，有效推动学科发展，学会在学术研究委员会专门设立"地方文献研究专业委员会"，并就此专题开展了系列活动。

1998 年 5 月，举行"地方文献理论与实践研讨会"，对地方文献的概念、界定、性质、作用、价值、搜集与整理做了较深入的梳理。与会代表对地方文献工作与图书馆常规业务工作的关系及其差异，地方文献的形成和发展的地理、人文环境以及地方文献的开发利用等问题进行了研讨。

2004 年 6 月举行的"地方文献工作经验交流及学术研讨会"，对 49 个省、自治区、直辖市、计划单列市图书馆馆藏地方文献基本情况的调查结果进行了总结和分析，最终形成专题报告，为决策和制定科学发展规划提供依据，为工作规范化标准化和理论研究提供参考。在以"21 世纪地方文献工作发展研究"为主题的"2006 年地方文献工作学术研讨会"上，学术研究委员会主任吴慰慈在专题报告中提出了重视地方文献的开发研究、加强信息技术的应用、加强地方文献专业队伍的建设、加强与台港澳地区以及国际范围内的学术交流和重视地方文献学学科建设等多项建议。"2008 年全国地方文献工作学术研讨会"，研究并讨论了地方文献工作的现状和存在的问题，探讨了如何在构建公共文化服务体系中对地方文献进行收藏保护、整理研究和资源服务，探讨了地方文献工作走数字化、网络化、社会化和特色化的发展道路。

2012 年 5 月，地方文献研究专业委员会主办的全国首届"地方文献研究与工作业务骨干研讨班"在开封市河南大学举办，来自全国各省市图书馆的 80 多位专家与代表参加。研讨班邀请地方文献专委会 6 位委员分别作了专题报告，并举行学术交流沙龙活动，各位委员与参会代表就地方文献的搜集、整理、开发、利用等实际工作及地方文献学科体系的建设等问题展开了交流与讨论，以便更好地促进今后图书馆地方文献工作的新发展。2016 年 8 月，地方文献研究专业委员会联合湖南图书馆主办的"全国公共图书馆地方文献工作与数据库建设研讨会"在湖南省长沙市召开。来自全国图书馆界和相关业界的专家学者，各省、自治区、直辖市、市、县公共图书馆、高校图书馆代表 300 余人参加。会议围绕加强地方文献工作，搭建地方文献交流平台，充分发挥地方文献研究专业委员会的学术组织作用，总结地方文献工作和研究的相关经验和成果，以及地方文献数据库建设等方面作出了积极的探索。

十二　基层图书馆建设与服务

社区与乡镇等基层图书馆，作为最贴近广大人民群众的社会教育场所，其地位和作用是不言而喻的。然而，一度以来，全国大部分社区乡镇图书馆都是有建无用，造成文化资源的极大浪费，也成为制约我国图书馆事业全面发展的瓶颈。学会曾在学术研究委员会下设社区与乡镇图书馆专业委员会；2015 年，第九届理事会统筹考虑分支机构设置，新成立了公共图书馆分会，并专门设立"基层图书馆工作委员会"，同时在阅读推广委员会设立"社区与乡村阅读推广专业委员会"，体现了对社区与乡镇基层图书馆事业发展的重视。

从 2001 年起，学会及社区与乡镇图书馆专业委员会连续举办了十三届"中国社区乡镇图书馆发展战略研讨会"。第一届研讨会着眼于在新世纪加强公共图书馆建设尤其是逐步完善公共图书馆设施网点建设，解决为 8 亿农民服务的问题，并讨论了《21 世纪乡镇图书馆宣言（征求意见稿）》，要求注重沿海地区乡镇图书馆21 世纪的发展战略。从第二届起，研讨会突破区域限制，涉及全国范围的乡镇图书馆。第二届研讨会围绕"中国特色的社区乡镇图书馆发展模式"等 7 个议题进行了深入研讨。代表们认为，社区与乡镇图书馆事业亟待发展提高，政府应该重视社区与乡镇图书馆，并加大投入，社区与乡镇图书馆应该发挥党与群众联系的桥梁和纽带作用。第三届和第四届研讨会重点探讨了在现有条件下如何加快社区乡镇图书馆的建设与保持可持续发展。第四届研讨会之后，汇集出版了《发展中的社区乡镇图书馆》论文集。第五届和第六届研讨会，针对社区与乡镇图书馆的建设以及在营造和谐社会中的作用等问题进行了讨论。第五届研讨会前还结集出版了题为《润物细无声——社区乡镇图书馆与和谐社会》的论文集。第七届研讨会对中小型公共图书馆的建设及其在构建图书馆均等化服务和文献资源共享中的作用进行了探讨。第八届和第九届研讨会重点讨论了基层图书馆的合作及创新服务与可持续发展的问题。第十届至第十三届研讨会分别以"基层图书馆：服务创新与文献资源共享""图书馆：文化传承·阅读·服务""图书馆知识服务与阅读推广""图书馆员与社会发展创新"等为主题进行深入交流和研讨，为基层图书馆工作者搭建了一个有效的学术研究和交流的平台。

历届研讨会的召开均得到全国各地各级各类图书馆的积极响应和参与，为社区乡镇图书馆的建设和发展提出了很多好的意见与建议，积极推动了我国基层图书馆事业发展。

十三　少数民族图书馆发展

我国是一个多民族国家，少数民族图书馆已达 600 余个，成为我国图书馆事业的重要组成部分。学会在学术研究委员会中专门设立"少数民族图书馆专业委员会"，针对少数民族图书馆的特点及不同时期遇到的发展问题，组织各种研讨会，借此推动少数民族地区图书馆事业的研究和发展。

1983 年 7 月，学会会同文化部图书馆事业管理局和民族文化司、国家民委文化司等联合召开了"全国少数民族地区图书馆工作座谈会"，来自全国 13 个省、自治区、直辖市 18 个民族近百名代表共商加快民族地区图书馆事业建设的大计，这是首次涉及全国少数民族地区民族图书馆的大会。1985 年 8 月的"全国少数民族地区图书馆工作和学术讨论会"，着重研究了如何进一步落实 1983 年全国少数民族地区图书馆工作座谈会的精神。1990 年 4 月召开的"全国少数民族地区图书馆研讨会"，对少数民族地区图书馆的现状、开发少数民族地区图书馆的馆藏资源、走联合开发的道路等问题进行了研讨。

此后，举办"全国民族地区图书馆学术研讨会"形成了一种机制，主要围绕民族地区图书馆的现代化建设、民族地区图书馆的发展与创新、民族文献资源开发和共建共享、民族文献资源数字化、特色馆藏建设、民族古籍整理及保护以及人才培养等问题展开探讨，成为深受各族代表信赖和喜爱的高端学术研讨会。2016 年 10 月，"第十四次全国民族地区图书馆学术研讨会"在湖北省恩施土家族苗族自治州举行，由学术研究委员会少数民族图书馆专业委员会、民族文化宫、中国民族图书馆联合主办，主题是

"地方特色数字资源库建设与服务研究"，各位民族图书馆界专家学者结合工作实际、研究专长做了专题学术报告，专题学术报告主要包括"民族图书馆文献资源建设与服务"和"地方特色数字资源库建设与研究"。

十四　少年儿童图书馆及图书馆未成年人服务

作为培养广大少年儿童道德品质和文化知识的重要社会教育阵地，少年儿童图书馆受到党和国家的高度重视，各级政府采取许多切实可行的措施促进少年儿童图书馆事业发展。少年儿童图书馆作为中国图书馆事业的重要组成部分，也深受学会的关注和重视，并积极推动少年儿童图书馆及图书馆未成年人服务的相关研讨。学会在学术研究委员会专门设立针对少年儿童图书馆工作的研究组（后称：少年儿童图书馆专业委员会、未成年人图书馆服务专业委员会），并持续开展了形式多样的系列研究和交流活动，明确少儿图书馆在公共事业改革中的地位与作用，推动少儿图书馆工作者更新观念、解放思想、与时俱进，满足广大少儿读者的不同需求，保障少儿图书馆在社会经济发展中发挥重要的作用，使人、社会与自然和谐共生。2016 年，进一步设立未成年人图书馆分会，成为学会分支机构。

从 1982 年起，学会分别与文化部图书馆司、地方学会共同举办了多次全国性、地方性的少儿图书馆工作会议或研讨会，围绕少儿图书馆事业发展的理论与实践进行讨论或展开研讨。学会还举办了多次专题研讨会，就编目工作、馆藏建设、少儿图书馆管理等领域进行深入探讨，有些研讨会还将优秀论文集结出版。

1989 年，在学会的推动下，"华北、东北、西北地区少年儿童图书馆工作协作委员会""华东地区少年儿童图书馆工作协作委员会""中南、西南地区少年儿童图书馆工作协作委员会"相继成立。它们分别举行了各类理论研讨会、工作经验交流会，主题主要包括"儿童图书馆如何适应我国市场经济体制的建立""改革开放大潮中儿童图书馆如何适应与发展""儿童图书馆的未来"等。1998 年和 1999 年，少年儿童图书馆专业委员会受文化部社文图司的委托，承办了"全国少年儿童图书馆工作研讨会"和"全国少儿图书馆工作理论与实践研讨会"。

进入 21 世纪，少儿图书馆工作研究继续保持着强劲势头，其中举办了不少重要的研讨会。2004 年 5 月举行的"全国少年儿童图书馆建设理论研讨会",旨在深入学习和贯彻《中共中央国务院关于加强和改进未成年人思想道德建设的若干意见》,加强对少年儿童图书馆建设的理论研究,推动全国少儿图书馆事业发展。2008 年举行的"全国少年儿童图书馆研讨会",就少年儿童图书馆事业发展与业务工作研究、少年儿童阅读状况分析与阅读指导探究、和谐社会与图书馆建设等专题展开研讨。与会者提出县市级图书馆应将少儿读者服务纳入重点工作范畴、全国的少儿图书馆和中小学图书馆应联手开展少儿读书活动等倡议。

2011 年国务院颁布了《中国儿童发展纲要（2011～2020 年)》,国家和社会对我国少年儿童图书馆事业发展提出了更高的要求。学会依托未成年人图书馆服务专业委员会这一平台凝聚全国少年儿童图书馆力量,将全国少儿图书馆建设以及未成年人服务的学术研究推向新的高潮。自 2012 年在中国图书馆年会期间举办"儿童优先与公共图书馆服务"分会场后,连续几年在年会期间推出相关主题的学术会议,分别举办了"儿童最大利益原则与公共图书馆"（2013 年)、"阅读的起点——儿童与图画书论坛"（2014 年)、"中国原创图画书的未来"（2015 年)、"童书同享　铜陵同行"（2016 年）的学术分会场。

综上所述,仅是以专题形式日常开展的研讨和交流,其实很多主题在历届中国图书馆年会主题论坛和学术分会场中也有较多涉略。总之,学会通过大型、中小型或综合性、专题性等各个层次、各类规模的学术交流平台为我国图书馆界专家、学者和图书馆工作者提供优质的学术交流机会,加强学术建设,促进学科发展,推动学术繁荣,进而实现我国图书馆事业整体协调发展。

| 第五章 |

学会事业发展：阅读推广

第一节　科普阅读

中国图书馆学会以积极的姿态参加中国科协举办的各项科普阅读活动和专题科普研究项目，借助中国科协年会等平台，利用新技术和新媒体，充分发挥图书馆文献资源的优势，科普阅读推广工作开展得卓有成效。自2001 年开始，学会组织各级各类图书馆参加中国科协举办的科普宣传活动，发挥组织优势、人才优势和动员优势，面向社会公众宣传图书馆的性质、社会功能和服务方式，大力开展科普阅读推广工作。近年来，围绕社会公众关切的社会热点开展科普活动，推进科普信息化建设，丰富科普内容、创新表达形式、拓展信息渠道，不断提高科普阅读的实效性，扩大覆盖面。在中国科协组织开展的全国学会年度科普工作考核中，学会多次荣获"全国学会科普工作优秀单位"荣誉称号。

一　"科技活动周"专题活动

科技活动周是中国政府于 2001 年批准设立的大规模群众性科学技术活动。根据国务院批复，每年 5 月第三周为"科技活动周"，由科技部会同中宣部、中国科协等 19 个部门和单位组成科技活动周组委会，同期在全国范围内组织实施。中国图书馆学会参加由中国科协等部委联合于 2001 年 5 月举行的首届"科技活动周"活动，以"数字图书馆在你身边"为主题向公众进行了科普宣传和咨询活动。

此后，学会充分发挥图书馆文献资源优势和阵地服务优势，策划开展各类活动。2009 年，主办了"09 湿地中国行"、"少儿科普作品成果暨建国六十年优秀少儿科普图书展"和"院士专家校园行"少儿科普讲座等科普活动；举办了"《全民科学素质行动计划纲要》科普展"11 场、科普讲座 62 场，成为科普活动的一支颇具特色的生力军。

为进一步普及科学知识，弘扬科学精神，提高公众科学素质，促进青少年通过数字阅读培养阅读兴趣，在 2013 年"科技周"及"六一"儿童节期间，学会联合国家图书馆少年儿童馆合作举办"乐享科技，体验新阅读"活动。通过展览展示和现场互动活动等多种形式宣传科普知识及新媒体阅读方式，总计 2000 余人参与活动。2014 年，与国家图书馆少年儿童馆又合作举办专题活动，主题为"阅读新媒体，圆梦新生活"，宣传"防雾霾"，通过展览展示、新媒体阅读现场互动活动、宣传册派发等多种形式，使小读者们在活动和交流中接受知识普及，以此提高青少年专题知识水平、阅读能力和应用能力。

2015 年"科技周"期间，学会联合国家图书馆在国家典籍博物馆举办"网络书香 数字阅读"主题活动。本次活动突出"大力弘扬和培育创新精神，营造良好的创新文化氛围"和"推动《全民科学素质行动计划纲要》实施，突出五个重点人群"的科普要求。通过体验区的设置，借助新技术和新应用，大力推广针对不同群体的数字图书馆科普阅读服务。

二 "全国科普日"专题活动

全国科普日始创于 2003 年 6 月 29 日，在《中华人民共和国科学技术普及法》正式颁布实施一周年之际，为掀起宣传贯彻落实科普法的热潮，中国科协在全国范围内开展了一系列科普活动。自此，中国科协每年都组织全国学会和地方科协开展科普日活动。从 2005 年起，为便于广大群众、学生更好地参与活动，活动日期由原来的 6 月改为每年 9 月第三个公休日，作为全国科普日活动集中开展的时间。

从 2004 年起，学会每年参加中国科协组织的"全国科普日"宣传活动。当年，围绕中国科协"科学普及——你我共参与"主题，开展了科普展览、现场专家咨询、发放宣传材料、专题报告、有奖知识竞答等形式多样的科普活动。现场还举行了"我最喜爱的一本书"活动颁奖仪式，并组织各出版社领导和编辑进行座谈，承办了"北京 2004 国际科教电影电视展映研讨会"分会场，放映科教影视片 8 部。

2005 年 9 月，承办了以"梳理科学发展观，共建和谐社会"为主题的"全国科普日"的分会场宣传活动，与 17 个行业学（协）会、研究会的会员一道在现场解答咨询，开展了"我身边的最严重浪费现象"公众投票评点活动，举行了"解读科学发展观"入选作品的赠书仪式，北京市 5 家社区图书馆接受赠书。2006 年，与 20 家图书馆联手以"图书馆：现代生活的第二起居室——健康生活　快乐阅读"为主题设立了第 18 号展位，设计"阅读养生堂""心灵按摩室""阅读保健站""阅读兴趣园""阅读推荐台"五个板块向观众展示，并向观众赠送《现代阅读》期刊、网上阅读卡、信息溯源光盘、阅读纪念章、书签、"解读科学发展观推荐书目"、"知识工程推荐书目"等。同时，接受中国科协捐赠的 1000 册《未来世界的 100 种变化》，并转赠 420 家图书馆。

在 2007 中国科协年会期间，学会与《建筑创作》杂志社、湖北省科学技术协会和湖北省科技馆承办，湖北省图书馆和武汉市图书馆协办了"公共科普场馆生态环保节能巡礼"，在北京参加了全国科普日主会场活动。活动中，向 400 人发放"公共科普场馆公众调查问卷"，赠送读书卡1000 张。

2008 年，参加中国科协科普日分会场活动，举办了"科学发展观——生态、环境展览"、"节能环保展览"和"平安奥运——地球灾害防治科普展览"并在全国巡展。在学会的倡议和推动下，各地图书馆围绕"全国科普日"纷纷举行活动。

2010 年全国科普日北京主场活动在中国科学院奥运村科技园举办。在中国科协的领导和支持下，学会参加了此次科普日北京分会场的活动，以"坚持科学发展，走进低碳生活"为主题，宣传低碳经济和低碳生活在图书馆的理念，在科普日主场活动中进行成果展示和互动体验。通过展览和资料发放、有奖竞猜等活动，传达了"人人讲低碳、处处有低碳、时时要低碳"的低碳理念，激发公众低碳意识，启迪公众的创新思维，收效甚佳。

2011 年全国科普日北京主场活动在奥林匹克公园中心区内国家体育馆东侧广场举行。学会参与其中,设立展台,以"全民数字阅读——国家数字图书馆推广宣传"为主题,通过展板、现场互动、宣传册及小礼品派发等多种形式为观众展示国家数字图书馆的建设成果;举办专题展览"国家数字图书馆介绍",观众利用展区提供的计算机、数字电视、移动终端、触摸屏等真实体验国家数字图书馆。本次活动总计约 6000 人次参与,发放资料万余份。

2012 年科普日全国学会专家咨询活动在中国科技馆举行。学会筹备并参与了此次活动,以"食品与健康舆情监测"为主题,通过展板、现场互动、宣传册及宣传品派发等多种形式让观众在各种互动项目中领悟不同领域的科学知识,在感受科学的同时提高了对食品与健康知识的认知能力和应用能力。

近年来,学会全面贯彻中国科协《全民科学素质行动计划纲要》,积极组织、协调全国各级各类图书馆,通过科普展览、科技竞赛等活动形式,将全民阅读与全民科普紧密结合,发挥图书馆在全民科普中的独特作用。同时,充分发挥分支机构——阅读推广委员会的作用,打造品牌项目,把图书馆建设成全民科普阅读的主阵地。

三 "中国科协年会"专题活动

在"中国科协 2005 年学术年会"第 32 分会场,学会主办了以"和谐社会中的图书馆"为主题的研讨会。会前,组织学术征文、发起面向西部地区图书馆的"西部论坛"以及赠书活动。会上,学术研究委员会常务副主任李国新作了题为"和谐社会中的图书馆:均衡、协调、可持续发展"的主旨报告,反映了我国县级图书馆,特别是贫困地区县级图书馆所面临的困境,《中国青年报》对此作了头版报道,后被全国多家媒体转载。会议讨论并通过了《西部公共图书馆"乌鲁木齐共识"》。在有关媒体推动下,开展了一场全国范围内关注县级图书馆建设的大讨论并得到中央有关领导的重视。李长春、陈至立指示有关部门"要创新思路,关注我国县级图书馆建设"。文化部随即组织力量开展调研和商讨,草拟了《贫困地区图书馆援助计划》。

从 2006 年起，年会由综合性、跨学科、开放性的学术年会转型为大科普、综合交叉、为举办地服务的综合性科协年会。当年，学会主持了以"科学技术普及与提高全民科学素质"为主题的第五分会场会议，中国青少年科技辅导员协会、中国地理学会、中国科学探险协会和中国自然科学博物馆协会的 150 多位代表莅会。北京大学信息管理系教授白化文作了"敦煌学的发展与科学"的报告；中国科学院植物研究所研究员陈佐忠讲授了"满怀热情，实事求是，普及生态科学"的生态保护和环境科普知识课；中国科学院新疆地理研究所研究员夏训诚作了"罗布泊科学探险考察研究"的演讲；中国青少年科技辅导员协会副理事长李燕祥作了有关环境科普和科技教育的报告。在学会召开的以"信息素养与创新能力"为主题的专题讨论上，南开大学信息资源管理系主任柯平、北京大学信息管理系教授王锦贵、浙江大学信息资源管理系主任叶鹰分别作了题为"科学阅读观与青少年创新素养培育""国民科学文化素质教育""信息素养与科技创新"的专题报告。

学会在 2007 年中国科协年会上，举办了主题为"图书馆建设与节能环保"的第十二分会场和"公共科普场馆生态环保节能巡礼"展览；在 2008 年中国科协年会上，举办了"节能减排科普"展览和"保护生态，保护环境"展览，并配合展览向观众发放网上阅读卡。

四 "绿色阅读"主题活动

为了贯彻落实《全民科学素质行动计划纲要》精神，配合中国科协"节约能源资源、保护生态环境、保障安全健康"主题，学会于 2007 年 7 月主办了"绿色阅读"主题科普活动，以"绿色阅读、节能环保、健康和谐"为主题，宣传节约环保和健康共享的阅读新理念。"绿色阅读"活动共分为"阅读推荐"、"阅读接力"、"阅读创意"和"阅读健康"四个模块。"阅读推荐"是以收集知名人士、科学家、文学家、学者的荐书寄语为主，并将汇集后的成果以巡展的形式在各图书馆推广；"阅读接力"则以各个图书馆为中心，在流动图书车上设"接力阅读箱"，鼓励少年儿童把自己读过的书籍捐出，放入阅读箱进行传递，从而体现节能环保的新的读书理念；"阅读创意"通过征集少年儿童的创意图画来表现儿童丰富的想象空间，尤其是少年儿童对2008年奥运会的畅想；"阅读健康"则是宣传一种健康有益的阅读方式，通过搜集相关素材的一些小知识、小建议和小窍门形成一种健康阅读的良好习惯。

首都图书馆、武汉市少年儿童图书馆、武汉图书馆少儿部、白银市白银区少年儿童图书馆、广州少年儿童图书馆、兰州市图书馆少儿部、厦门市少年儿童图书馆、北京市西城区图书馆少儿部、北京市西城区青少年儿童图书馆、北京市石景山区少年儿童图书馆、北京市崇文区图书馆少儿部、苏州图书馆少儿部、北海市少年儿童图书馆等参加了活动。学会在40辆公交车上布置了9种共1040块配有"全民阅读"标识的主题宣传牌，展示"绿色阅读"主题和活动内容，把绿色阅读的理念送入广大公众的生活。

自此，倡导绿色阅读理念成为学会有关阅读推广活动的重要内容，这与我国新时代的五大发展理念也深度契合。

五 "读书知化学"主题活动

作为中国科协所属的全国交叉学科学会，中国图书馆学会紧跟科协步伐，落实科协部署，与兄弟学会优势互补，积极合作策划科普项目，通过项目实施实现科学普及和阅读推广的目的。2011年正值国际化学年，作为国际化学年全球活动有机组成部分的"国际化学年在中国"活动，由一系列多层次、多形式的活动组成。中国图书馆学会结合行业特点策划了"读书知化学"科普阅读推广项目，成功获得中国科协支持，并将其列入主题活动的重要内容。通过该项目的实施，进一步加强全社会对化学的认识和利用，引导读者的文化消费，为科学普及做出贡献。

开展过程中，国际化学年——"读书知化学"活动是由中国科协指导，中国图书馆学会牵头，中国化学会、中国科普作家协会联合推出的图书评审、推荐和推广活动。评选范围包括由国家出版行政管理部门批准成立的出版机构在国内正式出版、公开发行（包括限国内发行）的汉文版化学类大众读物，评选出的图书要求在传播先进文化、提高全民素质、普及科学文化知识方面有突出的贡献，并且能够反映时代面貌和人民大众的审美情趣。活动由中国科协、中国图书馆学会、中国化学会和中国科普作家协会联合推荐的评审委员组成评委会，本着公开、公平、公正的原则，经过五次筛选和两次评审会，从千余本书中评选出 16 本推荐图书。在"4·23"世界读书日期间，活动推出官方网站"中国数字科技馆——读书知化学"专题，推荐书目选出之后，通过各类媒体进行宣传，并进行大规模推广，促进化学科普知识在社会公众中的传播。

6 月 25 日，国际化学年在中国——"读书·实践·知化学"全国青少年暑期科普活动在中国科技馆启动，百余名中小学生参加了启动仪式。之后，中国图书馆学会通过展览的形式在湖南、重庆、广西、佛山、北京、金陵、深圳、山东等地进行巡展，总计受众约 16000 人次，发放资料万余份。为让更多的化学爱好者参与其中，活动邀请读者、网友在线推荐化学科普读物，并撰写读后感，组织"读书知化学"主题征文比赛等。

六　科普阅读推广机制探索

图书馆行业拥有的丰富的馆藏文献信息资源和专业化的阅读指导水平，成为中国图书馆学会开展科普阅读推广和研究以及与有关行业和机构加强合作的强大优势，同时在更加广阔的平台上将全国各个行业的科普与自身阅读推广优势进行深度融合，又促进了我国图书馆界科普阅读推广新机制的探索，实现了科普阅读内涵的扩充和科普阅读推广水平的提升。

2011 年，学会成功向中国科协申报科普资源活动包项目。具体而言，学会发挥行业优势，利用图书馆资源，搜集、整理、制作了一整套科普阅读展览。展览主要包括：传统节日展览——春节（27 块展板）；传统节日展览——元宵节（27 块展板）；传统节日展览——清明节（12 块展板）；传统节日展览——端午节（12 块展板）；传统节日展览——七夕节（12 块展板）；传统节日展览——中秋节（12 块展板）；传统节日展览——重阳节（12 块展板）等七个种类，共计 114 块展板，面向社会各界开放使用，特别是鼓励各级各类图书馆积极参与科普阅读推广工作。

同时，学会还参与中国科协其他科普项目和研究工作，包括协助科普教育基地申报工作，学会推荐福建省图书馆和湖南省少年儿童图书馆申报中国科协科普教育基地，并获成功；2013 年，发挥图书馆资源和专业研究优势，完成中国科协委托调研项目《美国、加拿大高校科普资源开发开放情况综述》和《近年新媒体联盟地平线报告博物馆版研究》，等等。

第二节　全民阅读

中国图书馆学会早在成立之初就认识到，通过推动全国图书馆界开展阅读推广活动以培养全民阅读习惯是一项重要使命，后来不断延伸基本职能，把全民阅读、普及公众科学文化知识纳入工作范畴。"七大"《章程》规定学会的主要任务包括"倡导全民阅读，促进知识的创新与传播，为提高国民科学文化素质、建设学习型社会发挥作用"。"九大"时将其中的"倡导"改为"推动"，两字的表述之差，更加凸显了学会对于全民阅读事业的态度和责任担当。《图书馆服务宣言》也作出郑重承诺：图书馆以促进全民阅读，为公民终身学习提供保障为职业目标和社会责任。可以说，学会一直以来把引导和服务"全民阅读"工作作为主要任务之一，为提高国民科学文化素质做出了应有的贡献。

多年来，中国图书馆学会积极响应中宣部、全国"知识工程"领导小组、文化部、新闻出版总署和中国科协等号召，协调全国图书馆界积极开展全民阅读活动并且成为全国性"全民阅读"活动年度计划的一个组成部分。学会挂靠单位——国家图书馆在政策、组织、物质等方面给予大力支持，各分支机构、地方学会和各级各类图书馆热烈响应，在各级党政部门的支持下，开展丰富多彩的全民阅读活动，成为全民阅读事业发展的主力军。

2004 年，学会制定了阅读推广的五年规划，即以图书馆为平台，宣传展示图书馆在构建阅读社会中的核心地位和作用，投身于全民共建书香家庭、书香校园、书香城市和书香社会的事业之中。每年设定全民阅读活动的主题和要点，并逐级传达到基层图书馆，使各个图书馆举办的活动丰富多彩、风格各异、彼此呼应、协同行动，形成全国一盘棋的格局。学会设立全民阅读活动"优秀组织奖"和"先进单位奖"等评选表彰机制，而后推出了"全民阅读基地"命名机制。多年来，发挥"世界读书日"的旗帜作用，通过阅读推广委员会引导特色活动的开展和表彰机制的激励，形成了全国各级各类图书馆共同倡导、共同参与的行业生态，在树立全社会的阅读风尚、建设学习型社会和中华民族精神家园的进程中，发挥了重要作用。由于在全民阅读工作中贡献突出，得到了政府、社会、业界和公众的充分肯定，并于2009年11月荣获中宣部和新闻出版总署授予的"全民阅读活动先进单位"光荣称号。

表5-1　2010~2017年发布的"全民阅读"工作主题

序号	年份	年度"全民阅读"工作主题
1	2011	读书，给人智慧，使人勇敢，让人温暖
2	2012	播撒阅读种子　构建公共文化
3	2013	知识给人力量　阅读引领未来
4	2014	阅读，请到图书馆
5	2015	阅读的力量
6	2016	阅读，从图书馆出发
7	2017	悦读，在路上

一　开展品牌阅读活动

1. "全民读书月"活动

1997年1月，中央宣传部等9部委联合发出《关于在全国组织实施"知识工程"的通知》，提出实施"倡导全民读书，建设阅读社会"的知识工程。为了配合中宣部等9部委发起的"知识工程"活动，文化部决定，从2003年起，在每年的12月举办"全民读书月"（也称全民阅读月）活动，委托中国图书馆学会组织实施。学会成立了以文化部副部长、理事长周和平为主任的"全民读书月"组织委员会，领导全民读书月活动。学会结合五四青年节、六一儿童节、国庆节等重要节日，利用"图书馆服务宣传周"、全国科普日、世界读书日等场合，开展全民阅读活动。活动源于首都北京，然后很快推向全国各地，掀起了轰轰烈烈的全民阅读的热潮。

2003年，学会向各地、各系统学会发出《2003年全民读书月活动的通知》，确定年度"全民读书月"活动主题为"享受阅读快乐，提高生命质量"，要求各地、各系统学会根据不同群体的需求和不同的地域条件，举办经常性的、丰富多彩的读书活动，为公众阅读创造条件并给予阅读指导。12 月，"全民读书月"启动仪式在国家图书馆隆重举行，文化部社文图司、国家图书馆、清华同方光盘有限公司、中国社会科学院民族文学研究所、北京大学信息管理系、北京邮电大学等单位的领导和有关专家学者共 200 余人出席。学会与清华同方光盘股份有限公司向甘肃省敦煌市图书馆等 8 个西部和贫困地区图书馆以及济南钢铁集团图书馆赠送了期刊、光盘和中小学教学辅导材料。在"书缘"系列讲座上，北京师范大学教授伍新春等学者应邀作了演讲。学会与中国社会科学院民族文学研究所合作举办了两场"格萨尔史诗"文化周专题讲座，增加公众对少数民族传统文化的认识。其间，举办了"1989 之后的柏林建筑"幻灯片展，吸引众多读者前来观看。从此，全民阅读活动成为我国图书馆界的一项常态性活动。

2. "世界读书日"活动

1995 年，联合国教科文组织确定每年的 4 月 23 日为"世界读书日"①，提出了"让世界上每一个角落的每一个人都能读到书"，让读书成为每个人日常生活不可或缺的一部分。

2004 年，学会在文化部等有关部门的支持下首次举办了"世界读书日"宣传活动。4 月 23 日，举办了隆重的"世界读书日"活动仪式，中国科协副主席王选和文化部原副部长吕志先共同为"全民阅读"徽标揭牌。由全国知识工程领导小组和文化部主办，学会和国家图书馆承办，北京科教图书馆协办的"倡导全民阅读·共建书香中国——4·23 世界读书日"大型宣传活动由此拉开序幕，社会各界人士近千人出席。全国知识工程领导小组成员、文化部领导以及联合国教科文组织驻京办事处文化官员高桥晓先后致辞。学会常务副理事长，国家图书馆副馆长詹福瑞宣读了"倡议书"，号召社会各界在 4 月 23 日走进图书馆，亲朋好友互赠图书，家家关闭电视机一个小时，共享阅读的快乐。全国文化资源共享工程向分中心单位赠送了阅读卡，著名词作家乔羽和节目主持人鞠萍分别向国家图书馆赠书。数百名来自高校、小学的师生和幼儿园的小朋友以及图书馆员们，与

---

① 又称为"世界读书与版权日"。

著名艺术家张家声、方明等一起，进行了精彩的"经典美文百人接力朗读会"。

学会通过《中国图书商报》、《中华读书报》和《父母必读》杂志社以及新浪网等媒体开展了"我最喜爱的一本书（适合 18 岁以下阅读）"评选活动。根据读者投票的结果，近 400 种图书获得票数推荐，《假如给我三天光明》一书位列榜首。适合 8 岁以下儿童阅读的作品中，作家郑春华的《大头儿子和小头爸爸》夺魁。10 月，学会组织各出版社向贫困地区图书馆捐赠库存图书，帮助贫困地区的县、乡镇图书馆（室）缓解藏书贫乏、购书经费短缺的困难，满足广大农民日益增长的文化需求。截至年底，收到价值近 20 万元的捐赠图书。

2005 年是"世界读书日"十周年。4 月 23 日，国家图书馆、中国图书馆学会、中国作家协会作家权益保障委员会、中国出版工作者协会、中国版权协会以及湖南卫视"播报多看点"栏目共同主办"世界读书日"阅读推广公益活动。本次活动的主题为"阅读丰富人生，共建和谐社会"，宣传语为"知识因传播而美丽"。学会设立"阅读推广贡献奖"，表彰香港实业家邵逸夫、香港书业著名人士石景宜、中国图书馆学会原秘书长刘德元、中国作家协会中华文学基金会、北京科教图书馆、金盾出版社等 10 个为图书馆事业做出贡献的社会机构、团体和个人。作家张抗抗、梁晓声和朗诵艺术家许文广与大、中、小学生一起进行了精彩的经典诵读。北京天时图书音像公司、万方数据股份有限公司、龙源期刊网和北京国都学术书店共捐赠了价值 350 万元的阅读卡和图书。与会领导和嘉宾一起来到国家图书馆二期工程工地，为工人宿舍的"春天漂流书"书架揭幕。

2006 年"世界读书日"，国家图书馆和学会与社会各界一道，举行了主题为"图书馆：公众的权益和选择——来吧，到这里读书"的大型公益活动，宣传图书馆在履行政府公共服务职能，保证公民自由、平等、免费获取各种文化信息，提高国民科学文化素质方面的重要作用，号召社会公众走进图书馆，亲近阅读，亲近图书。

为了更加广泛地宣传"世界读书日"，学会获得联合国教科文组织"世界读书日"徽标在中国的使用权。在"世界读书日"当天举行了联合国教科文组织"世界读书日"徽标的授权仪式，联合国教科文组织驻北京办事处代表青岛泰之将"世界读书日"徽标的光盘和授权书递交给学会副理事长陈力。学会将徽标使用权授予少年儿童图书馆专业委员会，上海少年儿童图书馆馆长劳丽达代表少年儿童图书馆专业委员会接受。少年儿童图书馆专业委员会决定于 2007 年联合开展未成年人阅读年活动，为全国少年儿童搭建一个全新的读书活动平台，让更多的孩子感受读书的快乐。国家图书馆和学会发出了"图书馆——读者的权益与选择"的倡议，建议图书馆坚持公益性原则，秉承"以人为本"的服务理念，保障读者公平、自由获取文献信息的权利；以开放的姿态，运用新技术不断提升图书馆的管理，为公众提供多元化服务。

同年 11 月，学会与中国出版工作者协会、光明日报社、中国青年报社、中国新闻出版报社、深圳市委宣传部等单位在深圳联合主办了"全国读书文化研讨会"，就全民阅读与和谐社会建设、把阅读作为一种文化现象进行研究和推动等问题进行了探讨，并一致通过了关于全民阅读的"深圳宣言"。

2007 年"世界读书日"来临之际，学会接受中国人民银行赠送的8000 余册由温家宝总理题写书名的《金融知识国民读本》，然后转赠给全国 2700 多个县级以上公共图书馆。学会与国家图书馆、中国残疾人联合会等单位合作举办了"倾听春天——2007 世界书香日经典诵读"活动。国家图书馆、中国残疾人联合会、中央人民广播电台、橡果国际、北京澳罗拉国际文化交流中心、北京市华圣书园等单位分别捐赠了盲人终身阅读卡、书籍和有声读物等，中国盲文出版社向国家图书馆赠送了出版的第一部盲文词典。

"世界读书日"当天，学会配合国家图书馆举办了第二届"国家图书馆文津图书奖"颁奖仪式，理事长、国家图书馆馆长詹福瑞等分别向获奖图书著者、译者以及出版社代表颁奖。在学会、国家图书馆以及中国科协国际部和科普部四个单位联合举办的"文津读书沙龙"上，获奖图书《未来世界的 100 种变化》的译者之一、留德博士刘百宁以"《未来世界的 100种变化》与'读书、求职、创业'"为题，介绍了科学技术发展将给未来世界带来的种种变化。学会向参加活动的公众发放了"全民阅读"徽章和"2006 年知识工程推荐书目"专刊。科普与阅读指导委员会与中国写作学会阅读学专业委员会、福建省阅读学会在福建省厦门市共同主办了"世界读书日在厦门：多元媒体时代的阅读问题"研讨会，与会代表就网络时代阅读的种种问题和对策进行了研讨。曾祥芹和徐雁分别在厦门城市职业学院和集美大学为学生们作了题为"人生进取与当代阅读"和"浅阅读还是深阅读？"的演讲。学会还为王余光主编的《书与阅读文库》和徐雁主编的《书里闲情》两套丛书举办了茶话品书会。

此外，首都图书馆、山东省图书馆、黑龙江省图书馆、云南省图书馆、陕西省图书馆、长春图书馆、扬州市图书馆、温州市图书馆、济南市图书馆学会、四川省广安市邓小平图书馆在"世界读书日"开展了讲座、捐书、展览等阅读宣传活动等。

2008 年"世界读书日"的主题是"图书馆：公民讲堂"，学会要求各地图书馆开展以"北京奥运知多少"和"我与改革开放 30 年"为主题的阅读活动。学会与中国建筑学会建筑师分会、《建筑创作》杂志社共同举办了"第一届中国建筑图书奖颁奖暨奥林匹克场馆建筑文化展"，展示了自 1896 年第一届雅典奥林匹克运动会至 2004 年雅典奥运会的城市建设与场馆文化的场景、北京奥运会"绿色奥运、科技奥运、人文奥运"三大理念所成就的崭新风貌，还举办了"天津·和平全国'读书'漫画赛"。各地图书馆纷纷紧扣奥运焦点，开展全民阅读活动。"世界读书日"当天，国家图书馆向基层图书馆赠送电子图书，举办"促进知识获取，倡导网络阅读"座谈会，以此带动和促进基层图书馆的建设与发展。首都图书馆发起了由各区县公共图书馆参加的北京市"唱响 2008"迎奥运大型朗诵比赛，吸引了近十万名市民参与。东莞图书馆推出了以"爱心传递奥运精神，知识开创美好明天"为主题的系列活动。攀枝花市启动了"喜迎奥运·全民阅读"惠民活动仪式。中国科学院国家科学图书馆、陕西省图书馆、温州市图书馆、深圳市图书馆、长春图书馆、鞍山市图书馆、黑龙江省图书馆、泉州市图书馆、自贡市图书馆、鸡西市图书馆、扬州市图书馆、常州市图书馆、绵阳市图书馆、锦州市图书馆、舟山市图书馆等开展了内容丰富、形式多样的阅读宣传活动。

2009 年，学会开展了以"让我们在阅读中一起成长"为主题的"世界读书日"活动。当天，温家宝总理亲临国家图书馆与读者面对面交谈，畅谈阅读体会，让广大读者感受到中央领导的关怀和阅读的魅力，同时也极大地鼓舞了倡导全民阅读的图书馆工作者。此前，温家宝就曾在新华网与网友的对话中提到，希望看到每个人在地铁上都能手里捧着一本书，也赞同设立读书节的提议。当天，还举行了经典美文朗诵，以唤起人们对阅读的渴望。国家图书馆广场布置了"阅读中国"体验、"国家图书馆文津图书奖"展示、"3G 时代图书馆"体验、"图书接力"和"建筑图书展"等五个活动区。其中，"阅读中国"活动介绍了以信息技术为依托的"阅读中国——当代文学作品（数字）推荐工程"；第二届"中国建筑图书奖"颁奖典礼暨"用图书镜像建筑——建国六十年中国建筑图书展"是一个重要的活动区，通过评选建筑图书奖和推荐书目，让更多更好的建筑作品受到普遍关注，培养公众对建筑的审美意识。此外，四川省图书馆、四川省图书馆学会、攀枝花市图书馆、泸州市图书馆、吴江市图书馆、连云港市图书馆、淮安市图书馆、盐城市图书馆、张家港市图书馆、长治市图书馆、大同市图书馆、湖南图书馆、青岛市图书馆、北京市西城区图书馆、北京市石景山区图书馆、海口经济学院图书馆、长春图书馆、西南交通大学图书馆、东莞图书馆、当阳市图书馆、金华市少年儿童图书馆、温州市图书馆、牡丹江市图书馆等举行了丰富多彩、形式活泼的讲座、展览、美文诵读和知识竞赛等，介绍图书馆服务、新书推荐等活动，产生了巨大的社会效应。

2010 年 4 月 23 日，为了迎接第 15 个"世界读书日"的到来，学会和国家图书馆古籍馆共同主办了"源远流长的中华典籍"大型广场活动。国家图书馆馆长周和平发表讲话，阐述了图书馆在全民阅读和建立学习型社会中的使命；中央民族大学教授王尧代表读书人致辞。广场排列大型方阵，很多儿童和青年参与其中，大家以经典诵读与艺术表演相结合的方式回味先哲创作的经典，体味书香中国的美好，激发全民阅读热情，共同庄严而生动地庆祝全世界读书人的节日。文艺表演和朗诵活动等演出环节由中央电视台著名节目主持人鞠萍主持。

当晚，中央电视台科教频道（CCTV－10）播出时长 45 分钟的世界读书日"2010·书香中国"特别节目，与全国的爱书人共同庆祝这个属于读书人的节日。节目由文化部、国家新闻出版总署和国家广电总局指导，由国家图书馆、中央电视台和国家新闻出版总署新闻出版管理司联合主办，由中国图书馆学会和中国数字图书馆有限责任公司协办。节目以"推动全民阅读，共建学习型社会"为宗旨，以"今天，你读了吗？"为口号，倡导大众阅读，讲述"中国人阅读故事"，通过各个场面呈现了中国人今天的阅读。这是中央电视台首次举办读书主题的大型特别节目，也实现了全国广大阅读推广人希望在更广范围内推广阅读的美好夙愿。

在开展全民阅读活动时，学会非常注重面向弱势群体策划组织阅读推广活动。2011 年 4 月 23 日，学会协办了"牵手残疾人 走进图书馆"活动，发出"图书馆促进信息资源公平获取"行动倡议书。中国残疾人联合会主席张海迪，国家图书馆馆长周和平，中国残疾人联合会党组副书记、常务副理事长王乃坤，文化部社会文化司巡视员刘小琴，中国盲人协会副主席、中国科学院教授杨佳等领导和来自北京市的残疾人读者代表、图书馆界代表近 200 人出席活动。

2012 年 4 月 22 日，为迎接第 17 个世界读书日，学会在全国职业学校范围内举办"我是 90 后，我爱阅读"演讲比赛，12 位同学获奖。2014 年 4 月 23 日世界读书日期间，学会联合国家开放大学（原中央广播电视大学）持续开展"手牵手——农村青少年阅读行动"，旨在以读书为载体，引领广大城乡青少年阅读农村、了解农村、热爱农村，为家乡的建设和发展贡献力量。活动依托各级电大和公共图书馆、少儿图书馆，在全国广泛、深入开展，充分发动广大农村青少年加入到全民阅读中来。

2015 年"世界读书日"期间，学会联合内蒙古图书馆学会、宁波市图书馆、广西壮族自治区图书馆等多家单位面向全国图书馆发布了《书香城市（县级）、书香社区标准指标体系》，为我国书香城市和书香社区的建设提供依据。该体系以阅读设施、阅读资源、阅读活动、阅读服务、阅读环境以及保障条件作为主要指标，考虑到我国地域广袤、区域经济发展和公共文化服务水平不平衡等因素，借鉴创建国家公共文化服务体系示范区的经验，将指标分成东部、中部、西部三个部分。后续几年，还依据该体系开展了书香城市和书香社区发现活动。

可见，学会牵头组织以全民阅读为主题的大型公益活动，得到了全国图书馆界和相关业界的积极响应和大力支持，使"世界读书日"活动在更大的范围展开并逐渐深入民心；每年提出的"全民阅读"工作主题各不相同，侧重点各异，但是所有的活动都是为了凸显图书馆服务的知识性、公益性及其在构建和谐社会、促进社会主义文化事业繁荣和发展中的作用。学会以及各地图书馆举办的活动大多被文化部和中国科协纳入当年中宣部的全国阅读活动计划中，从而提升了学会自身和我国图书馆界的社会影响力。

3. "中国文化风"系列活动

"中国文化风"系列活动是以浓郁的文化气息和形式活泼的特点开展的科普知识推广活动。2001~2005年，学会每年举办系列活动并持续数月，受到社会各界的欢迎，产生了较大的反响。

为了庆祝申奥成功，促进科学知识的普及，学会与国家图书馆于2001年合作举办了22场"夏季文化风"——中国文化系列讲座，社会各界著名人士和学者作专题演讲，吸引公众共同关注时事、关注文化、关注世界的发展。在2002年"中国文化风——与时俱进热线报告"系列活动期间，中国奥委会名誉主席何振梁、中央电视台著名主持人白岩松和水均益、国防大学教授张召忠等应邀作了"奥运与中国""主播2001年大事记引发的思考""战地记者看世界""军事高科技与现代战争"等四个专题报告，取得了良好的社会效益。

2004年的"中国文化风"形式呈现多样化。学会组织了外交官系列、儿童阅读系列和科学人文系列等三个系列讲座。外交官系列讲座中，特邀几位资深外交官以"联合国琐谈""我的外交使命""外交官的阅历"为题作了精彩讲演。外交官们将《资深外交官看世界》一书赠送给国家图书馆。5月，加拿大前外交官斯蒂夫·考夫曼应邀作了"语言家——我的语言探险之旅"的讲座，讲述了他本人学习语言的经历，并向国家图书馆赠送《语言家——我的语言探险之旅》一书。

儿童阅读系列中，特邀孙幼军、曹文轩、阿甲等著名儿童作家向孩子和家长们讲述了阅读、写作与成长的经历。孙幼军和阿甲分别将其新作《小布头新奇遇记》和《让孩子着迷的101本书》赠送给国家图书馆。

科学人文系列中，中国科学院院士何祚庥作了"以人为本与科学发展"的讲座。学会还推出了主题分别为"地球在呼唤""绿色生命""超越物质性"的三个科普展览，并在各地巡展。在学会与美国驻华使馆文化处合作举办的"多元化的美国社会"讲座上，美国霍华德大学 M. 弗雷泽应邀介绍了美国历史与社会文化，分析了美国多元社会的本质。

2005 年，举办了"中国文化风——建筑文化系列报告会"，邀请中国工程院院士、中国建筑学会副理事长马国馨作了题为"迈向新世纪的北京建筑"的报告；邀请德国建筑设计师 T. 米可作了题为"德国景观建筑及设计理念"的演讲。5~9 月，学会与中国科协科普部一起承办了由中国科协主办的征集推介"解读科学发展观"图书、期刊及音像作品的活动，共评出推介书目 160 种，其中书籍 106 种、期刊 46 种、音像制品 8 种。学会策划并推出了《解读科学发展观书刊推介书目》，在全国科普日活动当天正式向社会发布，同时在学会网站上登载。

4. "09 湿地中国行"读书活动

2009 年 4 月，为了落实中宣部等部委关于"全民阅读活动"的通知精神，庆祝中华人民共和国成立 60 周年，学会与中央广播电视大学共同主办"09 湿地中国行"全国性公益读书活动，并在北京举行了启动仪式。中宣部、文化部、中国科协、国家林业局等部门有关领导出席启动仪式并讲话，联合国环境规划署发来贺信，学会副理事长、科普与阅读指导委员会主任王余光和中央广播电视大学党委书记阮智勇分别作主旨讲话，黑龙江广播电视大学学生魏佳和宁夏银川第一高中学生王悦悦分别代表全国电大学生和全国中小学生以及各界青年发言。参加双向视频启动仪式的有中央电大和全国 44 所省级电大的校领导、图书馆和有关部门领导、教师和学生代表以及当地中小学师生代表等 2000 余人。

本次活动从 4 月 16 日开始持续到 11 月，通过湿地知识的普及宣传、阅读与考察湿地、湿地观感与环保三个阶段逐步开展大型图书推荐阅读、"环保"图书捐赠、绿色环保系列讲座、环保夏令营、读书征文、湿地行诗歌创作、书画摄影大赛等多种形式的活动，提高全社会对湿地这一重要地球自然生态系统的认识，达到提高全民族特别是青少年的生态环保意识和普及生态环保知识的目的。活动以发动全国电大师生为主，同时组织中小学师生及社会青年广泛参与，据统计全国参与达 300 多万人次。中央广播电视大学出版社、中央广播电视大学音像出版社、中央广播电视大学杂志社、北京晃田文化发展有限公司和全国各级各类图书馆参与了活动的协办。

二 设立专门工作机构

2005 年 7 月，中国图书馆学会在广西桂林召开第七次全国会员代表大会，宣布成立科普与阅读指导委员会。2006 年"世界读书日"期间，中国图书馆学会科普与阅读指导委员会成立会在东莞图书馆召开。委员会由学会副理事长、北京大学信息管理系主任王余光担任主任，副主任由深圳图书馆馆长吴晞和武汉大学图书馆文理分馆馆长黄鹏担任。委员会下设专家委员会和阅读文化研究委员会（主任王龙）、推荐书目委员会（主任邱冠华）、家庭藏书读书委员会（主任徐雁）、图书馆与社会阅读委员会（主任李东来）、媒体与社会阅读委员会（主任周金龙）等五个专业委员会，邀请白化文先生、曾祥芹先生、朱永新先生等担任专家委员会成员。委员实行聘任制，经过提名，最终来自图书馆界、学术界、出版界以及相关行业的 86 人成为科普与阅读指导委员会第一届委员。

在成立会上，郑州大学崔慕岳代表专家委员会作了专题发言，建议中国图书馆学会与中国阅读学研究会、教育部文化素质教育指导委员会开展合作，共同推进全民阅读活动。会议通过了《中国图书馆学会科普与阅读指导委员会组织规则》及"工作思路"两份报告。委员会决定在年会上组织全民阅读分会场，开设阅读网站、创办《今日阅读》会刊、开展阅读的学术研究等工作，为"全民阅读"的推广提供强有力的组织保障。学会通过委员会实施强有力的组织领导，发挥行业优势，整合业界资源，调动社会资源，形成了行业联动、社会互动的良好局面，促进了图书馆服务工作和全民阅读活动的深入开展。

2007 年，委员会主编《书与阅读文库》丛书第一辑（共 9 册）：《爱上阅读》《影响中国历史的 30 本书》《小小读书郎》《青春好读书》《读书人家》《畅销书风貌》《中国名著导读》《古书楼寻踪》和译著《书·阅读》。2008 年，委员会推出丛书《中国阅读报告》，该丛书（第一辑）包括《耕读传家》《书香社会》《爱书人的世界》三册。委员会与中国阅读学研究会、建设书香校园研讨会等组织共同发起了"共建书香校园倡议书"，提出树立享受阅读、一生以书香为伴的理念；营造"书香校园"环境，形成"人人爱读书，以读书育人"的读书氛围。委员会根据不同学龄段的学生的需要，把课外阅读引入语文课堂，加强对学生读书活动的指导；充实学校图书馆、阅览室等读书交流平台；建立电子阅览室，拓展阅读空间，提出小学生每天不少于 10 分钟、初中生不少于 15 分钟、高中生不少于 20 分钟用于阅读，还动员家长与孩子同读一本书，共同分享阅读的乐趣。此外，还发出倡议书，建议把每年的 4 月 23 日（世界读书日）和 9 月 28 日（孔子诞辰）作为"校园读书日"，将 9 月 28 日定为国家读书日等。2009 年，委员会创办了《今日阅读》杂志，为促进全民阅读的研究，探讨与全民阅读相关问题提供了交流的园地，有利于把握方向，促进普及，推动全民阅读活动向广度和深度发展。

"八大"以后，科普与阅读指导委员会更名为阅读推广委员会，从事阅读活动的策划、组织和实施工作。2009 年 9 月 27 ~ 29 日，中国图书馆学会阅读推广委员会成立大会在苏州图书馆举办。新一届阅读推广委员会主任由深圳图书馆馆长吴晞担任，副主任由东莞图书馆馆长李东来、苏州图书馆馆长邱冠华、首都图书馆副馆长陈坚、南京大学教授徐雁和武汉大学文理馆馆长黄鹏担任。委员会下设阅读文化研究委员会、推荐书目委员会、藏书文化研究委员会、图书馆与社会阅读委员会、媒体与阅读委员会、青少年阅读推广委员会、大学生阅读推广委员会、经典阅读推广委员会、网络与数字阅读委员会、阅读与心理健康委员会、图书评论委员会、图书馆讲坛推广委员会、社区与乡村阅读委员会、图书馆与科学普及阅读委员会和残疾人阅读专业委员会等 15 个内设机构。

第九届理事会成立后，阅读推广委员会仍作为中国图书馆学会 17 个分支机构中重要的工作机构予以保留，秘书处挂靠在东莞图书馆，东莞图书馆馆长李东来担任主任。同时，学会统筹规划分支机构设置工作，根据阅读推广事业发展实际对阅读推广委员会的内设机构进行调整，由 15 个增加至 21 个，分别是：阅读文化研究专业委员会、推荐书目专业委员会、藏书与阅读推广专业委员会、图书馆与社会阅读专业委员会、阅读与出版专业委员会、儿童与青少年阅读推广专业委员会、大学生阅读推广专业委员会、经典阅读推广专业委员会、数字阅读推广专业委员会、阅读与心理健康专业委员会、图书评论与阅读推广专业委员会、图书馆讲坛与培训专业委员会、社区与乡村阅读推广专业委员会、科普阅读推广专业委员会、残疾人阅读专业委员会、阅读推广理论研究专业委员会、民族文献阅读推广专业委员会、阅读史研究专业委员会、图书馆与家庭阅读专业委员会、图书馆展览与文创专业委员会、新媒体阅读推广专业委员会。

2016 年 4 月 20～21 日，新一届阅读推广委员会成立大会暨第十届"全民阅读论坛"在东莞举办。东莞市人大常委会副主任尹景辉致欢迎词，学会副理事长，中山大学校长助理、图书馆馆长程焕文宣读了《中国图书馆学会关于成立第九届理事会阅读推广委员会的批复》并讲话。会议正式宣布中国图书馆学会第九届理事会阅读推广委员会成立，并为阅读推广委员会副主任颁发了聘书。

三　推荐书目与赠书计划

1. 知识工程推荐书目

推荐书目和实施赠书计划，是为了落实中央宣传部等 11 部委联合发出的《关于开展全民阅读活动的倡议书》指示精神，把优秀出版物推荐给公众，从而引导公众的阅读。编制、推广知识工程推荐书目也是中国图书馆学会的一项重要工作。2003 年，在与中国扶贫基金会等机构共同发起的"向贫困地区教育事业捐赠扶贫书库项目"首批"扶贫项目基础书目 1000种"专家论证会上，专家们认为所选书目总体上符合县级公共图书馆的基本藏书需求，具有自然科学和社会科学各领域涵盖的广泛性，适合城镇公众阅读。专家们建议根据各地不同特点、经济发展情况和实际需要配送图书，做到既有实用性又有针对性。

2004 年，经文化部全国知识工程领导小组办公室批准，学会与《中国文化报》共同实施了知识工程——中华全民读书书目推荐活动，全国 148家出版单位的 1450 种图书参加了申报。经过全国政协委员、作家王蒙等专家学者组成的评荐委员会评选，共有 112 家出版单位的 273 种图书被评为"知识工程推荐书目"，并获得了"2004 年知识工程推荐书目"的专用标识和入选证书。此后从 2005 年至 2007 年，学会连续推出了年度"知识工程推荐书目"，多个省市图书馆和新华书店设立了"知识工程推荐书目"

专架。

2. 中国建筑图书奖及推荐书目

2008 年，中国图书馆学会、中国建筑师分会、BIAD 传媒《建筑创作》杂志社共同举办了"中国建筑图书奖"评选活动。首届评奖产生了第一届中国建筑图书奖 10 种图书，同时公布了面向不同层面和群体的三类推荐书目，《梅县三村》等 68 种（套）图书入选向全国图书馆推荐书目，《建筑理论》等 26 种（套）图书入选向专业院校师生、学者和建筑设计院专业人士推荐书目，《一代宗师梁思成》等 8 种（套）图书入选向青少年推荐书目。

2009 年"世界读书日"期间，第二届中国建筑图书奖揭晓，获奖图书 10 种，向全国图书馆界及广大公众、青少年和专业人士推荐图书 150 余种。"中国建筑图书奖"在建筑师与图书之间、公众与建筑图书之间架设起了桥梁，同时将中国建筑学术与文化推向了世界。通过建筑作品、建筑文化（含文化遗产）、建筑人物、建筑事件等寻找中国建筑文化的根基和振兴之路，为建筑图书树立起中国精神。建筑图书奖的评选还有利于指导各级各类图书馆的馆藏建设，促进传播建筑文化，引领和推广全民阅读。

3. "全民阅读"赠书计划

学会于 2007 年 10 月启动"'全民阅读'赠书计划"，2008 年是实施"'全民阅读'赠书计划"的第一年，与《新华书目报》合作，募集了 11 家出版社共 40 万码洋的新书，在年会开幕式上赠送给重庆市基层图书馆。此后，学会多次在关于开展年度"全民阅读"工作的通知中，倡导开展"全民阅读"赠书计划，并联合中国出版集团公司、《新华书目报》等单位在年会期间向举办地的基层图书馆赠书，引起了强烈反响，取得了良好的社会效益。

2015 年，为倡导全民阅读，支持基层文化建设，学会与共青团中央中国光华科技基金会等单位联合发起"基层文化建设促进计划"，通过捐赠图书、开展相关文化活动等形式，提升各级图书馆（室）的服务能力，丰富贫困地区群众的精神文化生活，从而推动公共文化服务体系建设科学发展。经通知、申报和评选等各个环节，共有 10 家单位获得接受捐赠资格。8 月 28 日，"读书承载梦想、爱心传递希望"图书捐赠活动在北京举行。

学会副理事长刘小琴，团中央网络影视中心党组副书记、常务副主任、中国青年网总裁兼总编辑郝向宏，中国光华科技基金会副秘书长梁范栋等负责人出席活动，全国 10 所公共图书馆获赠 100 万码洋图书。此次接受捐赠的图书馆有：张家口市宣化区图书馆、庆阳市镇原县图书馆、威海市文登区图书馆、遵义市湄潭县图书馆、洛阳市新安县图书馆、伊犁察布查尔县图书馆、安庆市岳西县图书馆、抚州市黎川县图书馆、延安市志丹县图书馆、雅安市汉源县图书馆。该活动实际上与"全民阅读"赠书计划一脉相承，产生了较好的社会影响力。

四 全民阅读论坛

学会经过持续关注和研究后认为，当前社会的阅读现状还很不理想，阅读远没有成为公众特别是青少年日常生活的重要组成部分；数字阅读对传统的阅读方式构成了较大冲击，图书馆服务也由此面临前所未有的挑战和机遇。为此，学会通过科普与阅读指导委员会专门创设了全民阅读论坛，旨在对全民阅读中出现的诸多现象、存在的各种问题以及图书馆如何更好地应对等进行研讨并提出对策。

2007 年 4 月，由科普与阅读指导委员会与广东图书馆学会联合举办了第一届全民阅读论坛，主题为数字时代的阅读。会上，学会副理事长、委员会主任王余光对当前社会阅读的现状表示忧虑。他希望各级各类图书馆共同努力，为推进公众的阅读和引导全民阅读方向贡献一份力量。中山大学图书馆馆长程焕文、全国高等教育文献保障体系华东北地区中心办公室主任沈鸣、台湾政治大学图书资讯暨档案学研究所杨美华、台湾大学图书馆资讯学系暨研究所主任黄慕萱、武汉大学信息管理学院副院长王新才等专家，分别围绕数字对纸本和网络阅读、数字图书馆的普及与应用、世界各国的阅读运动、台湾地区的全民阅读、在线阅读与导读等主题进行了发言和分享。2008 年，在第二届全民阅读论坛暨阅读促进发展研讨会上，程焕文阐述了阅读对社会发展的重要性。河南人民出版社副编审杨卫民、浙江图书馆研究馆员陈天伦、西北农林科技大学研究馆员白君礼、东莞图书馆杨累和江南大学图书馆童润身分别作了"读者的大阅读——新媒体时代的大众新阅读观""探究图书馆阅读治疗的空间""读者书目推荐摭谈"

"东莞地区社会阅读的现状与对策""浅议图书流传与文化进步"等主题发言，从不同视角审视了图书流传对文化进步的重要意义，并就图书馆工作者如何推动公众阅读等问题进行了阐述。2009年，举行了第三届全民阅读论坛，主题为"图书馆与阅读推广"。在北京大学图书馆研究馆员姚伯岳主持下，与会者围绕南京大学教授徐雁的"关于重建书香社会的想法"、浙江省图书馆学会秘书长袁逸的"关于读好书的问题"、苏州图书馆馆长邱冠华介绍的"苏州模式"和东莞图书馆馆长李东来介绍的"东莞模式"展开了热烈讨论。

几年来，学会实行全面动员，重点指导，调动各级各类图书馆和各级学会的积极性，鼓励和支持基层图书馆，注意与中国作家协会等组织、企业和媒体联手，同时与德国等国的图书馆和文化机构合作，开展丰富多彩的阅读活动，在促进全民阅读事业中发挥了桥梁和纽带作用，产生了非常深远的社会影响。学会号召各级各类图书馆深入社会、深入基层、深入群众，为读者提供服务，重视老人、儿童、残障人、下岗工人、农民工等不同社会群体的文化需求，为构建和谐社会贡献了应有的力量。

2010年4月，第四届全民阅读论坛在深圳图书馆召开，100多位阅读推广委员会委员参加。论坛为委员们提供了一个交流的机会，推广先进经验，促进阅读事业，也成为全民阅读论坛的一个重要使命。7月26日，在中国图书馆学会年会上进行全民阅读颁奖。授予10个单位"全民阅读示范基地"称号，授予未成年人图书馆服务专业委员会"全国少年儿童阅读年特殊贡献奖"，授予6个单位"2009年全民阅读优秀组织奖"，授予36个单位"2009年全民阅读先进单位奖"，进一步完善了学会荣誉体系。

2011年5月，第五届全民阅读论坛在浙江省永康市图书馆举行。结合永康藏书文化的本地特色，论坛主题确定为"藏书益知　读书增慧"。永康当地各界群众参加了论坛，阅读推广委员会主任、深圳图书馆馆长吴晞，委员会副主任、南京大学教授徐雁，浙江省图书馆学会秘书长、阅读文化研究委员会副主任袁逸，永康市图书馆馆长徐关元分别作了《文明传承与图书馆藏书》《"文学好书"与"文学疗癒"》《读书声里是我家》《私人藏书与阅读推广》等主题报告。

2012年6月，阅读推广委员会2012年工作会议暨第六届全民阅读论坛在江苏省太仓市举行，来自全国各地公共图书馆、高校图书馆、出版机构、图书相关媒体、出版界等共 100 多名代表参加。太仓自古人文荟萃，教泽绵长，形成了独具风格的娄东文化。为保护与弘扬地方文化，本届论坛主题确定为"珍护地方文献，弘扬乡土文化"。

2013 年 9 月，阅读推广委员会 2013 年工作会议暨第七届全民阅读论坛在河南省郑州市召开，来自全国各地公共图书馆、高校图书馆、图书馆相关媒体等 150 多名代表参加，主题是"经典重读与书香未来"。为了让普通市民能品味阅读之趣、享受文化之乐，论坛面向社会公众开放，吸引了 300 余位读者到场参加。论坛邀请著名作家二月河，学会副理事长、北京大学教授王余光，阅读推广委员会副主任、南京大学教授徐雁，河南省高校图书情报工作委员会主任、郑州升达经贸管理学院院长崔慕岳等四位学者作了专题报告。

2014 年 5 月，第八届全民阅读论坛在山东省临沂市举办，主题为"弘扬沂蒙精神 传承阅读文化"。论坛邀请山东大学中文系教授、博士生导师、中国作家协会全国委员会荣誉委员马瑞芳，临沂市委党校副校长、教授柴鸥林，阅读推广委员会副主任、南京大学教授徐雁等三位专家，分别以《从聊斋志异到红楼梦》《弘扬沂蒙精神》《最是书香能致远——"全民分众阅读"与分类读物推广》等为题作了报告。

2015 年 6 月，第九届全民阅读论坛暨 2015 年阅读推广峰会在江苏省镇江市举办，论坛由文化部公共文化司、中国图书馆学会和镇江市人民政府指导，阅读推广委员会、江苏省图书馆学会和镇江市文化广电新闻出版局主办，镇江市图书馆承办，250 余位来自全国各地公共图书馆、高校图书馆的专业人士参加。论坛以"促进全民阅读，构建书香镇江"为主题，通过专家报告、业务讲座、代表交流互动和专题研讨等形式，助力业内外人士在战略上充分认识全民阅读的新常态，在战术上研讨阅读推广的新对策，并借此凝聚海内外同行的智慧，巩固全民阅读工作的已有成果，前瞻性地展望和规划未来全民阅读的推广图景。

论坛上，阅读推广委员会主任吴晞，北京大学教授王余光，台湾大学教授陈书梅，阅读推广委员会副主任、南京大学教授徐雁，阅读与心理健康委员会主任王波，台州市图书馆馆长毛旭，网络与数字阅读委员会副主任、上海图书馆副馆长刘炜，华南师范大学教授束漫，阅读推广委员会副主任邱冠华，镇江书文化史研究专家、镇江市图书馆学会理事长徐苏等专家分别以《图书馆阅读推广的若干热点问题》《图书馆阅读推广面临的几个问题》《阅读推广与馆员的专业成长》《分众阅读取向与分类读物推广》《高校图书馆阅读推广的现状、案例与思考》《调动整合社会资源，推动科普阅读推广工作》《阅读的未来与图书馆》《图书馆平等公正的服务》《阅读推广工作管理》《镇江的藏书传统与读书风气》等为题作了精彩的报告，重点探讨了"分众阅读"与分类读物推荐、阅读的未来与图书馆、阅读推广工作管理等问题。

2016 年 4 月，阅读推广委员会换届成立大会暨第十届全民阅读论坛在广东省东莞市举办，来自全国各地公共图书馆、高校图书馆专家、学者、专业人士 80 余人参加。论坛同时启动了"4·23"世界读书日系列活动——"悦读在路上"。论坛上，北京大学中文系教授陈平原作了题为"读书读图与读博"的讲座，来自全国各地的专家学者、学生代表、读者代表等 300 余人参加了讲座。

2017 年初，学会秘书处协同阅读推广委员会负责人以及活动承办地长沙市图书馆召开策划专题会议，将全民阅读论坛和阅读推广委员会工作会议以及学术论坛整合召开。4 月，"东亚文都·书香长沙"——中国图书馆第十一届全民阅读论坛系列活动在湖南省长沙市成功举办。本次活动由中国图书馆学会、湖南省新闻出版广电局、中共长沙市委员会、长沙市人民政府联合主办，中国图书馆学会阅读推广委员会、湖南省图书馆学会、中共长沙市委宣传部、长沙市文化广电新闻出版局共同承办。活动分为四个板块：阅读推广委员会 2017 年工作会议、中国图书馆第十一届全民阅读论坛、"扫码看书·百城共读"——2017 年数字阅读峰会以及分主题论坛等。

可见，随着各级党委、政府及文化主管部门和社会公众对全民阅读越来越重视，全民阅读论坛的影响力也持续增强，联合举办力量呈现多元化趋势，组织规格越来越高，参与人数越来越多，讨论的内容也越来越深入和丰富，尤其是学会不再"大戏独唱"，而是注重与举办地自有的全民阅读品牌进行深度融合，通过论坛为当地文化发展和书香社会建设服务，受到当地各级主管部门和社会公众的欢迎。鉴于此，自 2017 年开始，论坛不再仅仅是"中国图书馆学会全民阅读论坛",而是命名为"中国图书馆全民阅读论坛",而且办成了融入举办地特色文化的系列活动。

五 少年儿童阅读年

2009 年,根据中宣部、中央文明办、新闻出版总署、文化部《关于进一步推动全民阅读活动的通知》和全国知识工程领导小组办公室特别签发的《关于在全国开展全国少年儿童阅读年活动的通知》精神,为培养全国 3 亿多少年儿童良好的阅读习惯,学会依托未成年人图书馆服务专业委员会,联合全国少年儿童图书馆和部分公共图书馆于 2009 年 4 月至 2010 年 4 月在全国范围内开展了以"让我们在阅读中一起成长"为主题,以"少年强则中国强"为口号,服务少年儿童、家长、教师为主体的"全国少年儿童阅读年"系列活动。此项活动被中宣部列为"全民阅读"重点活动之一,起到了更好地加强未成年人思想道德教育,提高少年儿童科学文化素质,为保障全国少年儿童,特别是农村留守儿童和农民工子弟基本文化权益的作用。

2009 年 4 月 23 日,学会与天津市文化广播影视局在天津市少年儿童图书馆联合举办了"全国少年儿童阅读年活动启动仪式暨少年儿童阅读高层论坛",中宣部和主、承办单位有关领导出席,联合国教科文组织特别发来贺函。论坛邀请梅子涵、秦文君、王余光、卢勤、赵玫、徐升国以及德国专家 S. 曼采尔和 R. 埃尔斯特纳等国内外著名阅读推广专家学者出席仪式并作主题发言。

合肥市少年儿童图书馆建立并开通了全国少年儿童阅读年网站,自活动启动以来发布各类信息 300 余条,网站访问点击量超过 10 万次。一年来,合肥市少年儿童图书馆、湖南省少年儿童图书馆、广州少年儿童图书馆、上海市少儿图书馆、长春市少年儿童图书馆、武汉市少年儿童图书馆、重庆市少年儿童图书馆、大连市少儿图书馆、厦门市少年儿童图书馆等在天津、上海、重庆、武汉、大连、广州等城市举办了 12 项主旨活动、100 余项自创活动、3400 多场次阅读活动、400 多万未成年人参加,征集了数百万篇创意作品。活动启动式等被《人民日报》《光明日报》《中国文化报》《中国青年报》等全国各大主流媒体报道。

2010 年 4 月 23 日，由全国知识工程领导小组、中国图书馆学会、中共湖南省文明办、湖南省文化厅主办，未成年人图书馆服务专业委员会承办的"全国少年儿童阅读年"嘉年华活动在湖南省少年儿童图书馆举办。来自全国 30 个省市近 200 名图书馆专家学者齐集长沙，共赴一次未成年人阅读推广经验交流的盛会。湖南省文化厅党组副书记、副厅长周祥辉致欢迎词，文化部社会文化司巡视员刘小琴，学会副理事长、国家图书馆副馆长陈力出席活动并发表讲话。作为"全国少年儿童阅读年"系列活动的压轴大戏，活动通过精彩纷呈的图片展览、专业权威的成果发布、高屋建瓴的学术报告、激荡人心的颁奖典礼四部分，较好地展现了全国各地图书馆在激发未成年人读书热情和强化未成年人阅读习惯培养方面取得的骄人成绩。

活动中，陈力作了"关于我国儿童阅读问题的思考"讲座，学会副理事长、北京大学信息管理系主任王余光作了"时代变迁与儿童阅读"讲座，听众反响热烈。当日，阅读嘉年华颁奖典礼在湖南音乐厅举办，有关领导为荣获阅读推广奖的 39 个图书馆和荣获单项推广奖的 13 个图书馆颁发了奖牌和证书。同时，在全国范围内开展的少年儿童阅读调查成果也一并发布。此次阅读调查共发放问卷 194396 份，回收问卷 163267 份，回收率 83.99%，整合录入数据 151203 条，有效率 92.61%。此项成果将被列为专项课题研究，为今后未成年人阅读推广中重大决策的制定提供咨询服务。

就此形成全国联动后，2011～2012 年，全国各地少儿阅读推广活动如火如荼地开展起来。2012 年 11 月，党的十八大胜利召开。十八大报告提出要切实推进社会主义文化强国建设，丰富人民精神文化生活，开展全民阅读活动，普及科学知识，提高全民科学素养。《中国儿童发展纲要（2011～2020 年）》提出：培养儿童阅读习惯，增加阅读时间和阅读量。90% 以上的儿童每年至少阅读一本图书。要为儿童阅读图书创造条件。广泛开展图书阅读活动，鼓励和引导儿童主动读书。为进一步推动少年儿童阅读活动的开展，整合全国社会各界的儿童阅读推广力量，在广大少年儿童和青少年中形成"多读书、读好书"的良好社会风尚，学会联合国家图书馆以及全国各地公共图书馆、少年儿童图书馆和中小学图书馆共同组织开展了"2013 全国少年儿童阅读年"系列活动。活动将以"儿童阅读"为中心主题，各省级公共图书馆、少年儿童图书馆和各省图书馆学会坚持"儿童优先"和"儿童利益最大化"原则，加强活动的领导和协调，积极策划和组织适合少年儿童参与的讲座、展览、故事会、演讲、朗诵、表演等多种形式的阅读推广活动，同时各单位加强活动组织和宣传，保证本次活动取得了良好的社会效果。活动体现出以下几个特点。

一是主题明确，内涵丰富。各承办单位围绕"儿童阅读"精心策划了全国少年儿童主题征文比赛、少年儿童主题摄影比赛、全国少年儿童数字阅读推广月、全国中小学校园阅读季、全国家庭亲子阅读推广月、全国少年儿童科学素养问卷调查等 12 项主旨活动及 3500 余场次自办活动，直接服务了 400 多万少年儿童。这些活动贴近实际、形式活泼、内涵丰富，使少年儿童能够充分地参与其中、乐在其中，受到阅读的熏陶。

二是广泛动员，参与度高。本次活动得到了广大图书馆的积极响应，全国各地少年儿童图书馆、公共图书馆、中小学图书馆联合行动，按照统一策划、规范组织、总分结合、上下互动的组织原则开展活动。据不完全统计，参与活动的图书馆达到上百家。

三是组织有力，总分结合。各级领导高度重视，组织得力；各牵头馆尽职尽责，尽心筹划；其他馆积极参与的同时，又根据当地的实际情况，将与主旨活动的内容、形式相关的读者活动纳入，成为本次活动的自办活动，形成了既有总分结合又具地方特色的活动格局；如本次阅读年的主旨活动部分是由未成年人专委会负责统筹，湖南省少年儿童图书馆、合肥市少儿图书馆、天津市少儿图书馆、重庆市少儿图书馆等牵头承办，负责策划、组织实施以及协作协调，全国各少儿馆和公共馆的少儿部群起响应，使得本年度阅读年的活动办得有声有色。

四是学术研讨为主轴，多元化模式探究为辅助。少儿阅读年期间的主旨活动配有多元化辅助调研模式为学术研讨和未成年人阅读活动增光添色，通过数字化平台建设、书面和网络调查问卷形式进行全国范围调研等多元化模式进行调研探究和信息发布。专家组对提交的数据进行分析，归纳和汇总，适时发布，为学术研讨的筹备和未成年人阅读活动的提升提供了重要依据。如未成年人图书馆服务专业委员会承办的"未成年人科学素

养调查"活动，以网络调查的形式展开全国范围内的调研工作，该调查从
2013 年 9 月 20 日开始，至 12 月 20 日结束，24 个省市共约 11000 人参加
调研。又如"全国少年儿童阅读推广服务平台"的发布，平台整合推荐了
全国各类优秀的儿童阅读文献、专家资源和图书馆、出版社信息，集中发
布全国各地公共图书馆的少年儿童阅读活动信息，是我国第一个面向图书
馆即时使用的活动信息发布公共平台。再如由天津市少年儿童图书馆承办
的"全国少年儿童数字阅读推广月"活动，通过网上答题、网上阅卷、网
上讲评的形式组织网络知识竞赛，吸引了全国 40 余家图书馆 17000 余名少
年儿童参赛，以网络平台的模式有效提高了少儿信息素养和阅读检索技
能，培养了其良好的数字阅读习惯。

五是影响力大，效果显著。广泛调动社会力量参与，注重媒体报道和
企业支持。越来越多地借力政府，邀请到文化局、教育局、团委、少工
委、文明办等有关部门作为活动的支持单位，进一步扩大社会影响，加强
宣传力度。中央及各省区市主流媒体报道百余次。

2014 年 4 月 28～29 日，为贯彻落实十八届三中全会精神，促进全民
阅读的深入持续开展，给少年儿童创造良好的阅读条件及阅读环境，由学
会主办、国家图书馆少年儿童馆承办、丰子恺儿童图画书奖组委会协办的
"2014 全国少年儿童阅读年"活动启动仪式暨"全国图书馆员绘本讲读高
级研修班"在国家图书馆文津堂举办，来自全国图书馆界、出版界、教育
界的专家学者及少年儿童代表 200 余人参加活动。4 月 28 日，伴随着三色
幼儿园小朋友们精彩的绘本朗诵，启动仪式正式开始。仪式上，发布了
2014 年全国未成年人服务工作安排。最后，可爱的小读者们上台，共同启
动了"2014 全国少年儿童阅读年"系列活动。"2014 全国少年儿童阅读
年"系列活动是全国公共图书馆系统贯彻落实《中国儿童发展纲要》的重
要举措。活动以"绘本阅读——开启美丽人生"为主题，陆续开展了儿童
图画书原创作品征集、全国优秀图画书展会、图书馆员图画书讲读大赛、
经典图画书阅读推广月、第三届丰子恺原创获奖图画书巡讲会、2014 少年
儿童阅读年表彰总结会等 15 项儿童阅读推广和交流活动。

2015 年 3 月 26～27 日，为传承和弘扬中华优秀传统文化，加强少
年儿童传统美德教育，进一步推广少年儿童经典阅读，给少年儿童创造

良好的阅读条件和阅读环境，从而更好地在全国图书馆界和广大读者及社会公众中进行全民阅读理念普及和宣传推广，由学会和国家图书馆主办，未成年人图书馆服务专业委员会承办，天津市少年儿童图书馆协办的"2015全国少年儿童阅读年"系列活动启动仪式暨全国图书馆少年儿童经典阅读推广培训班在天津市少年儿童图书馆举办，来自全国图书馆界、出版界、教育界的专家学者和工作者及少年儿童代表300余人参加了活动。启动仪式上，天津市实验小学的同学们首先进行了精彩的《我有祖国　我有母语》朗诵，随后进行了少儿古筝与书法表演，伴随着书法作品《2015全国少年儿童阅读年系列活动》的书作完成，启动仪式正式开始。发布了"2015全国少年儿童阅读年"系列活动全年工作安排。随后，与会领导、嘉宾和学员共同参观了展览。本次活动以"经典阅读——弘扬优秀传统文化"为主题，安排了"我给孩子讲故事"大赛、全国"亲子绘本阅读推广月"活动、全国少年儿童"寻找最美读书故事"征文大赛、用声音传播经典——全国少年儿童中华经典讲读大赛、"中国传统节日"图书馆未成年人服务案例征集评选活动、全国少年儿童绘本创作大赛、全国少年儿童"我的藏书票"设计大赛、全国少年儿童名著新编短剧大赛、连艺芬芳——中华连环画史话暨优秀获奖作品展、阅读让梦启航：少儿阅读与社会责任——2015全国少儿阅读峰会、全国"我爱我家"书香家庭阅读微视频大赛、2015全国少年儿童经典阅读绘画大赛等15项丰富多彩的主旨活动。

2016年，为了更好地在全国范围内开展少儿阅读推广，中国图书馆学会第九届理事会在规划分支机构设置时，专门将原未成年人图书馆服务专业委员会升格为未成年人图书馆分会。4月28日，未成年人图书馆分会首次承办了"2016全国少年儿童阅读年"系列活动，启动仪式在天津市少年儿童图书馆举办，来自全国图书馆界、出版界、教育界的专家学者及少年儿童代表近200人参加。著名连环画艺术家王永扬、青年画家李云中分别就《连环画：一座艺术长廊》《连环画：一座知识宝库，一座教育殿堂——讲述经典故事，展现中华气魄！》为题进行了精彩讲演。本次活动以纪念中国共产党成立95周年和红军长征胜利80周年为契机，以"红色记忆——优良传统代代相传"为主题，安排了12个大项、14 个子活动，分为连环画展览与讲座，少年儿童"故事达人"大赛，少年儿童数字阅读活动大赛，少年儿童经典讲读、诵读大赛，少年儿童经典阅读书法、绘画大赛，"我的藏书票"设计大赛，亲子阅读推广月等环节。活动历时半年多，覆盖了 15 个省份 455 家图书馆，直接参与活动的少年儿童累计达到 21.3 万人次，共收到相关作品 10135 件，媒体报道共 512 次。

2017 年 4 月 12 日，"2017 全国少年儿童阅读年"系列活动启动仪式在湖南省株洲市举办。此次活动由学会主办，未成年人图书馆分会、湖南省少年儿童图书馆和株洲市图书馆承办，启动仪式上介绍了"全国少年儿童阅读年"的背景和意义，发布了"2017 全国少年儿童阅读年"系列活动的安排。40 名小学生通过情景剧表演的方式展现了 2017 年的各项活动。最后，参加启动仪式的领导通过微信扫描二维码的方式，带领全场观众共同启动了"2017 全国少年儿童阅读年"系列活动。启动仪式后，著名儿童文学作家、上海师范大学教授、中国儿童阅读推广的奠基人梅子涵老师作了题为《儿童文学是简单文学吗?》的主旨演讲，用平实却十分具有感染力的语言讲述了儿童文学及儿童阅读推广的重要性。

本次活动以"儿童阅读与仁爱、礼仪、诚信"为主题，通过绘本、图画、征文、表演、数字阅读等多种形式和载体在儿童读者中宣传中华优秀传统文化和美德，传播社会主义核心价值观，积极引导儿童讲仁爱、懂礼仪、守诚信，关注儿童的精神与心灵成长，旨在增强儿童对我国优秀传统文化的参与感、获得感和认同感，形成向上向善的社会风尚。具体而言，除了往年的延续活动，还策划了许多新的活动，如全国"最美亲子共读时光"图文征集活动、全国少年儿童创意书签设计大赛、全国少年儿童"图画书故事衣"创作大赛、"优礼·我行"全国少年儿童礼仪故事大赛、"我听·我读——2017 年全国少儿读者朗诵大赛"、全国少年儿童美德故事大赛、"家乡文化我传承"——全国少年儿童传统艺术表演大赛、全国少年儿童"讲仁爱·促诚信·知礼仪·承家风"征文比赛以及"童心喜阅"——残健共读案例征集活动、全国图书馆青少年信息素养调研、全国公共图书馆婴幼儿阅读服务情况调研等活动。

第三节　阅读推广专题项目

近年来，学会在倡导开展全民阅读，举办品牌活动，设立专门工作机构和探索阅读推广新机制的同时，还与国家图书馆联合策划举办了阅读推广系列项目和活动，主要包括数字图书馆建设与服务、古籍保护、民国时期文献保护、未成年人服务等多个专题，活动以省份为单位开展以点带面式的宣传推广，通过覆盖全国各级各类图书馆，进而辐射到更为广泛的空间，惠及广大社会公众，起到了很好的宣传推广效果。

一　"网络书香·数字图书馆建设与服务"宣传推广项目

2011 年 5 月，文化部和财政部决定开始实施"数字图书馆推广工程"，旨在构建以国家数字图书馆为中心、以各级数字图书馆为节点、覆盖全国的数字图书馆虚拟网，建设分级分布式数字图书馆资源库群，在全国范围内形成有效的数字资源保障体系，以互联网、移动通信网、广电网为通道，借助各级公共图书馆和手机、数字电视、移动电视等新兴媒体，向公众提供多层次、多样化、专业化的数字图书馆服务，从整体上提升全国公共图书馆服务能力。"数字图书馆推广工程"建成以后，读者能够通过庞大的虚拟网，在任何一个节点享用整个文化资源库的资源。

为了推动数字阅读的推广，2012 年，学会首次与国家图书馆合作组织数字图书馆推广工程在全国范围的宣传推广活动，该项目最初以体验区和讲座的模式推动，经过多次专家策划会，并广泛听取业界需求，于 2013 年将项目名称正式命名为"网络书香·数字图书馆建设与服务"宣传推广项目，实现模式定为专题培训和数字图书馆体验区相结合，既使从事数字图书馆建设与服务具体工作的人员得到专业知识的提升，又使社会公众亲身体验数字图书馆带来的便捷服务，切实感受到公共文化服务的公益性、基本性、均等性和便利性。

自 2013 年起至 2017 年，"网络书香·数字图书馆建设与服务"宣传推广项目主要以展览展示、数字体验和学术交流相结合的方式开展。先后完成了安徽站、四川站、江苏站、重庆站、河南站、宁夏站、江西站、浙江站、吉林站、云南站、广西站、新疆站、山东站、黑龙江站和湖南站，覆盖了各级公共图书馆、部分高校图书馆，对有关馆长及业务骨干进行培训，据统计图书馆业界参与达到 3100 人。

其中，数字图书馆展览体验区，通过液晶屏、平板电脑、手机等多媒体形式使与会代表及参观的公众亲身感受到数字图书馆推广工程为各级各类图书馆及读者提供的最新数字服务。体验区重点凸显数字图书馆的高新技术元素，对数字图书馆推广工程近年来的成果进行集中展示，既有"动静结合"的新媒体展示，又有各种多媒体终端设备互动体验，将数字资源挂接多样化媒体终端，竭力打造新媒体环境下的体验式数字图书馆智慧服务站。社会公众可以多位一体地了解国家数字图书馆建设情况，零距离访问海量的特色数字资源。

二 全国古籍保护系列宣传推广项目

2014 年，学会首次与国家古籍保护中心合作举办"中华古籍保护计划"成果宣传推广活动。年初，为更好地在全国图书馆界和广大社会公众中进行古籍保护的理念普及和宣传推广，国家图书馆（国家古籍保护中心）和学会决定联合各省、自治区、直辖市文化厅（局）于 6 月 14 日"中国文化遗产日"前夕开展"中华古籍保护计划"成果宣传推广活动。本次宣传推广活动采取省级公共图书馆（省级古籍保护中心）和省级图书馆学（协）会联合申办机制。经过申办和评选，安徽、江苏、北京、广东、重庆、河北、福建、陕西、山西、广西等 10 个省级公共图书馆（省级古籍保护中心）和省级图书馆学（协）会的申报方案入选，获准共同开展本次宣传推广活动。

活动主要由"中华古籍保护计划"成果展、古籍保护讲座、古籍修复技艺展示等读者活动和省内宣传推广等系列内容组成。中华古籍保护计划成果展由国家古籍保护中心统一构思、策划和设计，各承办单位在本馆读者流量较为集中的场所组织展览，并在本馆网站组织线上展览。展览通过展板展示了文字演变之美、古籍形制沿革、中华古籍保护计划、古籍普查成果、古籍保护成果、古籍保护知识以及古籍的现代功用等，内容丰富活泼，贴近公众生活。古籍保护讲座和读者活动由各承办单位策划和组织，邀请在古籍保护或传统文化传承方面有一定知名度的专家主讲，并开展古籍修复技艺现场演示与体验等丰富多彩的读者活动，提高社会公众对古籍的了解和对古籍保护的重视。与此同时，各承办单位还组织了本省范围内约5家地市级图书馆进行巡展，并配合其他相关活动，进一步提升本次宣传推广活动的影响力。

2015年初，为更好地在全国图书馆界、广大读者及社会公众中进行古籍保护的理念普及和宣传推广，突出我国古籍保护工作的重要意义，培育公众的古籍保护意识，传承中华优秀传统文化，同时加强图书馆工作者之间的联系，国家古籍保护中心和学会联合推出"我与中华古籍"摄影大赛活动，定格感动瞬间，展现古籍魅力。本次摄影大赛，各级各类图书馆及相关行业摄影爱好者和关注古籍保护工作的大众通过大赛官方报名平台共提交作品2803张，经过初评和终评，最终选出专业组和大众组获奖作品。

为更好地展示"中华古籍保护计划"、国家古籍保护中心开展的各项工作和取得的成果以及摄影大赛获奖作品的风采，国家古籍保护中心、中国图书馆学会和中国古籍保护协会联合各省、自治区、直辖市文化厅（局）于6月13日"文化遗产日"前后开展2015年"我与中华古籍"摄影大赛优秀摄影作品巡展活动。2015年6月11日，"我与中华古籍"摄影大赛优秀摄影作品巡展在河北省图书馆启动，同时在30多个省份开展，内容包括摄影展览、古籍保护讲座、古籍修复技艺展示等读者活动。"我与中华古籍"摄影大赛优秀摄影作品巡展活动是2014年中华古籍保护计划成果宣传推广活动的延伸，活动的成功实施，进一步丰富了社会公众的古籍知识，在全社会提升古籍保护理念，进而推动我国古籍保护工作全面发展，让"古籍中的文字活起来"。

2016年，学会与国家古籍保护中心联合开展"我与中华古籍"创客大赛。该项赛事于3月15日正式启动，共分为创意元素征集和大赛两个主环节。大赛共设置平面创意、产品创意、多媒体创意和其他创意等四个竞赛单元，来自全国各级各类图书馆的工作人员、各高校设计院系的师生和文创企业的专业设计师向大赛提交了设计作品。设计人员围绕各古籍收藏机构的经典古籍元素，衍生出服装、灯具、文具、餐具、玩具等文化创意产品，作品题材多样，创意妙笔生花。大赛体现了古典文化与创客精神完美的结合，是古籍"活化"的重要实践活动。本项赛事辐射图书馆界、收藏界、创意设计界等多个领域，参与广泛，这在全国图书馆界尚属首次，对于各地图书馆开展后续文化创意活动具有一定的引领作用。大赛征集了来自全国各级各类古籍收藏机构典藏的古籍创作元素 1000 余件，全国各地创客围绕创作元素进行自由创作，赛期共收到参赛作品 300 余件套。

6 月 11 日，在我国第 11 个文化遗产日之际，学会协同国家古籍保护中心联合主办的"创客@图书馆——'我与中华古籍'创客大赛"全国巡展正式拉开帷幕，巡展活动陆续在福建、广东、天津、江西、新疆、海南、陕西、辽宁、江苏、河北、内蒙古、安徽、吉林等地 100 多家图书馆展出。展览由"图书馆与创客空间""图书馆与古籍元素""古籍元素与创意设计"三个展示单元组成，展览呼应了本届文化遗产日主题"让文化遗产融入现代生活"，体现了古籍保护宣传推广工作在新时期的方向。巡展是"我与中华古籍"创客大赛活动的一个重要组成部分，遴选了大赛部分优秀作品在全国巡展，展览诠释了古籍如何融入当代人的精神生活和物质生活，有效地拉近中华古籍与公众间的距离，加深了公众对古籍的认识和理解，对于培育公众的古籍保护意识，传承中华优秀传统文化具有重要意义。年会期间，向获奖个人和优秀组织单位颁发了证书，并展出了获奖作品。此外，还开展了国家珍贵古籍系列讲座活动，组建包括国家珍贵古籍研究方向的著名学者和从事图书馆古籍研究的中青年骨干在内的专家队伍，在全国 24 个地区开展了面向社会公众的 38 场专题讲座。

国家珍贵古籍系列讲座题目有"国图四大专藏与古籍保护传承""陈清华藏书中的国宝故事""寻觅西夏珍贵古籍""《高昌馆课》史话""中医珍贵典籍与养生""雕版印刷的瑰宝——介绍三件早期雕版印刷典籍""敦煌遗书中的国宝故事""李渔的文化经典和自在人生""从四欧宝笈到镇馆之宝——上海图书馆藏《化度寺塔铭》""天禄琳琅——乾隆的藏书""破窗风雨拥书眠——绛云书厄与保护""国宝《神策军碑》传奇""唐五代敦煌文献的修复""无价宝传奇——唐女郎鱼玄机诗集的鉴藏史"等，深受广大读者的欢迎。

三 "民国时期文献保护计划"宣传推广项目

民国时期文献作为记录和反映民国时期社会现实的重要载体，不仅有鲜明的时代特征，更具备较高的文献价值和历史价值。然而，因特殊的历史环境和岁月的流逝，民国时期文献普遍出现了老化或损毁现象，抢救和保护民国文献迫在眉睫。2012 年，国家图书馆牵头启动了"民国时期文献保护计划"项目，几年来联合国内相关文献收藏单位在民国时期文献普查、海外文献征集和文献整理出版等方面取得了丰硕成果。为加强民国时期文献保护工作宣传，推动保护工作的进一步开展，学会自 2014 年起与国家图书馆联合举办"民国时期文献保护计划"宣传推广项目。

根据计划，宣传推广项目每年在全国举办 3 站，活动包括"民国时期文献保护计划"成果展与民国时期文献保护工作专题培训班和面向公众的讲座等内容。"民国时期文献保护计划"成果展由 28 块展板组成，并配有电子触摸屏、DVD 播放器和"民国时期文献保护计划"成果出版物和宣传品。DVD 播放器播放由国家图书馆拍摄的《东京审判》等内容。

2014 年 6 月，由文化部公共文化司指导，国家图书馆、中国图书馆学会、安徽省文化厅主办，安徽省图书馆、安徽省图书馆学会承办的"民国时期文献保护计划"宣传推广活动启动仪式在安徽省图书馆隆重举行。来自安徽省图书馆界的专家学者以及民国时期文献保护工作培训班学员 60 余人共同参加了活动。活动结束后，"民国时期文献保护计划"成果展在安徽省内进行巡展，同时在安徽省图书馆学会网站举行线上展览。

之后，该项目先后在四川省、广东省、江苏省、贵州省、广西壮族自治区、吉林省、辽宁省、黑龙江省、重庆市、宁夏回族自治区、云南省等地开展，所辖地区的各级各类图书馆民国文献从业人员积极参与。该项目为各地民国时期文献保护工作搭建了良好的展示、交流和互动平台，也进一步强化了公众对民国文献的保护意识，促进了民国文献保护理念的普及和专门人才的培养，提升了民国时期文献保护工作的能力和水平。

第六章

学会事业发展：行业协调与指导

中国图书馆学会虽名为学会，但作为图书馆界唯一一家全国性的社会组织，自成立以来实际上也很好地承担和发挥了行业协调与指导的职能。从本质上说，学会承担的行业协调与指导职能源于其《章程》的有关规定。例如，现行《章程》第二章中对学会业务范围进行了列举式规定，"（五）尊重会员的劳动和创造，维护会员和图书馆工作者的合法权益，反映他们的意见和呼声，举办为会员服务的事业和活动，促进学术道德建设和学风建设"；"（七）为国家文化、教育、科技发展战略、政策和经济建设中的重大决策，以及我国图书馆事业的法规政策的制定提供咨询服务，推进决策的科学化、民主化"；"（八）开展对会员和图书馆工作者的继续教育和职业培训工作"；"（十）积极承接政府转移职能，积极参与政府向社会组织购买服务项目，促进图书馆事业社会化发展"，学会开展的有关工作都在履行这一职能。

具体而言，在开展有关工作时，由理事会和常务理事会做出决定和决议，各地学会和各分支机构根据实际情况对所辖区域和行业系统以及有关会员进行业务指导和行业动员，从而实现整体行业的协调和发展。长期以来，学会通过新年峰会、百县馆长论坛、数字图书馆建设与服务联席会议、公共图书馆评估、志愿者行动、全国图书馆未成年人服务提升计划、"阅读推广人"培育行动等具体活动和工作，逐步建立行业协同发展机制，开展决策咨询，承接政府转移职能，加强行业管理和行业自律，为事业发展培养专门人才，非常具体地实现了行业协调与指导职能，取得了丰硕的成果，深得广大会员和图书馆工作者的认同和拥护，受到了全国图书馆界的广泛支持和赞誉，也得到了业务主管单位中国科协和中宣部、文化部等主管部门的积极评价。

随着新时代的来临和新业态的催生以及中国科协所属全国学会有序承接政府转移职能和改革工作的不断深化，这一职能显得越来越重要。尤其是党的十九大之后，我国通过并开始施行了第一部《公共图书馆法》，其中第十一条明确规定"公共图书馆行业组织应当依法制定行业规范，加强行业自律，维护会员合法权益，指导、督促会员提高服务质量"。这一规定既是对学会长期开展的行业协调与指导工作的肯定，也在法律层面上对这一职能赋予了新的内涵，提出了新的更高的要求。

第一节　行业管理与决策咨询

学会拥有智力密集、人才荟萃、联系广泛等优势，这为较好地开展行业管理与决策咨询提供了坚实的保障。早在1996年，应中宣部政策法规研究室要求，学会就组织专家学者举行座谈会，围绕当时图书馆的发展状况、面临的主要困难和问题、进一步扶植国家图书馆和地方图书馆需要的政策优惠、图书馆的社会效益与经济效益之间的关系以及提高社会效益的主要途径等问题进行讨论，进而予以概况总结，提供给中宣部领导决策参考。

进入21世纪，学会遵循"七大"《章程》"争取政府授权或委托，参与图书馆业务活动中的相关标准、规范和准则等的制定，及其执行情况的评价与鉴定；参与图书馆员职业资格认证制度的研究与实施"的规定，参与图书馆专业领域的项目评审、行业规范与标准制定、为政府有关部委提供决策咨询服务，同时在行业自律与协调行业资源共享以及代表全行业向政府部门建言献策等方面做出了显著成绩。

一　制定贯彻《中国图书馆员职业道德准则》

为切实贯彻党的十六大精神，加强图书馆员职业道德建设，学会制定了《中国图书馆员职业道德准则（试行）》，并经六届四次理事会表决通过，于2002年11月正式公布试行。学会要求全国图书馆界把贯彻《中国图书馆员职业道德准则（试行）》与履行图书馆所承担的社会职能、提高图书馆的服务质量和服务水平紧密结合起来，服务读者，奉献社会。《中国图书馆员职业道德准则（试行）》的制定和执行，填补了我国图书馆界的一项空白，为图书馆事业规范化发展做出了积极贡献。同时，学会加强行业自律管理，高度重视并倡导科学道德与学风建设，制定了学术活动管理方面的专门规定，不但在中国图书馆年会征文等重大学术活动中引入学术不端检测机制，而且明确规定了有关学术成果评奖的比例和流程等，为行业积极健康发展奠定了基础。

二　制定发布《图书馆服务宣言》

2008 年，学会制定《图书馆服务宣言》，并经七届四次理事会审议通过，在当年年会上发布。《图书馆服务宣言》提出，图书馆是一个开放的知识与信息中心，以公益性服务为基本原则，以读者需求为一切工作的出发点；保障全体社会成员普遍、均等地享有图书馆服务；为全体读者提供人性化、便利化的服务；利用现代信息技术，提高数字资源提供的能力和使用效率；加强协调与合作，开展信息资源共建共享；为公民终身学习提供保障；欢迎社会各界通过资助、捐赠、媒体宣传、志愿者活动等各种方式，参与图书馆建设。应当说，这是学会通过《图书馆服务宣言》代表全国图书馆界向社会做出的庄严承诺。本宣言连同 2002 年颁布的《中国图书馆员职业道德准则（试行）》，标志着我国图书馆行业自律规范框架体系的基本形成。

三　研讨《图书馆文献采访工作规范》

2006～2007 年，资源建设与共享专业委员会主持起草了《图书馆文献采访工作规范（征求意见稿）》，这是以《国家公务员行为规范》和《中国图书馆员职业道德准则（试行）》为指导，根据我国图书馆文献采访工作实际，为保证图书馆文献采访工作者履行自己的社会职责而制定的行业自律规范，也是一部适应新形势的全面、系统的采访工作规范。2007 年，经七届第六次常务理事会讨论，建议《图书馆文献采访工作规范》继续广泛征求意见，成熟后提供业内参考。

四 推动建立图书馆应急机制

2008 年"5·12"汶川地震发生后，学会立即行动并向海内外同行发出《"抗震救灾，重建家园"倡议书》，号召大家向受灾图书馆及图书馆员进行捐助，成立了以理事长詹福瑞领衔的抗震救灾领导小组，负责募捐、征集震后重建良策、筹划实施援助方案、沟通和发布相关信息等工作。学会网站开辟了"抗震救灾"频道，设立震区消息、捐助信息、图书馆在行动、建言献策、慰问及感言、防灾知识及英文简讯等 7 个专栏，将灾情相关图文及时上网并密切跟踪救援进展。学会的捐助倡议得到了海内外图书馆人的积极响应，发扬了一方有难、八方支援、众志成城、共同抗击自然灾害的伟大精神。截至 9 月 3 日，募集到捐款 180000 元人民币、3800 美元、30000 日元，先后向成都和都江堰地区受灾馆员发放。此外，学会还受美国华人图书馆员协会委托，向 32 位馆员发放了慰问款。之后，学会与国家图书馆联合制作了"大震不屈·大爱无疆——图书馆在行动"图片展，并在 2008 年会期间展出。展览全面客观地反映了全国图书馆界抗震救灾的情况，引发了与会代表的感情认同和共鸣。2009 年，展览又先后在四川省图书馆、吉林省图书馆、湖南大学图书馆、长沙理工大学图书馆、湖南图书馆、云南省图书馆和青海省图书馆等巡回展出。

在倡议全行业抗震救灾的同时，学会呼吁建立图书馆应急机制，树立公共安全意识，并会同有关专家对灾区受灾情况做出科学分析，根据《公共图书馆建设标准》向文化部递交了灾后重建的建议。6 月，在北京举办了"图书馆公共安全和应急机制研讨培训班"，各地图书馆共 40 多名学员参加了培训。北京市消防局工程师薛端讲授了"图书馆公共安全及相关的法律法规"，北京大学信息管理系教授刘兹恒作了"图书馆危机预警机制的建立"的报告，国家图书馆王铭珍、于洪波、王厚明、王桂平等介绍了"中外图书馆的火灾与预防""国家图书馆安全设备的运行与管理""国家图书馆的安保工作和应急预案的制定""国家图书馆二期工程的安全设计与设备配置"等内容。经过"非典"、雪灾和汶川地震等灾难的考验，更加凸显了加强图书馆这一公共文化服务场所公共安全的重要性和建立图书馆应急机制的必要性。

五 支持图书馆员职业资格认证

2001 年，学会开始图书馆员职业资格认证的调研工作，收集了大量国内外资料，从学术层面和实施层面进行探讨。2002 年学术年会期间，文化部副部长周和平要求学会在图书馆员职业资格认证工作中发挥作用。8 月，学会向文化部提交了《关于中国图书馆学会申请图书馆员职业资格认证的报告》，同月又向文化部社会文化图书馆司提交了《关于中国图书馆学会承担全国性行业学会职业培训的报告》。次年 2 月，学会组织召开"图书馆职业资格认证专家座谈会"，探讨如何开展图书馆员职业资格认证工作，并分别向文化部人事司和社会文化图书馆司提供了《世界主要国家图书馆的职业资格认证制度》的调研报告。2004 年 3 月，学会又向文化部人才交流中心提交了《关于申请承担图书资料馆员职业资格认证培训工作的函》，争取在图书馆职业认证工作中发挥更大的作用。

2003 年 3 月，受文化部职业技能鉴定指导中心委托，学会组织专家起草、制定了图书资料业务人员的相关国家职业标准，其中包括《文化行业国家职业标准：图书资料业务人员·图书资料馆员》、《文化行业国家职业标准：图书资料业务人员·古籍馆员》和《文化行业国家职业标准：图书资料业务人员·文献修复师》。随后，三个标准（草案）先后通过专家审定，11 月正式上报文化部及劳动和社会保障部审批。2004 年 7 月，劳动和社会保障部办公厅与文化部办公厅联合发文，印发试行上述图书资料系列的国家职业标准。近年来，随着国务院倡导在各个行业尽量减少职业资格准入限制，甚至大幅取消了许多实施多年的职业资格及相关资格考试，有关图书馆员职业资格认证的工作也较少提及，但学会在特定历史条件下积极争取开展职业资格认证、发挥行业管理职能的努力值得肯定，也得到了全国图书馆界的支持。

六 企业图书馆振兴行动

2003 年，学会策划了"企业信息、知识和文化服务平台"项目，确定山东省济南钢铁集团总公司作为实施该项目的调研单位，项目核心内容是，以企业图书馆为中心，利用网络技术对企业内部资源（包括文献、机构、人员、网络设施等）实行重组，为企业的管理决策层、科技人员、在职员工、离退休员工和家属等提供服务，从而构建起信息、知识和文化三个平台。济南钢铁集团总公司以图书馆为试点开展"企业图书馆振兴行动"，促进"知识工程"和"创建学习型组织，争做知识型职工"等活动的开展，"全国文化信息资源共享工程"的资源也通过这个平台走进企业。2004 年 10 月，学会与民主促进会中央宣传部、全国总工会宣教部、中国科协学会学术部、国家科技图书文献中心和济南钢铁集团总公司联合举行了"企业图书馆振兴行动示范馆开馆仪式"，各地企业界、科技教育界和图书馆界的专家学者共 100 多人出席。在随后举行的"企业图书馆振兴与学习型企业建设论坛"上，企业领导及专家们从不同角度探讨了"企业图书馆振兴行动"的起源、理论支撑、操作模式、资源保障和现实意义。"企业图书馆振兴行动"项目，是创建资源共建共享模式的一次尝试，体现了图书馆界参与合作，共同探索文献、人力和服务资源共建共享的新途径，为企业信息服务做出贡献的主动精神，具有较好的示范效应。

七　编制并宣传推广《公共图书馆建设标准》

《公共图书馆建设标准》由住房和城乡建设部、国家发展和改革委员会主管，文化部主持编制。2005 年 9 月，学会受文化部委托，承担《公共图书馆建设标准》编制工作，并为此成立了由建筑和城市规划设计专家以及图书馆专家组成的编制工作组，理事长、国家图书馆馆长詹福瑞担任组长，《公共图书馆建设标准》的编制工作正式启动。10 月，学会秘书处函致各级公共图书馆，要求给予积极配合，协助做好调研工作。为了了解并掌握各级公共图书馆现有建筑的面积、建设情况、使用、功能实现等情况以及存在的问题和社会需求等，编制工作组先后赴四川、广东、北京、黑龙江、安徽、甘肃和香港特别行政区各类公共图书馆进行实地考察与调研，为编制《公共图书馆建设标准》积累了大量相关数据和素材。后来，《公共图书馆建设标准（征求意见稿）》顺利形成。

为了全面征求各地各级公共图书馆对《公共图书馆建设标准（征求意见稿）》的意见，由文化部和建设部相关部门领导、建筑专家和编制工作组成员组成的调研小组，又进一步对全国各地的情况进行了调研。之后，编制工作组听取了清华大学教授高冀生和建筑专家韩光宗的调研情况汇总以及他们对《公共图书馆建设标准（征求意见稿）》的修改意见，文化部和建设部相关部门领导也参加了此项工作并提供了新的政策信息，为标准的修改完善提供了参考依据。2008 年，《公共图书馆建设标准》编制工作顺利完成，即将由国家发展和改革委员会批准后颁布执行。在此背景下，学会于 6 月在北京举办了《公共图书馆建设标准》培训班，各地图书馆近 30 名学员参加了培训。住房和城乡建设部①标准定额司处长杨力群对《公共图书馆建设标准》的制定做了介绍，北京市图书馆协会理事长冯守仁对《公共图书馆建设标准》核心指标进行了解析，德国建筑学教授 W. 赫宁介绍了德国的图书馆建筑，国家图书馆张玉辉、刘康宁、富平就国家图书馆新馆的建设及其布局、设施设备的选型与应用等做了讲解，首都图书馆副馆长邓菊英就图书馆馆长在新馆建设中的角色与定位谈了体会。

8 月，经住房和城乡建设部、国家发展和改革委员会批准，标准予以发布，自 2008 年 11 月 1 日起施行。连同 6 月住房和城乡建设部、国土资源部、文化部联合发布的《公共图书馆建设用地标准》，成为我国公共图书馆界的一件大事。这是中华人民共和国成立以来首批涉及文化设施的建设标准，使公共图书馆建设向科学、规范、合理、统筹的方向迈出了一大步，对推动全国公共图书馆实现科学发展起到了至关重要的作用。2009 年 3 月，学会与深圳市文化局、深圳图书情报学会和深圳福田区图书馆联合举办了《公共图书馆建设标准》专题培训班，使各地和有关部门对标准有了更深的认识。

八　研制推广《乡镇综合文化站建设标准》

《乡镇综合文化站建设标准》编制工作由住房与城乡建设部、国家发展改革委员会主管，文化部组织编制，学会受文化部委托承担主编工作。2009 年 4 月，《乡镇综合文化站建设标准》开编会在北京召开，文化部财务司、社文图司和住房与城乡建设部的代表以及学会领导和编制组成员等

---

① 2008 年 3 月 15 日，根据十一届全国人大一次会议通过的《国务院机构改革方案》，"建设部" 改为 "住房和城乡建设部"。

11 人出席会议。文化部财务司副司长饶权强调了《乡镇综合文化站建设标准》编制工作在我国经济与文化发展、国家投资和工程建设中的地位和作用。副理事长、编制项目主持人陈力表示，将按要求完成编制工作。与会者就编制大纲进行了认真审议。经过深入调研、整理分析、认真编制、征求意见，学会顺利完成编制工作。2012 年 3 月，经住房和城乡建设部、国家发展和改革委员会批准，标准予以发布，自 2012 年 5 月 1 日起施行。之后，学会在全国范围内还开展了有关宣传推广工作。

为调动广大科技工作者参与决策咨询活动的积极性，提升科协系统组织开展决策咨询的能力和水平，中国科协于 2011 年 5 月 17 日举行 2011 年中国科协优秀调研报告评选颁奖大会，对 37 项来自全国各学会和地方科协的优秀调研报告进行表彰。其中由中国图书馆学会报送的《乡镇综合文化站建设标准调研报告》荣获 2011 年度中国科协优秀调研报告二等奖。

九 对《政府信息公开条例》实施的跟踪交流

学会和中欧信息社会项目共同举办了两次"公共图书馆政府信息服务研讨会"。在 2008 年研讨会上，国务院法制办、文化部、欧盟的专家、图书馆界和其他机构 40 余位代表共同就《中华人民共和国政府信息公开条例》实施后，图书馆在开展政府信息服务中遇到的相关问题进行了探讨和交流。副理事长、国家图书馆副馆长陈力出席研讨会并发言，他要求学会今后要努力发挥桥梁和纽带作用，协调关系、整合资源、搭建平台、推广传播，这既是政府也是社会公众以及图书馆界赋予中国图书馆学会的重要责任。学会秘书长就学会推动公共图书馆政府信息服务的设想作了介绍。国务院法制办处长马森述作了《中国政府信息公开条例确定的主要制度》的报告，介绍了《政府信息公开条例》颁布实施以后社会各界的评价以及《政府信息公开条例》主要内容，明确了政府信息公开的义务主体、公开的范围、公开的方式以及监督和保障制度。中欧信息社会项目专家 M. 卡特女士作了《实施政府信息公开条例中图书馆的角色》的报告，介绍了在欧洲政府出版物和政府信息的发行、获取情况并提出了图书馆在此背景下可以发挥的作用和所面对的挑战。她还介绍了"澳大利亚网络文献资源的维护和存取"项目，为图书馆保存政府网络信息资源以及提供检索利用提供了很好的示例。参会代表就各地图书馆开展政府信息服务的现状、前景与保障机制进行了交流。

2009 年 3 月，学会学术研究委员会与中国—欧盟信息社会项目再次举行研讨会，突出了公共图书馆在政府信息服务中的作用与地位。随着图书馆开展政府信息服务工作的不断深入，其重要性越来越凸显，没有科学有效的政府信息组织，公共图书馆就无法提供高效的政府信息服务。在政府信息服务方面，政府部门和公众对政府信息的理解有一定差距，有些公众需要的信息，政府部门认为不属于政府信息范畴，图书馆员又无法获得政府部门这类信息。总之，由于政府部门、图书馆员、计算机专家对于政府信息的理解的差异，不同程度地影响着公共图书馆的政府信息组织和政府信息服务。近年来，学会与国内外有关方面合作，继续关注、参与和支持政府信息服务方面的理论研究和实践活动。

十 推动《信息网络传播权保护条例》征求意见

2006 年 2 月，国务院法制办公室发布《信息网络传播权保护条例》，公开征求意见。学会及时举行《信息网络传播权保护条例（征求意见稿）》研讨会，国家图书馆、中国科学院文献情报中心、上海图书馆、北京大学信息管理系、北京大学图书馆、清华大学图书馆、北京邮电大学图书馆、首都师范大学图书馆有关专家对征求意见稿进行了认真研读和热烈讨论。范并思、蒋永福、于良芝、李超平、江向东、秦珂等专家还通过网络发表意见，深圳图书馆馆长吴晞、广东省立中山图书馆馆长李昭淳分别在当地组织征求了意见。图书馆法律与知识产权研究专业委员会汇总了有关意见，以学会名义向国务院法制办公室正式提交了《关于对〈信息网络传播权保护条例〉的意见》，表达了图书馆界的呼声，得到了有关领导部门的认可。该条例于 2006 年 5 月 18 日公布，自当年 7 月 1 日起施行；后于 2013 年 1 月 16 日修订，并自当年 3 月 1 日起施行。

十一 推动图书馆相关立法工作

进入 21 世纪以来，有关图书馆立法方面的研究逐渐成为全国图书馆界的研究热点。从 2004 年起，每一届年会都对图书馆立法进行探讨。后来，学会起草了《图书馆立法建议》，提出图书馆法的框架体系，对一些基本制度和重要问题提出立法建议。理事长、全国人大代表詹福瑞向全国人大提交了《关于加快图书馆法立法进程的提案》，还向全国人大教科文卫委员会作了《关于我国"图书馆法"立法建议的汇报》。2008 年 11 月，文化部委托学会和国家图书馆开展公共图书馆法立法支撑性研究。詹福瑞和文化部社文图司副司长刘小琴担任项目总召集人，副理事长、国家图书馆副馆长陈力等四人担任协调组成员。学会集中 70 多位专家、教授，设立 12 个专题组开展立法支撑性研究。2009 年 2 月，国家图书馆和学会举行"古籍保护工作条例、公共图书馆立法专题研究项目第一次工作会议"，对专题研究的基本要求和原则进行了研讨，确定了该研究项目的工作进度以及工作机制。后来，图书馆立法工作虽几经转折，但学会推动开展的有关立法支撑性研究工作产生了积极的意义，并为后来《公共图书馆法》的出台奠定了基础。

近年来，学会高度重视开展公共图书馆法、标准规范、总分馆制、全民阅读等方面的决策咨询工作，重点参与了《网络安全法》《公共文化服务保障法》《全民阅读促进条例》《公共图书馆法》等各类法律法规制定、修改研究和征求意见，并结合开始施行的《公共文化服务保障法》和《公共图书馆法》，面向业界开展了宣传贯彻工作。2015 年 7 月，在接到中国科协《关于征求对〈中华人民共和国网络安全法〉（草案）意见的函》后，积极配合，加紧开展决策咨询和征求意见工作，并于 7 月 29 日正式复函提供了 3 条修改建议。2016 年 5 月，在接到中国科协《关于征求对〈中华人民共和国公共文化服务保障法〉（草案）意见的函》后，积极配合征求意见，并于 5 月 23 日正式复函提供了 12 条修改建议。2017 年 2 月，接到国务院法制办公室秘书行政司来函，就国家新闻出版广电总局报请国务院审议的《全民阅读促进条例（送审稿）》征求意见。积极配合征求意见，并于 2 月 13 日正式复函提供了 12 条修改建议。2017 年 7 月，在接到中国科协《关于征求对〈中华人民共和国公共图书馆法〉（草案）意见的函》后，积极配合征求意见，并于 7 月 11 日正式复函提供了 9 条修改建议。2017 年 11 月 4 日，十二届全国人大常委会第三十次会议表决通过了《中华人民共和国公共图书馆法》。

十二 宣传贯彻《中华人民共和国公共图书馆法》

《中华人民共和国公共图书馆法》（以下简称《公共图书馆法》）自2018年1月1日起施行，这对进一步促进我国公共图书馆事业发展，具有重要的现实意义和深远的历史意义。2017年12月26日，为了更好地迎接《公共图书馆法》的实施，学会积极倡导在全国图书馆界组织"宣传贯彻《公共图书馆法》，开展系列主题活动"，在全国范围内组织《公共图书馆法》研修班、"依法办馆　创新发展——新时代公共图书馆建设与服务"知识学习竞赛活动和"我身边的图书馆——公共图书馆法与新时代公共图书馆建设与服务"征文活动等系列活动，并倡导全国各级公共图书馆严格贯彻落实《公共图书馆法》，在本馆或本行政区域范围内积极宣传贯彻《公共图书馆法》；于2018年1月1日开展"馆长带您走进图书馆"等系列主题活动，要求图书馆通过公益性讲座、阅读推广、培训、展览及其他形式，主动宣传推广公共图书馆的宗旨、使命、服务理念和功能等，全面揭示本馆馆藏和服务，鼓励社会公众走进图书馆，体验公共文化设施，平等享受图书馆提供的各项文化服务，积极推动、引导、服务全民阅读。

2018年1月17日，全国人大常委会召开"宣传贯彻《中华人民共和国公共图书馆法》座谈会"，中共中央政治局委员、全国人大常委会副委员长兼秘书长王晨出席会议。座谈会邀请中宣部、发展改革委等多个部门负责同志以及中国图书馆学会负责同志和公共图书馆界代表、专家学者代表参加。学会理事长、国家图书馆馆长韩永进，学会副理事长吴建中和业界代表河南省林州市图书馆馆长王献增先后发言，学会和图书馆界代表参加了会议。随后，1月22~24日，学会主办的"《中华人民共和国公共图书馆法》研修班"在四川省图书馆举办，来自全国各级公共图书馆馆长及业务骨干300余人参加了研修班。本次研修班主要体现了以下几个特点：一是研修内容系统全面，主要有《公共图书馆法》立法背景及条文解读；《公共图书馆法》对于新时代公共文化服务体系建设中公共图书馆的宗旨、作用、地位的定义；结合《公共图书馆法》条文，研讨公共图书馆的基础建设、保障条件、业务建设和服务效能等方面的内容。二是授课团队阵容强大，授课专家是全国图书馆界知名专家和馆长。三是现场授课与在线直播相结合。现场既安排有专家授课，又安排了专家答疑及与代表之间的交流互动，同时通过"会员学习中心 App"对专家授课进行直播，全国广大会员、图书馆工作者和关心图书馆事业发展的各界人士踊跃观看并在线互动。经统计，共有 2052 人次在线观看了直播。这种授课与互动、线上与线下相结合的方式，使得与会代表更加深入地了解了《公共图书馆法》的立法背景、意义、框架和主要内容等，同时进一步扩大了《中华人民共和国公共图书馆法》宣传贯彻的力度和覆盖面，意义重大。综上所述，有关法律的制定和颁行，为我国图书馆事业发展提供了强有力的法律保障。在有关立法活动和宣传贯彻过程中，学会充分发挥行业协调中决策咨询和行业服务等职能，代表整个行业进行了深度参与，起到了重要的作用，不断提升了我国图书馆行业和学会自身的社会影响力以及服务社会和政府的能力。

第二节　事业协同发展机制

中国图书馆学会成立之时，我国图书馆事业还处于比较落后的状态，特别是基层图书馆正处于起步阶段，因而学会长期以来高度关注基层图书馆的生存和发展状况以及全国图书馆事业在区域和城乡协调发展等问题，尤其通过创设重点交流平台和重点项目建立事业协同发展机制，充分发挥行业协调与指导职能，不断促进我国图书馆事业整体协调发展。

一　新年峰会机制

为了更好地发现、关注、讨论和解决我国图书馆界某些阶段性的重大问题和涉及业界整体发展的战略性课题，学会创立了新年峰会机制：利用新年时段，集中我国图书馆界知名专家学者和主要图书馆馆长以及政府主管部门领导，重点研讨一个或数个问题并提出意见和解决方案，或集中分析和研讨当前图书馆界面临的亟须解决的重大问题，进而推动某项工作或某项行动的开展。借此机制，学会很好地履行了行业协调和指导的职能。

新年峰会始于 2005 年。当年 1 月，学会在黑龙江省哈尔滨市召开了

"2005 新年峰会"，特邀公共、高校、专业等领域的图书馆馆长和专家以及政府官员等 20 余人莅会。秘书处事先在征询有关专家意见的基础上，确定了五个议题，分别是：图书馆权利；著作权在图书馆的合理使用；图书馆行业荣誉体系的构建与维护；中国图书馆立法：现状与任务；图书馆与社会阅读等图书馆界面临的重大问题。常务副理事长、国家图书馆常务副馆长詹福瑞发言，就议题做了说明。与会专家对五个议题作了议题阐释，与会代表各抒己见，展开了热烈的讨论。最后，副理事长徐引篪对峰会作了总结并就各个议题的落实进行了相应部署。

"2006 新年峰会"研讨了包括图书馆法制环境的构建与行业自律、县级图书馆的生存与发展、西部高校与高职高专图书馆的振兴与发展、图书馆公共关系等在内的四个议题。与会专家就各个议题作了说明，与会代表围绕议题展开讨论。最后，詹福瑞对本次会议作了总结，同时还就各个议题的后续行动及相关落实措施作了部署。

"2007 新年峰会"围绕贯彻落实《国家"十一五"时期文化发展规划纲要》，对政府、学会和图书馆三者之间的关系和作用这一核心议题，针对图书馆核心价值的再认识、图书馆服务网络模式构建、图书馆立法进程与需求、中国图书馆学专业教育与职业需求和志愿者行动等五个分议题进行了专题研讨。包歧峰、屈义华、胡银仿、李超平、范并思等分别介绍了常熟图书馆、佛山市禅城区图书馆、杭州图书馆、上海市嘉定区图书馆服务网络模式的尝试及设想。

"2008 新年峰会"深入研讨在构建覆盖全社会的公共文化服务体系过程中我国图书馆界的理论准备、制度准备，围绕总分馆制、省级公共图书馆的功能定位、图书馆法、《图书馆服务宣言》、志愿者行动制度化建设及其推广和《政府信息公开条例》等六项议题展开。章明丽、朱海闵、赵炳武分别就总分馆制建设、无偿服务、文化信息资源共建共享等方面的内容作了介绍。最后，陈力作了总结发言，就前述六项议题分别予以部署和落实。

"2009 新年峰会暨《全国古籍保护工作条例》研讨会"就《公共图书馆法》和《全国古籍保护工作条例》的有关问题进行了探讨。2008 年 11 月，文化部启动《公共图书馆法》立法工作，国家图书馆与学会受文化部委托，开展图书馆立法的相关支撑性研究。与会代表就《公共图书馆法》《全国古籍保护工作条例》有关问题进行了热烈、深入的探讨。会议确定关于《公共图书馆法》支撑性研究的工作方案和相关专题，并成立了组织协调机构。

"2010 新年峰会"共有六个议题：《公共图书馆法》支撑研究与宣传推动；图书馆服务绩效统计与评价试点；2010 年志愿者行动计划；基层图书馆：提升效益 构建体系；图书馆员专业化的现实问题与对策；中国图书馆学会"十二五"规划思路要点。与会专家分别作了议题说明，各位专家就各个议题展开了深入讨论。

2013 年 1 月 9 日，"2013 新年峰会"在国家图书馆召开，詹福瑞等学会主要领导和业界知名专家十余人出席。本次峰会围绕"新形势下中国图书馆学会功能定位和工作重点""中国图书馆学会年会主题""图书馆免费开放现状调查和示范案例推荐""全国图书馆未成年人服务提升计划项目"四个议题进行研讨，朱强、吴建中、范并思等分别就相关议题进行了说明。

2014 年新年峰会创新组织形式，分为理事长会议和专家会议。1 月 22 日，"2014 新年峰会·理事长会议"在国家图书馆举行。理事长詹福瑞、副理事长倪晓建、王余光、杨沛超、张晓林、朱强及学会秘书处有关人员参加，就"九大"筹备、章程修订、继续教育体系建设等 2014 年度学会重点工作进行了讨论。1 月 15 日，"2014 新年峰会·专家会议"在国家图书馆举行。由学会副理事长陈力主持，柯平、刘兹恒、汪东波、李国新、卓连营等及学会秘书处有关人员参加，就 2014 年年会主题、青年学术论坛等重点内容进行了讨论。

2015 年 1 月 20 日，学会召开 2015 年工作座谈会，就重点工作和项目进行研讨和部署。学会理事长、国家图书馆馆长、党委书记韩永进，文化部公共文化司巡视员刘小琴，学会副理事长陈力、倪晓建、王余光、吴建中、杨沛超、朱强，中山大学图书馆馆长程焕文，北京大学信息管理系主任李广建等领导和专家出席会议。韩永进在座谈会上致辞。他指出，学会第八次全国会员代表大会召开以来，不断完善学术交流体系，促进学术研究和学科建设；加强行业协调与服务，为事业发展培养人才；开展科普阅读活动，提高图书馆职业认同感和社会影响力；深化交流与合作，提升我国图书馆界国际影响力；增强民主办会能力，改善会员服务，各项工作取得了较好的成绩。尤其是刚刚过去一年的工作中，有许多新的亮点：承接文化部政府转移职能工作取得新的突破；主动参与国家重大文化工程，在宣传推广活动中增强辐射面和影响力，推动业界共同发展；创新开展全民阅读活动，策划启动了"阅读推广人"培育行动；《中国图书馆学报》办刊层次进一步提升，等等。未来几年，随着《关于加快构建现代公共文化服务体系的意见》的印发，以及大数据、网域级等重要理念和模式的影响，我国图书馆事业又将迎来新的发展机遇，也面临新的形势。在新的形势下，学会应当因势利导，进一步找准功能定位，推动学术繁荣，做好行业协调和会员服务，实现跨越转型，向全国一流骨干学会方向迈进。最后，他希望各位专家积极为学会未来发展建言献策，一道谋划好共同的事业。与会专家围绕学术引领、会员服务、行业协调与服务、阅读推广、国际交流与合作以及分支机构管理等各个方面进行了热烈研讨，提出了丰富的建设性意见，共同谋划了学会 2015 年工作以及未来发展思路。

2005 年以来，历次新年峰会分别选在不同的地域举行，议及的问题和提出的建议、设想，不仅受到地方学会、图书馆和政府相关部门的关注，也成为常务理事会确定当年乃至一段时期工作的重要参考和依据。新年峰会的特点在于，它既有老议题的延伸和深化，也有新课题的提出，两者时有相互穿插和有机衔接。实践证明，新年峰会是一种行之有效的协调机制，运转良好，发挥了重要的作用。2015 年工作座谈会是学会在"九大"召开前对过去几年工作的一个重要总结，不但规划了年度重点工作，与会专家还共同探讨了学会未来发展方向，意义重大。"九大"召开后，学会创设了学会负责人工作会议的制度，并按照中国科协要求深化改革，逐步建立起务实高效、位阶有序的议事制度。2016 年 12 月，经批复成立了学会党委，在学会建设中发挥政治核心、思想引领和组织保障作用。可见，更加多元、便捷的议事和决策机制，必将助推学会在行业协调与指导中更好地发挥作用，带动全国图书馆事业实现"创新、协调、绿色、开放、共享"发展。

二 构建公共图书馆服务体系研讨机制

近年来，学会一直在引导我国图书馆界对公共图书馆服务体系和总分馆制建设进行持续的探索，取得了显著的成就，在公共图书馆事业发展中创造了中国特色，积累了中国经验。早在 2008 年 4 月，学会就"构建公共图书馆服务体系：总分馆建设问题"进行了探讨。苏州图书馆馆长邱冠华等省、地、县图书馆馆长以及部分专家学者就当地实施总分馆制的经验和做法，公共图书馆服务体系建设中出现的典型模式以及重大理论与实践问题进行了深入研讨，提出了许多建设性的意见和建议，在此基础上，与会代表就构建公共图书馆服务体系以及今后发展达成了《嘉兴共识》。

2015 年 1 月，中共中央办公厅、国务院办公厅下发《关于加快构建现代公共文化服务体系的意见》，对公共图书馆服务体系建设提出了明确要求。10 月 27～28 日，学会在青岛市图书馆举办了构建现代公共图书馆服务体系研讨会，来自全国图书馆界 230 名代表参加了研讨会。研讨会融入国际化元素，特邀德国不来梅市图书馆馆长芭芭拉·莉森等国内外知名专家担任主讲，通过学习、交流和研讨，提升图书馆服务能力和服务水平，加快公共图书馆总分馆体系建设，促进公共文化服务的标准化、均等化，提升学会服务政府和社会的能力。

2016 年底，文化部、国家新闻出版广电总局、国家体育总局、国家发展改革委、财政部印发《关于推进县级文化馆图书馆总分馆制建设的指导意见》，分指导思想、基本原则、工作目标、主要措施、组织保障 5 个部分对全面深化总分馆制建设做出了指导和部署。2017 年 11 月 2 日，由学会主办、苏州市吴江区文化广播电视新闻出版局承办、苏州市吴江区图书馆协助落实的"全国县级图书馆总分馆制建设研讨会"在苏州市吴江区召开。学会副理事长陈力和吴建中，苏州市文化广电新闻出版局局长李杰，吴江区委常委、宣传部部长刘伟等领导和专家以及部分地区文化主管部门相关负责人及图书馆代表约 100 人参加了会议。

本次会议旨在进一步了解全国各地贯彻落实《关于推进县级文化馆、图书馆总分馆制建设的指导意见》的基本情况，促使我国县级图书馆总分馆制建设快速推进。陈力在开幕式上指出，图书馆总分馆制建设在我国已开始走向成熟发展的崭新阶段，推进以县级文化馆、图书馆为中心的总分馆制建设，作为构建现代公共文化服务体系的重要任务，需要各地因地制宜地提出创新性的发展思路和解决办法，总结典型经验和关键问题，推进我国县级图书馆总分馆制建设工作的完善。开幕式上共同见证了吴江区图书馆总分馆建设管理标准的正式实施，标志着吴江在图书馆总分馆制建设上形成了更为标准化、科学化的建设管理体系。

受文化部公共文化司委托，学会前期向各省（区、市）征集县级图书馆总分馆制建设推进工作有关材料和典型案例，并邀请有代表性地区的有关人员参会交流。会上，苏州市吴江区文化广电新闻出版局副局长崔瑛、成都市龙泉驿区文体广新和旅游局局长彭虹、青岛市即墨区图书馆馆长解爱林、广州市黄埔区图书馆馆长孔玉华、湖南省茶陵县图书馆馆长刘敏强等分别就本地图书馆总分馆制建设相关情况进行了分享交流，这也从不同层次、不同角度反映了全国的发展现状、成果经验和存在的问题。学术研究委员会主任吴建中和阅读推广委员会主任李东来、阅读推广委员会副主任邱冠华、北京大学教授李国新、国家公共文化服务体系建设专家委员会委员李晓林等专家针对各地的具体情况和特点进行了点评交流，并对今后县级图书馆总分馆制建设工作提出了针对性建议。

本次会议时值党的十九大胜利闭幕和《公共图书馆法》提交全国人大常委会最后审议的重要时期，既是挖掘和推广我国县级图书馆总分馆制建设推进经验的交流会，也是进一步推动我国图书馆总分馆制建设进程的动员会，更是全面贯彻落实党的十九大精神和《公共图书馆法》要求的部署会，必将有利于全面提升公共图书馆服务效能，完善公共文化服务体系，坚定文化自信，推动社会主义文化繁荣兴盛，也必将为世界各国搭建卓有成效的公共文化服务体系贡献中国方案。

三　全国数字图书馆建设与服务联席机制

建设数字图书馆是图书馆界为应对文献信息数量快速增长的严峻形势所采取的措施，涉及图书馆工作的方方面面，需要图书馆界共同应对。通过全国数字图书馆建设与服务联席会议，建立联席机制，可以动员全国主要图书馆的资源和力量，在数字图书馆建设和服务中形成整体合力。2007

年 7 月，由文化部牵头组织成立了"全国数字图书馆建设与服务联席会议"，会议成员单位包括国家图书馆、文化部全国公共文化发展中心、上海图书馆、中国科学院文献情报中心、CALIS 管理中心（北京大学图书馆）、CADAL 管理中心（浙江大学图书馆）、中共中央党校图书馆和国防大学图书馆等我国数字图书馆建设与服务的主要机构。学会承担联席会议办公室的组织协调和业务服务等工作。

第一次全国数字图书馆建设与服务联席会议于 2007 年 7 月在北京举行。出席会议的有文化部副部长周和平，社会文化图书馆司刘小琴和陈胜利，国家图书馆詹福瑞、陈力、富平和吴斌，全国文化信息资源建设管理中心张彦博，上海图书馆吴建中，中国科学院国家科学图书馆张晓林，全国高等教育文献保障体系（CALIS）管理中心戴龙基、陈凌，高等学校中英文图书数字化国际合作计划（CADAL）管理中心竺海康、黄晨，中央党校图书馆朱满良，国防大学图书馆王瑞清和中国图书馆学会秘书处有关人员等。

周和平在发言中指出，数字图书馆建设与服务联席会议要达到三个目的。第一，交流情况的目的。目前我国各大系统图书馆开展的数字图书馆建设项目都取得了一些经验，正因为各有特色，才更需要建立一个交流平台，这也是一种资源共享形式。第二，各大图书馆联起手来，真正实现资源共享。由于行政体制原因，各大图书馆条块分割，在数字图书馆建设方面交叉重复部分也不少。各馆要充分利用国家财政经费，形成自己的特色资源库，在采购外国数据库时，可以尝试由政府联合采购的形式，从而避免重复建设与购买，减少浪费。第三，借助这个平台，及时与政府沟通，寻求政府政策与经费等方面的支持。对于开展数字图书馆建设与服务过程中遇到的具体问题，联席会议可以通过文化部社会文化图书馆司及时向国务院发展与改革委员会等相关部委反馈，以期及时形成政策，贯彻执行。每次会议都要形成会议纪要，向国务院主管领导及时汇报。

詹福瑞作了关于建立我国数字图书馆建设与服务联席会议制度的书面发言，本着沟通信息、互通情况、交流经验、共同发展的原则，诚邀各与会单位作为成员馆参加，共商数字图书馆建设大计，实现资源与服务的合作共享。与会的八个系统和单位的代表分别介绍了本系统数字图书馆项目的启动、进展、服务情况与下一步规划，互通了最新信息。陈力介绍了由国家图书馆承办的国家"十五"重点文化工程——国家数字图书馆工程的进展情况，就促进资源与服务共享等方面进行合作提出了具体设想与建议。张彦博积极予以响应，介绍了全国文化信息资源共享工程的服务简况。陈凌介绍了该系统数字图书馆建设与服务情况。吴建中介绍了以"上海年华"为主要建设项目的上海图书馆数字图书馆建设情况。竺海康作了题为"数字图书馆理论与实践"的发言。朱满良介绍了党校系统数字图书馆项目的建设目标、任务、特点以及拟建设的诸多专题数据库的情况。张晓林从服务现状、发展情况与未来思考等三个方面介绍了国家科学数字图书馆建设的进展情况，并重点介绍了该馆的分布式、集成化的文献服务体系。王瑞清介绍了军队院校在总参军训部领导下所进行的数字图书馆建设情况。

与会者对数字图书馆建设与服务联席会议制度表示积极拥护和响应，并从管理机制、资源与服务共享、标准规范以及技术研发等方面提出了许多意见和建议，希望联席会议制度今后能在交流、研究、谋划方面发挥重要作用，共同促进数字图书馆的建设与服务。会议通过了《全国数字图书馆建设与服务联席会议工作规则》（以下简称《规则》），明确了数字图书馆是一项数字信息资源建设的系统工程，具有跨地区、跨行业、跨部门的特点，需要各行各业协同作战、统一组织、共同努力。确定联席会议的主要职能是：宏观规划数字图书馆建设；协调数字资源建设共建共享，协调数字图书馆共享服务，协调数字图书馆标准与规范建设；协调数字图书馆相关技术的推广与应用；协调有关知识产权问题等事宜。《规则》第四条规定：联席会议的办公室设在中国图书馆学会，对外称全国数字图书馆建设与服务联席会议办公室。其主要职责是：负责联席会议的日常工作；组织全国性的数字资源建设、技术研发、标准规范制定、数字资源服务以及筹集资金等。

此后，联席会议的成员单位国家图书馆、文化部全国公共文化发展中心、上海图书馆、中国科学院文献情报中心、CALIS 管理中心（北京大学图书馆）、CADAL 管理中心（浙江大学图书馆）、中共中央党校图书馆和国防大学图书馆按照第一次会议达成的基本共识组织和参与会议。

"全国数字图书馆建设与服务联席会议"迄今已召开十八次会议,就我国数字图书馆建设与服务的重点和前沿问题不断进行深入研讨,开展了有关项目合作,取得了系列重要成果。在历次会议上,成员馆除通报各自数字图书馆建设、特色数字资源建设、网络服务情况的最新进展外,围绕如何加强已建资源的共享、各大系统如何共同推动数字图书馆的标准、规范建设和下一步工作中面临的问题等展开讨论,针对需要借助联席会议协同解决的问题提出建议。会议同意以中国科学院文献情报中心研发的资源建设登记系统为平台,开展成员单位各大系统图书馆自建资源的登记工作。开通并研讨了"数字图书馆标准规范推荐网站示范系统"和"数字图书馆资源登记与导航系统"的运行情况,为各单位推荐数字图书馆技术标准规范并逐步为在全行业形成统一的标准规范体系提供工作平台。

其中,针对各系统对不同读者提供各具特色服务的需求,第八次会议决定,发布《数字图书馆服务政策指南》,在充实和完善的基础上发布国家图书馆主持制定的《数字图书馆资源建设指南》和上海图书馆主持的《数字图书馆安全管理指南》,开展《数字图书馆的知识产权保护政策指南》的研究和制定工作。

会上,国家图书馆与上海图书馆签订了《中国近代文献(1911~1949)书目资源共享合作意向书》,与高等学校中英文图书馆数字化国际合作计划管理中心签署了《数字图书馆合作共建备忘录》,与中央党校图书馆签署了《国家图书馆与中共中央党校图书馆战略合作框架协议》。文化部全国文化信息资源建设管理中心与中共中央党校图书馆签署了《合作共建协议书》,与中国科学院国家科学图书馆签署了《关于数字文化资源合作共建备忘录》,与高等学校中英文图书馆数字化国际合作计划管理中心签署了《数字图书馆合作共建备忘录》,共促数字图书馆建设领域的全面合作。

至今,会议发布了《数字图书馆服务政策指南》《数字图书馆资源建设指南》《数字图书馆资源建设和服务中的知识产权保护政策指南》和《数字图书馆安全管理指南》等,出版了《数字图书馆发展趋势研究报告》,对推进我国数字图书馆建设与服务起到了重要作用,在全国图书馆界产生了积极影响。联席会议是发挥高层合作机制的一种形式,以"强强

合作"推动图书馆在数字图书馆建设中的合作，为在更大范围内实现资源
共建共享打下基础。联席会议以季度为时段，可以及时交流与总结各馆数
字图书馆建设的进度，不断调整发展标尺，调节自身发展方向。成员单位
之间就有关项目签订相关合作意向书、备忘录等，从务虚向着实质性的合
作迈出了坚实的一步。联席会议通过文化部公共文化司向中央报告数字图
书馆建设的进展情况，实现了上通下达的局面，使中央及时了解进展并做
出决策。联席会议机制在正常地运作之中，它引领并推动着我国数字图书
馆事业的发展。

　　在我国，数字图书馆从概念接触、认识理解，到实际建设和提供服务
已经走过了十多年的历程。关于如何进一步加强网络条件下的数字图书馆
建设与服务，还有许多工作需要我们去做，图书馆界正在进一步努力开阔
视野，及时跟上和引领世界数字图书馆发展的潮流，从图书馆事业的实际
出发，开展满足我国实际需要的数字图书馆建设和服务。

表 6 - 1　全国数字图书馆建设与服务联席会议历次会议情况

届次	时间	地点	承办方	主题（主要内容）
第一次	2007 - 07 - 26	北京	中国图书馆学会、国家图书馆	建立数字图书馆建设与服务联席会议制度
第二次	2007 - 10 - 08	杭州	CALIS 管理中心、CADAL 管理中心	探讨已建数字资源的共享问题，推动逐步实现各个数字图书馆建设项目的具体性合作
第三次	2008 - 01 - 07 ~ 08	上海	上海图书馆	数字图书馆应用规范与开放合作
第四次	2008 - 04 - 08 ~ 10	南宁	中共中央党校图书馆、广西南宁中共广西区委党校	通报各成员单位已建数字资源情况以及所采用的标准规范
第五次	2008 - 07 - 09	北京	中国科学院国家科学图书馆	数字图书馆标准规范推荐机制
第六次	2008 - 10 - 10	北京	文化部全国文化信息资源建设管理中心	数字图书馆服务政策
第七次	2009 - 03 - 02	北京	国防大学图书馆	研讨《数字图书馆服务政策指南》、评价"数字图书馆标准规范推荐网站示范系统"试用效果和策划部署数字图书馆建设成果的宣传展示工作等
第八次	2009 - 11 - 08 ~ 09	北京	国家图书馆	讨论数字图书馆资源建设指南，启动数字图书馆管理研究

续表

届次	时间	地点	承办方	主题（主要内容）
第九次	2010 - 03 - 30 ~ 31	长兴	CALIS 管理中心、CADAL 管理中心	讨论数字图书馆安全管理指南和数字图书馆的知识产权保护政策指南
第十次	2010 - 05 - 27	上海	上海图书馆	全国数字图书馆建设与服务联席会议如何开展联合服务
第十一次	2010 - 09 - 16 ~ 17	新疆	文化部全国文化信息资源建设管理中心、文化共享工程新疆分中心	图书馆开展联合服务
第十二次	2011 - 04 - 25 ~ 27	北京	中共中央党校图书馆	数字图书馆的普惠服务
第十三次	2012 - 03 - 30 ~ 31	北京	中国科学院国家科学图书馆	数字图书馆服务若干著作权热点问题及其权益管理
第十四次	2013 - 06 - 20	大连	国防大学图书馆、海军大连舰艇学院图书馆	数字图书馆的"中国梦"
第十五次	2014 - 08 - 07	宁夏	国家图书馆宁夏图书馆	数字环境下图书馆信息安全
第十六次	2015 - 06 - 17	上海	上海图书馆崇明县图书馆	全国各系统图书馆数字图书馆"十三五"规划
第十七次	2016 - 05 - 26	厦门	CALIS 管理中心、CADAL 管理中心、厦门大学图书馆	数字环境下的阅读推广
第十八次	2017 - 09 - 27	西安	文化部全国公共文化发展中心、陕西省图书馆	数字资源计量和资产管理

2016 年，为了更好地宣传推广数字图书馆建设与服务的有关标准和成果，提高图书馆馆员自身的数字资源知识和专业服务水平，学会于 6 ~ 10 月面向全国各类各级图书馆馆员主办了"信息时代，数字未来——2016 年'数字图书馆业务技能竞赛'"，竞赛由各省、自治区、直辖市图书馆学（协）会协办，同方知网（北京）技术有限公司提供技术支持，邀请国内图书馆界的权威专家，共同建设图书馆业务技能知识题库，内容涵盖国家公共服务体系政策、图书馆专业知识、数字资源建设以及计算机技术应用等多个领域。最后，竞赛决赛在中国图书馆年会现场举行，根据各自表现按大区评出一、二、三等奖，并根据有关单位组织情况评出最佳组织奖。

四 全国十五城市公共图书馆工作研讨机制

副省级城市一般具有较好的经济、文化和技术基础，人口相对集中，区位优势明显，对周边城市产生了较大的示范带动效应。同时，副省级城市的公共图书馆发展也取得了较大的成就，在我国图书馆服务体系中处于非常重要的地位。全国十五城市公共图书馆工作研讨会由学会主办，最早可以追溯至1986年。当年，武汉、广州、大连、南京、哈尔滨等城市公共图书馆馆长倡导创立计划单列市公共图书馆联席会议制度，并于1987年在武汉市召开了首届会议。会议决定每年举办"计划单列市公共图书馆工作研讨会"，除论文交流外，与会馆长还要介绍本馆过去一年来的工作情况并就共性问题以及热点问题进行深入探讨。

1993年，会议因参会的成员馆达到13个而更名为"十三城市公共图书馆工作研讨会"，后因重庆市升格为直辖市而退出会议机制，随着杭州图书馆、济南图书馆和西安图书馆的加入，会议名称更改为"十五城市公共图书馆工作研讨会"。从此，由哈尔滨、长春、沈阳、大连、青岛、济南、南京、武汉、西安、宁波、杭州、厦门、广州、深圳和成都15个副省级城市的公共图书馆，轮流举行工作研讨会。截至2017年，已经举行了29届研讨会。每次研讨会的内容涉及人事制度改革、科学化管理、信息服务、资源建设、人才培养、数字图书馆建设、公益服务等主题，共同交流各个图书馆的经验，探讨公共图书馆在各个时期发展的主要问题，促进成员馆之间的相互交流、彼此借鉴、拓展思路、提升理念、共享成果和共同发展。

2017年7月26~28日，由学会主办，哈尔滨市图书馆、哈尔滨市图书馆学会承办的第29届全国十五城市公共图书馆工作研讨会在哈尔滨市召开。本届会议主题为"公共图书馆评估与城市图书馆发展研究"。中国图书馆学会、黑龙江省图书馆学会、哈尔滨市文广新局等单位有关领导，全国15个副省级城市公共图书馆馆长、业务骨干，哈尔滨市各区县（市）图书馆相关人员等近70人参加研讨会。会议期间，各图书馆就公共图书馆评估与城市图书馆发展中遇到的现实问题及摸索出的经验进行了讨论和分享。与会馆长和代表积极发言交流，共同探讨了构建图书馆优质服务和事业发展的成功经验，分析了信息技术飞速发展、业态环境面临深刻变化下城市公共图书馆遇到的现实问题，提出城市公共图书馆事业发展的应对策略等。大家一致认为，十五城市公共图书馆应当以国家空前注重文化建设工作为契机，充分发挥区域中心图书馆的辐射功能，积极带动区域图书馆事业的进步和发展，在城市公共图书馆服务体系建设中起到带头与示范作用。

可以说，学会高度重视全国十五城市公共图书馆工作研讨机制，学会领导及学术研究委员会主要专家经常到会作学术报告，与主办城市政府部门有关领导及与会专家共同参与重要问题的研讨。实践中，这一机制较好地发挥了联络与协调作用，不但对副省级城市图书馆，对我国图书馆事业整体都发挥了不可替代的作用。

五　志愿者行动机制

图书馆事业发展的根基在基层，只有不断推动基层事业发展才能确保我国图书馆事业整体的发展和繁荣。因此，学会自成立以来非常注重凝聚全行业的力量和智慧，共同关注和支持基层图书馆事业。其中，志愿者行动就是进入 21 世纪以来比较有效的一项机制。

志愿者行动可追溯到学会成立之初的讲师团活动。当时派遣讲师团，旨在利用首都地区较强的师资力量支持其他地区开展业务培训，帮助地方图书馆提升专业研究和实践能力，提高资源建设和读者服务水平。1981 年 6 月，由常务理事刘德元、北京图书馆李兴辉、中国科学院图书馆辛希孟组成的讲师团，在宁夏、甘肃、青海、内蒙古和陕西等 5 省区 7 市举行总共 39 场专业讲座，听众达 12000 人次。讲师团还举行了 11 次小范围的座谈会，160 多人参加。讲座内容涉及 "中国图书馆分类法体系结构与使用" "主题法与汉语主题词表的使用" "我国图书馆事业的现状及发展趋势" "智力资源开发与文献工作经济效果" "对图书馆管理工作的几点意见" 等。同年 12 月，应山东省图书馆学会邀请，学会派出刘德元、李兴辉、辛希孟和北京大学图书馆学系周文骏四名专家组成讲师团，在济南、淄博、青岛等城市做了 10 场讲座，听众达 4800 人次。由于当时高等学校图书馆学教育事业发展较快，中央广播电视大学开设图书馆专业课程，学会举办的研讨会、报告会、培训班内容丰富而且日趋频繁，地方图书馆工作者获取知识的途径呈现方便和多样化，于是讲师团这一形式融入了报告会、研讨会、培训班等诸多形式之中。

2005 年 11 月第七届学术研究委员会成立之际，图书馆界代表们提出以志愿者的形式开展基层图书馆馆长培训的动议，得到学会的重视和政府主管部门的支持。学会决定，从 2006 年开始，秉承奉献、友爱、互助、进步的精神，奉行无偿、公益、利他的准则，每年利用暑假开展基层图书馆培训志愿者行动，组织图书馆界有影响的专家学者，对欠发达地区县级图书馆管理者为主的图书馆工作者进行专业培训，落实科学发展观，加快公共文化服务体系和共享工程建设，促进基层图书馆事业繁荣和发展。

2006 年 3 月，学会在网上发布了主题为"基层图书馆培训"的志愿者行动计划以及招募公告，各地、各系统数十位专家和图书馆工作者报名。经过遴选并征得志愿者所在单位同意，一支"基层图书馆培训"志愿者队伍很快组成。4 月，学会在北京召开基层图书馆培训方案研讨会，全国 20 多名志愿者参加会议。会议为志愿者行动确定了"社会主义新农村建设中的图书馆""基层图书馆馆长实务""基层图书馆的资源建设与服务""基层图书馆的自动化网络化建设""宣传推介图书馆示范讲座"等 5 个主讲专题，介绍了"全国图书馆志愿者行动——基层图书馆馆长培训"的意义、目的，对志愿者的定位作了说明，就培训的讲授大纲、内容、讲义编写和专家分工进行了安排与布置。培训承办地衡阳市图书馆馆长刘忠平、陕西省图书馆副馆长徐大平和黑龙江省图书馆副馆长师丽梅分别就各自地区基层公共图书馆的现状和培训需求作了发言。7 月，在年会闭幕式上举行了志愿者行动启动仪式，詹福瑞发表讲话以示送行。会后志愿者分赴湖南省衡阳市、陕西省榆林市和黑龙江省牡丹江市，对 307 名基层图书馆馆长进行义务培训。

2007 年"全国图书馆志愿者行动——基层图书馆馆长培训"沿用 2006 年的五个主讲专题，对甘肃、广西、河北、青海、山西和四川等 6 个省区的 621 名地、县级图书馆馆长进行了培训，40 名志愿者参加，29 个有关单位为行动提供了人力和经费支持。志愿者、留德学者刘百宁、王河新和冯平参加在山西省太原市与甘肃省白银市两地的培训，分别作了《全民阅读在德国——从"德国公共图书馆为民服务点滴"谈起》的讲演，向两省基层图书馆赠送了最新译作《未来世界的100种变化》。此外，他们还在太原和兰州两地作了4场科普讲座，听众达1100人，其中包括企业家、社会公众、大中小学生和学生家长。

从2008年起，志愿者行动被纳入"中国科协继续教育示范项目"，也同时成为国家图书馆"基层图书馆服务行动"专项工作，各省地方财政也纷纷投入，于是具备了可持续发展的物质基础。2008年"全国图书馆志愿者行动——基层图书馆馆长培训"中，16名志愿者围绕"公共文化服务体系建设中的基层图书馆""基层图书馆馆长实务""基层图书馆的资源建设与服务""基层图书馆的自动化网络化建设""基层图书馆的宣传推介"等5个专题，分别对安徽、贵州、河南、湖北、吉林和山东6省708名基层图书馆馆长进行了培训。该项目成功实施，并被评为国家图书馆2008年度"创新服务奖"。

2009年"全国图书馆志愿者行动——基层图书馆馆长培训"中，25名志愿者沿用这5个专题，分别对重庆、海南、江西、宁夏和云南5个省区市的基层图书馆馆长进行培训，约700名基层图书馆馆长参加。在上年获奖的基础上，该项目又荣获2009年度国家图书馆"馆长特别奖"，同时还在当年10月荣获第三届文化部"创新奖"。

2010年"全国图书馆志愿者行动——基层图书馆馆长培训"在福建、江苏、辽宁、浙江、广东和内蒙古等6省区实施，20余名专家志愿者参加，683名基层图书馆馆长接受培训。当年6月，该项目被美国图书馆协会授予"国际创新奖"。这充分说明中国图书馆界的"志愿者行动"产生了巨大的国际影响力，赢得了国际同行的认同和赞誉。

2011年6月14日，"全国图书馆志愿者行动——四川省基层图书馆馆长培训"在成都市双流县图书馆新馆举办，来自全省基层图书馆馆长及业务骨干共180余人参加培训。7月29日，"全国图书馆志愿者行动——广西公共图书馆科学管理与服务创新高级研修班"在广西壮族自治区图书馆报告厅隆重举行，来自全区公共图书馆和高校图书馆184名馆长和业务骨干参加。至此，"全国图书馆志愿者行动"在全国各省、自治区、直辖市基本完成。

志愿者行动是我国图书馆界创新服务模式的一次成功实践，在学会和国家图书馆的"龙头作用"下，集合了国家、公共、高校和科研等各系统图书馆的人、财、物资源，促进了政府部门与图书馆间、图书馆之间、各级学会组织之间的团结合作与共建共享，从而满足基层图书馆的迫切需求，推动了基层图书馆事业的发展。同时，鉴于中西部地区基层图书馆面临许多实际困难，单靠"志愿者行动"还不能完全解决，需要各级政府给予高度重视和必要的资金投入。因此，志愿者们积极与各级政府沟通，尽可能得到它们的帮助，解决一些具体问题。志愿者们将获得的许多来自基层的第一手材料、案例和呼声进行汇总和分类，在分析研究的基础上提出了建议和对策。其间，上百家中央和地方新闻媒体对志愿者行动持续进行宣传报道，引起了社会各界的广泛关注。基层图书馆馆长们普遍对"志愿者行动"持欢迎态度，希望这项活动能持续举办并扩大培训的覆盖范围，让更多的基层图书馆馆长和馆员们分享。可见，"志愿者行动——基层图书馆馆长培训"只是志愿者行动这一机制的重要表现形式，其内核是全行业智慧和资源的有效共享，对于凝聚行业力量和职业认同以及推动学会和图书馆事业发展发挥了重要的作用。

六 全国中小型公共图书馆研讨机制

1996年，上海市南市区文化局、南市区图书馆牵头在上海召开全国部分城市图书馆馆长理论研讨会，邀请了国内部分图书馆馆长参加，以推动中小型公共图书馆事业的发展。部分地市图书馆馆长根据中小型公共图书馆发展现状，酝酿建立适应自身发展的组织，这就是全国中小型公共图书馆之间的第一次会议。在1997年9月举行的全国部分城市图书馆馆长第二届理论研讨会上，上海市南市区图书馆馆长韩筱芳、杭州市图书馆馆长陆一珍、北京市西城区图书馆馆长郭斌、福州市图书馆馆长黄敏、南平市图书馆馆长林碧英、大连市中山区图书馆馆长刘织、淄博市图书馆馆长周雁翔等共同商定成立了中国地市县公共图书馆馆长联谊会。周雁翔当选会长，郭斌等17位图书馆馆长或副馆长担任副会长，北京市东城区图书馆馆长董海当选秘书长，学会副理事长、文化部图书馆司司长杜克和常务理事、北京图书馆副馆长孙蓓欣被聘为名誉会长，北京师范大学图书情报系主任倪晓建和首都图书馆馆长金沛霖被聘为顾问。2002 年，联谊会更名为"全国中小型公共图书馆联合会"，由郭斌担任会长。实际上，联合会是全国中小型和基层图书馆之间在联合的基础上形成的一种研讨和探索事业发展的机制。

"全国中小型公共图书馆联合会"每年举行年度研讨，每次依照中小型公共图书馆发展特点以及图书馆的实际工作需要确定主题。进入 21 世纪以后，重点围绕新世纪中小型公共图书馆的建设和发展、服务创新与资源共享、区域合作等领域进行研讨，开展实地考察并开展合作，有力地加强了地区之间、馆与馆之间信息和经验的交流，使与会者开阔了视野，丰富了头脑，推动了中小型公共图书馆学术理论的研讨和交流并取得丰硕成果。

自成立以来，学会给予"全国中小型公共图书馆联合会"积极的支持和帮助。近几年，联合会和学会学术研究委员会下设的社区与乡镇图书馆专业委员会、少数民族图书馆专业委员会等合作举办研讨会，在资源共享的基础上和更加广阔的范围进行交流与相互学习。在促进中小型公共图书馆事业发展中，该机制发挥了桥梁和纽带作用，激发了广大中小型公共图书馆工作者热爱并献身图书馆事业的热情，对推动中小型公共图书馆事业发展发挥了积极作用。

七 各系统图书馆事业发展协调机制

由于社会公众和各系统各行业从业人员对图书馆服务需求的普遍性、多样性和及时性，我国图书馆事业发展也呈现系统化、专业化和条块化等特点。因此，学会在规划分支机构设置时非常尊重这些特点和规律，目前在有关行业和系统共设 12 个分支机构。学会通过有关分支机构建立各系统事业协调机制，协调和指导事业发展，进而实现全国图书馆事业整体协调发展。目前，在各系统和行业中，通过学术年会、发展论坛等方式形成了较好的发展机制。如高校图书馆发展论坛、专业图书馆分会学术年会、医学图书馆分会学术研讨会暨学术年会等。

"高校图书馆发展论坛"作为中国高校图书馆领域的年度性大型论坛，迄今为止已在北京、成都、苏州、长春、西安、武汉、银川、贵阳连续举办八届，是高校图书馆领域的顶级高峰盛会。论坛致力于探讨我国高校图书馆建设与发展的理论与实践，将宏观发展趋势与微观图书馆技术实践紧密结合。每届论坛都以深刻而富有前瞻性的主题、高层次的嘉宾演讲和丰硕的会议成果赢得高校图书馆界的一致关注和认可，以此推动我国高校图书馆事业的进步和发展。2017 年 6 月，2017 年中国高校图书馆发展论坛在贵阳孔学堂文化传播中心举办。为契合国家"双一流"的发展战略，探索新时代背景下高校图书馆的发展方向，论坛主题定为："双一流"背景下高校图书馆的创新与发展。①

专业图书馆分会自 2007 年起确立了图书馆"知识服务"的发展方向，持续围绕知识服务的主题组织学术年会，全面系统地交流探讨图书情报机构开展知识服务的实践与研究，得到了积极响应。2017 年 10 月底至 11 月初，2017 年学术年会在广西桂林举办。年会继续围绕知识服务展开，聚焦"数据融汇与智能化"，重点交流探讨了文献信息机构在大数据时代和机器智能时代的发展规划以及情报服务与知识服务创新实践。②

医学图书馆分会学术研讨会暨学术年会由来已久，目前已举办至第 25 届。2017 年 7 月，医学图书馆分会第 25 届学术研讨会暨 2017 年学术年会在吉林长春召开，来自全国近百家医学图书馆和医学信息机构的 180 余名代表参会。会议围绕"医学图书馆服务创新：知识管理、知识服务、知识共享"的主题，安排了主题报告、专题报告、医院图书馆创新发展、图书馆新技术交流、论文交流等多个板块的内容，受到与会代表的好评。③

此外，还有中国高职图书馆发展论坛、全军院校图书馆工作会议、党校图书馆分会片区会议及业务培训以及中小学图书馆分会、中央国家机关图书馆分会、团校图书馆分会和工会图书馆分会的年度工作会议等，对所在系统事业发展均发挥了重要的协调和推动作用。

---

① http://www.sal.edu.cn/2017.

② http://www.csla.org.cn/index.jsp.

③ http://www.jdyy.cn/index.php/tsda/news/id/8530.html.

第三节　专业人才培养体系

事业发展的关键在于培养人才，同时人才培养工作也是学会发挥行业协调和指导职能的重要内容和体现。近年来，学会积极搭建专业人才继续教育体系，旨在建立全国及区域性培训基地，对全国图书馆从业人员进行系统化、专业化的分层分类培训。同时，逐步建立图书馆队伍培训长效机制，推进图书馆队伍培训规范化建设。在对继续教育体系建设调研的基础上，2014年底，学会开发了会员管理与服务平台，该平台具有培训信息发布、培训报名（注册）、课程选择及远程教育、师资及教学管理、专家数据库、学员管理、培训评估和宣传报道等功能，并具备学员在网上完成选修课的功能。

继续教育体系包含了课程（专题）数据库、专家库、合作框架等内容。基层图书馆可根据自身发展需要，选取专业培训或学历教育。如选取专业培训，则首先确定合作框架（根据培训需求与经费情况），选择专题型、菜单型或者进修型继续教育项目，制订教学计划，实施教学任务；如选取学历教育，则选择院校与专业后，确定合作框架，制订教学计划，实施教学任务。专题型培训是学会根据承接的国家级项目的具体培训方向，结合以往推进相关培训的经验，制定出各项目的培训套餐。该数据库目前包含了数字图书馆建设与服务、民国时期文献保护工作、全国图书馆未成年人服务提升计划等内容。

一　"数字图书馆建设与服务"馆长及业务骨干高级研讨班

2000 年 4 月，中国数字图书馆工程正式启动。其目标是构建一个国家数字式图书馆雏形，集中国家图书馆和地方图书馆中有一定特色或典型示范性的馆藏资源，通过遍布全国的数据通信网络，向全国乃至全球提供示范性的中国国家数字化图书馆服务。2011 年 5 月，为进一步加强公共数字文化建设，提高公共文化服务能力，推动覆盖城乡的公共文化服务体系建设，切实保障数字化、信息化、网络化环境下公共文化服务的公益性、基本性、均等性、便利性，更好地满足人民群众日益增长的精神文化需求，提高公民思想道德素质和科学文化素质，文化部、财政部决定于"十二五"期间在全国实施"数字图书馆推广工程"。

"数字图书馆推广工程"的实施将进一步加强资源共享，扩大资源总量，形成规模效益，有效扩充全国各级公共图书馆的数字资源，避免重复建设；将全面提升各级公共图书馆的文献保障水平和信息服务能力，拓展服务渠道，丰富服务手段；将推广我国在数字图书馆软硬件平台建设方面的成果，搭建标准化和开放性的数字图书馆系统。在项目实施中，对专业知识与实际技能兼备的数字图书馆人才队伍的培养是重要的内容之一。学会重视业界人才培养，积极争取并承接了面向全国各级公共图书馆开展的数字图书馆建设与服务的部分培训任务。学会秘书处负责具体策划和执行，紧密结合各地实际，认真制订培训实施方案，科学规划实施进度，加大宣传力度，取得了较好的效果。

项目于 2012 年开始启动，主题暂定为"走进数字图书馆——数字图书馆推广工程宣传推广"。2013 年将主题确定为"网络书香·数字图书馆建设与服务宣传推广项目"并沿用至今，开展培训是其重要组成部分。从 2015 年起，项目纳入文化部全国公共文化巡讲活动，也成为学会年度重点工作之一。至 2017 年底，已在全国完成 20 站的宣传推广活动，共计培训各级各类图书馆馆长及业务骨干 3976 人。

在文化部公共文化司的指导下，学会与各承办单位通力协作、精心组织，在培训的策划、组织和安排等方面做了大量工作，包括培训组织联络及协调等工作，为培训的成功实施奠定了坚实的基础。同时，培训工作也得到了授课专家的大力支持。例如，先后邀请了学会副理事长、国家图书馆常务副馆长陈力，国家图书馆副馆长魏大威、孙一钢，上海图书馆副馆长刘炜，中国农业科学院农业信息研究所所长孙坦，中国人民大学信息资源管理学院教授索传军，浙江图书馆副馆长刘晓清，清华大学数字图书馆研究所副所长姜爱蓉等全国知名专家为学员授课。在培训内容的策划上，囊括了数字图书馆建设、服务和发展趋势以及数字图书馆理念、软硬件平台建设等内容，既考虑到公共馆的客观需求，也兼顾了高校等其他系统图书馆的工作实际。在培训组织形式上，非常注重科学性和实践性，同时安排学员与专家之间的交流和互动。

通过培训，普及了数字图书馆和推广工程基础知识，强化了数字图书馆的建设与服务理念，让学员更多地参与数字图书馆资源建设实践，切实解决了学员业务工作中的实际问题，拓展了基层文化队伍的视野，壮大了数字图书馆建设人才队伍，提高了各地基层图书馆员的业务水平，进一步提升了我国数字图书馆人才队伍的素质，充分发挥了学会的行业协调与服务职能。

表6－1 "数字图书馆建设与服务"馆长及业务骨干高级研讨班统计表

	时间	地点	研讨内容/主题	培训人数
2012年	7月12～19日	陕西神木（陕西站）	走进数字图书馆	150
	9月13～20日	湖南长沙（湖南站）	走进数字图书馆	200
	10月14～22日	山西太原（山西站）	1. 数字图书馆新媒体服务； 2. 数字图书馆推广工程软硬件平台建设； 3. 数字图书馆新技术进展及趋势； 4. 近10年国外数字图书馆技术的发展。	180
	10月30日至11月6日	河北石家庄（河北站）	转型中的公共图书馆	220
	12月18～24日	福建福州（福建站）	1. 数字时代公共图书馆的建设与服务； 2. 数字图书馆的变革与发展； 3. "数字图书馆推广工程"软硬件平台建设； 4. 福建数字图书馆推广工程建设的探索与实践——基于云计算的公共数字文化服务技术支撑平台研究与应用。	150
	7～12月	5站		900
2013年	7月30日至8月6日	江苏南京（江苏站）	1. 数字图书馆的资源建设； 2. 以数字图书馆推广工程为抓手 构建覆盖全国的数字图书馆服务体系； 3. 数字图书馆的建设与服务——以浙江省为例； 4. 改变图书馆未来的十个趋势。	180
	9月4～11日	安徽合肥（安徽站）	1. 我国数字图书馆实践与服务体系构建； 2. 数字图书馆新媒体服务； 3. 数字图书馆的建设与服务——以浙江省为例； 4. 改变图书馆未来的十个趋势。	200
	9月25日至10月1日	四川成都（四川站）	1. 数字图书馆的资源建设； 2. 以数字图书馆推广工程为抓手 构建覆盖全国的数字图书馆服务体系； 3. 数字图书馆的建设与服务——以省馆为例； 4. 数字图书馆的变革与发展。	250
	7～10月	3站		630

续表

时间		地点	研讨内容/主题	培训人数
2014 年	5 月 20～25 日	重庆（重庆站）	1. 万物互联背景下的图书馆新业态发展思考； 2. 数字图书馆推广工程软硬件平台建设； 3. 从移动图书馆到智慧图书馆； 4. 数字图书馆的建设与服务——以浙江省为例。	190
	6 月 10～15 日	河南郑州（河南站）	1. 万物互联背景下的图书馆新业态发展思考； 2. 数字图书馆推广工程软硬件平台建设； 3. 走向数字知识服务：数字图书馆的发展与变革； 4. 数字图书馆的建设与服务——以浙江省为例。	250
	8 月 4～8 日	宁夏银川（宁夏站）	1. 万物互联背景下的图书馆新业态发展思考； 2. 数字图书馆推广工程软硬件平台建设； 3. 从移动图书馆到智慧图书馆； 4. 数字图书馆的建设与服务——以浙江省为例。	320
	5～8 月	3 站		760
2015 年	4 月 15～19 日	江西抚州（江西站）	1. 万物互联背景下的图书馆新业态发展思考； 2. 数字图书馆推广工程软硬件平台建设； 3. 走向数字知识服务：数字图书馆的发展与变革； 4. 数字图书馆的建设与服务——以浙江省为例。	180
	7 月 29 日至8 月 2 日	浙江舟山（浙江站）	1. 互联网＋公共文化服务：数字图书馆推广工程创新驱动与发展； 2. 数字图书馆推广工程平台建设； 3. 面向语义信息环境的嵌入式图书馆服务； 4. "十三五"图书馆趋势前瞻。	250
	8 月 19～23 日	吉林长春（吉林站）	1. 互联网＋公共文化服务：数字图书馆推广工程创新驱动与发展； 2. 移动技术驱动图书馆服务创新发展； 3. 数字图书馆的建设与服务——以浙江省为例； 4. 数字图书馆推广工程软硬件平台建设。	220
	4～8 月	3 站		650

续表

时间		地点	研讨内容/主题	培训人数
2016 年	4 月 13 ~ 17 日	云南昆明 （云南站）	1. 立足"互联网＋"战略，推动国家数字图书馆的创新发展； 2. 数字图书馆的发展与变革——面向语义信息环境的嵌入式图书馆服务； 3. 数字图书馆建设与技术创新探索； 4. 数字图书馆推广工程软硬件平台建设。	220
	5 月 11 ~ 15 日	广西南宁 （广西站）	1. 图书馆服务创新与数字图书馆推广工程建设； 2. 数字图书馆的发展与变革——面向语义信息环境的嵌入式图书馆服务； 3. 数字图书馆建设与技术创新探索； 4. 立足"互联网＋"战略，推动国家数字图书馆的创新发展。	154
	9 月 7 ~ 11 日	新疆 克拉玛依 （新疆站）	1. 图书馆的创新与未来； 2. 数字图书馆公开课的创新与实践； 3. 数字图书馆的发展与变革——面向语义信息环境的嵌入式图书馆服务； 4. 从移动图书馆到智慧图书馆。	136
	4 ~ 9 月	3 站		510
2017 年	6 月 14 ~ 18 日	山东烟台 （山东站）	1. 以服务创新为驱动的推广工程软硬件平台建设； 2. 数字图书馆的发展与变革——面向语义信息环境的嵌入式图书馆服务； 3.《评估标准》条文解读："业务建设"数字化相关指标； 4. 数字图书馆推广工程建设与发展。	165
	7 月 19 ~ 23 日	黑龙江 哈尔滨 （黑龙江站）	1. 图书馆服务创新与数字图书馆推广工程建设； 2. 数字图书馆的转型与发展； 3. 信息技术驱动与图书馆融合创新； 4. 自建数字资源版权管理。	216
	11 月 8 ~ 12 日	湖南长沙 （湖南站）	1. 数字图书馆移动服务建设与实践； 2. 数字图书馆的发展与变革——面向语义信息环境的嵌入式图书馆服务； 3. 信息技术驱动与图书馆融合创新； 4. 推广工程数字资源建设与网络书香资源检索平台。	145
	6 ~ 11 月	3 站		526
2012 ~ 2017 年		20 站		3976

二 民国时期文献保护工作研修班

民国文献作为记录和反映民国时期社会现实的重要载体，不仅有鲜明的时代特征，更具备较高的文献价值和历史价值。因特殊的历史环境和岁月的流逝，民国时期文献普遍出现了老化或损毁现象，抢救和保护民国文献迫在眉睫。2012 年，国家图书馆牵头启动了"民国时期文献保护计划"项目，几年来联合国内相关文献单位在民国时期文献普查、海外文献征集和文献整理出版等方面取得了丰硕成果。从 2014 年起，学会联合国家图书馆开展面向全国各级各类图书馆的民国时期文献保护业务的培训，旨在助推"民国时期文献保护计划"的实施，做好专业人才培养工作。四年来，共计培训各级各类图书馆民国时期文献保护工作主管领导和业务骨干1533 人。

2014 年，民国时期文献保护工作培训班分别在安徽省图书馆、四川省图书馆和广东省立中山图书馆举办，共计培训 365 人。安徽站培训班上，国家图书馆业务管理处副处长梁爱民作了题为《民国时期文献保护计划概况》的报告，国家图书馆研究馆员刘小玲、朱芊就民国时期文献的著录、标引进行授课，全国图书馆联合编目中心索晶讲解了联合目录系统操作及使用，淮北师范学院教授傅瑛、安徽省图书馆副馆长张海政分别作了《民国时期安徽文献概说》《安徽省图书馆民国文献的存藏及保护情况介绍》的专题报告。四川站培训班上，陈力作了题为《民国时期文献保护计划概况》的报告，国家图书馆研究馆员刘小玲、朱芊就民国时期文献的著录、标引进行授课，国家图书馆副研究馆员延卫平讲解了《全国联合编目系统民国时期图书馆藏编制和添加》。四川省图书馆学会秘书长、四川省图书馆副馆长王嘉陵，四川大学图书馆副馆长林平分别作了《民国时期文献的保护与利用》《民国文献现状、保护与利用——以四川大学图书馆为例》的专题报告。广东站培训班上，分别由陈力主讲"民国时期文献保护计划"概况，国家图书馆研究馆员刘小玲主讲民国资料、图书的著录，国家图书馆研究馆员朱芊主讲民国资料、图书的标引，国家图书馆副研究馆员延卫平主讲全国联合编目系统民国时期图书馆藏编制和添加，广东省立中山图书馆副馆长、研究馆员倪俊明主讲近代民国报刊文献的史料价值及其保护整理，中山大学历史系教授李吉奎主讲民国文献与民国史研究。此次宣传推广活动还特别安排了由广州市社会科学院研究员李扬作题为《胡汉民与蒋介石的"党权"与"军权"之争》的讲座，引发了读者对民国历史及民国文献的浓厚兴趣。

2015年，民国时期文献保护工作培训班分别在南京图书馆、贵州省图书馆以及广西壮族自治区图书馆举办，共计培训290人。江苏站培训班上，陈力从"东京审判"资料流散的教训、民国时期文献的基本情况、民国文献的史料价值和现实意义及民国时期文献保护的紧迫性等多个方面，介绍了"民国时期文献保护计划"的立项情况，并从工作机制基本形成、文献普查陆续展开、海外文献征集进展顺利、文献整理出版成果显著、原生性保护已经启动和宣传工作全面展开等方面，对"民国时期文献保护计划"的工作概况进行了详细讲授。南京图书馆副馆长全勤以《南京图书馆民国时期文献保护实践》为题，从南京的民国建筑、南京图书馆民国文献数量、保管与典藏、文献书库、文献特色、整理开发与利用和存在的问题等方面，进行了授课。国家图书馆研究馆员刘小玲以《民国时期图书著录》，国家图书馆研究馆员朱芊以《民国时期图书标引中应注意的问题》，国家图书馆副研究馆员延卫平以《全国联合编目系统民国时期图书馆藏编制和添加》为题，进行授课。贵州站培训班上，除常规培训内容，还邀请到贵州社科院研究员熊宗仁以《民国贵州文化的前世今生》为题，介绍了民国贵州文化和民国贵州文献情况。活动期间还举办了"民国时期文献保护计划成果展"和"抗战时期贵州的特殊文化景观及其当代价值"公共讲座。"民国时期文献保护计划"宣传推广活动在贵州站举办对于培养贵州民国文献保护专业人才队伍，推进相关工作开展起到了重要作用。广西站的培训班除常规培训内容，还邀请了广西壮族自治区图书馆地方文献部主任蓝凌云主讲广西民国时期文献的特色与整理保护现状。

2016年，民国时期文献保护工作培训班分别在吉林省图书馆、辽宁省图书馆和黑龙江省图书馆举办，同时在沧州市图书馆举办了"民国时期文献编目工作研修班"，全年共计培训464人。吉林站培训班上，国家图书馆业务管理处副处长孙伯阳从"东京审判"资料流散的教训，民国文献基本情况、史料价值和现实意义，保护工作的紧迫性等多个方面介绍了"民国时期文献保护计划"的立项情况。东北师范大学教授、博士生导师曲晓范以《民国时期吉林社会文化的兴起与发展》为题，介绍了民国时期吉林文化的发展、繁荣及其历史环境和历史背景。国家图书馆研究馆员刘小玲以《民国时期图书著录》为题，分图书著录概述、CNMARC记录结构和九大功能模块、机读目录格式填写说明等内容进行了授课。国家图书馆研究馆员朱芊以《民国时期图书标引中应注意的问题》为题，从依据的标引工具、历史类目类号的处理、主标题确定的原则、民国时期图书的特点及标引方法等方面进行了授课。国家图书馆副研究馆员延卫平以《全国联合编目系统民国时期图书馆藏编制和添加》为题，从UCS系统介绍、UCS系统书目与馆藏数据关系、UCS客户端的安装和登录UCS系统等方面进行了授课。辽宁站培训班上，国家图书馆业务管理处处长毛雅君从民国文献基本情况、史料价值和现实意义、保护工作的紧迫性等多个方面介绍了"民国时期文献保护计划"的立项情况。辽宁省张氏帅府博物馆副馆长曲香昆以《从民国文献中品读张氏帅府》为题，介绍了民国时期辽宁文化和相关文献情况。国家图书馆研究馆员刘小玲、朱芊和国家图书馆中文采编部袁春燕分别以《民国时期图书著录》《民国时期图书标引中应注意的问题》和《全国联合编目系统民国时期图书馆藏编制和添加》为题进行了授课。黑龙江站培训班上，陈力讲授"民国时期文献保护计划"概况，黑龙江省地方志办公室研究室原主任、编审柳成栋讲授《黑龙江民国文献的开发与利用》，国家图书馆研究馆员刘小玲和朱芊分别讲授《民国图书的著录》和《民国资料、图书的标引》，国家图书馆副研究馆员延卫平讲授《全国联合编目系统民国时期图书联机上载与馆藏编制》。

2016年7月7～8日，由国家图书馆、中国图书馆学会、河北省文化厅主办，河北省图书馆学会、沧州市图书馆共同承办的"民国时期文献编目工作研修班"在沧州市图书馆举办。有关领导、全国知名的民国文献编目专家以及来自全国各级各类图书馆及相关机构从事民国时期文献编目工作的业务骨干参加研修活动。国家图书馆业务管理处处长毛雅君对"民国时期文献保护计划"概况作了介绍；沧州区域文化研究所所长、南开大学社会史研究中心客座研究员孙建为作了题为《民国文献里的家国情怀——以沧州地区为例》的民国历史文化讲座；国家图书馆刘小玲、朱芊、延卫平分别讲授了《民国图书著录》《民国资料、图书标引》《全国联合编目系统民国时期图书联机上载与馆藏编制》等专业课程，学员们结合各馆民国时期文献保护工作实际进行交流。

2017年，民国时期文献保护工作培训班分别在重庆图书馆、宁夏师范学院和云南省图书馆举办，同时在南京图书馆举办了"全国图书馆民国时期文献编目工作研修班"，全年共计培训414人。重庆站培训班上，由国家图书馆民国时期文献保护工作办公室主任马静讲授"民国时期文献保护计划"概况，国家图书馆研究馆员刘小玲和朱芊分别讲授《民国图书的著录》和《民国资料、图书的标引》，国家图书馆副研究馆员延卫平、田周玲分别主讲《全国联合编目系统民国时期图书联机上载与馆藏编制》和《民国时期文献的保存保护》。宁夏站培训班上，马静讲授"民国时期文献保护计划"概况，国家图书馆研究馆员刘小玲和朱芊分别讲授《民国图书的著录》和《民国资料、图书的标引》，国家图书馆副研究馆员延卫平讲授《全国联合编目系统民国时期图书联机上载与馆藏编制》，国家图书馆馆员任珊珊讲授《民国时期文献的保存保护》。云南站培训班上，马静从民国文献基本情况、史料价值、现实意义、保护工作的紧迫性等多个方面介绍了"民国时期文献保护计划"的立项出版情况。国家图书馆研究馆员朱芊、刘小玲和副研究馆员田周玲、延卫平分别以《民国时期图书标引中应注意的问题》《民国时期图书著录》《民国时期文献的保存保护》《全国联合编目系统民国时期图书联机上载与馆藏编制》为题进行授课。

2017年6月7~8日，由国家图书馆、中国图书馆学会、江苏省文化厅主办，南京图书馆、江苏省图书馆学会承办的"全国图书馆民国时期文献编目工作研修班"在南京图书馆举办。学会副理事长吴建中，江苏省文化厅副厅长、江苏省图书馆学会理事长裴旭，南京图书馆党委书记韩显红和授课专家以及来自全国公共图书馆、高校图书馆等相关单位的业务骨干130余人参加培训。研修班上，国家图书馆研究馆员韩华从民国文献基本情况、史料价值和现实意义、保护工作的紧迫性等多个方面介绍了"民国时期文献保护计划"的立项出版情况。国家图书馆研究馆员朱芊、刘小玲和副研究馆员田周玲、延卫平分别以《民国时期图书标引中应注意的问题》《民国时期图书著录》《民国时期文献的保存保护》《全国联合编目系统民国时期图书联机上载与馆藏编制》为题进行授课。

近年来，民国时期文献保护工作培训班的举办逐步体现出几个特点。一是助力工作开展。培训着眼于民国时期文献工作大局，立足于民国文献的保存与保护，编目和相关数据的整理、上传、共享等工作，对未来各地区、各单位进一步摸清民国文献家底，开展原生性保护和再生性保护打下了良好的基础，培训有助于各馆提高对民国文献工作的认识，从下到上推动政府对民国文献保护工作增加投入，给予政策。二是切实解决问题。培训切实解决了当地在民国文献保存保护、普查利用、编目上传中遇到的问题，受到了广大学员的普遍欢迎和赞誉，满意度达到99%以上，广大学员希望主办方能多举办同类培训和研修班，以满足基层图书馆的迫切需求。三是扩大社会影响。培训加大了针对民国时期文献的宣传力度，通过展览提高了公众对民国文献保护工作的认识，中央和地方有关媒体对活动进行报道，扩大了项目的社会影响力。四是搭建合作平台。培训搭建了民国文献保护工作者良性互动的平台，将专业工作人员聚集一堂，有利于各方在平台内加强交流，彼此学习，为未来开展合作打下了基础。五是不断实现内容创新。如为了抢救民国文献，保护国家文化遗产，2017年增加了"民国时期文献的保存与保护"课程，通过课程，改善各馆保护民国文献的条件，增强工作人员保护文献的能力，延缓民国藏书酸化、脆化。

三 全国图书馆未成年人服务提升计划

"全国图书馆未成年人服务提升计划"自2012年开始实施，学会希望通过该计划向全国图书馆未成年人服务工作者宣传图书馆未成年人服务新理念，介绍图书馆未成年人服务工作新方法，启迪新思维，引入国内外成功案例，开阔图书馆未成年人服务实际工作者的视野。

2012年9月10~11日和9月13~14日，"全国图书馆未成年人服务提升计划"首轮巡讲分别在天津市少年儿童图书馆和湖南省少年儿童图书馆举办。天津站巡讲中，国家图书馆少年儿童图书馆馆长王志庚、南开大学信息资源管理系教授柯平、武汉大学信息管理系教授黄如花、德国斯图加特市所有儿童图书馆总馆长凯瑟琳·罗斯勒等国内外图书馆界著名专家分别以《我国公共图书馆未成年人服务政策环境及对策分析》《美国图书馆的未成年人服务》《青少年图书馆服务的理论与方法》《孩子们的王国：斯图加特图书馆为所有的儿童提供的全方位加强版服务》为题进行讲授。湖南站巡讲中，陈力、范并思、王志庚、黄如花、凯瑟琳·罗斯勒等专家分别以《识字与阅读》《图书馆未成年人服务理论与实践》《我国公共图书馆未成年人服务政策环境及对策分析》《美国图书馆的未成年人服务》《孩子们的王国：斯图加特图书馆为所有的儿童提供的全方位加强版服务》为题进行讲授。活动中，学会向两个承办单位授予"全国图书馆未成年人服务提升计划"示范基地，并安排介绍了《全国少年儿童图书馆基本藏书目录（2012）》基本情况，为天津市和湖南省有关图书馆赠书。

2013 年 8 月 5～6 日，2013"全国图书馆未成年人服务提升计划"（吉林站）巡讲在吉林省长春市举办。王志庚、柯平、黄如花和德国阅读推广机构总监萨碧娜·马勒等专家分别以《我国公共图书馆未成年人服务政策环境及对策分析》《青少年图书馆服务的理论与方法》《美国图书馆的未成年人服务》《图画书中的结构和元素——作为儿童和青少年活动的桥梁》为题进行讲授。吉林省图书馆（吉林省少年儿童图书馆）和长春市少年儿童图书馆在巡讲期间分别上台演示了优秀案例"农民工子女阅读基地"和"少儿阅读大讲堂"，得到了专家的高度评价，在全省图书馆界起到了引领和示范作用。云南站巡讲活动与第一届全国图书馆未成年人服务论坛合并举行，在此不再赘述。

2014 年 7 月 3～4 日和 7 月 31 日至 8 月 1 日，2014"全国图书馆未成年人服务提升计划"广西站和安徽站巡讲活动分别在广西壮族自治区图书馆和安徽省休宁县举办。广西站巡讲中，陈力、范并思、黄如花和德国汉堡市市立图书馆下属儿童图书馆采编部主任布瑞特·易卜生等专家分别以《当代儿童的阅读问题——由识字说起》《图书馆未成年人服务和阅读推广》《美国图书馆的未成年人服务》《德国公共图书馆儿童服务的创新道路》为题进行讲授。安徽站巡讲与"全国绘本阅读推广高峰论坛"合并举办。全国政协常委、副秘书长，民进中央副主席朱永新，儿童文学作家、上海师范大学教授、博士生导师梅子涵，儿童文学家、台东大学荣誉教授兼儿童文学学院教授林文宝，国内知名童书插画家姬炤华，中科院心理所继续教育学院客座教授、南京师范大学教育研究院儿童图画书研究中心研究员孙莉莉，中国海洋大学儿童文学研究所所长、中国作家协会儿童文学委员会委员朱自强，著名图画书编辑、作家、翻译家、日本福音馆书店童话编辑部编辑长唐亚明等国内外图书馆界著名专家分别为学员们作了精彩的报告。

朱永新在题为《读写绘——童年最美的礼物》的报告中，为大家详细介绍了新阅读研究所的教育理念、教育实践和绘本阅读在新阅读教育实验活动中的应用。梅子涵在题为《图画书是讲不完的》报告中，用生动形象的图画书故事告诉代们们绘本如何具有无限的丰富性。林文宝在题为《绘本与绘本馆——在独立书店与时尚、流行中》的报告中，提出图书馆和绘本馆要开展符合这个时代需求的阅读推广活动，就必须了解儿童，并用儿童乐意接纳的方式"诱导"其进入阅读的世界。唐亚明通过其在日本图画书编辑第一线30年的经历，与大家分享了日本福音馆在绘本编辑和出版方面的相关经验。朱自强讨论了绘本的文学性。姬炤华与大家分享了绘本的艺术特点。孙莉莉基于其实验活动，揭示了什么是符合儿童身心发展特征和需求的绘本阅读延伸活动。此外，耕林童书馆、接力出版社、蒲蒲兰绘本馆和禹田文化4家出版机构通过分论坛的形式和大家精读了《黑与白》《幸运的内德》《黛西的球》《小淘气阿黛拉》等优秀绘本。

2015年"全国图书馆未成年人服务提升计划"完成了海南站和黑龙江站的巡讲活动。11月5~6日，2015"全国图书馆未成年人服务提升计划"巡讲在海南省图书馆报告厅举办。巡讲中，范并思、黄如花和华南师范大学经济与管理学院教授束漫以及德国德累斯顿市立图书馆儿童图书馆副馆长索菲亚·罗尔等国内外图书馆界专家分别以《图书馆未成年人服务与儿童阅读推广》《如何利用免费信息提升读者服务质量》《世界多国公共图书馆的读写困难群体服务》《德国儿童图书馆工作——以德累斯顿市立图书馆为例》为主题进行讲授。黑龙江站巡讲活动与"少儿阅读推广人"培育行动（基础级）合并举行，此处不再赘述。

2016年"全国图书馆未成年人服务提升计划"完成了河北站和浙江站的巡讲活动。8月24~25日，2016"全国图书馆未成年人服务提升计划"巡讲在河北省图书馆举办。范并思作了题为《图书馆未成年人服务和阅读推广》的讲座，阐述了图书馆未成年人服务中的认识儿童、认识阅读行为、认识阅读环境、认识活动等一系列问题。德国驻华大使馆学校图书馆部主任卡嘉·维斯多夫女士在《德国图书馆的未成年人服务》的讲座中，介绍了德国公共图书馆儿童服务中的活动和项目。湖南省少年儿童图书馆副馆长薛天通过《公共图书馆儿童活动的概念、程序、方法》的讲授，从实践的角度对未成年人服务具体工作中的许多实际问题进行了讲解。黄如花以《美国图书馆的未成年人服务》为题，介绍了纽约公共图书馆、波士顿公共图书馆和芝加哥公共图书馆等未成年人服务的制度、措施和效果，揭示了我国与发达国家在图书馆未成年人服务方面的差距和未来的发展方向。培训班还安排了未成年人优秀案例展示，首都图书馆少儿部多媒体中心主任张皖介绍了首都图书馆动漫在线项目的建设过程及在未成年人服务中的显著社会效益；河北省图书馆研究辅导部主任杨洪江介绍了河北省图书馆、河北省图书馆学会组织全省公共图书馆连续开展13年的燕赵少年读书系列活动的经验。浙江站巡讲活动与"少儿阅读推广人"培育行动（基础级）合并举行，此处不再赘述。

2017年"全国图书馆未成年人服务提升计划"完成了甘肃站和内蒙古站的巡讲活动。7月11～14日，2017"全国图书馆未成年人服务提升计划"巡讲在甘肃省图书馆举办。范并思、黄如花和深圳市少年儿童图书馆馆长宋卫以及慕尼黑国际青少年图书馆专家汤娅·罗伊特等国内外图书馆界著名专家分别以《图书馆未成年人服务和阅读推广》《美国图书馆的未成年人服务》《迎第六次图书馆评估，促未成年人服务》《德国图书馆青少年阅读推广》为题进行讲授，并与学员们展开互动，答疑解惑，学习气氛热烈而愉快。在优秀案例演示环节，甘肃省图书馆甄润演示了《以活动促阅读 以阅读促发展——甘肃省少儿图书馆亲子系列阅读推广活动介绍》，甘肃省张掖市甘州区图书馆朱婧漪作了《沐浴书香 快乐成长——甘州区图书馆未成年人阅读推广活动案例》的交流发言，受到现场专家和学员的好评，起到了重要的引领和示范作用。内蒙古站巡讲活动与"阅读推广人"培育行动第八期培训班合并举行，此处不再赘述。

综上所述，巡讲活动中既研讨了我国在未成年人服务领域的理论问题，也兼顾了图书馆工作的实践；既展示了国内未成年人服务现状，也介绍了国外相关领域工作情况；既有国内外知名专家的报告，也有经典案例分析；既有经验分享、也有成果展示；现场讨论既有争鸣，也有共识。巡讲活动通过多年持续开展，学员们对图书馆的基础业务、理论前沿、实践拓展等内容有了更为深入的认识，了解了新时期未成年人图书馆服务发展与创新的前沿动态，明确了图书馆开展未成年人思想道德建设和阅读推广工作的职责和任务。同时，通过思索、积累和提炼，有效提升了全国图书馆界服务未成年人的能力和水平。

四 "阅读推广人"培育行动

习近平总书记指出，书籍是人类知识的载体，是人类智慧的结晶，是人类进步的阶梯。读书可以让人保持思想活力，让人得到智慧启发，让人滋养浩然之气。毋庸置疑，阅读不仅影响着每个人的一生，也与民族文化密切相关，阅读能力的高低甚至直接影响到一个国家和民族的未来。图书馆承担着传承社会文明、传播知识信息的重要职责，尤其在推动全民阅读、提高人民群众思想道德素质和科学文化素质，推动社会进步中发挥着重要作用。

学会作为我国图书馆界具有较强影响力的全国性社会组织，在传承和弘扬中华优秀传统文化，促进全民阅读，培育社会主义核心价值观和提升社会公众文化素养方面责无旁贷。多年来，学会积极倡导和推动全民阅读，开展丰富多彩的阅读推广活动，积累了深厚的阅读推广经验，集聚了一批从事全民阅读与阅读推广研究和教育培训等方面的专家学者，形成了开展阅读推广活动的长效机制。2014 年 12 月 11～13 日，为了充分发挥行业协调和服务的职能，更加规范有效地开展阅读推广活动，进而从根本上促进我国全民阅读事业的发展，学会在江苏省常熟市召开的 2014 年全民阅读推广峰会上，正式启动"阅读推广人"培育行动。

"阅读推广人"是指具备一定资质，能够开展阅读指导、提升读者阅读兴趣和阅读能力的专职或业余人员。"阅读推广人"培育对象包括各级各类图书馆和科研、教学、生产等相关企事业单位人员及有志参与阅读推广事业的其他社会人员。作为以促进全民阅读，为读者终身学习提供保障为目标和社会责任的图书馆，应当成为"阅读推广人"培养与成长的主要摇篮。参加培训并通过考核的学员，由学会授予"阅读推广人"培训证书。2015 年以来，学会动员全行业开展阅读推广的力量，编辑出版了"阅读推广人"系列教材，包括《图书馆阅读推广基础工作》《图书馆阅读推广基础理论》《图书馆时尚阅读推广》《图书馆数字阅读推广》《图书馆经典阅读推广》《图书馆少儿阅读推广》共 6 册。此套书籍参与专家达百余人，总字数达 133 万字，是中国图书馆界培育阅读推广人的第一套教材，为图书馆行业科技工作者自学或参加培训，系统学习阅读推广工作的思路、方法、经验、模式提供了保障，为今后中国图书馆学会阅读推广人的培育工作打下了坚实的基础。三年来，围绕少儿阅读推广、阅读推广基础工作、阅读推广基础理论、数字阅读推广和经典阅读推广等主题举办了 9 期专题培训班，共计 2600 余人参加，极大地提升了"阅读推广人"的业务水平和能力。

2015 年 11 月 10 ~ 12 日，由国家图书馆、中国图书馆学会、黑龙江省文化厅主办，黑龙江省图书馆学会、黑龙江省图书馆承办的 2015 年全国图书馆未成年人服务提升计划——黑龙江站暨"少儿阅读推广人"培育行动（基础级）成功举办，来自全国少年儿童图书馆的 300 余人参加了培训。培训班上，柯平作了题为《关于儿童阅读推广的基本理论问题》的报告，系统阐述了儿童阅读推广工作的基础理论问题，强调儿童阅读推广工作的开展要有理论依据，注重方法论。德国德累斯顿市立图书馆儿童图书馆副馆长索菲亚·罗尔作了《德国儿童图书馆工作——以德累斯顿市立图书馆为例》的报告，将德国儿童图书馆工作的开展情况，尤其是德累斯顿市立图书馆少儿阅读推广实践，生动形象地介绍给大家，极具操作性和借鉴性。儿童阅读推广人、儿童文学作家、《新月读书会》主持人新月姐姐在她的《怎样讲好一个故事——阅读推广技巧》讲座中，告诉大家如何寻找一个好故事和怎样讲好故事。作家、影评人不流作了《少儿阅读推广活动策划与组织》的报告，对大家策划和组织活动具有极高的指导意义。北京大学信息管理系博士王玮通过大量的信息展示了《中国儿童读物发展概况》。王志庚从理念、政策、实践等多角度介绍了《少儿阅读空间的建设管理与服务》。长春师范大学教育科学学院副教授刘霖芳和吉林大学哲学社会学院应用心理学讲师孙蕾分别作了《以科学理念引领儿童教育，用多彩故事润泽童年生活》和《儿童心理学在阅读中的应用》的报告。

2016 年 5 月 18～20 日，由国家图书馆、中国图书馆学会、浙江省文化厅主办，浙江省图书馆学会、绍兴图书馆承办的 2016 年全国图书馆未成年人服务提升计划——浙江站暨"少儿阅读推广人"培育行动（基础级）成功举办，来自全国少年儿童图书馆的 300 余人参加了培训。范并思在题为《关于儿童阅读推广的基本理论问题》的报告中，系统阐述了儿童阅读推广工作的基础理论问题，强调儿童阅读推广工作的开展要有理论依据，注重方法论。薛天在《图书馆儿童读者活动——概念、程序、方法》中展示了丰富的实践案例，用经验说话，生动形象地介绍了少儿图书馆在开展工作时的方法和要点，极具操作性和借鉴性。华东师范大学心理与认知科学学院教授席居哲的报告《儿童阅读心理特点及其对阅读推广的启示》从专业角度介绍了儿童在不同成长阶段的心理情况，结合儿童自身发展特点提出了阅读推广工作中的工作方法和注意事项，给广大阅读推广工作者带来了全新的专业角度。王志庚从理念、政策、实践等多角度给我们介绍了《儿童的视觉读写与阅读推广》。儿童阅读推广人、儿童文学作家、《新月读书会》主持人新月姐姐作了《怎样讲好一个故事——阅读推广技巧》的讲座。宋卫的报告《儿童数字阅读服务及数字服务阅读》介绍了儿童图书馆在适应社会发展过程中不断更新服务模式，向儿童提供数字阅读服务的理论和实践方式，开拓了学员的服务思路。培训结束后，绍兴图书馆少儿部副主任劳琴瑶还向学员介绍了绍兴图书馆未成年人服务的情况。

5 月 24～26 日，由学会主办，苏州图书馆、苏州市图书馆学会承办的 2016 年"阅读推广人"培育行动——阅读推广基础工作专题培训班成功举办，来自全国各级各类图书馆的 350 余人参加了培训。北京大学信息管理系教授王余光作了题为《阅读推广工作概述》的讲座，介绍了阅读推广工作的理念和意义。河北大学管理学院教授赵俊玲用《阅读推广项目的策划》和《读书会的运营和培育》两场讲座系统讲述了阅读推广项目和读书会的策划实施，用丰富的案例展示了读书会组织策划的方法和注意事项。上海图书馆原会展中心（讲座中心）副主任拱佳蔚做了题为《图书馆讲坛的设计》的讲座，将理论与多年工作中积累的实践经验充分结合，介绍了图书馆筹划文化讲坛的方法和要点。国家图书馆出版社副编审、学会推荐书目专业委员会副主任、《图书馆阅读推广基础工作》副主编邓咏秋作了题为《推荐书目的类型和编制》的讲座，从书目选择的原则等宏观角度和具体条目如何编写等细节方面都做了详细的介绍，让学员对如何做书目推荐工作有了整体把握。南京大学信息管理学院教授徐雁在题为《阅读推广类导刊导报的策划、编辑与传播》的讲座中介绍了公共图书馆编写阅读推广导刊导报时的原则和方法，鼓励各馆根据实际情况开展阅读推广工作，开拓了阅读推广的工作视角。最后，苏州图书馆副馆长（主持工作）金德政向各位学员介绍了苏州图书馆的阅读节活动，十分丰富生动地展示了该馆在阅读推广方面所做的努力和取得的成绩。

6月21~23日，由学会和重庆市文化委员会联合主办，重庆市图书馆学会和重庆图书馆承办的2016年"阅读推广人"培育行动——阅读推广基础理论专题培训班举办，来自全国28个省、自治区、直辖市各类图书馆以及从事阅读推广相关工作的300余人参加了培训。此次培训课程是在广泛征集专家建议和阅读推广工作者实际需求基础上精心策划而成的。范并思和上海图书馆《图书馆杂志》原常务副主编王宗义、《大学图书馆学报》副主编王波、清华大学图书馆信息参考部副主任王媛等授课专家在阅读推广领域均有深入的研究和丰硕的成果，分别从图书馆阅读推广中的基础理论问题、图书馆阅读推广的深化路径与专业提炼、图书馆阅读推广中的营销学原理与方法、阅读疗法研究、中国的阅读传统、全球视野下的阅读立法研究等角度，结合自身的研究领域和工作实践，系统阐述阅读推广工作的基础理论和专题研究。此外，在培训课程结束后，重庆图书馆现场展示了一场别开生面、精彩好看的少儿快乐阅读体验课，培训班学员进行了观摩与交流。此次阅读推广人培训班，为全国各地优秀阅读推广人搭建了一个交流与学习的平台，课堂上学员认真听课、虚心受教，课堂下学员积极交流、充分互动，有效地提升了学员的业务素质和服务水平。

8月16~18日，由学会主办，东莞图书馆承办的"阅读推广人"培育行动第五期培训班——数字阅读推广专题成功举办，来自全国各个省、自治区、直辖市各类图书馆以及从事阅读推广相关工作的160余人参加了培训。此次培训课程重点围绕数字阅读推广专题筹划和组织，负责授课的专家在这一领域有着深厚的研究及实践相关经验。其中，上海图书馆副馆长刘炜主讲《数字阅读推广中的大数据应用》，山东省图书馆副馆长李西宁介绍《图书馆微博、微信建设、监测与分析》，李东来讲述《图书馆数字阅读推广》，北京大学李世娟讲授《数字阅读推广现状与变迁》，东莞图书馆副馆长杜燕翔结合工作案例实践介绍《数字阅读推广活动创新策划》，电子科技大学图书馆副馆长侯壮讲授《大学生数字阅读素养培育——案例、方法与技巧》。此外，培训课程结束后，培训班学员共同观摩了第八届中国国际影视动漫版权保护和贸易博览会东莞图书馆分会场相关活动，听取了东莞图书馆"玩物创智"数字兴趣小组活动介绍。

11月14～17日，由学会主办，青岛市图书馆学会和青岛市图书馆承办的"阅读推广人"培育行动第六期培训班成功举办，来自全国各级各类图书馆310余名阅读推广工作者出席了开幕活动。此次培训课程是围绕"经典阅读"这一主题，在广泛征集专家建议和阅读推广工作者实际需求基础上精心策划而成的。李西宁和中国人民大学图书馆古籍特藏部副主任王丽丽等授课专家在经典阅读推广领域均有深入的研究和丰硕的成果，分别从优秀传统文化与经典阅读推广实践、经典阅读推广的突破口、经典阅读推广方法与实践、经典阅览室及其设计、经典阅读的意义和经典选择的角度，结合自身的研究领域和工作实践，系统阐述经典阅读推广工作的基础理论和专题研究。培训班授课之余，青岛市图书馆和培训班学员分享了阅读推广实践经验。此次"阅读推广人"培育行动培训班，为全国各地优秀阅读推广人搭建了一个交流与学习的平台，课堂上学员认真听课、虚心受教，课堂下学员积极交流、充分互动，有效地提升了学员的业务素质和服务水平。

2017年4月12～14日，"2017全国少年儿童阅读年"系列活动启动仪式暨"阅读推广人"培育行动第七期培训班在湖南省株洲市成功举办。活动由学会主办，未成年人图书馆分会、湖南省少年儿童图书馆和株洲市图书馆承办，来自全国各地200余名代表参加了此次活动。著名儿童文学作家、上海师范大学教授、中国儿童阅读推广的奠基人梅子涵老师作了题为《儿童文学是简单文学吗?》的主旨演讲，用平实却十分具有感染力的语言讲述了儿童文学及儿童阅读推广的重要性。在为期三天的培训中，范并思和心理与认知科学学院副教授席居哲分别作了题为《儿童阅读推广的理论与方法》和《心理学与阅读推广》的讲座；王志庚主讲《公共图书馆的绘本馆建设与服务》，薛天主讲《书馆儿童读者活动的组织与管理》，温州市少年儿童图书馆活动推广部主任潘芳主讲《深耕爱阅、践行推广——温州少图阅读推广案例交流》。此外，还邀请广播剧导演宋娟给学员作了题为《如何更好地给孩子讲故事——讲故事的基本技巧》的讲座。

7月5~7日，由学会主办，内蒙古自治区图书馆学会、鄂尔多斯市图书馆学会、东胜区文化体育旅游局、东胜区图书馆承办的"阅读推广人"培育行动第八期培训班在东胜区图书馆正式开班，来自全国各级各类图书馆170余名阅读推广工作者出席了开幕活动。此次培训课程主题为"少儿阅读推广"，是在广泛征集专家建议，充分参考阅读推广工作者实际需求的基础上精心策划而成的。在培训的三天时间里，王志庚、薛天、宋娟、潘芳和首都师范大学初等教育学院副教授王蕾等专家从公共图书馆的绘本建设与服务、儿童阅读活动品牌建设、如何为孩子讲故事、温州少图阅读推广实践和母语文化背景下桥梁书及分级阅读教育的价值等多个角度全方位系统地阐述了少儿阅读推广工作。本次培训注重理论与实践的结合，除了专家授课，还组织了现场教学，并与东胜区图书馆的业务骨干进行了深入交流。

10月17~19日，由学会主办、江阴市图书馆承办的"阅读推广人"培育行动第九期培训班在江阴市图书馆正式开班，来自全国各级各类图书馆180余名阅读推广工作者出席了开班仪式。此次培训课程主题为"阅读推广基础工作"，是在广泛征集专家建议，充分参考阅读推广工作者实际需求的基础上精心策划而成的，既有理论知识授课，也有实践案例分享。徐雁作了题为《"三位一体"推广方略与全民阅读立法促进》的授课，介绍了全民阅读"三位一体"的推广方略，对比分析了文本阅读与数字阅读的优势劣势，提出了阅读推广工作转型升级的建议。拱佳蔚作了题为《图书馆讲坛的设计》的授课，将理论与多年工作中积累的实践经验充分结合，介绍了图书馆筹划文化讲坛的方法和要点。邓咏秋作了题为《推荐书目的类型和编制》的授课，从书目选择的原则等宏观角度到具体条目如何编写等细节方面都做了详细的介绍。宁波图书馆馆长徐益波作了题为《阅读节与书香城市建设》的授课，介绍了国内外的优秀实践，对"书香城市""书香社区"发现活动进行了解读。赵俊玲作了题为《读书会的运营和培育》的授课，系统讲述了读书会的策划实施，用丰富的案例展示了读书会组织策划的方法和注意事项。江阴市图书馆馆长宫昌俊作了题为《以提升阅读体验为抓手　切实提高综合阅读率——江阴市图书馆阅读推广实践》的授课，分享了江阴市图书馆阅读推广的经验和做法。最后，王余光作了题为《经典阅读推广》的授课，介绍了阅读推广工作的理念和意义。

五　图书馆员在职专业培训计划

图书馆员在职专业培训计划是针对图书馆新入职员工和非图书馆学（信息管理）专业的馆员而开展的系列培训，目的是建立全国及区域性培训基地，对全国图书馆从业人员进行系统化、专业化的分层分类培训。逐步建立图书馆队伍培训长效机制，推进图书馆队伍培训规范化建设。

2015 年 8 月 3~7 日，学会面向新入职图书馆员首次举办"图书馆员在职专业培训"，来自全国各图书馆的 186 名学员参加了培训。在历时一周的培训中，陈力、王余光，北京大学、清华大学知名专家，国家图书馆、北京地区有实践经验的图书馆馆长及部门主任参与了教学，培训内容涉及图书馆学各个领域；此外，先后安排学员参观了首都图书馆、中国科学院文献情报中心、北京大学图书馆、北京市石景山区少年儿童图书馆和国家图书馆。本次培训得到文化部公共文化司高度重视，刘小琴巡视员出席培训班开班仪式，并为学员作《公共文化服务体系中图书馆》的第一讲。这也充分说明文化部作为全国图书馆事业的主管部门，对全国文化队伍建设的高度重视。2016 年 8 月 1~5 日，学会举办"2016 年图书馆员在职专业培训"，来自全国各图书馆 150 名学员参加了培训。在历时一周的培训中，文化部公共文化司和学会领导及有关专家参与授课。培训期间，先后安排学员参观了北京大学图书馆、中国科学院文献情报中心、首都图书馆、北京市朝阳区图书馆和国家图书馆。本次培训呈现出几个主要特点：一是有前瞻性，把图书馆发展与公共文化事业紧密结合起来。培训非常注重现代公共文化服务体系建设下图书馆事业的发展，主动把图书馆工作融入公共文化事业当中，在标准化、均等化、数字化和社会化的视角下看待图书馆的前进与发展。无论是白雪华副司长《现代公共文化服务体系建设若干问题》的报告，还是张广钦副教授《图书馆的基本理念》的辅导,都高屋建瓴、顶层规划,结合党中央的文化政策和大发展大繁荣的基本状况来认识图书馆、定义图书馆和指导图书馆,既谈宏观,也有微观,让学员们能够站在公共文化事业的高度担负起图书馆行业发展的历史使命。二是有实战性,把理论知识和案例实践紧密结合起来。这次培训班既有系统的理论知识学习,更有专家老师们平时在图书馆工作中实践经验的传授。王志庚为学员们系统介绍了图书馆未成年人服务的发展,从近代到现代,从国外到国内,让学员们对少儿服务的阶段和历程有所了解,对现状和问题有所认识,对方向和趋势有所感悟。北京市图书馆协会理事长倪晓建用大量实例为学员们勾画了"互联网+"条件下图书馆服务理念的提升,服务方式的创新,特别是针对县级图书馆缺人缺钱的状况,他还热心把脉,出谋划策,提出了一些切实可行的服务创新的"金点子"。因此,这一周的学习既有整个层面的掌握了解,也有单项工作的深度挖掘,不仅让学员们在理论高度上有了提升,更是在操作层面上汲取了丰富的实战经验。三是有互补性,把课堂教学和参观考察紧密结合起来。图书馆工作是有互补性的,走一走,看一看,是能够有巨大启发的。培训班也注意到了这一点,安排了相当多的参观考察,涵盖了高校图书馆、科研图书馆、公共图书馆和社区图书馆等多种类型。其中,中科院文献情报中心的"学科馆员"建设、朝阳区图书馆的"爱心邮局"构想、潘家园街道图书馆的"电视图书馆"项目、首都图书馆的"读书计划"活动都给学员们留下了深刻的印象。

学会搭建的旨在为基层图书馆和图书馆员发展服务的继续教育体系,是一个包括现代公共文化服务解读、科学管理与服务创新、图书馆新技术应用等在内的专业化人才培养的平台。在组织模式和类型方面,不仅包含项目型和专题型,还有进修提高型的单项培训或论坛。学会通过广泛调研了解到会员不断变化的业务提升和发展需求,策划主题,多以线下培训来开展,2014年以来举办了面向全国各级少年儿童图书馆和具有少儿服务功能的公共图书馆馆员的《中国图书馆分类法(未成年人图书馆版)》培训班、绘本讲读高级研修班、全国图书馆少年儿童经典阅读推广培训班等,还有公共图书馆法人治理结构建设研讨班、现代图书馆与科技融合研讨班、构建现代公共图书馆服务体系研讨班、大数据技术在图书馆应用培训班等。目前，也在逐步探索多样化的培训方式，进一步通过在线授课、视频讲座和问答平台等方式满足个人会员成长成才和单位会员业务发展的需求。

第四节　承接政府转移职能

党的十八大和十八届三中、四中全会从新的战略高度，开启了新时期全面深化改革开放的历史进程，对深化行政体制改革、加快推进国家治理体系和治理能力现代化建设作出全面部署。十八届三中全会《决定》明确要求，必须切实转变政府职能，深化行政体制改革，进一步简政放权；要求进一步激发社会组织的活力，凡属事务性管理服务，原则上都要引入竞争机制，通过合同、委托等方式向社会购买。政府转移出来的职能相当一部分将交给有资质条件、能负责、能问责的社会组织来承担，让社会组织参与社会管理和公共服务，对于发挥社会优势资源，激发社会自治活力，优化社会治理结构，创新社会管理模式，促进社会和谐、稳定具有重要的意义。这就为社会组织参与科技、文化体制创新，社会管理创新和承接政府转移职能指明了方向，社会组织迎来了难得的发展机遇。因此，自觉服从、服务改革大局，顺势而为，创新实践，有序承接好政府改革过程中转移出的社会化服务职能，是当前及今后一段时间摆在社会组织面前的一项重大课题。

近年来，中国科协一直积极推动所属全国学会有序承接政府转移职能工作。2013 年 7 月，在充分调研的基础上，向中央领导同志提交了《关于中国科协所属学会承接政府转移职能若干问题的请示》，得到了中央领导同志的高度重视。中央领导先后作出重要批示，认为学会有序承接政府转移的有关职能，是推动政府职能转变的需要，有利于科技体制创新，要求有关方面在推进政府职能转变中统筹研究，做好衔接，发挥好中国科协所属学会的组织优势、人才优势和独特作用。同时，要求中国科协要统筹协调，加强对学会的具体指导，积极稳妥予以推动，更好承接政府转移的相关职能。2013 年下半年，中国科协就所属全国学会有序承接政府转移职能发函征求相关部委意见。

从 2014 年 6 月开始，为了贯彻落实中央领导批示和中国科协所属学会有序承接政府转移职能试点工作座谈会精神，中国科协启动了首批试点工作，并在首批试点工作顺利推进的基础上，按照工作程序，根据自愿原则，选择一批有较大潜力、有典型意义、有工作基础的项目，启动了专项培育工作，全国学会共有 30 个项目列入试点培育。通过试点培育，进一步完善学会基础条件，提升学会自身能力，建立健全学会体制机制、探索建立一套可复制可推广的学会承接政府转移职能的工作流程和方法，为学会有序承接政府转移职能试点扩大工作奠定基础。

2015 年 7 月，中共中央办公厅、国务院办公厅印发《中国科协所属学会有序承接政府转移职能扩大试点工作实施方案》。方案指出，在扩大试点阶段，围绕简政放权和放管结合、科技创新等中心工作，以科技评估、工程技术领域职业资格认定、技术标准研制、国家科技奖励推荐等适宜学会承接的科技类社会化公共服务职能的整体或部分转接为重点，创新工作方法，加强制度建设和机制建设，突出学会特点，强化效果监督和评估，形成可复制可推广的经验和模式，建立完善可负责、可问责的职能转接机制，为全面深化改革、推进国家治理体系和治理能力现代化提供示范案例。推动学会有序承接政府转移职能工作的常态化、规范化和制度化，进一步激活学会活力，逐步形成好学会增多、强学会更强的整体格局，建设一流现代科技社团。①

近年来，学会在开展学术交流、行业协调、科普阅读、编译出版等日常工作，促进学术繁荣和事业发展的基础上，主动承担中国科协和文化部重要项目，积极探索，大胆实践，以高度的责任感开展承接政府转移职能工作。

一 县级以上公共图书馆评估定级

全国县级以上公共图书馆评估定级每四年一次，自 1994 年以来文化部先后组织了五次评估定级，"以评促建"效果显著。评估定级工作加大了各级政府对公共图书馆事业的支持和保障力度，提升了各级公共图书馆的

---

① 马骏：《对中国图书馆学会承接政府转移职能的思考》，《图书馆学刊》2015 年第 8 期。

办馆条件，从而更好地保障了人民群众的基本文化权益。2006 年，在第三次评估定级工作中，学会承担了制定各级图书馆评估标准《细则》；2008 年和 2012 年，接受文化部委托开展了评估定级前的培训工作，在评估定级工作中发挥了重要作用。

在文化部相关司局向中国科协回函明确同意将"县级以上公共图书馆评估定级工作"委托给学会承担后，学会在原有参与历次评估定级工作的基础上，积极努力先后将"县级以上公共图书馆评估定级工作"列入中国科协有序承接政府转移职能试点培育项目和扩大试点项目。按照中国科协统一部署，学会在文化部和中国科协的指导下，围绕创新驱动战略和服务改革需要，充分发挥学会专业优势和在我国图书馆界的公信力，广泛应用图书馆事业发展和信息管理的前沿理念与技术，建立起能负责、能问责的评估定级机制，强化评估定级效果的监督和成果应用，并在评估定级方面形成可复制可推广的经验模式，为在实施评估定级工作中实现标准公开、程序公开、过程公开和结果公开奠定基础，为推动全国学会有序承接政府转移职能做出积极的贡献。

2017 年 1 月，文化部办公厅正式下发《关于开展第六次全国县级以上公共图书馆评估定级工作的通知》，文化部统筹负责全国县级以上公共图书馆评估定级工作；中国图书馆学会配合文化部负责具体组织实施。在公共文化司指导下，学会充分发挥社会组织的特色和优势，积极开展了第六次全国县级以上公共图书馆评估定级的筹备工作，组织完成了评估标准、标准细则和打分细则的研制，全国公共图书馆评估定级管理服务平台以及评估在线问答服务平台和学习中心的研发，组织开展了试评估，对评估定级工作机制进行探索，开展了评估定级宣讲培训，全力做好全国评估工作咨询和实施支撑等工作，并顺利完成了副省级以上公共图书馆评估和各省（区、市）市县级公共图书馆评估的抽查工作。

（一）研制标准

自 2015 年 1 月，县级以上公共图书馆评估定级工作研讨会在天津召开，学会认真落实，充分展开调研，成立以学术研究委员会副主任柯平教授为组长的专家组，确定评估思路并启动标准研制。其间，分别在全国各地组织多轮座谈会、研讨会，并通过常务理事会以及其他方式广泛征询，听取学会常务理事、各级馆长和专家代表的意见。根据收到的反馈意见，第六次评估标准几易其稿，不断得到修订完善，于 2017 年初由文化部办公厅发布。标准经过两年多的研制及后续试评估的检验，集中了各级政府、文化主管部门和图书馆界的意见，保证了科学性、系统性、客观性和针对性。

（二）研发平台

在研制标准的同时，根据当前信息技术发展环境的变化和"互联网＋"发展趋势，本次评估依托企业单位会员的力量首次开展了"全国公共图书馆评估定级管理服务平台"研发工作，并于 2017 年初在 7 省（市）14 家图书馆开展了评估定级信息化系统对接测试。信息化平台大大提高了参评图书馆和评估专家的工作效率，也便于文化部及各级政府主管部门及时客观地了解图书馆填报整体情况，确保了评估定级工作的时代性、可视性和专业性。

（三）试评估

为检验评估定级标准和信息化平台的科学性与可行性，2016 年 6 月底，学会配合文化部公共文化司组织召开第六次全国县以上公共图书馆评估定级试评估工作会议，在全国选择部分省份启动试评估工作。根据安排，学会精心选取专家组建团队，于 7～8 月对吉林、浙江、重庆、安徽、福建 5 省（市）8 家图书馆开展试评估。通过试评估工作，对参与试评估单位的实际情况进行调研并解决了其中可能存在的突出问题，对评估标准及信息化评估工作模式进行验证，为评估定级工作提供了丰富的实践经验，探索了科学合理的工作机制。

（四）组织系列培训

为了更好地宣传贯彻标准和引导各地迎评促建，2017 年初，学会组织成立了第六次全国县级以上公共图书馆评估定级宣讲工作专家委员会，并于 3 月起在全国范围内面向各级图书馆组织评估定级工作业务培训班 10 期、专题培训班 3 期及县级图书馆馆长培训班 3 期，参训总人次超过 3922 人。此外，还通过网络视频、"在线问答服务平台"提供线上学习和咨询，有效地促进全国各级公共图书馆系统学习，提高改进，顺利开展评估定级工作，共同推动我国公共图书馆事业发展。

表 6－2　中国图书馆学会 2017 年组织的评估定级培训

序号	培训主题	时间	地点	人数
1	省级（副省级）图书馆评估定级培训	3 月 13～15 日	南宁	160
2	地（市）县级图书馆评估定级培训	3 月 14～16 日	广州	314
3	地（市）县级图书馆评估定级培训	3 月 27～29 日	德清	295
4	少儿图书馆评估定级培训	3 月 27～29 日	扬州	260
5	地（市）县级图书馆评估定级培训	3 月 29～31 日	西安	281
6	地（市）县级图书馆评估定级培训	4 月 10～12 日	贵阳	296
7	地（市）县级图书馆评估定级培训	4 月 12～14 日	郑州	321
8	地（市）县级图书馆评估定级培训	4 月 17～19 日	苏州	271
9	地（市）县级图书馆评估定级培训	4 月 24～26 日	淄博	272
10	地（市）县级图书馆评估定级培训	4 月 26～28 日	沈阳	308
11	评估定级与图书馆数字化建设培训	5 月 10～11 日	重庆	300
12	评估定级与图书馆基础业务建设培训	5 月 17～18 日	成都	240
13	评估定级与图书馆阅读推广培训	5 月 24～25 日	五原	200
14	第四期全国县级图书馆馆长培训	4 月 16～22 日	景德镇	105
15	第五期全国县级图书馆馆长培训	5 月 7～13 日	沧州	137
16	第六期全国县级图书馆馆长培训	8 月 6～12 日	西宁	162
合　计				3922

（五）启动和部署评估工作

2017 年 4 月，学会配合文化部公共文化司在河北省石家庄市召开会议，对第六次评估定级工作进行具体部署和安排，并就相关工作对全国各省（区、市）文化厅（局）相关处室负责同志、省级图书馆相关负责同志、评估定级工作联络员等 100 余人进行培训，推动全国评估定级工作按时启动、有序开展。在各省推荐的基础上，建立"全国评估专家储备库"。6 月，根据发布的评估标准及定级必备条件，进一步细化、明确指标说明，完善形成评估标准细则和打分细则，由文化部公共文化司最终发布。

（六）指导市县级评估

4～10月，指导和协助全国各省完成参评报名、指标填报、评估小组组建和评估打分等工作。根据"全国公共图书馆评估定级管理服务平台"数据统计，共计接受注册机构用户3000余个，个人用户约10000人；共计2994个图书馆经本省文化厅审核完成报名获准参评；各省文化厅通过平台组建市、县级图书馆评估小组388个。各省的市、县级图书馆评估结果和评估工作总结已完成提交。

指导评估期间，为了更好地协助各级文化主管部门和参评图书馆做好数据填报和管理等工作，学会协调建立了区域咨询专人负责机制，在全国划分16个区域提供7×24h的专业咨询服务，平台使用过程中遇到任何疑问或困难，都可随时通过各区域负责人咨询和解决。

（七）开展副省级以上公共图书馆评估和市县级评估抽查

11月17日上午，第六次全国副省级以上公共图书馆评估工作启动会在国家图书馆召开。文化部公共文化司副司长白雪华，学会理事长、国家图书馆馆长韩永进，副理事长、国家图书馆常务副馆长陈力，学会秘书处负责人以及第六次全国副省级以上公共图书馆评估专家、联络员和新闻媒体记者等60余人参加了会议。会议由文化部公共文化司监督管理处副处长朱春雷主持。

陈力和白雪华在会上讲话。陈力在讲话中回顾了中国图书馆学会承接文化部"公共图书馆评估定级"转移职能以来所开展的主要工作，并对全国副省级以上公共图书馆评估提出了要求。他指出，本次副省级以上公共图书馆评估正值党的十九大胜利召开和《公共图书馆法》顺利通过，这对评估工作提出了新的要求。希望各位评估专家严格执行评估标准，珍惜这次非常难得的实地调研考察的机会，在评估过程中总结各参评馆优秀的经验、做法，并在评估结束后做好宣传推广，使评估成果能让更多的公共图书馆受益。同时，也希望各位专家能够准确发现问题，通过总结与反馈，帮助图书馆改进业务工作、提高服务效能，实现"以评促建"的目标。

白雪华在讲话中指出了本次评估定级工作的背景、意义和特点，并对副省级以上公共图书馆评估工作提出了几点要求。他指出，本次评估定级工作站在了一个较高的起点上，各位专家在评估过程中要贯彻落实党的十九大精神和《公共图书馆法》要求，务必遵守中央新的八项规定，严格按照标准开展评估，不打人情分，不走过场，调研了解最真实的情况。要突出效能导向，发挥以评促建、以评促管、以评促用的作用，促进全国公共图书馆事业发展，不断完善公共文化服务体系。

秘书处负责人在会上介绍了第六次全国副省级以上公共图书馆评估工作方案。工作方案包括工作安排、任务分工、工作流程、评估组工作流程表和注意事项等内容。本次副省级以上评估共组建了 12 个评估组，由组长、副组长、组员、观察员、联络员组成，主要包括文化部公共文化司和中国图书馆学会负责同志、部分具有丰富工作经验和较高学术水平的省（区、市）文化厅（局）主管厅（局）长、社文处长以及各级各类图书馆馆长、专家及社会力量代表等。各评估组将于 11 月 17 日至 12 月 20 日期间，以评估标准及定级必备条件为依据，对全国 30 个省（区、市）共 58 个参评的副省级以上公共图书馆（含少年儿童图书馆）开展评估，并在每个省份视情况抽查 1 个地市级和 2 个县级公共图书馆的评估情况。

会上，陈力和白雪华为评估专家代表颁发了聘书。为统一思想、统一标准、统一行动，更有针对性地开展工作，会议专门安排了标准及细则解读和评估平台操作培训。评估宣讲工作专家委员会主任、南开大学商学院信息资源管理系教授柯平对成人馆评估标准及细则进行了解读，评估宣讲工作专家委员会委员、深圳少年儿童图书馆馆长宋卫对少儿馆评估标准及细则进行了解读，学会秘书处郭万里对评估平台操作流程进行了说明。启动会后，各评估组又召开了分组会议，按照工作方案安排了具体工作，并讨论了相关评估事宜。之后，12 个评估组在组长带领下，赴全国各地对副省级以上公共图书馆进行评估，并就近抽查 1 个地级市和 2 个县级公共图书馆的评估情况。截至 2017 年底，全国各个省份地市级图书馆和县级图书馆的评估工作和副省级以上公共图书馆的评估工作全部顺利完成。

二　中国图书馆年会

中国图书馆学会自 1999 年开始举办中国图书馆学会年会。2011 年，年会由文化部主办，参考借鉴了国际经验，结合实际，在丰富会议内容、创新会议形式等方面进行了有益探索，体现了政府主导与社会参与结合、文化产业与文化事业结合、理论研究与实践工作结合的新思路。年会加强了议题的深度和广度，站位更高，视野更广阔，明确图书馆事业在国家文化战略中的重要地位。

在文化部相关司局向中国科协回函明确同意将"中国图书馆年会"委托给中国图书馆学会承担后，中国图书馆学会积极努力将其列入中国科协有序承接政府转移职能扩大试点项目。按照中国科协统一部署，中国图书馆学会在文化部和中国科协的指导下，贯彻落实《关于加快构建现代公共文化服务体系的意见》精神，围绕服务改革需要，通过扩大试点项目，充分发挥学会在促进学术交流、带动事业发展方面的独特优势和在我国图书馆界无可替代的作用，借鉴国际图联和美国图书馆协会年会举办经验，对中国图书馆年会举办机制进行创新研究，主要包括创新和强化年会的职能作用、优化内容板块的科学设计、探索与政府和社会力量的合作、处理与文化事业及相关产业的关系，进而建立起适合学会特点和我国国情的年会举办机制，强化年会效果的评价和成果的应用，以期在政府对文化事业管办分离的背景下，通过年会的举办协调发挥政府、学会和社会力量的积极作用，实现资源整合，不断提升年会的吸引力和国际影响力，推动学术繁荣和事业发展。同时，在全国性大型行业活动举办方面形成可复制可推广的经验模式，为推动全国学会有序承接政府转移职能做出积极的贡献。自2016年开始，中国图书馆年会由中国图书馆学会和地方人民政府共同主办，文化部作为指导单位。

三 全国县级图书馆馆长培训

"十三五"期间，文化部计划对全国约3000家县级公共图书馆馆长进行轮训。学会适应市场化形势的需要，积极参加文化部《基层文化队伍培训县级示范性培训（全国县级图书馆馆长培训）》采购项目磋商谈判，并在谈判中胜出，获准承接项目。本轮磋商谈判和项目实施的成功为后四年本项目的磋商和承接工作奠定坚实的基础，也成为学会适应市场化形势需要、开拓发展空间、提升服务政府能力和社会影响力的一个典型案例。

2016年，学会策划在辽宁、四川和安徽三省组织开展了"全国县级图书馆馆长培训"，共计培训县级图书馆馆长604人，取得了良好的社会效果。8月1~5日，由文化部公共文化司主办、中国图书馆学会承办、辽宁省图书馆学会协办的2016年全国基层文化队伍示范性培训——首期全国县级图书馆馆长培训班在沈阳市顺利启动。文化部公共文化司副司长陈向红，学会副理事长、国家图书馆常务副馆长陈力，辽宁省文化厅党组成员、副厅长杨世涛出席开幕式并致辞，开幕式由辽宁省图书馆学会理事长、辽宁省图书馆馆长王筱雯主持。来自东北地区、华北地区及全国各地的县级图书馆馆长参加培训。陈向红为培训班讲授第一堂课，从公共文化服务体系建设任务的提出和深化，重要政策文件的介绍和解读，人才队伍、财政保障和法律支撑，当前存在的问题及解决思路等方面为参训学员深入解读了公共文化领域的政策法规，同时还与学员分享了对公共图书馆未来发展和服务的想法。陈力则在为学员辨析基层图书馆定义与特点的基础上，指明了数字时代图书馆服务的新变化，进而提出了相应的图书馆资源建设建议。培训班还安排了首都图书馆原馆长倪晓建讲授县级图书馆管理，国家图书馆少年儿童馆馆长王志庚讲授县级图书馆未成年人服务，上海市社科院信息研究所研究员王世伟讲授县级图书馆发展趋势与图书馆服务创新，北京大学信息管理系教授王余光讲授县级图书馆阅读推广，东莞图书馆馆长李东来讲授"互联网＋"环境下的数字阅读，南开大学信息资源管理教授柯平讲授县级图书馆服务体系和总分馆制建设。

9月5~9日，由文化部公共文化司主办、中国图书馆学会承办、四川省图书馆和四川省图书馆学会协办的2016年全国基层文化队伍示范性培训——第二期全国县级图书馆馆长培训班在成都举办。文化部公共文化司副司长陈彬斌，学会副理事长、国家图书馆常务副馆长陈力，四川省文化厅副巡视员卢锋出席开幕式并致辞，开幕式由四川省图书馆党委书记、馆长、四川省图书馆学会理事长何光伦主持。来自西南地区及全国各地的县级图书馆馆长参加培训。陈彬斌为培训班讲授第一堂课，从文化成为战略发展目标的原因、当前文化建设特别是公共文化发展建设中存在的问题以及解决思路等方面进行了深入剖析。陈力在为学员辨析基层图书馆定义与特点的基础上，指明了数字时代图书馆服务的新变化，进而提出了相应的图书馆资源建设建议。培训班还安排了南开大学信息资源管理系教授柯平讲授县级图书馆服务体系和总分馆制建设，佛山市图书馆馆长屈义华讲授县级图书馆管理，广东省立中山图书馆馆长刘洪辉讲授县级图书馆服务，苏州图书馆原馆长邱冠华讲授县级图书馆阅读推广，东莞图书馆馆长李东来讲授"互联网＋"环境下的数字阅读。

10 月 30 日至 11 月 5 日，由文化部公共文化司主办、中国图书馆学会承办、安徽省图书馆学会和合肥市图书馆学会协办的 2016 年全国基层文化队伍示范性培训——第三期全国县级图书馆馆长培训班在合肥市顺利举办。10 月 31 日，学会副理事长、国家图书馆常务副馆长陈力，安徽省文化厅党组成员、副厅长丁光清出席开班仪式并讲话，开幕式由安徽省图书馆党委书记、馆长胡敏主持。来自华东地区及全国各地的县级图书馆馆长参加培训。陈力讲授了第一堂课，在为学员辨析基层图书馆定义与特点的基础上，指明了数字时代图书馆服务的新变化，进而提出了相应的图书馆资源建设建议。培训班安排了南开大学信息资源管理系教授柯平讲授县级图书馆服务体系和总分馆制建设，中国图书馆学会副理事长、文化部公共文化司原巡视员刘小琴讲授公共文化政策解读，中国图书馆学会副理事长、上海市政府参事吴建中讲授县级图书馆管理，上海市图书馆副馆长周德明讲授县级图书馆服务，北京大学信息管理系教授王余光讲授县级图书馆阅读推广，东莞图书馆馆长李东来讲授"互联网＋"环境下的数字阅读。

2017 年，学会策划在江西、河北和青海三省组织开展了"全国县级图书馆馆长培训"，共计培训县级图书馆馆长 404 人，取得了良好的社会效果。4 月 16～22 日，由文化部公共文化司主办、中国图书馆学会承办、江西省图书馆学会和景德镇市图书馆协办的 2017 年全国基层文化队伍示范性培训——第四期全国县级图书馆馆长培训班在景德镇市顺利举办，开启了 2017 年全国县级图书馆馆长培训的序幕。4 月 17 日，学会副理事长、国家图书馆常务副馆长陈力，江西省文化厅副巡视员丁跃，景德镇市副市长熊皓，中国图书馆学会秘书长霍瑞娟出席开班仪式，陈力、丁悦、熊皓分别致辞，江西省图书馆馆长周建文主持开班仪式，来自华东地区以及其他地区的县级图书馆馆长参加培训。培训班先后安排国家公共文化服务体系建设专家委员会秘书长、中央文化管理干部学院科研处处长卢娟讲授公共文化政策解读，国家公共文化服务体系建设专家委员会顾问、北京市人民政府文化顾问冯守仁讲授《公共文化服务保障法》解读，中国古籍保护协会副会长、四川省图书馆原馆长李忠昊讲授县级图书馆基础条件保障，中央党校马克思主义学院副教授李双套讲授学习习近平总书记关于全面从严治党的重要论述，北京大学信息管理系教授王余光讲授县级图书馆阅读推广，佛山市图书馆馆长屈义华讲授县级图书馆管理与总分馆制建设，上海图书馆副馆长周德明讲授县级图书馆服务效能提升，浙江图书馆副馆长刘晓清讲授县级图书馆业务建设。

5月7～13日，由文化部公共文化司主办，中国图书馆学会承办，河北省图书馆学会、沧州市图书馆和沧州市图书馆学会协办的2017年全国基层文化队伍示范性培训——第五期全国县级图书馆馆长培训班在沧州市顺利举办。5月8日，文化部公共文化司副司长陈向红，学会副理事长、国家图书馆常务副馆长陈力，河北省文化厅副厅长李新平，沧州市人大常委会副主任李丽华，河北省图书馆馆长李勇，河北省图书馆学会副理事长、秘书长顾玉青，沧州市文广新局局长冯彦宁、副局长侯俊华，沧州市图书馆馆长宋兆凯出席开班仪式。陈力、李新平、李丽华分别致辞，河北省图书馆馆长李勇主持开班仪式，来自华北地区以及其他地区的县级图书馆馆长参加培训。陈向红在开班仪式后为参训馆长讲授培训班第一课——"贯彻落实《公共文化服务保障法》依法推进现代公共文化服务体系建设"，着重讲解了保障法的立法意义和落实举措，并就与公共文化设施管理单位相关的法条进行了详细解读。接下来根据培训的实际需求，培训班先后安排中央党校马克思主义学院副教授李双套讲授学习习近平总书记关于全面从严治党的重要论述，苏州图书馆原馆长邱冠华讲授县级图书馆阅读推广，佛山市图书馆馆长屈义华讲授县级图书馆管理与总分馆制建设，陕西图书馆原馆长谢林讲授县级图书馆基础条件保障，上海图书馆副馆长周德明讲授县级图书馆服务效能提升，浙江图书馆副馆长刘晓清讲授县级图书馆业务建设。此外，还特意安排了分组座谈、现场教学和学员论坛等环节，通过案例分享与研讨引导学员自主学习，着重从党性修养和政治觉悟、公共文化服务政策与法规、基层图书馆管理与服务等多个层次实现县级图书馆馆长在学识上的积淀、视野上的拓展和理念上的提升。

8月6~12日，由文化部公共文化司主办，中国图书馆学会承办，青海省图书馆、青海省图书馆学会协办的全国基层文化队伍示范性培训——第六期全国县级图书馆馆长培训班在西宁市顺利举办。8月7日，文化部原副部长、国家图书馆名誉馆长周和平，学会副理事长、国家图书馆常务副馆长陈力，青海省文化和新闻出版厅副厅长董杰人，文化部公共文化司群众文化指导处处长尹寿松，中国图书馆学会秘书长霍瑞娟，青海省文化和新闻出版厅公共文化处处长边振刚，青海省图书馆馆长张景元出席开班仪式。董杰人、陈力分别致辞，尹寿松主持开班仪式，来自西北地区以及其他地区的县级图书馆馆长参加培训。周和平在开班仪式后为参训馆长讲授第一课——"加快构建现代公共文化服务体系 全面推进图书馆事业发展"。他从"图书馆与时代同行，见证历史，传承文明""新时期国家实施重大文化工程，推动公共图书馆事业蓬勃发展"和"对县级图书馆事业发展的思考"等三个方面为学员作了深入浅出的讲授，并从历史和现实层面为学员梳理了我国公共图书馆的历史源流、发展脉络和建设现状，高屋建瓴地指明了加快构建现代公共文化服务体系、全面推进图书馆事业发展，特别是县级图书馆建设和发展的前进道路，对学员今后的工作具有重要的指导意义。根据培训的实际需求，培训班先后安排国家行政学院教授程萍、中央党校马克思主义学院副教授李双套、苏州图书馆原馆长邱冠华、佛山市图书馆馆长屈义华、上海图书馆副馆长周德明、南开大学信息资源管理系教授柯平分别为学员作了题为《县级图书馆馆长领导力提升》《学习习近平总书记关于全面从严治党的重要论述》《县级图书馆阅读推广》《县级图书馆管理》《县级图书馆服务效能提升》《县级图书馆服务体系和总分馆制建设》的精彩讲授。

此外，每期培训班均专门安排了分组座谈、现场教学和学员论坛等环节，通过案例分享与研讨引导学员自主学习，着重从党性修养和政治觉悟、公共文化服务政策与法规、基层图书馆管理与服务等多个层次实现县级图书馆馆长在学识上的积淀、视野上的拓展和理念上的提升。

四 公共文化巡讲活动

为深入贯彻党的十八大和十八届三中全会精神，进一步提升全国基层文化队伍的综合素质和业务水平，为构建现代公共文化服务体系提供人才保障，文化部组织开展全国公共文化巡讲活动，以巡讲和调研、指导的形式，提升各地的基层文化队伍培训水平，促进公共文化服务体系建设和示范区创建科学发展上水平。2014 年开始，学会接受文化部公共文化司委托，按照《文化部办公厅关于开展 2014 年全国公共文化巡讲活动的通知》《公共文化司关于印发 2014 年全国公共文化巡讲活动安排的通知》要求，在文化部公共文化司指导下在全国举办公共文化巡讲活动，包括"民国时期文献保护工作""全国图书馆未成年人服务""数字图书馆建设与服务"等三个主题。活动开展过程中，学会充分发挥全国学会的专业优势和动员能力，合理规划，科学组织，完成专题性培训工作，取得了明显成效，对基层图书馆队伍的业务素质和服务能力的提高具有重要的现实意义。

五　书香城市（县级）、书香社区发现活动

为进一步贯彻党的十八大和十八届三中全会精神，文化部公共文化司 2014 年委托学会开展书香城市指标研究及推广项目，期望通过制定并发布书香城市（县级）、书香社区标准指标体系，指导各地开展书香城市（县级）、书香社区建设工作，倡导并推动全民阅读。中国图书馆学会组织专家通过充分的调查研究，结合国内实际及未来发展趋势制定完成了书香城市（具级）、书香社区标准指标体系，并于 2015 年向业界进行发布。

2016 年 7 月，在《书香城市（县级）、书香社区标准指标体系》的指导下，学会举办了 2016 年"书香城市（区县级）"发现活动，吸引了 56个城市（区县级）申报。通过材料审核和专家评议相结合的方式，兼顾地域特点，山东省青岛市即墨市等 19 个城市进入 2016 年"书香城市（区县级）"发现活动名单。11 月 18 日，由学会主办，宁波市文化广电新闻出版局承办，宁波市图书馆协办的 2016 年"书香城市（区县级）"论坛在宁波隆重召开。学会副理事长刘小琴、宁波市政协副主席郁伟年等领导和专家及来自全国各个城市（区县级）文化主管单位负责人、图书馆馆长等 100余人参加了开幕式。开幕式由宁波市文化广电新闻出版局局长赵惠峰主

持，郁伟年、刘小琴先后致辞。开幕式结束后，阅读推广委员会副主任邱冠华作了题为《阅读与社会可持续发展》的主旨报告。他指出：开展书香城市建设的目的是为了推动全民阅读，而全民阅读的目的是为了培养国民阅读的兴趣，养成良好的阅读习惯，掌握正确的阅读方法。从社会发展来看，阅读能力是保障信息公平的重要载体，信息公平是社会公平的前提。阅读可以提高整个社会的文明程度，阅读也是人和社会能够同步发展的重要途径。宁波市图书馆馆长徐益波主持了主旨报告环节。此次论坛还设置了开放式对话环节，主办方邀请北京市东城区、黑龙江省哈尔滨市南岗区、江苏省苏州市张家港市、浙江省宁波市镇海区、山东省潍坊市诸城市、湖南省长沙市长沙县、广东省深圳市盐田区等 7 个区县作为 2016 年书香城市（区县级）代表进行了分享交流。最后，阅读推广委员会副主任、南京大学信息管理学院教授徐雁做了总结发言。中山市图书馆馆长吕梅主持了对话环节。

2017 年 6 月，学会举办 2017 年"书香社区"发现活动，吸引了全国 126 个社区申报。通过材料审核和专家评议相结合的方式，兼顾地域特点，最终北京市赵家楼社区等 40 个社区进入 2017 年"书香社区"发现活动名单。11 月 3 日，由中国图书馆学会、宁波市人民政府主办，中国图书馆学会阅读推广委员会、宁波市文化广电新闻出版局承办，中国图书馆学会阅读推广委员会社区与乡村阅读推广专业委员会、宁波市图书馆执行承办的 2017 年"书香社区"论坛在宁波隆重召开。学会副理事长、国家图书馆常务副馆长陈力，学会秘书长霍瑞娟，宁波市文化广电新闻出版局局长张爱琴等领导和专家及来自全国有关社区负责人、图书馆馆长等 120 余人参加了开幕式。开幕式由宁波市文化广电新闻出版局副局长杨劲主持，陈力和张爱琴先后致辞，并为入围 2017 年"书香社区"发现活动的 40 个社区授牌。

开幕式结束后，阅读推广委员会顾问、北京大学信息管理系教授王余光作了题为《从馆员到阅读推广人》的主旨报告。他在报告中强调基层图书馆重要的生命力就在于阅读推广工作。他指出，一名合格的阅读推广人既要有基础理论支撑，做好传统文化与思想的传承，更要敏锐把握国家相关政策与方针。论坛还设置了开放式对话环节，主办方邀请北京市赵家楼社区、湖南省长沙市左岸社区、西藏自治区拉萨市金珠西路社区、江苏省张家港市东莱社区、浙江省宁波市江梅社区等 5 个社区作为书香社区代表进行了分享交流。其间，阅读推广委员会顾问、深圳图书馆研究馆员吴晞，阅读推广委员会主任、东莞图书馆馆长李东来，阅读推广委员会副主任、苏州图书馆研究馆员邱冠华，阅读推广委员会副主任、南京大学信息管理学院教授徐雁对代表们发言作了点评。浙江大学信息资源管理系副教授李超平主持了对话环节。

本次论坛的召开，旨在深入贯彻党的十九大精神和《关于加快构建现代公共文化服务体系的意见》，落实"倡导全民阅读，建设书香社会"要求，成功挖掘和发现了一批保障体系完善、社会参与度高、创新性强、阅读成效显著的书香社区，积极推动学习型社会和书香社会建设，推动社会主义文化繁荣兴盛。

六　其他专项工作

2014～2016 年，受文化部公共文化司委托，学会先后组织中国图书馆榜样人物和最美基层图书馆评选和风采展示活动。按照年会分工，经过通知、推荐、初评、网络投票和终评等几个阶段工作，最终遴选出候选名单报年会组委会，并在年会开幕式上开展风采展示活动。2017 年开始，该活动更名为"中国图书馆最美故事"系列风采展示活动，包括感人事迹、优秀服务和创新案例三个类别，受到图书馆界的广泛关注。

2014 年，受文化部公共文化司委托，学会协助开展公共文化机构法人治理结构试点工作。11 月 18～19 日，在文化部公共文化司的指导下召开"公共文化机构法人治理结构工作研讨会"，组织业界知名专家和学者对公共文化机构以理事会制度为核心的法人治理结构进行全面系统的调研，交流了各单位试点工作经验，研究解决试点工作遇到的困难和问题，全面推进公共文化机构法人治理结构试点工作。2015 年 5 月 7～8 日，组织"公共图书馆法人治理结构建设研讨班"，来自全国公共图书馆 260 名代表参与研讨。

2017 年 11 月 2 日，受文化部公共文化司委托，学会承接全国县级图书馆总分馆制建设研究项目，通过广泛调研、组织业界学术研讨、邀请专家点评等工作形式，有效地推动了我国县级图书馆总分馆制建设工作。此外，2017 年底，受文化部公共文化司委托，在有序开展对"一带一路"图书馆事业发展研究等专题项目。

第七章

学会事业发展：编译出版

　　编译出版委员会是中国图书馆学会的分支机构，在理事会（常务理事会）领导下组织、规划和协调出版物的编译和出版等工作，对学会会刊、地方学会以及分支机构主办的刊物发挥协调指导作用，接受委托进行有关专业出版物的编审工作。编译出版委员会成员由理事会（常务理事会）聘任，内设专业委员会组成人员由编译出版委员会聘任，报学会秘书处备案。每一次会员代表大会产生新一届编译出版委员会，成立新的所属专业委员会，它们的机构名称和成员构成随新一届编译出版委员会的变动发生相应的变动，从而将我国图书馆界著名专家、学者和图书馆工作者及时吸收进来，使之始终处在学科研究和成果应用的前沿。

　　"一大"设立了"编译委员会"，"二大"改称为"编辑出版工作委员会"，增加了出版的职责，"三大"将名称更改为"编译出版委员会"并沿用至今。副理事长、北京图书馆副馆长丁志刚（一、二届）、北京大学图书馆学系主任周文骏（三、四届）、中国科学院文献情报中心辛希孟（五届）、中国科学院文献情报中心主任徐引篪（六届）、北京大学图书馆馆长戴龙基（七届）、首都师范大学图书馆馆长胡越（八届）和国家图书馆出版社社长方自金（九届）先后担任编译出版委员会主任。关于下属机构，第一届编译委员会下设若干个编委会，第四届编译出版委员会将下属机构改称"研究组"，第五届编译出版委员会开始使用"专业委员会"。

　　"一大"期间，编译委员会召开会议，初步讨论并决定了编译委员会的基本任务，就是集中力量办好1979年6月复刊的《图书馆学通讯》。1980年12月，编译委员会举行第二次会议，通过《编译委员会组织简则》

（以下简称《简则》）。根据《简则》，设立《图书馆学通讯》编委会、专业书籍编委会和翻译书籍编委会，各编委会的成员分别由编译委员会委员担任。会议审议通过了"编译委员会选题规划"，并决定重点做好《图书馆学大辞典》的编写工作。

"一大"以来，学会先后组建了九届编译出版委员会。每一届编译出版委员会均听取上一届委员会主任的工作报告，讨论并修改《简则》，确定下属各专业委员会的组成人选，制定整体工作计划纲要，具体落实著作编辑出版、学刊编辑出版的各项工作。

第一节　著作编译出版

学会和编译出版委员会及其下属的图书馆学著作编辑出版专业委员会编译出版了数量众多的图书馆学科领域的出版物或协助进行有关本专业文献的编审工作，为繁荣图书馆学研究、加强学术研究成果的交流，促进学术水平的提高，发挥了重要作用。出版物大致可以分为四种类型：图书馆学论著、介绍图书馆事业发展的书籍、工具书和提供各级图书馆工作者的培训教材，其中不乏拳头产品。这些出版物多由专家担任主编，组织业界专业人士撰写论著和论文，编辑论文集、资料汇编，保证了出版物的质量。这些出版物反映了当时我国图书馆学情报学研究的最新成果，具有很高的学术水平，在图书馆界发挥着学术引领作用。

学会和编译出版委员会重视图书馆专业工具书的编辑出版，特别在"文革"后的十多年里，编辑出版了若干有分量的专业参考工具书：1985年编撰《中国人名大辞典》（图书馆界人物卷），1987～1988年完成《中国图书馆名录》，1991年由周文骏主持编撰《图书馆学情报学词典》，1992年交付出版《中国大百科全书　图书馆学·情报学·档案学》等。这些标志着我国图书馆事业发展过程的重要任务和事件，对开展学术研究具有重要的参考价值，填补了长期存在的学术空白。此外，重要的工具书还包括1987年出版的《建国以来图书馆学情报学书刊简目》，1992年出版、使用文献计量学方法对期刊进行分析统计的《中国核心期刊要目总览》。

编辑出版的反映图书馆事业发展历程的出版物主要有杜克主编、1995

年出版的《当代中国的图书馆事业》，这是《当代中国》丛书中的一卷，它记录了中华人民共和国成立以来图书馆事业曲折发展的历程，包括对"文革"前17年图书馆事业所作的客观回顾和总结，可以当作工具书使用；此后相继问世的还有：1996年出版的《蓬勃发展的中国图书馆事业》《中国图书馆学会综览》以及张白影等主编的《中国图书馆事业十年（1978～1987年）》。

编辑出版的重要论著和论文集（丛）主要有：1984年编辑《我国图书馆事业研究资料汇集》《2000年的中国研究资料第18集——我国图书馆事业的发展以及与国外的差距》；1996年出版《中国图书馆发展战略研讨会论文集》，由杜克担任主编，就中国图书事业改革和发展战略的若干问题进行深入探讨。为了庆祝中华人民共和国成立40周年和学会成立10周年，编辑出版了10卷集《中国图书馆学情报学论文选丛（1949～1989）》，周文骏撰写前言。第一集为学会主编的《图书馆学情报学基本理论论文选》、第二集为学会主编的《目录学文献学论文选》、第三集为杨东梁编写的《图书情报事业的组织与管理论文选》、第四集为肖自力编写的《文献资源建设与布局论文选》、第五集为黄俊贵、林德海编写的《文献编目论文选》、第六集为张琪玉编写的《情报检索语言论文选》、第七集为纪昭民、陈源蒸编写的《情报检索论文选》、第八集为张树华编写的《读者学与读者服务工作论文选》、第九集和第十集为学会主编的《图书馆建筑与图书馆情报技术论文选》和《图书情报事业建设发展战略论文选》。《中国图书馆学情报学论文选丛》对图书馆学情报学领域的主要工作进行了全面的介绍和总结。此外，学会先后组织人力翻译出版了《国际图联第48～50届大会论文选译》《国际图联第51～53届大会论文选译》《第56、57届国际图联大会论文选译》，便于图书馆工作者充分利用国际图联大会论文，跟踪国际研究热点，开展学术研究。然而，在过去20年里，译著翻译出版的数量和品种偏少，与我国图书馆事业整体发展不相称，有待改进。

从20世纪末，出版了一些重要的工具书、专著和论文集，编撰了培训教材。与此同时，学会重视普及性读物的编辑出版，以普及科学知识，促进全民阅读工作的深入开展。

一是工具书的编辑出版。1995年，编译出版委员会主持编辑《中国图书馆年鉴》，1997 年完成并出版了《中国图书馆年鉴》（1996 年），成为了解我国图书馆事业和重要图书馆发展状况的参考工具书，填补了我国长期以来缺乏反映图书馆事业专业年鉴的空白。从《中国图书馆年鉴（1999年）》起每两年编辑一次。自《中国图书馆年鉴（2005 年）》出版以后，又改为每年更新一次，编撰年鉴的工作转由学会和国家图书馆研究院共同主持，常设编辑部设在国家图书馆研究院，现已出版完成《中国图书馆年鉴（2017）》。2002 年，学会主编出版《中国图书馆大全》，收录全国（含香港和澳门特别行政区）1 万多家各级各类图书馆、情报机构的信息资料，内容包括藏书特色、服务特色、历史沿革、重大事件等基本概况。

此外，在编译出版委员会参与和支持下，1989 年和 2002 年出版由张白影等主编的《中国图书馆事业十年（1978～1987 年）》和《中国图书馆事业：1996～2000 年》，2006 年出版《中国图书馆百年纪事》《中国图书馆事业百年》以及从 2006 年起每年推出《中国图书馆事业年度发展报告》等出版物，勾勒出各地区、各系统以及主要图书馆的发展脉络，反映了在某一特定时期，各地区、各系统图书馆事业的发展状况，把这些文献结合起来使用，就可以阐释我国图书馆事业阶段性和持续性的发展，因而，它们同样是具有较高价值的参考工具书。

2007 年启动编撰的《中国图书馆学著作总目提要》，是图书馆采访部门和读者服务的重要参考工具书。此外，还参与组织出版了《中国图书馆分类法》（电子版）《新版中国机读目录格式使用手册》《中国少年儿童文献分类主题词表》《西文编目实用手册》《图书馆文献采访工作手册》系列专业工具书，有力地推动了图书馆业务工作的开展。

二是论著的出版。1999 年，为了庆祝中华人民共和国成立 50 周年和学会成立 20 周年，编译出版委员会与北京图书馆出版社共同编辑出版了十卷集《中国图书馆事业二十年》大型文集，内容包括：基础理论、改革与发展、经营与管理、文献资源建设、文献加工整理、文献信息服务、情报检索、数据库与网络建设、专业教育、地方文献等工作以及改革开放以来国家有关部门发布的规章制度和中国图书馆事业发展大事记。学会重视年会论文集（丛）的出版，1999 年举办年会后均有论文集问世，即使 2003年年会因"非典"未能召开，仍将当年征集的优秀论文以《新世纪的图书馆员》为题结集出版。2004 年出版了《中国图书情报网络的研究》《图书馆信息服务与管理》《欧洲联盟信息政策研究》等国家级和部委级研究项目成果，反映国外本领域先进理论、技术和方法的著作；编辑完成了《二十世纪西方与中国的图书馆学》和《二十世纪中国图书馆学研究文库》，2006 年编辑出版了《二十世纪中国图书馆学研究文库》全套共 8 种。2012年，出版了《2011～2012 年图书馆学学科发展报告》，包括综合报告和专题报告两部分。综合报告包括图书馆学学科发展研究，专题报告包括图书馆学基础理论研究进展、信息资源建设研究进展、信息组织与检索研究进展等专题，为 2011～2012 年图书馆学学科发展提供了翔实的报告。随后，2016 年又出版了《2014～2015 年图书馆学学科发展报告》。2014 年，出版了《中国图书馆学学科史》，本书为中国学科史研究报告系列丛书中的一册，以考察学科的确立、本学科知识的发展进步为重点，同时研究本学科的发生、发展、变化及社会文化作用，与其他学科之间的关系，现代学科制度在社会、文化背景中发生、发展的过程等。2016 年，编辑出版了《基层图书馆建设与服务创新》。

三是译著的出版。1999 年出版了《走向数字图书馆》和《2000 年的中国研究资料第 18 集——我国图书馆事业的发展以及与国外的差距》，2004 年出版了《21 世纪（美国）国会图书馆数字战略》和《引文索引法的理论及应用》，2009 年出版了《国际图联保存保护译丛》（第一辑）等国外译著、译丛，2013 年和 2015 年出版《新媒体联盟地平线报告》等，这为图书馆事业的发展提供了重要的借鉴。

四是岗位培训教材的编辑出版。2006 年，学会与文化部社会文化图书馆司合作出版了图书馆岗位培训教材：《图书馆工作概论》《文献编目工作》《参考咨询工作》《文献信息开发工作》《图书馆古籍整理工作》《图书馆地方文献工作》《图书馆业务研究和业务辅导》《少年儿童图书馆（室）工作》《乡镇图书馆工作》《图书馆管理工作》《文献标引工作》《文献资源建设工作》《读者工作》《连续出版物工作》《图书馆规章制度选编》。图书馆学著作编辑出版专业委员会还为国内 4 个博士点编辑出版《信息管理科学文库》，其中《信息文化论——数字化生存状态冷思考》《网络时代的资源共享——中日文献信息资源共享比较研究》《信息生态与社会可持续发展》《知识共享机制研究》《中小企业的信息管理与咨询服务》《竞争情报——中国企业生存的第四要素》《证券市场信息机制》《网络信息组织：模式与评价》《图书馆数字参考咨询服务研究》《信息伦理学》《中外版权贸易比较研究》等共 11 种已出版。

为培养一批具有一定资质，能够开展阅读指导、提升阅读兴趣和阅读能力的"阅读推广人"，学会于 2014 年 12 月正式启动"阅读推广人"培育行动。为了配合"阅读推广人"培育行动的开展，专门组织编写了"阅读推广人"系列教材。2015 年 12 月教材第一辑出版，包括《图书馆阅读推广基础工作》《图书馆阅读推广基础理论》《图书馆经典阅读推广》《图书馆时尚阅读推广》《图书馆儿童阅读推广》《图书馆数字阅读推广》等 6 种。2017 年 6 月，"阅读推广人"系列教材（第二辑）已正式出版，包括《中国阅读的历史与传统》《图书评论与阅读推广》《图书馆讲坛工作》《图书馆家庭阅读推广》《图书馆绘本阅读推广》《大学图书馆阅读推广》等 6 种。

2015 年 4 月，学会组织参与了第二批全国基层文化队伍培训教材选题的申报。9 月 29 日，申报的《基层图书馆管理与服务培训教材》选题获得立项。教材由基层图书馆服务体系建设、基层图书馆建设、基层图书馆管理、基层图书馆服务、基层图书馆信息化建设、基层图书馆服务、基层图书馆阅读推广、"互联网＋"环境下的数字阅读、基层图书馆的儿童阅读服务、基层图书馆的特殊群体服务和附录组成，体系较为完整，基本涵盖了基层图书馆管理与服务的全部内容。本教材于 2018 年 1 月由北京师范大学出版社出版。

五是促进全民阅读读物的出版。学会和编译出版委员会面向大众，参与全民阅读活动。2005 年主编了《中国图书馆百年系列丛书》的《百年文萃——空谷余音》和《百年建筑——天人合一馆人合一》两个分册，其中《百年建筑——天人合一馆人合一》被纳入 2005 年"送书下乡工程"目录。科普与阅读指导委员会于 2007 年主编《书与阅读文库》丛书第一辑（共 9 册）。2008 年 4 月，科普与阅读指导委员会推出丛书《中国阅读报告》，该丛书（第一辑）包括《耕读传家》等 3 册。2009 年，科普与阅读指导委员会创办《今日阅读》杂志，成为促进阅读研究，探讨与阅读相关的问题和交流图书馆阅读推广工作经验的阵地。近年来，阅读推广委员会牵头组织编写了一系列阅读指导图书，以亲子阅读、数字阅读、绘本阅读等主题，面向阅读推广人、家长、青少年等群体展开专业阅读指导。2010年出版《亲子阅读——送给0—12岁孩子的父母》和《数字阅读：你不可不知的资讯与技巧》；2011年出版了《绘本阅读：与孩子一起欣赏图画书》和《共享阅读：送给家长、老师和所有想组织读书活动的人》；2012年出版《播撒阅读种子 守望少儿幸福——青少年阅读推广理论与实践》；2014年出版《悦读宝贝——0~3岁亲子阅读手册》；2016年出版《不能错过的亲子阅读：0~4岁》等。

六是其他图书的出版。自1999年举办首届年会起，学会即配合结集出版论文集，未曾中断。1999~2005年度，论文集的题目均与年会主题一致；2006年起题名固定为《中国图书馆学会年会论文集－×年卷》，至今已出版《中国图书馆学会年会论文集（2017年卷）》。2007年4月，学会在网站上开辟"会员论坛"栏目。四年来，会员们积极投稿，论坛话题的范围也随之不断扩大，分主题已从原来的4个增加到9个。在中国科协学会学术部的支持下，在各分支机构和各省、自治区、直辖市图书馆学会的关注和参与下，学会专门从2007~2010年的"会员论坛"中选出百余篇文章以《平凡的岗位 美丽的职业——中国图书馆学会"会员论坛"文选（2007~2010）》为书名正式出版。

2013年，文化部在全国开展了第五次公共图书馆评估定级工作，上等级图书馆共2230个。为做好本次评估工作的经验总结、成果交流和资料留存等工作，展示上等级图书馆风采，充分发挥公共图书馆在我国公共文化服务体系建设中的重要作用，学会组织编辑、出版了《全国公共图书馆第五次评估上等级图书馆全集》。2017年，学会承接政府转移职能，配合文化部开展第六次全国县级以上公共图书馆评估定级工作。为了更好地加强各参评馆对评估标准指标的理解，学会在对各地图书馆同仁通过平台所提问题进行汇集、整理和编纂的基础上，组织专家编委会进行审校和修订，编辑、出版了《第六次全国县级以上公共图书馆评估定级知识问答汇编》。2015年，作为"我与中华古籍"宣传推广项目的成果，学会与国家古籍保护中心办公室联合编辑出版了《"我与中华古籍"摄影大赛优秀作品选》。

可见，学会编辑出版图书馆学专著、论著，编写培训教材，出版专业工具书以及科普性读物，充分履行了《章程》规定的"编辑、出版、发行图书馆学各种载体的文献信息资料，促进学科发展"的职能，为繁荣学术研究和推动事业发展做出了应有的贡献。

第二节 学刊编辑工作

编译出版委员会重视学刊的编辑工作，注重对学会会刊以及各地学会会刊发挥协调和指导作用。从 1984 年 10 月在辽宁省大连市召开全国省级图书馆学会"会刊编辑工作座谈会"以来，编译出版委员会共召开了 11 次全国性的图书馆学刊编辑工作会议，总结工作成绩、交流办刊经验，寻求办好专业期刊的对策，提高专业期刊质量，更好地适应形势，促进图书馆事业发展。

在 1988 年 10 月召开的编译出版委员会会议上，与会者提出的评选图书馆学、情报学优秀科研成果的建议被采纳。在纪念中华人民共和国成立 40 周年、学会成立 10 周年期间，开展了评选图书馆学情报学优秀科研成果的活动。经过优秀科研成果评审委员会的评选，在 72 种图书馆学期刊中选出 11 种专业期刊，授予全国图书馆学优秀期刊奖。"第四次全国图书馆学期刊编辑研讨会"评选出 9 种优秀期刊；"第六次全国图书馆学期刊编辑工作研讨会"评选出 12 种优秀期刊；"第七次全国图书馆学期刊编辑工作会议"评选出 12 种优秀期刊。1995 年，学会通过统计载文率、被摘率和被引率，将具有较好质量，信息含量大，被摘率、被引率、借阅率较高，反映学科发展水平，享有较高声誉的 15 种图书馆学期刊评为核心期刊。1998 年，共有 12 种期刊被评为全国优秀图书馆学期刊。

在全面改革开放和图书馆事业发展的进程中，图书馆学专业期刊起到了宣传事业发展的媒介作用，发挥了推动学术研究与交流、培养专业人才、加强队伍建设的育人园地的职能，起到积累专业资料的文献库作用。学会及其编译出版委员会开展的图书馆学刊评比活动，在专业著作和期刊出版事业中发挥着重要的指导和协调作用。

1998 年 10 月举行的"第七次全国图书馆学期刊编辑工作会议"是进

入 21 世纪前的最后一次学刊编辑工作会议，会议研究了改革形势下图书馆学专业期刊的性质、任务、导向、编辑出版和组织管理等问题，评选出 12 种优秀期刊。2000 年，学会举办了"第八次全国图书馆学期刊编辑工作会议"，交流总结经验，以提高工作质量。2002 年"第九次全国图书馆学期刊编辑工作研讨会"，总结了 1998 年以来我国图书馆学期刊的成绩，研讨了刊物的定位、经营管理、编辑部建设，以及实现精品化、特色化、网络化和国际化办刊的新思路等问题，对图书馆学期刊上网、网上参考文献著录规则、图书馆学期刊在网络条件下如何发展、图书馆学期刊在市场经济中的经营模式等进行了探讨，并评选出 12 种优秀期刊和 6 种受表彰的期刊。

2006 年举行的"第十次全国图书馆学期刊工作会议"，评选出 12 种优秀期刊和 8 种受表彰期刊并颁发了证书。2008 年 12 月在深圳召开的"第十一次全国图书馆学期刊工作会议暨第二次全国图书馆期刊优秀编辑表彰会"，研讨了在国际视野下的学术期刊的规范化和未来的发展趋势。

表彰优秀编辑和老编辑。2003 年 10 月，学会召开的图书馆学期刊编辑出版专业委员会工作会议决定，从 2004 年开始，在全国范围内开展图书馆学期刊优秀编辑的评选表彰活动。同年 8 月，在甘肃敦煌召开的全国图书馆学期刊优秀编辑、老编辑表彰暨经验交流会，对评选出的 24 名优秀编辑和 16 名在编辑岗位上工作 15 年以上的老编辑予以表彰。2008 年"第十一次全国图书馆学期刊工作会议暨第二次全国图书馆期刊优秀编辑表彰会"对 2004～2008 年度 26 种期刊编辑部的 34 名优秀编辑进行了表彰。2010 年"第十二次全国图书馆学期刊工作研讨会"在成都召开，主题是：学术期刊的规范和评价，学会副理事长、北京大学图书馆馆长朱强，学会常务理事、四川省图书馆馆长李忠昊，学会常务理事、编译出版委员会主任胡越出席了会议。来自全国 26 个省（市）、38 种图书馆学期刊的 67 名代表参加了会议。会上讨论了数字环境下期刊发展面临的挑战，会上安排了"国外社科学术期刊的载文类型及其形式规范"和"国内外期刊引文评价与同行专家评价的失衡与平衡"等专题报告，并进行了分组讨论。

在全面改革开放和图书馆事业大发展的进程中，图书馆学专业期刊起到了宣传事业发展的喉舌作用，推动专业学术交流、促进科学研究的主力军作用，培养专业人才、加强队伍建设的育人园地作用，以及积累专业资料的文献库作用。学会和编译出版委员会通过组织制定各种规范，进行图书馆专业期刊质量统计与分析，开展对图书馆学刊的评比等活动，始终发挥着对专业著作和期刊出版事业的不可替代的宏观指导和协调作用。

第三节 会刊

《中国图书馆学报》是学会会刊，是由中华人民共和国文化部主管、学会和国家图书馆主办的国家级图书情报学专业期刊。《中国图书馆学报》以交流图书馆学、情报学的研究发现，推动该领域的知识创新为己任，发表图书馆学、情报学、文献学领域及与其密切相关领域的高水平学术研究成果，以理论性、战略性、前沿性、思想性及深度的实践研究为特色，旨在推动图书情报学的研究和图书馆事业的发展。

《中国图书馆学报》的前身是《图书馆学通讯》，创刊于 1957 年，是当时北京图书馆的馆刊，1961 年更名为《图书馆》，1965 年停刊。"文革"结束以后，1979 年，《图书馆学通讯》在学会成立前夕复刊。复刊以后成为学会会刊，复刊标志着我国图书馆学专业理论研究及报道事业的复苏，是总结和传播图书馆学理论研究和实践成果的一个新的起点，是图书馆学专业理论刊物之嚆矢。

一 创刊以来发文梳理和总结

根据不同时期中国图书馆事业发展的特点和图书馆学研究的发展脉络，可将《中国图书馆学报》的发文从 1957～1964 年、1979～1990 年、1991～2001 年和 2002 年以来四个历史阶段进行梳理和总结。

1949 年 10 月中华人民共和国成立之后，随着社会稳定和经济发展，图书馆事业也有了良好的开端。图书馆作为文献收藏及面向社会服务的机构，在收集整理保存文献、为科学研究服务、为人民大众服务等方面发挥了重要作用。在《省（市）级图书馆试行条例（草案）》《关于知识分子问题的报告》《中华人民共和国高等学校图书馆试行条例（草案）》《全国图书协调方案》《关于在农村进行社会主义教育的指示》等一系列国家文化政策的支持下，全国公共图书馆、专业图书馆、高校图书馆都得到较快发展。图书馆事业发展，实践上和理论上均需要交流的平台。1957 年 4 月《图书馆学通讯》创刊，1961 年改刊名为《图书馆》，1965 年停刊。1957～1964 年，该刊围绕图书馆事业发展和图书馆学研究，刊登了系列重要的研究成果。

1978 年 11 月党的十一届三中全会召开，开启了中国改革开放的伟大征程，从此中国进入了一个新的发展时期。图书馆事业开始恢复，并逐步进入发展时期。1979 年学会成立，1980 年中央书记处通过《图书馆工作汇报提纲》，各类型图书馆迅速发展。1979 年 2 月 3 日，国家文物局下达［（79）文物字第 06 号］文件，同意恢复图书馆学专业刊物的出版发行。北京图书馆立即组成班子开始组稿、审稿和发排。经过几个月的努力，终于在学会成立大会前夕赶印出第一期《图书馆学通讯》并送到与会代表手里。时任中国科学院副院长的周培源为学会成立和《图书馆学通讯》复刊写了贺词，刘国钧、汪长炳等图书馆界前辈分别发来贺信或专文，对学会的成立和会刊的恢复寄予了良好的祝愿与殷切的希望。《图书馆学通讯》复刊是中国图书馆事业和图书馆学复苏的重要标志之一。复刊后的《图书馆学通讯》，兼具学术性和报道性双重功能。发文主要涉及图书馆事业发展的研究、图书馆学理论研究、图书馆研究方向的讨论等。

1991 年，《图书馆学通讯》更名为《中国图书馆学报》。这一时期刊登文章的主要内容有互联网和信息化、图书馆事业发展探索、借鉴国际图书馆发展的经验，世纪之交的思考等。发文内容主要涉及互联网和信息化的研究、图书馆事业发展的探索、国际图书馆发展经验的借鉴、面向新世纪的思考等方面。

2002 年 11 月，党的十六大报告明确提出切实尊重和保障人民的政治、经济和文化权益。图书馆界也开始思考理论转型、功能回归和实践突破，以保障人民的文化权益。2004 年，纪念中国百年图书馆事业。2008 年，学会发布《图书馆服务宣言》，倡导现代图书馆理念和精神。2011 年初，文化部和财政部启动创建国家公共文化服务体系示范区（项目）工作，以保障公民基本文化权益，满足公民基本文化需求。2011 年初，文化部、财政部联合下发《关于推进全国美术馆、公共图书馆、文化馆（站）免费开放工作的意见》。2015 年初，中共中央办公厅、国务院办公厅印发《关于加快构建现代公共文化服务体系的意见》，标志着我国公共文化服务体系建设进入新的发展阶段。2017 年 10 月，党的十九大报告提出："满足人民过上美好生活的新期待，必须提供丰富的精神食粮"，"完善公共文化服务体系，深入实施文化惠民工程，丰富群众性文化活动"。2017 年 11 月 4 日，《中华人民共和国公共图书馆法》经全国人大常委会表决通过，并于 2018 年 1 月 1 日起正式施行。与事业的蓬勃发展相呼应，《中国图书馆学报》刊登的学术研究成果也是丰富多彩，百花齐放，主要有关于弘扬图书馆精神、我国公共图书馆服务体系构建、公共图书馆立法、阅读推广、现代信息技术应用、数据研究与分析、数字人文和图书馆发展趋势等方面的研究。

二　组织机构沿革

学会"一大"《章程》第三条（2）款规定了"编辑图书馆学刊物和专业图书资料"的任务。学会成立之时，在编译委员会下设立了《图书馆学通讯》编辑部，副理事长、北京图书馆副馆长丁志刚担任主编，袁咏秋任副主编。"二大"《章程》对设立《图书馆学通讯》编委会和编辑部做了更为明确具体的规定，即负责《图书馆学通讯》的编辑方针、计划和重要稿件的审定工作，袁咏秋担任主编，金恩晖、辛希孟、陈石铭和张琪玉担任副主编。第三届理事会推举黄俊贵担任《图书馆学通讯》编委会主编，丘峰、刘喜申任副主编。第四届理事会任命唐绍明为《中国图书馆学报》[①] 主编，丘峰、吴慰慈、刘喜申为副主编。第五届理事会任命刘湘生为《中国图书馆学报》主编，北京图书馆李万健为常务副主编，孟广均、李晓明、曹鹤龙、刘喜申任副主编。1999 年，常务副理事长、国家图书馆副馆长周和平兼任主编。"六大"以后，副理事长孙蓓欣兼任《中国图书馆学报》主编，李万健担任第一副主编，孟广均、李晓明、郭又陵、吴晞、刘喜申担任副主编。2002 年 4 月，常务副理事长、国家图书馆副馆长杨炳延担任《中国图书馆学报》主编。2004 年 3 月，杨炳延离任，由接任

---

① 1991 年，《图书馆学通讯》更名为《中国图书馆学报》。

的常务副理事长、国家图书馆常务副馆长詹福瑞接任主编。在"七大"上，理事长、国家图书馆馆长詹福瑞担任《中国图书馆学报》主编，李万健和国家图书馆蒋弘先后担任常务副主编，张晓林、王余光、朱强、吴晞任副主编，后一直由詹福瑞理事长担任主编，2014 年初开始由国家图书馆卓连营担任常务副主编。2015 年 4 月"九大"召开后，由理事长、国家图书馆馆长韩永进担任主编，国家图书馆卓连营担任常务副主编，陈传夫、王余光、吴晞、张晓林和朱强担任副主编。

三　编辑、出版和发行

1957 年创刊之初，《图书馆学通讯》为双月刊，1959 年改为月刊，1960～1964 年为双月刊。复刊后的《图书馆学通讯》在 1979 年出版了两期，并立即开始在全国发行。从 1980 年起，《图书馆学通讯》改为季刊，1991 年改刊名为《中国图书馆学报》，1994 年改为双月刊。

1984 年 3 月，《图书馆学通讯》编委会借第二届编辑出版工作委员会举行会议之际召开了工作会议，各地各单位学刊编委或编委代表介绍了本单位的办刊情况，初步交流了经验。《图书馆学通讯》主编袁咏秋汇报了《图书馆学通讯》的编辑方针、方向、读者、作者及编辑部等基本情况。她指出，在已发表的文章中，有关图书馆的方针、任务、职能、作用，介绍国内外图书馆工作经验和有关干部培养经验的文章占总篇幅的 30%；探讨图书馆情报服务工作的理论与方法，研究标准化、现代化技术和版本学、目录学、文献学的文章约占 40%；使用和揭示馆藏文献资料的文章约占 10%；其他如基础知识、工作研究、书刊评论、图书文献知识和图书馆史等方面的文章约占 20%，基本上体现了《图书馆学通讯》的学术性质。

1986 年秋，学会原理事长、北京图书馆原馆长刘季平先生为《图书馆学通讯》题词："希望图书馆工作者抱着远大理想，切实抬头乐干，把新中国图书馆事业办成面向现代化、面向全国、面向世界、面向未来，边发展、边整改、边工作、边培育人才的社会主义图书馆网，办成促进精神文明建设的社会主义大学校。"刘季平先生的题词，是老一辈图书馆人对《图书馆学通讯》编委会工作的肯定，体现了对会刊位居研究和发展前沿、引领发展方向的殷切期望，表达了对图书馆事业发展的关切之情。

1991 年，《图书馆学通讯》更名为《中国图书馆学报》，辟有"理论研究·实践研究""事业发展·现代化建设""探索·交流""信息·动态"等栏目。把"理论研究"和"实践研究"并列作为主体栏目，表明了它注重学术性、理论性和实践性特点。

1997 年，学会、北京图书馆和《中国图书馆学报》编辑部在北京图书馆举办了专家、学者座谈会，纪念《中国图书馆学报》创刊 40 周年。学会常务副理事长、北京图书馆党委书记、副馆长周和平致辞，文化部和北京图书馆领导徐文伯、任继愈、杜克、周和平分别为《学报》创刊 40 周年题词。与会者肯定了《学报》取得的成就，为开阔图书情报视野做出的贡献，同时要求《学报》进一步提高质量，加强与读者的联系，使其成为图书馆学、情报学研究的一面旗帜，跻身于世界一流专业刊物的行列。

2007 年 9 月，《中国图书馆学报》举办创刊 50 周年纪念座谈会，学会理事长、《中国图书馆学报》主编詹福瑞简要介绍了《中国图书馆学报》编辑部贯彻"坚守定位和宗旨、突出刊物特色、狠抓学术质量"的办刊方针取得的可喜成就。任继愈、周文骏、彭斐章等老同志发言，充分肯定了《中国图书馆学报》50 年来所取得的成就，并为《学报》未来的发展建言献策。中科院文献情报中心原主任徐引篪、中山大学图书馆馆长程焕文等建议《中国图书馆学报》加强对国外图书馆学前沿研究的介绍力度，加快刊物的网络化建设步伐，增强中国学术期刊的国际竞争力和影响力。《中国图书馆学报》编辑部从 1979 年到 2006 年《中国图书馆学报》发表的论文中评选出 37 篇优秀论文，并向优秀论文作者颁发了奖牌。

2012 年，在调研国际图书馆学期刊的栏目设置之后，《中国图书馆学报》进行栏目改版，根据稿件类型将栏目设置为：①研究论文：详细陈述一项研究的新发现或新结果，具有完备的学术论文结构要素：研究问题、研究目的、文献综述、研究方法、研究结果、结论（讨论）及参考文献等；②综述评介：包括文献综述研究、学术书评等综述或评论性论文；③探索交流：对前沿性、争议性或重大理论及实践问题的思考、探讨或争鸣，此栏目不严格限定论文的写作形式；④专题研究：围绕重大事件或专门的问题进行组稿，通常是对热点或重要问题的讨论研究。

2015 年，《中国图书馆学报》策划召开前沿论坛，开设专题栏目，刊发具有前瞻性、战略性和思想性的学术成果。同年，策划召开青年论坛，主旨是：鼓励原创，拓宽视野，培养跨界、跨代学术新人。

2017年，《中国图书馆学报》迎来创刊六十周年，开设"创刊六十周年特约稿"专栏，共刊发相关文章9篇，回顾与反思过去六十年我国的图书馆学术研究和事业发展状况，展望与前瞻未来的发展趋势，在学业和业界产生较大反响。同时，整理编辑《〈中国图书馆学报〉创刊六十周年文选》和《图书馆员论文撰写与投稿指南》。

在编辑出版规范方面，《中国图书馆学报》严格遵守学术出版规范和编辑出版规范，认真执行国家有关编校质量的规定。标题、目次、摘要、参考文献等严格按照国家有关规定执行。《中国图书馆学报》编辑部严格执行双向匿名评审制度，以保证稿件的质量；制定了完善的工作章程、详细的工作流程和严格的审、编、校制度，所有录用稿件都经过四审、两编和四校。

《中国图书馆学报》作为编译出版委员会图书馆学期刊编辑出版专业委员会的主任委员单位，发布了"图书馆学期刊关于恪守学术道德、净化学术环境的联合声明"，倡议全国图书馆学期刊联合抵制各种学术不端行为，并提出了具体措施。针对学术文章中常见的多作者挂名现象，《中国图书馆学报》鼓励独创，在"投稿指南"中特别提出："本刊推崇求实、创新、自律的科研精神，鼓励独创或跨界合作。"在审稿过程中对此严格审核。严格规范版权授权管理，要求每篇文章的所有作者必须签署《论文著作权授权书》，如该文属于课题项目研究成果，须由课题负责人签字授权。

在发行方面，复刊之后的会刊发行量逐年增长，并通过中国国际书店向国外发行。到1983年"二大"前夕，《图书馆学通讯》的发行量从学会成立初始的17000份上升到25000份，与30多个国家和地区的93家单位建立了学刊交换关系，另外有30多个国家和地区的300多家单位向中国书店办理《图书馆学通讯》的订购业务。在1987年举行的第三次会员代表大会上，理事长佟曾功在工作报告中指出，《图书馆学通讯》的发行量仍然在增长，达到26000份，与30多个国家和地区200多个学术单位建立了学术期刊交换业务，另外还有30多个国家和地区的150多个单位直接通过国际书店办理订购业务。1999 年,《中国图书馆学报》的发行量达到 30000 份,已成为广大会员和图书馆工作者发表学术研究成果,交流学术信息,探究学术和改革问题的重要园地。进入 21 世纪之后,学术期刊出版发行向数字化、网络化方向发展,《学报》的传播途径更加多样,传播范围更加广泛。

四 国际化

《中国图书馆学报》立足中国,放眼世界,兼具中国特色和国际视野,在期刊国际化方面取得重要进展,主要表现在以下方面。

一是读者的国际化。2009 年 9 月,学会创办《中国图书馆学报》英文年刊在国内外发行,到 2017 年已出版至第 9 卷;增加英文长摘要、参考文献的英文翻译、DOI 号、ORCID 号等,国际影响力显著提高,被国际上著名的检索期刊《乌利希国际期刊指南》和《图书馆文献》收录,在 Web of Science 五个主要国际引文数据库(SCIE、SSCI、A&HCI、CPCI - S、CPCI - SSH)中的被引次数及在 SSCI 中的被引次数,均居为国内图书情报学期刊前列。

二是编委和作者国际化。编委来自中国、美国、英国、澳大利亚等国内外专家学者,核心作者包括境内重点高校的教授和图书馆界的专家,以及我国台、港、澳地区及美、英、澳大利亚等国的学者。

三是传播范围国际化。目前,《中国图书馆学报》发行至世界 300 个国家和地区的国家图书馆和重要图书馆。

五 数字化、网络化建设

随着互联网、大数据等现代信息技术的飞速发展,《中国图书馆学报》在数字化和网络化建设方面迈出了坚实的步伐,主要表现在以下几个方面。

一是网站建设。《中国图书馆学报》编辑部设有一级域名的网站,有中英文双语版,包括图书馆学期刊编辑出版专业委员会模块,建立图书情报学学术资源库,翻译介绍国际图书情报领域的最新研究成果,引起国内学者的广泛关注。回溯民国时期的期刊资源,供读者检索、阅览。

二是移动阅读。为适应网络环境发展需要，满足用户移动互联的多样化需求，《中国图书馆学报》网站进行了网页响应式效果的设计，增强移动功能，能够满足从 PC 机到手机、移动设备等不同电子设备的使用需求，读者可以随时随地免费查询、浏览、阅读。

三是网络出版和优先出版。《中国图书馆学报》先后加入《国家哲学社会科学学术期刊数据库》、中国期刊全文数据库（清华同方知网）、万方数字化期刊数据库、维普中文科技期刊数据库。同时，借助 CNKI 网络平台，采用网络优先出版的办法，随时上传已采用的稿件，实现即时发表，稿件的发表不再受纸刊出版周期的时间限制，更好地推进学术信息及时、广泛传播。

四是开放获取。《中国图书馆学报》新出版的期刊文章 12 个月后即可在网站上开放获取，回溯创刊以来刊登的所有文章以及民国时期出版的相关文献，最终做到所有文章在网站免费查询、浏览。

六　社会影响力

2001 年 9 月，《中国图书馆学报》被纳入新闻出版署的"国家期刊方阵"。2003 年，《中国图书馆学报》被新闻出版总署纳入"第二届国家期刊奖百种重点期刊"，成为我国近百种图书情报学专业期刊中唯一获得此项荣誉的刊物。在学会组织的历届全国图书馆学期刊评比中，《中国图书馆学报》在全国 60 多家期刊中均排名第一。

2012 年，《中国图书馆学报》成为首批获得国家社科基金资助的学术期刊；2014 年，被评为"中国人文社会科学综合评价 AMI"顶级期刊；在北京大学《中文核心期刊要目总览》、南京大学《中文社会科学引文索引来源期刊目录》、中国社会科学院《中国人文社会科学核心期刊要览》及武汉大学《中国学术期刊评价研究报告》［系 RCCSE 中国权威学术期刊（A＋）］中均居图书馆、情报与文献学类期刊第一位；在中国人民大学书报资料中心"图书馆、情报与档案管理学科期刊"全文转载排名中，转载率和综合指数均位列第一位。

第八章

学会事业发展：对外交流与合作

中华人民共和国成立之初，图书馆界的对外交往主要局限在与苏联等其他社会主义国家之间的书刊交换和人员互访等活动。后来，中苏关系恶化加上中美对抗，导致原有的对外合作和交流逐渐减少。"文革"开始后对外联系基本处于停滞状态。20 世纪 70 年代初，随着图书馆工作逐渐恢复，对国外图书馆事业发展的跟踪报道和业务研究才得以开展。联合国大会恢复了中华人民共和国在联合国的合法席位和中美关系逐步缓和，拉开了我国国际交流与合作的序幕。1973 年，以北京图书馆馆长刘季平为团长的中国图书馆代表团应美中学术交流委员会的邀请对美国进行访问，打开了我国图书馆界走向世界之门，开阔了图书馆工作者的眼界，推动了图书馆事业发展。1976 年"文革"结束以后，对外交流与合作迅速走向活跃并逐步扩大。

多年来，中国图书馆学会高度重视图书馆界的对外交流与合作。将"开展国际和地区间学术交流活动，加强同国外、境外图书馆界的联系与合作"列入《章程》规定的重要任务。学会与美国等主要国家的图书馆协会建立了交流与合作关系并开展了一系列卓有成效的活动；重视与我国港澳台地区图书馆界的联络，交流学习先进的理论和管理经验，通过合作取长补短；积极参与国际图联的各项活动，承办第 62 届国际图联大会，参与国际讲坛和借鉴各国的有益经验；参与国际图联的各项重要工作，在国际图联事务中发挥积极作用。第 62 届国际图联大会的成功举办，加快了学会和图书馆界对外交流与合作的步伐。1999 年 6 月，学会设立专门工作机构——图书馆交流与合作委员会，负责组织协调针对国外和港澳台地区图书馆的学术交流与合作活动，使学会的对外交流与合作在一个新的层面上开展了起来。

第一节　与国际图书馆界的交流与合作

一　与美国图书馆界的交流与合作

1972 年中美关系解冻，中美图书馆界交往出现松动。"文革"结束以后，两国图书馆界的学术交流与交往得到迅速恢复并持续不断，中美图书馆间的业务交流也成为学会对外交流与合作的重点。下面，主要从两国学（协）会之间的常规交往、中美图书馆合作会议和政府框架下的交流与合作等三个方面进行梳理和论述。

（一）两国学（协）会之间的常规交往

1979 年 8 月，美国图书馆协会主席 R. 韦齐沃斯致函理事长刘季平，祝贺中国图书馆学会成立并拟组织一个美国图书馆员代表团访华。9 月，美国图书馆界代表团一行 12 人来华访问，学会与北京图书馆联合举行了报告会，美国同行做了"美国图书馆的自动化和网络化""美国的图书馆协会"等十多个专题报告，为我国图书馆界带来了图书馆自动化和网络化的新观念。

对于我国图书馆界希望全面了解美国图书馆事业的要求，美方积极予以配合。1980 年 3 月，学会与美国国际交流总署在北京大学图书馆举办了"图书馆业务研讨会"。耶鲁大学图书馆馆长 L. 罗杰斯和美国图书馆资源委员会主席 W. 哈斯等专家分别就"图书馆的组织与管理""馆藏建设""保存和利用""书目工作自动化与网络""馆员培养与提高""美国图书馆事业概况""图书馆建筑与设备"等专题进行了讲演。4 月，研讨会移至上海继续举行。美国同行在北京、上海和杭州逗留期间，先后参观了北京图书馆、中国科学院图书馆、北京大学图书馆、清华大学图书馆、上海图书馆、复旦大学图书馆和浙江大学图书馆，了解到我国主要图书馆的实际情况。

在专业图书馆交流方面，与美国国际人民交流协会组织合作，接待美国专业图书馆代表团来华开展学术交流。1988 年，与美国专业图书馆代表团在北京共同举办了"现代图书馆技术与管理学术交流会"，与美国研究图书馆代表团在北京联合举办了"科学及工程图书馆用户的需求学术研讨会"。1989 年，与美国医学图书馆代表团一起举行了学术交流会。5 月，以学术研究委员会主任阎立中为团长、北京图书馆副馆长邵文杰为副团长的中国文献情报标准化代表团，应美国国家标准和技术研究院的邀请，出席了在华盛顿举行的 ISO/TC46 分会第 23 届会议。

20 世纪 90 年代，中美交流与合作依然保持着旺盛的势头。1993 年 11 月美国图书馆协会执行主席莎莉凡率领的美国儿童图书馆馆员代表团一行 60 人访华，1994 年 10 月学会在北京图书馆举行"信息高速公路和电子时代的图书馆"专题报告，1996 年 8 月学会和美国华人图书馆员协会联合举办"变革时代美籍华人图书馆员活动"的研讨会，标志着中国图书馆界进入图书馆变革的年代，开始了研究和实践信息高速公路和电子图书馆发展的新时期。

进入 21 世纪以后，中美图书馆界的交流日益频繁，合作逐步深入并取得积极成果。一是与美国图书馆协会、美国华人图书馆员协会之间的交流与合作常态化。每年双方都会邀请对方参加年会或重要学术活动。美国图书馆协会和美国华人图书馆员协会每年派团出席中国图书馆学会年会，学会也以积极的姿态参加美国图书馆协会举办的年会，参与学术论坛和展览展示活动。2000 年，学会代表团一行 35 人出席美国图书馆协会年会，其间访问了加州大学伯克莱分校中国研究中心、东亚图书馆和中心图书馆、洛杉矶市立图书馆、纽约皇后区图书馆、国会图书馆、伊里诺伊大学图书馆和芝加哥市图书馆。2000 年开始，美国华人图书馆员协会派代表团来华参加中国图书馆学会年会，并不定期在年会开幕式致辞，在分会场发言。2006 年 3 月 13 日，美国图书馆协会代表团与中国图书馆学会专家交流座谈会在国家图书馆召开，40 名美国代表主要来自美国各县级图书馆和公共图书馆，美国图书馆协会前任主席卡罗尔·布雷·卡西诺女士担任代表团团长。会上，学会秘书处向与会代表介绍了中国图书馆事业发展的现状、学会发展历程和履行的职能，以及在推动学术繁荣和图书馆事业进步方面作出的努力和发挥的积极作用；卡罗尔·布雷·卡西诺女士介绍了美国图

书馆协会发展的情况及运作模式，特别谈到了美国图书馆协会在推动公众
阅读方面起到的积极作用；与会代表就图书馆如何为社区提供服务，如何
为残疾人群提供服务等问题展开了热烈的讨论；美方代表还提出了图书馆
应寻求来自社会各界的帮助，特别是来自"图书馆的朋友"的帮助。通过
本次交流活动，中美两国图书馆界人士加强了沟通，加深了友谊，为以后
的合作打下了良好的基础。同年，学会代表团出席美国图书馆协会年会，
其间举办了"中国科技期刊展"，向海外图书馆界和有关方面介绍中国的
科技期刊，此外学会还帮助国内一些图书馆与美国图书馆寻求建立姐妹图
书馆等合作关系。

2008 年，美国图书馆协会派国际交流部主任迈克尔·道林来华参加中
国图书馆学会年会，并首次代表美国图书馆协会在年会开幕式致辞。2008
年以后，美国图书馆协会主席或选派代表不定期参加中国图书馆学会年
会。2009 年起，美国华人图书馆员协会在中国图书馆学会年会设立分会
场。2009 年，中美在对方年会互设学术分会场，11 月 4 日，2009 中国图
书馆学会年会在广西南宁召开，该会议是"中美图书馆员专业交流项目"
宣传推广计划中的一个重要环节，150 余名中美图书馆界同仁出席会议。
"中美图书馆员专业交流项目"美方代表、伊利诺伊大学厄巴纳－香槟分
校亚洲图书馆馆长陈同丽女士作了题为《放眼全球　行诸世界》的发言，
介绍了"中美图书馆员专业交流项目"的概况；"中美图书馆员专业交
流·图书馆专业普及项目"南宁站专家组组长、美国华人图书馆员协会执
行理事长、罗格斯大学纽瓦克分校图书馆副馆长李海鹏先生作了题为《美
国公共图书馆概况》的发言；"中美图书馆员专业交流·图书馆馆长专题
交流项目"代表团成员、佛山市图书馆馆长王慧君作了题为《图书馆丰富
您的生活》的发言，介绍了美国公共图书馆的服务理念、管理体制、人员
构成、市场化运营体系、经费支持状况。"中美图书馆员专业交流·图书
馆馆长专题交流项目"代表团成员、四川省图书馆副馆长王嘉陵作了题为
《美国的公共图书馆服务》的报告；美国纽约石溪大学健康科学图书馆副
研究馆员黄柏楼先生作了题为《美国图书馆协会及其作用》的报告，介绍
了美国图书馆协会、美国公共图书馆协会、大学与研究图书馆协会、医学
图书馆学会、美国华人图书馆员协会的历史、会员状况、资金来源、工作

人员构成、年会举办情况等。美国图书馆协会主席卡米拉·埃拉尔博士向理事长詹福瑞发来贺信，谨代表美国图书馆协会 66000 名会员，祝贺 2009 年中国图书馆学会年会成功召开，并向中国图书馆界同仁发出参加美国图书馆协会年会的邀请。美国华人图书馆员协会主席沈志佳和李海鹏于 2010 年 7 月发来贺信，祝贺 2010 年中国图书馆学会年会召开，同时对荣获 2010 年美国图书馆协会"国际创新奖"表示热烈的祝贺。

2010 年 5 月 31 日，美国图书馆协会主席卡米拉·艾莱尔女士与美国石溪大学终身教授黄柏楼先生到京访问，与学会负责同志进行会谈。学会开展的少儿阅读活动引起了艾莱尔的浓厚兴趣，她为学会在阅读推广领域取得的成绩感到高兴。会谈中，双方均表达了在未来加强交流的意愿。2011 年 5 月，美国图书馆协会主席 Roberta A. Stevens 女士应邀出席第五届青年学术论坛并作主旨报告。同年 9 月，美国图书馆与信息科学代表团一行 23 人到京访问，由美国图书馆协会上届主席卡米拉·艾莱尔女士任代表团团长，学会及国家图书馆同仁接待了远道而来的美国同行，本次访问加深了两国业界之间的相互了解，推动了彼此间的交流，有利于两国图书馆事业的良性发展。

2012 年 11 月，美国图书馆协会主席玛丽·拉斐尔女士应邀参加中国图书馆年会，并在开幕式上致辞。她首先对 2012 年中国图书馆年会的召开表示祝贺，期待着两国图书馆学会和协会继续加强开展交流与合作，并诚挚邀请中国同行参加在美国伊利诺伊州芝加哥市举办的 2013 年美国图书馆协会年会。此后，至 2016 年中国图书馆年会，美国图书馆协会均派员参会，美国华人图书馆员协会也组织参与并主办分会场。2014 年 6 月 26 日至 7 月 1 日，美国图书馆协会年会暨展览会在拉斯维加斯举行。中国图书馆界 21 名代表参加会议，其间与美国图书馆协会国家关系办公室主任 Michael Dowling 先生、中国驻旧金山总领馆文化参赞肖夏勇先生、王书羽女士等进行会面。其间，代表们参观考察了拉斯维加斯 - 克拉克县立图书馆区系统和西撒哈拉图书馆、洛杉矶公共图书馆系统等不同层级、规模的图书馆。

2017 年 6 月 22～26 日，应美国图书馆协会邀请，学会一行 3 人赴美国芝加哥参加 2017 年美国图书馆协会年会暨展览会并设置中国图书馆年会展位。此次展位占地 100 平方英尺，设计贯彻"节约、环保"理念，展板清新大方，宣传资料简洁，纪念品新颖实用，起到了很好的推广、宣传作用。鉴于首次在美国图书馆协会年会上设置展位，宣传中国图书馆年会，邀请更多美国图书馆协会会员参加中国图书馆年会，文化部和学会领导高度重视，要求全体参展人员在认真总结过去参展经验的基础上，完成好今年的参展工作。经过周密部署，充分准备，本次展览达到预期目的，取得圆满成功，既展现了中国图书馆事业在国际图书馆界的整体实力和形象，又加深了各国对中国文化事业特别是图书馆事业发展的新认识。

为了更好地保持和美国图书馆协会、美国华人图书馆员协会可持续的合作关系，2016 年和 2017 年学会先后与对方签署《中国图书馆学会、美国华人图书馆员协会学术交流协议》《中国图书馆学会与美国图书馆协会交流与合作备忘录》。与美国华人图书馆员协会的学术交流协议中，双方就具体学术研究和交流机制达成一致意见，约定从 2017 年起，美国华人图书馆员协会每年根据上一年度双方制订的计划选派若干名专家赴中国进行短期学术报告与研讨，双方在每年下半年制订下一年度交流计划，确定交流主题及具体安排等。与美国图书馆协会交流与合作备忘录中约定，学会与美国图书馆协会每年邀请对方领导层参加各自年会，并根据情况给予名额和费用方面的便利；双方应鼓励各自会员参加对方年会，双方协助甄选和邀请己方专家参加并介绍本国图书馆技术、服务、经验等；双方将合作创造在线虚拟学会机会，为不能亲身参加各类活动的人员提供知识分享；为鼓励馆员互访、促进两国图书馆界相互了解，双方将为馆员互访与交流提供信息与协助等。

（二）中美图书馆合作会议

举行中美图书馆合作会议是两国图书馆界高层的一项重要活动。通过中美图书馆合作会议，可以加强双边图书馆在人员、技术和信息交流等方面的合作，得到双方图书馆界的高度重视。美方有识之士提出在 1996 年第 62 届国际图联大会期间举行中美图书馆合作会议的建议，得到中方的积极响应。双方进而商定，中美图书馆合作会议将成为固定的交流与合作机制，每 5 年轮流在中国和美国举行。由于图书馆事业的迅速发展，原定每 5 年举行一次的周期已经无法满足需要，后来间隔的时间缩短了。每次会议之前，双方确定会议主题，主办方成立组委会，围绕主题做精心的准备工作。

1996 年 8 月，第一届中美图书馆合作会议在北京图书馆举行，会议的主题是"全球的信息存取——挑战和机遇"。此次会议由中国图书馆学会、北京图书馆和美国图书馆协会、华人图书馆员协会、国会图书馆、美国国家图书馆及信息科学委员会共同筹办。理事长刘德有和北京图书馆馆长任继愈先后主持开幕式和致欢迎词。美国图书馆协会主席图罗克、国会图书馆副馆长塔布、华人图书馆员协会主席刘孟雄分别致辞。开幕式后举行了第一次全体会议，图罗克、孙蓓欣和西蒙斯学院教授陈钦智分别作了《全国联网：国家信息产业基础设施的允诺与问题》《加强交流——发展事业》《全球数字图书馆的信息存取：现实与障碍》的报告，引起代表们的热烈反响。会议围绕"中美图书馆合作""国家信息产业基础设施及全球信息产业基础设施""信息技术""图书信息科学教育""图书资料保护""知识产权及版权法"等 6 个专题展开。通过会议，双方形成了一个良好的磋商机制。

此后，双方于 2001 年在美国华盛顿和纽约、2005 年在上海、2007 年在美国俄亥俄州都柏林市举行了第二届、第三届和第四届中美图书馆合作会议。以"中美图书馆合作战略政策指导"为主题的第二届中美图书馆合作会议，针对图书馆在网络环境下的知识产权问题，形成了一个"关于解决知识产权问题"的提案，上报国际图联和联合国教科文组织，希望国际图联组织专家开展专题研究，同时寻求联合国教科文组织的支持。第三届中美图书馆合作会议探讨了中美图书馆界共同面临的问题，提出了解决问题的思路和办法。第四届中美图书馆合作会议研讨了"中美图书馆、博物馆、档案馆之间的合作"，它超越了图书馆领域，首次强调在数字环境下，图书馆、博物馆、档案馆之间开展合作的必要性。

为加强数字资源的共享，共同应对数字资源共享中所面临的挑战，2010 年 9 月 8～12 日在北京举办了第五届中美图书馆合作会议。本次大会由中国国家图书馆、中国图书馆学会、美国国会图书馆联合主办，主题是

"数字资源共享：机遇与挑战"，设有分主题：资源共享政策与趋势、数字资源管理与仓储技术、科学数据共享、数字资源保存方法、数字资源的访问、检索及利用等。近几年，中美双方就中美图书馆合作会议的组织运行模式在做进一步探讨，合作会议的机制有望继续运行。

（三）政府框架下的交流与合作

2007年6月11日，中美两国政府共同签署了《2007年至2009年中美文化交流执行协议》。在协议框架下，2008年11月16日，学会理事长、国家图书馆馆长詹福瑞与美国伊利诺伊大学图书馆馆长波拉·考夫曼在美国国会图书馆共同签署了《中美图书馆员专业交流项目协议书》。文化部部长蔡武和美国总统人文艺术委员会主席阿黛尔·玛戈共同见证了签字仪式。这也是中美两国政府《2007年至2009年中美文化教育交流合作议定书》一项重要内容，是中美两国图书馆界首个政府级合作项目，由中国文化部和美国博物馆与图书馆署联合主办，学会和伊利诺伊大学厄巴纳-香槟分校图书馆、美国华人图书馆员协会共同负责实施。根据协议，项目首期从2008年9月1日至2010年8月31日止，历时两年，由5个出访项目（图书馆馆长专题交流、图书馆职业教育专题交流、图书馆技术专题交流、图书馆行业组织和中文信息共享平台试点）和6个来访项目（即图书馆专业普及交流系列活动）等组成。项目开始前，学会受文化部委托，于2008年5月与伊利诺伊大学厄巴纳-香槟分校图书馆和美国华人图书馆员协会共同完成项目的策划和可行性论证。

2009年5月，"2009~2010中美图书馆员专业交流项目"中国启动仪式暨图书馆专业研讨会在国家图书馆举行，国家图书馆以及北京地区公共、高校和专业图书馆的代表140余人出席。国家图书馆使用视频会议系统，供馆员们在总馆和国家图书馆古籍馆进行直接交流，并向吉林、山东、四川、广西等省区图书馆及东莞图书馆、天津泰达图书馆和苏州独墅湖图书馆等多家国家数字图书馆分馆进行实况直播。启动仪式上，美方专家张沙丽和苏珊·希努尔就"美国公共图书馆的管理体制与运营机制"发表演讲，R.佛勒克斯以"图书馆评估"为主题，对图书馆的绩效评估做了阐述，双方进行了交流。随后，"中美图书馆员专业研讨会暨图书馆员高级研修班"在南京举行，来自南京图书馆和全省各市、县公共图书馆、高校和专业图书馆的代表 50 余人参加了该项活动。9~11 月，交流活动先后在兰州大学图书馆、陕西省图书馆和广西壮族自治区图书馆举办，受到甘肃、陕西和广西三省区公共、高校和专业图书馆界 550 名馆长和工作人员的欢迎，效果良好。

2009 年 7 月，中国图书馆馆长代表团一行 10 人访问美国，了解了美国图书馆运作的基本情况（包括经费、服务、部门考核、管理层的构成、业务统计、馆际合作、人员招聘和评估等），公共图书馆的服务理念、法律与政策，人力资源管理、技术的使用等，还与有关方面进行探讨。代表团访问了伊利诺伊大学厄巴纳 - 香槟分校图书馆及摩滕森国际交流中心、香槟市公共图书馆、厄巴纳市图书馆、阿门县图书馆、伊利诺伊大学亚洲图书馆、伊利诺伊州立图书馆、林肯总统图书馆和博物馆、芝加哥公共图书馆以及若干机构图书馆和社区图书馆，感受美国的图书馆服务，还出席了美国图书馆协会年会。2010 年 6~7 月，以首都图书馆副馆长邓菊英为团长的"中美图书馆员专业交流项目"代表团 21 名成员赴美执行项目，分为图书馆教育项目组和图书馆技术项目组，受到美方的高度重视和热烈欢迎。其间，代表们参加了专题培训、专业参观与实践及专业会议等三个单元的活动，圆满完成了任务。

2010 年 9 月，中美双方共同签署了《中美图书馆员专业交流项目补充协议》，将项目延长至 2012 年。2011 年 6 月 8~29 日，"中美图书馆员专业交流·图书馆行业组织专题交流项目"代表团一行 10 人赴美国执行项目。按照项目既定计划，代表们在美国参加了专题培训、专业参观与实践及专业会议等三个单元的活动，圆满完成了任务。专题培训单元活动在伊利诺伊大学厄巴纳 - 香槟分校开展，培训主题为"行业组织介绍"，并开设了"美国公共图书馆"等公共课程，对美国图书馆的总体运行情况和核心价值理念进行了剖析。6 月 14 日起，项目代表团来到芝加哥，进入专业参观与实践单元，访问了美国城市图书馆协会、美国图书馆协会和芝加哥公共图书馆及艺术图书馆等，对其运行模式、管理经验、服务特色进行了仔细的学习、观摩和研究。交流的最后一站，代表团参加了美国图书馆协会年会的开幕式、国际图书馆员圆桌会议和招待会，美国华人图书馆员协会年会、领导人培训会议、颁奖晚会，荣誉奖颁奖午餐会，OCLC 公司总裁举办的早餐会和颁奖宴会以及项目评估座谈会等。

2012 年 6 月 6～26 日，2012 年"中美图书馆员专业交流项目"成功举办，分为专题交流培训、专业参观实习、参加美国图书馆协会年会三个部分。第一部分内容是关于美国公共图书馆、传递你的客户服务观念、美国图书馆成年人服务及残疾人用户、杰出的客户服务理论——鱼理论等主题的专题报告和交流讨论。第二部分的专业参观实习先后有大团组安排和分组计划，分别到伊利诺伊大学图书馆、香槟市公共图书馆、芝加哥市公共图书馆和唐人街分馆、橡树公园公共图书馆等不同类型图书馆进行参观交流，随后以分组形式分别到华盛顿、纽约和斯科基三地开展专业实习和业务交流。第三部分是参加美国图书馆协会在洛杉矶阿纳海姆举办的年会，学会代表应邀在分会场作了关于志愿者行动的专题报告。其间，还举办了项目结业仪式和评估会。

在项目实施的几年中，来自各省、自治区、直辖市的图书馆馆长、业务骨干和图书情报专业教授等共 51 人前后分 4 个批次前往美国，与美国图书馆专业人员围绕图书馆管理、图书馆学教育、图书馆技术和行业组织等主题，进行了较为深入的交流。其间，共邀请 52 名美国图书馆专家来到中国，与江苏、上海、广西等 19 个省、自治区、直辖市的 3674 名公共图书馆、高校图书馆和科研图书馆的馆长、业务骨干和馆员开展了专业交流。交流主题涉及图书馆的法律法规、方针政策和战略规划，图书馆的管理体制与运营机制，公共图书馆的服务，图书馆的绩效评价与图书馆员职业资格制度，图书馆的公共关系活动与价值彰显，数字图书馆的建设、发展、服务及经验介绍等，以专业授课、现场互动、答疑、座谈和讨论相结合，收效良好。项目分别在苏州图书馆和东北师范大学图书馆建立了中文信息共享试点平台，整合了两馆馆藏 6 个数据库，面向美国读者开放。

项目形成了良好的后期效应，中美两国项目参与代表在图书馆核心期刊上发表专业文章 7 篇，《中国文化报》发表文章 2 篇，《图书馆报》对项目作了专栏报道，甘肃省文化厅和安徽省文化厅等分别以《文化要讯》的形式对项目进行了报道，学会《工作通讯》上发表相关文章 17 篇。项目将"请进来"和"走出去"有机结合起来，互动借鉴，在派员出国学习交流的同时，也向美国展示和宣传了中国图书馆事业发展情况，与美国伊利诺伊大学厄巴纳－香槟分校图书馆及美国华人图书馆员协会等组织建立了联系，开辟了专业信息沟通渠道。项目的成功实施，对提高我国图书馆工作人员的业务素质和管理水平，增强中美图书馆之间的相互了解，推动中美图书馆人之间的交流以及发展图书馆事业发挥了重要的作用。

二 与英国图书馆界的交流与合作

中国图书馆学会与英国图书馆协会一直保持着良好的关系。学会成立不久，英国图书馆协会主席 W. 阿里森致函理事长刘季平祝贺学会成立并希望进一步加强双边关系。双方以学术交流和参观访问等多种方式开展交流互访活动。

1984 年 3 月，应学会邀请，英国图书馆参考部总监 A. 威尔逊为团长，苏福支郡图书馆总馆长 P. 拉布顿、南安普顿大学图书馆馆长 B. 内勒和英国信息科学协会主席 H. 杰克逊等一行 4 人来华访问。代表团先后访问了北京、武汉和上海，与当地图书馆进行了座谈并就图书馆管理和未来发展作了专题报告。同年 9 月，以副理事长鲍振西为团长的学会代表团一行 5 人访问英国，双方就英国图书馆协会提出的《英中图书馆合作协议草案》初步交换了意见。1985 年，双方签订了"1986～1988 年交流与合作项目"，作为两国政府间《文化与教育交流合作协定书》的补充项目，商定每两年互派一次代表团，并开展学会出版物的交换。1987年 4 月，以英国图书馆协会主席 M. 布鲁姆为团长的英国图书馆协会代表团一行 3 人访问我国，双方就未来 3 年双方合作的目标、方法和途径进行了商议。5 月，两国的图书馆学（协）会举行双边会议，双方介绍了各自国家图书馆事业的发展情况，着重就图书馆建筑、编目工作、馆藏发展和自动化问题进行了交流。同年，以史鉴为团长的学会代表团一行3 人对英国图书馆协会进行了回访。

1988 年 9 月，英国图书馆协会常务执行官 R. 鲍顿和拉夫巴勒工科大学图书馆托 N. 埃文斯应学会邀请访华，双方回顾了过去两年的合作情况并就 1989～1990 年双方的交流项目达成共识。1989 年 9 月，学会代表团访问英国。其间，代表团作了《书目控制与技术及其在图书馆管理中的应用》的专题报告，双方就彼此间的合作进行了探讨，代表团还考察了英国图书馆协会总部，参观了英国国家图书馆、牛津大学鲍德里安图书馆等15个图书馆。1990年5月，英国图书馆协会一行3人来华访问，在北京和上海与当地专业人员进行学术交流。双方商定，由学会组织科研系统图书馆的专业人员适当时候赴英国考察。1992年1月，以常务理事辛希孟为团长，中科院文献情报中心叶美媛、中国航空信息中心所张魁清、国防科工委情报所黄伟强组成的代表团访问英国并作学术交流。1993年9月，副理事长唐绍明一行3人访问英国，了解英国筹备1987年第53届国际图联大会的经验，访问了英国图书馆协会、英国国家图书馆以及国家民族遗产部并就共同关心的问题进行了探讨。

中英图书馆学（协）会之间的交流互访，从访问要求的提出，参观内容的选定，到根据访问者的学术交流内容邀请相关的人员等各个方面，英国文化委员会给予了积极支持，保证访问的成功，因而成果显著。

进入21世纪，中英图书馆学（协）会之间的交流已经不如先前那样频繁，但是访问期间探讨的问题更加深入，依然取得了不错的成效。2004年10月，应英国图书馆协会邀请，常务副理事长、国家图书馆副馆长詹福瑞率代表团访问了英国图书馆协会、大英博物馆、图书馆与博物馆委员会和英国国家图书馆。詹福瑞一行详细考察了英国图书馆协会的机构设置、管理机制、求职中介、刊物出版、培训、会展和咨询服务、公众阅读、市场推广和职业资格认证等方面的工作，了解了图书馆与博物馆委员会正在实施的"未来十年图书馆发展计划"之"三年行动计划"和"人民网"计划，参观了英国国家图书馆文献提供中心的业务流程、规章制度、经营规模与业绩。这是一次重要的访问，通过详细了解英国图书馆协会的运作情况和英国国家图书馆的业务工作，为学会和国家图书馆的改革与发展提供了重要的借鉴。

2006年3月，学会和英国文化委员会在北京联合主办了"中英图书馆管理高层论坛暨如何当好图书馆馆长研讨班"，全国各地50多位馆长参加。英国图书馆协会主席、苏塞克思大学图书馆馆长D.肖里作了题为《21世纪英国高校图书馆展望》的报告，她以苏塞克斯大学为例，介绍了英国高校图书馆馆藏资源建设及人力资源建设的情况，对英国大学图书馆发展的现状和面临的主要问题，作出尝试性的解答。英国东伦敦大学图书馆学习与服务部主任 A. 麦克唐纳以东伦敦大学为例，就图书馆的战略规划、市场与营销、建筑等三个问题作了介绍；在谈到战略规划时，他对制定和实施战略规划的各环节进行了详尽的分析与说明。副理事长、首都图书馆馆长倪晓建结合自己的工作经历作了题为《怎样当好图书馆馆长》的发言。副理事长、国家图书馆副馆长陈力作了题为《数字时代图书馆的核心竞争力》的发言。

2013 年 7 月，中国图书馆界一行 17 人赴俄罗斯、英国参加中俄信息环境下现代数字图书馆研讨会及第 10 届诺桑比亚图书馆与信息服务绩效评估国际会议。会议期间，中国图书馆界代表与俄罗斯、英国图书馆界代表围绕数字图书馆建设与服务、图书馆与信息服务绩效评估等问题展开了热烈讨论、有效互动，取得了圆满成功。7 月 22 ~ 24 日，第 10 届诺桑比亚图书馆与信息服务绩效评估会议在英国约克举办，由约克大学图书馆及档案馆主办，会议围绕“图书馆与信息服务绩效评估”主题，下设“图书馆的价值、影响、成果”“以文化、社会、经济资产评估图书馆”“社群中的图书馆与博物馆”“图书馆与信息服务统计及量化测评”“图书馆绩效评估”“建立不断改善的文化”“质量与客户”“变化管理”“数字图书馆评估”“领导与员工绩效评估”“满足日益变化的用户需求”“知识资产评估”“方法论、框架、计分板和模式”“基准与比较研究”等 14 个分主题，来自各国近 300 名代表进行了研讨。会议由开幕式、闭幕式、全体会议、工作坊和平行分会场组成，主要围绕图书馆与信息服务绩效评估的影响与价值、质量指标工具、统计与评估等几个方面展开。代表们听取了会议发言并参与会议讨论。2013 年恰逢中国公共图书馆评估年，会议讨论的内容对于我国改善图书馆评估方式，提高评估效率有很大帮助。

2017 年，学会收到英国国家图书馆发起的关于与英国“不断生长的知识”的合作倡议。“不断生长的知识”网络（LKN）是由英国 22 家主要城市图书馆、苏格兰国家图书馆和威尔士国家图书馆共同构成的创新合作伙伴关系，所有合作伙伴共享资源、技能和理念，促进图书馆在 21 世纪的持久价值，并强化图书馆作为变革的、可利用的公共资产的理念。“英国国家图书馆在中国：共享知识与文化”这一项目是由英国政府资助的为期 3

年的文化交流项目，也是英国人文交流高级别对话的重点项目之一。利用该项目提供的各种机遇和资源，有望加强学会构建的国内图书馆网络平台和由英国国家图书馆主导的"不断生长的知识"网络体系的连接，其合作目标是作为"英国国家图书馆在中国：共享知识与文化"项目的一部分，在中英两国的国家图书馆和城市图书馆间建立联系；汇集了两国高级图书馆专业人士共同思考共同的职业挑战；确定两国图书馆未来在双边或网络间基础上合作的机会。合作领域从数字化、编目、研究等方面拓展到联合举办知识交流会、学术研讨会，以及联合办展并为学习者创建在线资源等。

三 与德国图书馆界的交流与合作

中国图书馆学会与德国图书馆界之间的合作与交流起步较晚，但是成绩不菲。双方在国际图联执行委员会的德籍委员，后担任国际图联主席的C.卢克斯和歌德学院北京分院的大力支持下，以北京市西城区图书馆为交流阵地，通过学术研讨和实地考察相结合的形式开展交流，收到良好效果。

2001年5月，C.卢克斯在北京市西城区图书馆作了题为《德国图书馆的结构、体系与发展新趋势》的学术报告，介绍了德国图书馆事业的基本情况和发展趋势，北京地区100名会员参加。2002年10月召开了"中德图书馆建设学术交流会"，科隆市图书馆馆长蒂德格女士作了题为《德国市立区级图书馆分馆的结构、组织及其任务》的专题报告，随后两国同行就共同关心的问题进行了交流。2003年12月举办"中德主题图书馆学术交流会"，德累斯顿市图书馆馆长K.多尔、德累斯顿市图书馆旅游分馆负责人P.里克特分别介绍了德国贝塔斯曼基金会资助图书馆的项目、主题图书馆在德国的发展、德累斯顿市图书馆旅游分馆的建设等情况。2004年6月，学会举办"图书馆现代化管理馆长研修班"，C.卢克斯讲述了网络环境下，对图书馆职能和目标的反思、图书馆管理者应具备的基本素质、人力资源的管理策略、知识管理与图书馆的关系、延伸传统图书馆的服务内涵、合理使用和争取更多经费等。

在2005年举行的中德图书馆学术研讨会上，与会者聆听了洪堡大学图书馆学院教授乌姆劳作题为《图书馆——学习的场所：让人们具有信息能力是图书馆的任务》的发言。同年11月，学会与歌德学院北京分院再次联合主办了学术交流报告会，德国科隆北威州高校图书馆中心联合系统部负责人 R. 施密特应邀作了题为《同一地区不同类型图书馆的合作》与《德国图书馆员的进修与培训》的报告。

2007年6月，学会赴德国考察团一行12人，先后参观了维尔茨堡市图书馆、图林根乡镇图书馆、策林根乡镇图书馆、威廷根乡镇图书馆、诺丹斯达特流动（汽车）图书馆、诺丹斯达特县图书馆、维森兰特县图书馆和哈斯福特县图书馆。每到一处，考察团认真听取当地图书馆的历史、办馆理念以及工作实绩的介绍，向德国同行们介绍中国公共图书馆的现状、中国政府对公共图书馆的政策、国家"十一五"规划中关于公共图书馆建设的发展目标以及编制《公共图书馆建设标准》等情况。本次考察对11月在江苏省常熟市举办的第二届百县馆长论坛和编制中的《公共图书馆建设标准》有着很大的借鉴作用。

中德双方还多次举办展览，受到各界的关注。"托马斯·赫尔佐格建筑＋技术展""1989之后的柏林建筑幻灯片展""2005年德国景观建筑展""世界文化遗产莱茵河中上游河谷摄影展"均受到观众的欢迎。其中"2005年德国景观建筑展""世界文化遗产莱茵河中上游河谷摄影展"还到各地图书馆做公益巡展。

长期以来，学会不断拓展与歌德学院的合作。2005年11月，由图书馆交流与合作委员会、北京市西城区图书馆、德国歌德学院北京分院联合主办的"中德国际学术交流报告会"在北京市西城区图书馆举办。2005年，学会联合歌德学院北京分院及德国5家建筑事务所在全国各地图书馆举办一个独具特色的德国景观建筑展。展览的宗旨是向广大的中国观众介绍这5家建筑设计事务所的建筑设计理念。展览的主题分别为城市广场、公园、步行街、游乐场、休闲公园等。通过68幅展板，观众可以领略到德国灵活多变、风格迥异的景观建筑风格。首展于2月25日至3月13日在国家图书馆文津厅举行，之后在全国巡展。

学会还与歌德学院共同主办了第二届百县馆长论坛。特别是2009年以来，歌德学院每年选派经验丰富的德国各级图书馆馆长到中国开展讲座交流。2008～2011 年，学会和歌德学院等单位联合在武汉、南京、苏州、福州、青岛等地举办了"儿童阅读在德国"系列推广活动。

近年来，学会还与歌德学院合作，邀请德国有关专家出席全国图书馆未成年人服务提升计划、"阅读推广人"培育行动等重要学术活动。2009年 4 月 23 日，学会邀请德国阅读推广专家——德累斯顿市图书馆联盟负责人 Ms. Sonhild Menzel 和莱比锡市图书馆联盟负责人 Mr. Robert Elstner 赴天津、上海、绍兴和湖南的少年儿童图书馆参与"全国少年儿童阅读年"阅读推广讲座并做报告。同年 8 月 19～20 日，学会与德国歌德学院联合举办的图书馆与阅读论坛在德国慕尼黑歌德学院总部召开。会议由会议发言和图书馆专业参观等两个单元组成，目的是介绍中国与德国图书馆在阅读推广领域的先进范例，为图书馆阅读推广工作提供借鉴。

2011 年 5 月，德国汉堡图书馆沃夫冈·提德克参加第五届青年学术论坛，并向与会代表介绍了汉堡图书馆的电子服务。2012 年 9 月，德国斯图加特市所有儿童图书馆总馆长凯瑟琳·罗斯勒女士参加全国图书馆未成年人服务提升计划——湖南站活动，并作《孩子们的王国：斯图加特图书馆为所有的儿童提供的全方位加强版服务》的报告。2013 年 8 月，德国阅读推广机构总监萨碧娜·马勒参加全国图书馆未成年人服务提升计划——吉林站活动，并作《图画书中的结构和元素——作为儿童和青少年活动的桥梁》的报告。2014 年 11 月，德国科隆图书馆馆长汉娜萝蕾·沃格特参加第六届青年学术论坛，并作了题为《数字时代的图书馆服务——以德国科隆图书馆为例》的主题报告。2015 年 11 月，德国德累斯顿市立图书馆儿童图书馆副馆长索菲亚·罗尔参加了全国图书馆未成年人服务提升计划——海南站活动，并作《德国儿童图书馆工作——以德累斯顿市立图书馆为例》的报告。2016 年 8 月，德国驻华大使馆学校图书馆部主任卡嘉·维斯多夫受邀参加全国图书馆未成年人服务提升计划——河北站活动，并作《德国图书馆的未成年人服务》的讲座，介绍了德国公共图书馆儿童服务中的活动和项目。2017 年 7 月，慕尼黑国际青少年图书馆专家汤娅·罗伊特参加全国图书馆未成年人服务提升计划——甘肃站活动，并作《德国图书馆青少年阅读推广》的报告。

四 与日本图书馆协会的交流与合作

学会成立之初，中日两国的图书馆学（协）会就开始了交流。双方本着相互学习、取长补短的目的，以派团出席对方年会为主要方式开展交流和合作。交流期间，学会代表向日本同行学习图书馆管理方面的经验。1979 年 11 月，学会组织研讨会，邀请日本国会图书馆总务部主任高桥次太郎在北京作题为《情报时代图书馆的作用及现代化问题》的学术报告。1981 年 9 月，常务理事杨威理出席日本图书馆协会年会。1982 年 5 月，学会致函日本图书馆协会主席，祝贺日本图书馆协会成立 90 周年，贺词在开幕仪式上宣读。1995 年 10 月，副理事长、第 62 届国际图联大会中国组委会秘书长杜克出席日本图书馆协会第 81 届年会。在开幕式上，杜克邀请与会代表参加来年在北京举行的第 62 届国际图联大会并发表演讲，介绍中国图书馆事业的发展状况。1997 年 10 月，常务副秘书长李桂兰一行 5 人出席在日本山梨县举行的日本第 83 届全国图书馆大会并致辞。会后，代表团参观了东京、横滨、京都、大阪等城市 7 个图书馆，出席了第 45 次日本图书馆协会研究大会。访日期间，与日本图书馆同行就图书馆管理、资料保存与利用等问题进行了探讨。1999 年 7 月，以日本图书馆协会副主席、秘书长酒川玲子为团长的代表团一行 4 人访华并出席"中国图书馆学会 1999 年年会暨成立 20 周年纪念活动"，参观了北京大学图书馆、清华大学图书馆、瓦房店图书馆、首都图书馆、大连市图书馆、上海图书馆和上海交通大学图书馆。进入 21 世纪，学会与日本图书馆协会继续开展相互交流和活动。2006 年，正值第 72 届国际图联大会召开之际，学会服务 80 位中国图书馆界代表出席日本东京会前会，并提供中英文翻译支持。主办者还在会场设置"中国图书馆学会专席"和图书馆出版物推介台，浙江图书馆等一些代表现场采购防灾应急手册、图书保护指南等专业书籍。

五 与韩国图书馆界的交流与合作

1994 年，中国与韩国建立外交关系。从 20 世纪末，中韩两国图书馆学（协）会通过出席对方年会和互访等形式开展合作与交流，进入 21 世纪以后，两国图书馆学（协）会之间交流与合作的步伐加快。

　　2000 年 7 月，以韩国图书馆协会会长李斗荣为团长的韩国图书馆协会代表团一行 3 人访问我国，出席"中国图书馆学会 2000 年学术年会"并参观了呼伦贝尔盟图书馆、北京大学图书馆、清华大学图书馆和北京市西城区图书馆。同年 9 月，以常务副秘书长李桂兰为团长的学会代表团参加了在韩国庆州召开的"韩国第 38 届图书馆大会"并签署了《中国图书馆学会与韩国图书馆协会建立友好互访关系的协议》，两国图书馆学（协）会同意分别组团，定期互访；从 2003 年起，每奇数年派代表团互访；双方互派的代表团人数应对等；代表团访问期间，如正值对方召开学术年会，则出席对方年会等。

　　进入 21 世纪，随着中国图书馆事业的快速发展，韩国图书馆协会对于中国图书馆年会也越来越重视。2011 年，韩国图书馆协会副会长李相福率团参加中国图书馆年会并致辞；2014 年，韩国图书馆协会会长尹熙润率团参加中国图书馆年会并致辞；2015 年，韩国图书馆协会会长郭东哲率团参加中国图书馆年会并致辞。

　　学会也受邀积极参与韩国图书馆协会学术年会和纪念活动。2003 年 9 月，学会代表团一行 3 人出席韩国第 41 届图书馆协会大会，参观了韩国国立中央图书馆等，重点考察了中小型公共图书馆（社区图书馆），了解韩国图书馆协会在执行行业标准、图书馆员职业资格认证、专业书刊出版、促进公众阅读以及会员发展、举办年会、协会自身的管理与运营等方面的经验。2006 年，学会代表团出席在首尔举行的国际图联大会。其间，学会举办中国科技期刊展，展示了我国 500 余种科技期刊。

　　2010 年 9 月 27 日至 10 月 5 日，受韩国图书馆协会邀请，学会代表团参加了韩国第 47 届图书馆协会年会，此次大会的主题为"U - 图书馆：图书馆信息共享与参与空间"。代表团一行出席了韩国图书馆协会在大邱广域市举行的图书馆文化展览会开幕式、文艺节目公演、第 47 届韩国图书馆协会年会开幕式以及冷餐招待会，并访问了韩国国立中央图书馆和中央数字图书馆、延世大学学术信息院（即延世大学数字图书馆）、延世大学医学院图书馆、庆北国立大学图书馆、首尔西大门区李珍雅（音译，下同）纪念图书馆（即位于首尔西大门区的基层图书馆）。

　　2013 年 10 月 23～25 日，应韩国图书馆协会邀请，学会一行 3 人参加了在韩国济州岛举办的主题为"半个世纪的记忆和对未来的展望——副主题图书馆是创造的动力"的第50届韩国图书馆协会联合图书馆大会,同时在开幕式上代表致辞,并参加了外国代表团和韩国历代图书馆协会会长见面会及交流会。会议期间,代表团参观考察了汉拿图书馆和首尔图书馆。

2015年10月20~24日,在第52届韩国图书馆协会大会暨协会成立70周年庆祝中,学会代表团一行3人赴韩国参加庆祝仪式并进行业务交流。本届韩国图书馆协会年会主题为"与图书馆和图书馆员同行的70年——创新和谐促进发展"。大会开幕式上,学会秘书长代表致辞,对大会召开暨韩国图书馆协会成立70周年表示祝贺。会议期间,代表团成员与韩国图书馆协会会长郭东哲进行了会谈。会谈中,双方回顾了近年来学会与韩国图书馆协会交流的情况,并表示希望两会进一步加强交流,促进中韩图书馆界的相互了解与合作。在韩期间,代表团访问了韩国国立中央图书馆和国立中央少年儿童图书馆并进行了业务交流,还访问了仁川市立图书馆、首尔大学图书馆、梨花女子大学图书馆及首尔中国文化中心等机构。

此外,韩国图书馆界专家学者一直重视中韩图书馆界的交流。如韩国延世大学荣誉教授李炳穆先生出资在学会设立"李炳穆交流合作奖",旨在鼓舞和强化中韩两国之间的图书馆交流与合作,奖励对中韩图书馆交流做出贡献的中国学者。该奖项于2012年起实施,学会组建专门评审委员会,每年评出获奖者1名,奖励额度为1万元。2014年11月,李炳穆先生在北京大学信息管理系段明莲教授陪同下专程访问学会。学会秘书长及合作与交流委员会主任等参加会见。"李炳穆交流合作奖"设立至2017年底,已开展了5次评选,5人获奖。

六 与新加坡图书馆界的交流与合作

新加坡国家图书馆前馆长、国际图联前秘书长R.拉马赞德拉是我国图书馆界的老朋友,多次访问中国,为中新图书馆界的合作与交流做出了较大贡献。2003年8月在柏林国际图联大会期间,拉马赞德拉应邀就图书馆发展战略与我国参会代表进行专业交流。2004年9月拉马赞德拉应邀来华访问，作了题为《中国在全球化知识社会和世界图书馆事业发展中的作用》和《国际图联在自由存取信息中的作用》的报告，同时就大家感兴趣的话题进行了交流与探讨。2008 年 8 月，学会与新加坡国家图书馆管理局Cybrarian 公司签订了合作备忘录，同意在专业图书馆员人力开发和培训、图书馆读者和用户的信息素养培训、阅读推广和共同举办专业会议及研讨会等领域展开合作。

新加坡图书馆界一直以来非常关注中国图书馆事业的发展，交流与合作频繁。中国图书馆年会自举办以来几乎每届都有新加坡图书馆界代表参加。2011 年，新加坡国家图书馆管理局助理总裁兼任公共图书馆馆长郑爱清参加中国图书馆年会；2013 年，新加坡国家图书馆管理局独资企业 CV-PL 公司的执行董事李玉嫄参加中国图书馆年会；国际图联管理委员会委员、新加坡国家图书馆管理局副总裁严立初参加了 2014 年中国图书馆年会等。

七　与其他国家图书馆协会的交流与合作

学会与新西兰、澳大利亚、泰国、印度、苏联和乌克兰等国图书馆界有过一定程度的交流与合作。鉴于各种原因，只是在某一时段开展一般性的合作与交流。其中，有的来往属于学会（协会）之间的互访，有的则是利用国外代表团访华之际，学会出面召集研讨会、讨论会等，邀请代表团成员到会讲学。

学会与澳大利亚、新西兰图书馆界有过一定交往，1980 年 1 月借澳大利亚国家图书馆代表团访华举办了学术座谈会。会上，澳大利亚国家图书馆馆长钱德勒、社会科学院图书馆馆长索恩、国家图书馆资料来源组织分馆馆长巴斯金、国家图书馆东方部主任王省吾作了学术报告，各地 1200 名图书馆工作者出席座谈会。学会理事严文兴于 1982 年 2 月出席新西兰图书馆学会年会并宣读论文。1993 年 8 月，学会与北京图书馆共同举办专题报告会，邀请澳大利亚 C. 斯杜尔特大学图书馆和信息学院院长科尼什和戈曼博士作了《香港图书馆人员状况调查结果》的专题报告。1994 年 10 月，学会接待了澳大利亚图书馆及信息协会前主席 J. 克莱姆率领的澳大利亚图书馆代表团，代表团应邀参观了北京市石景山少儿图书馆和北京大学，并进行了交流。2012年4月10~20日，应新西兰、澳大利亚图书馆界邀请，我国图书馆界代表35人前往参加分别在新西兰和澳大利亚举办的"中国新西兰数字图书馆研讨会"和"中国澳大利亚数字图书馆研讨会"。会议围绕数字图书馆的建设与服务等相关议题在新西兰国家图书馆奥克兰中心、奥克兰大学图书馆、奥克兰公共图书馆、新南威尔士州立图书馆、新南威尔士大学图书馆及澳大利亚国家图书馆分别开展会议及图书馆参观，共约110位中外图书馆代表参加此次会议。此次访问，是中国图书馆届第一次正式赴新西兰、澳大利亚交流。此行对促进中新、中澳图书馆界的交流与合作意义深远。

学会与泰国图书馆协会曾有过几次互访。1983年9月，以主席尼达娅·别兰娜达为首的泰国图书馆协会代表团对我国进行参观访问。成员包括第二副会长、国际图联专业图书馆组主席达鲁娜·颂蓬空，国家图书馆馆长古拉姗·格曼吉等。访问期间，代表团与学会领导进行会见与座谈，交流了双方的工作情况与经验，还访问了7个图书馆和图书馆学系。1984年11月，理事长丁志刚一行6人应泰国教育部文化委员会和泰国图书馆协会的邀请，对泰国进行了友好访问。

1989年5月，学会代表团应印度图书馆协会邀请，访问了印度加尔各答、瓦拉纳西和新德里等地共10个图书馆。2010年3月，印度专业图书馆与信息中心协会主席赛特派斯一行3人访问了学会，并参观了国家图书馆。学会工作人员向赛特派斯先生介绍了中国图书馆学会概况及中国图书馆发展现状。

1986年7月，苏联文化部图书馆事业管理局局长列索辛娜·斯捷潘诺夫娜率领苏联图书馆工作者代表团访华，理事长佟曾功等会见了代表团全体成员并进行了交流。此次来访，是中苏两国图书馆界中断联系多年以后的首次接触，标志着两国图书馆工作者的业务交流与相互了解有了良好的开端。

2013年7月17~25日，文化部公共文化司巡视员刘小琴，学会副理事长、首都图书馆馆长倪晓建等中国图书馆界一行17人赴俄罗斯、英国参加中俄信息环境下现代数字图书馆研讨会及第10届诺桑比亚图书馆与信息服务绩效评估国际会议。7月19日，中俄信息环境下现代数字图书馆研讨

会在俄罗斯圣彼得堡召开，会议由俄罗斯鲍里斯·叶利钦图书馆、俄罗斯
图书馆协会和中国图书馆学会联合主办，中俄信息环境下现代数字图书馆
研讨会主题为"信息环境下的现代图书馆"，下设"数字图书馆国家级项
目介绍""地区级数字图书馆项目""以建立现代数字图书馆为基础的合作
与规划""数字图书馆元数据、数字资源建设与服务""在图书馆网站门户
获取数字资源"等分主题，中俄双方共有 60 余位专家、学者参加了本次
盛会。刘小琴在研讨会上指出，数字图书馆的核心价值在于学习和分享，
希望中俄双方图书馆能够持续开展交流，更深入地分享各自经验。中国驻
圣彼得堡总领事季雁池在研讨会上说，中俄在战略协作伙伴关系的发展框
架下，双方人文交流不断深化。俄罗斯是数字化图书馆创始国之一，数字
化也是图书馆的发展方向，两国数字图书馆方面的合作将促进双方文化交
流，加强两国人民的相互了解。俄罗斯图书馆协会主席参加了开幕式并致
辞。研讨会上，中俄双方图书馆界代表介绍了中俄在数字图书馆方面的成
果和规划。倪晓建作了题为《区域性数字图书馆建设的实践——以北京记
忆为例》的主旨发言，国家图书馆数字资源部主任李晓明作了题为《实施
数字图书馆推广工程，全面提升公共文化服务能力》的报告，学会理事、
中国科学院成都文献情报中心馆长方曙作了题为《中国科学院国家科学数
字图书馆项目介绍》的报告，介绍了中国国家、地方、科研机构数字图书
馆工作进展和优秀工作经验。中国代表团还参观了叶利钦总统图书馆，并
体验了图书馆的数字化建设成果。该图书馆是根据俄罗斯总统普京签署的
总统令建设的图书馆，重点搜集俄国家历史方面的资料，文献基础由俄国
家档案馆的电子拷贝资料和其他馆所的文件构成，是俄罗斯数字图书馆建
设与服务领域的翘楚。该图书馆为中国代表团成员开通了数字阅览证，让
其能够随时在互联网上共享叶利钦总统图书馆的资料。

另外，学会还接待过捷克、荷兰等国来访的团体和个人。以上可见，
自学会成立以来，在与国外图书馆学会（协会）之间的交流与合作中，与
美国图书馆界的交流与合作较为频繁；就交流与合作的内容而言，既涉及
基层的交流与研讨，也涉及高层的互访和交流，这对促进我国图书馆事业
整体发展发挥了重要作用。同时，与英国和德国等图书馆界的交流与合作
也应该受到较高的评价。但是，反观与其他国家图书馆界的交流与合作，

大多在某一时段出现交往的局面，但未能长久持续下去。之所以产生这样的现象，有诸多方面的原因；这就需要从我国图书馆界整体的实际需求出发，进行深入的研究和思考，在保持既有交流与合作的基础上，继续寻求新的合作机遇。

第二节　与台港澳地区图书馆界的交流与合作

一　海峡两岸图书馆界的交流

中华人民共和国成立以后，两岸图书馆界失去了联系，经历了近40年的阻隔，原本发展水平基本相同的两岸图书馆事业发生了很大差异。改革开放以后，两岸逐渐开始往来。在1980年第46届国际图联大会上，副理事长丁志刚和梁思庄与台湾师范大学图书馆王振鹄有过接触。1988年9月，经由澳大利亚国立大学图书馆澳籍华人陈炎生的促成和安排，副理事长史鉴、常务理事王振鸣和北京图书馆副馆长邵文杰在访问澳大利亚期间，与台湾地区图书馆界同仁会面并就双方共同感兴趣的问题进行了有益探讨。双方表达了恢复联系、开展学术交流的愿望，两岸图书馆界的交流与合作由此拉开序幕，学术交流主要以互访和召开专题研讨会的形式展开。

双方的专业研讨主要集中在图书馆事业发展、图书馆建筑与设备、资源共享等领域，双方公共图书馆、高校图书馆和图书馆学院系积极参与，组织召开各类研讨会，就感兴趣的问题进行深入细致的研讨并取得丰硕的成果。

1990年9月，以台湾师范大学图书馆馆长王振鹄为团长的"赴大陆图书馆访问团"一行14人访问大陆，在北京、天津、武汉、上海、杭州等城市参观了许多图书馆，与一些高校图书馆学情报学系进行了座谈和学术交流，为开展进一步学术交流打下良好的基础。1993年2月，大陆图书馆界代表团一行6人赴台湾地区进行为期14天的学术交流和参观活动。代表团一行先后参加了"图书馆学与资讯科学教学研讨会"和"中华图书资讯教育会研讨会"以及7个座谈会，参观了29个图书馆和高等学校的图书馆学系。双方都强调需要加强两岸的交往，开展学术交流与图书馆之间的合作。

1992 年 5 月，台湾地区沈宝环、胡述兆、李德竹、范豪英等图书馆界和图书资讯专家参加了在陕西省西安市召开的"现代图书馆藏书建设与资源共享国际研讨会"，就双方共同关心的问题进行了广泛的交流和深入探讨。1993 年 8 月，由台湾师范大学教授王振鹄、台湾大学教授胡述兆率领的台湾地区"图书馆事业访问团"一行 14 人，应甘肃省图书馆学会邀请出席"海峡两岸图书馆事业研讨会——兰州会议"，向兰州地区图书馆情报界同仁介绍了台湾地区图书馆事业的发展、图书馆教育、自动化以及各级各类图书馆的现状。1997 年 5 月，海峡两岸图书馆事业研讨会在台北举行，王振鹄、胡述兆、李德竹、卢荷生、胡欧兰与大陆代表刘桂林、吴慰慈、杨栋梁、康仲远等共 31 人出席并进行研讨。

第 62 届国际图联大会的成功举行，加快了学会和我国图书馆界对外交流与合作的步伐。1999 年 6 月，学会设立图书馆交流与合作委员会，负责组织协调针对国外和台港澳地区图书馆的学术交流和合作活动，使学会的对外交流与合作在一个新的层面上开展起来。

（1）促进两岸和港澳地区中文文献资源共享。中文文献资源共享不仅涉及两岸和港澳地区，也惠及全世界华人和华语图书馆。两岸和港澳地区图书馆界紧扣这个主题，轮流召开专题研讨会。从 2000 年 6 月在北京召开了第一次"中文文献资源共建共享合作会议"以来，共举办了 6 届。会议就中文文献数据库建设及其规范、条例进行探讨，通过彼此的资源建设项目进行有机结合，达到中文资源的共建共享。在香港举行的第五次"中文文献资源共建共享合作会议"上，国家图书馆建议成立"合作会议的协调委员会"及常设秘书处，加强沟通协调，得到与会各方的响应。中文文献资源共建共享机制还得到世界华语图书馆的欢迎，许多华语图书馆派出代表出席会议并共同探讨相关问题。

（2）与台湾地区图书馆界的交流与合作。两岸图书馆界围绕图书馆建筑与设备举行了"新世纪图书馆建筑与发展""图书馆建筑与空间设计"等一系列研讨会。双方代表围绕新馆建设指导思想，图书馆建筑理论与技术，图书馆建设标准和规划、功能布局及设施，图书馆空间规划与人性化服务，图书馆信息共享空间的规划等主题开展研讨。

　　同时，还高度重视两岸少儿图书馆事业的交流与合作，1995 年 8 月，天津市少年儿童图书馆与台湾世界华文儿童文学资料馆联合举办，上海、北京、武汉、重庆、沈阳、大连等城市儿童图书馆协办的首届"两岸儿童与中小学图书馆学术研讨会"在天津市召开。与会代表共 43 人，提交论文 40 篇。双方就儿童图书馆事业在大陆和台湾发展的现状及趋势、儿童图书馆的理论和实践进行了广泛的研讨。台湾地区与会者还参观了北京图书馆、南开大学图书馆、天津市图书馆、天津市岳阳道小学图书馆、天津市南开区少年儿童图书馆以及天津新蕾出版社等单位。

　　截至 2008 年，两岸共举办 7 届"海峡两岸儿童与中小学图书馆学术研讨会"。"第七届海峡两岸儿童图书馆与中小学图书馆学术研讨会"于 2008 年 8 月在吉林长春举行，大陆 29 个图书馆和少年儿童图书馆与台湾地区图书馆界、教育界近百位代表出席。研讨会主题是"和谐、交流、发展"，武汉市少年儿童图书馆彭艳、厦门市少年儿童图书馆馆长黄天助和台湾地区赖苑玲和范豪英两位教授发言，就如何加快发展现代化少儿图书馆事业，提出了一些独到的见解；对怎样抓好未成年人的思想教育工作，探索出了一些新的思路和办法。会议还邀请了德国教授 B. 丹克尔特以"'不要怀疑，就能成功'——促进阅读的成功策略"为题作了学术报告。会议共收到来自 18 个省、自治区、直辖市和台湾地区论文 283 篇，涉及"少儿图书馆事业发展建设""少儿图书馆在和谐社会中的作用""少儿图书馆工作管理与服务""阅读指导与活动""文献信息资源建设""少儿图书馆馆员职业精神"等多个方面；经评审，获奖论文结集出版。

　　举行笔谈会是开展两岸交流合作的一种独特方式，天津图书馆做了尝试并取得良好的效果。1992 年 11 月，天津图书馆的专刊《图书馆工作与研究》与台湾师范大学的半年刊《图书馆学与资讯科学》共同组织了"如何促进海峡两岸图书情报事业发展和交流"笔谈会。两岸 21 名专家学者就中国图书馆事业发展之渊源、现状及今后如何合作与交流撰文开展笔谈。《图书馆工作与研究》刊载了笔谈会的 20 余篇论文。

　　进入 21 世纪以后，两岸学术交流依然呈现活跃的态势，学会有关专业委员会以及大陆图书馆与台湾图书馆界之间开展了大量具有实质内容的交流。2011 年 11 月 21 ~ 26 日，学会理事长詹福瑞带队，山西省图书馆馆长李小强、湖北省图书馆学会会长万群华等大陆图书馆界一行39人对台湾地区各级公共图书馆进行了为期 6 天深入细致的考察和学习。11 月 21 日，在台北市图书馆总馆举行了 "2011 海峡两岸公共图书馆服务研讨会" 开幕仪式。詹福瑞和台湾地区图书馆学会理事长、台湾大学图书馆馆长陈雪华分别致辞，希望两岸同行在研讨及考察中通过相互学习，分享成功经验，共同促进两岸图书馆界的交流与合作。研讨会分别在台北市图书馆、台中市图书馆、高雄市图书馆举办了 3 场，两岸同行围绕公共图书馆服务与社会公共教育、公共图书馆阅读服务、古籍及民国图书保护等主题展开热烈交流和讨论。本次学术交流活动，为海峡两岸图书馆同行搭建了相互交流与学习的平台，通过与台湾地区同行深层次的交流，促进了两岸公共图书馆之间的相互了解，达到了互相学习、增强了解和增进友谊的目的。

2016 年 12 月 21 日，由中国图书馆学会、海峡两岸出版交流中心、福建省图书馆学会、福建省图书馆、台湾古籍保护学会、台北市出版商业同业公会主办，厦门市图书馆学会、厦门市图书馆、晋江市图书馆承办的 "首届海峡两岸图书馆馆长交流季论坛" 在福建省晋江市隆重开幕。学会副理事长张晓林，海峡两岸出版交流中心秘书长张万兴，福建省图书馆馆长郑智明，台湾古籍保护学会会长林登昱，晋江市委常委、宣传部部长林惠玲等主承办单位领导和专家以及海峡两岸图书馆和出版界代表等共 200余人出席了开幕式。开幕式上，林惠玲、张万兴和张晓林先后致辞，现场还举行了海峡两岸地方文献互赠仪式。论坛为期两天，以 "海峡两岸图书馆文献资源建设与阅读推广" 为主题，内容包括主旨报告、案例分享、两岸地方文献互赠、文献征集成果展览等，分别在晋江市图书馆和厦门市图书馆举办。晋江的论坛以 "阅读推广创新" 为分主题，两岸图书馆专家分别介绍了各自在阅读推广方面的特色及创新。与会嘉宾还参观了晋江市图书馆阅读推广案例展，进一步交流图书馆阅读推广的经验和成效。厦门的论坛围绕 "文献资源建设" 开展，两岸学者分享了地方文献的收集与研究、电子资源库建设、电子资源共建共享等方面的成功经验，展示了海峡两岸文献资源建设的成果。厦门市图书馆还举行了图书馆文献征集成果展，现场展示厦门市图书馆文献征集成果。

二　与香港图书馆协会的交流与合作

学会与香港图书馆协会的交流始于 20 世纪 80 年代中期。早在 1985 年 11 月，应香港图书馆协会的邀请，学会秘书长刘德元率代表团访问香港 1 周。代表团就在香港发展学会通讯会员、交换出版物等合作事宜与香港图书馆协会进行了交流。1993 年，香港大学图书馆长简丽冰等应邀参加北京图书馆和学会共同举办的"九十年代图书馆现代技术国际研讨会"。1995 年 8 月，应香港图书馆协会的邀请，学会代表团一行 6 人在香港进行了为期 3 天的访问。访问期间，代表团向香港同仁发出参加第 62 届国际图联大会的邀请。

1997 年香港回归祖国的怀抱，双方图书馆界的交流与合作趋于频繁。2002 年 3 月，由学会提供咨询服务的内地图书馆界一行 38 人应邀访问了香港。在港期间，访问了香港中文大学图书馆，拜会了香港中文大学图书馆馆长施达理、香港大学图书馆馆长彭仁贤和香港中央图书馆高级馆长翁志成，彼此进行了热烈的交流。内地代表对香港中文大学图书馆的特藏服务、24 小时查询服务、对弱能人士的特殊服务等进行了考察。内地代表介绍了内地公共图书馆、高校图书馆、政府机构及科学院系统图书馆的发展概况。2005 年 5 月，会长陈丽业女士率领香港图书馆协会代表团一行 23 人在北京进行了为期 3 天的友好访问，学会安排会见了陈丽业一行。双方就推动阅读、加强对图书馆服务、在国际图联发挥更大作用等问题进行了深入交流。此外，代表团还访问了国家图书馆、北京大学图书馆、清华大学图书馆、中国科学院文献情报中心和首都图书馆。2007 年 3 月，香港图书馆协会会长罗明新及秘书长麦绮雯到京访问。学会理事长、国家图书馆馆长詹福瑞，副理事长、国家图书馆副馆长陈力及有关人员参加了会见。双方就如何推动交流、加深合作提出见解和主张，并围绕香港图书馆协会成立 50 周年庆典活动、推广社会阅读、编目标引和古籍保护等问题展开了深入交流。

三　与澳门图书馆暨资讯管理协会的交流与合作

学会与澳门图书馆界的交往始于 1995 年。当年 11 月，学会秘书长刘湘生出席澳门图书馆暨资讯管理协会成立和澳门中央图书馆成立 100 周年活动。访问期间，双方签订了《澳门图书馆暨资讯管理协会与中国图书馆学会合作协议》。此后双方偶有往来。1997 年，北京图书馆周升恒和陈蔼轩在澳门讲学并出席了澳门图书馆暨资讯管理协会成立两周年庆祝大会和研讨会。2002 年 3 月，学会提供咨询服务的内地图书馆界代表团一行 38 人访问澳门，对澳门大学图书馆的个性化服务、参与教学辅导、提升图书馆地位等方面的工作进行了考察。

同时，学会定期邀请我国港澳台地区图书馆界同行参加中国图书馆年会和其他重要学术交流活动。如台湾汉学研究中心主任曾淑贤、中华图书资讯馆际合作协会理事长柯皓仁、台北市立图书馆馆长洪世昌等 20 余人应邀参加了 2014 年年会；香港岭南大学图书馆副馆长杨继贤等 5 人、澳门中央图书馆馆长邓美莲应邀参加了 2015 年年会；香港公共图书馆高级馆长谢谭满、澳门图书馆暨资讯管理协会监事长潘雅茵等 6 人应邀参加了 2016 年年会，等等。

综上，学会长期以来一直在促进两岸和港澳地区图书馆界的交流与合作，同时也能吸收符合大陆图书馆事业发展所需要的新理论和实践经验并努力发挥其积极作用，为推动两岸和港澳地区图书馆事业发展做出了积极贡献。未来一段时期，学会还应当进一步扩大自身的作用，不断确立更新、更深远的目标，引领和推动两岸和港澳地区图书馆界共同发展中华民族的图书馆大业。同时，鉴于使用中文的群体遍布世界各地，学会还应当考虑通过合作与交流为整个华人图书馆社群服务，进而增强对中华民族血脉和中华文化传承的认同和融合。

第三节　参与国际图联事务和活动

一　参加国际图联大会

一年一度的国际图联大会是国际图书馆界的学术盛会，也是最大的国际交流平台。学会自成立以来就有意识地利用这个学术平台，与国际图书馆界建立并保持了持续和良好的联系，汲取先进理论、实践知识和丰富的信息，不断更新自己的观念，推动实践发展。

国际图联自 1927 年成立至 2017 年，总共召开过 83 届国际图联大会（其间因第二次世界大战的缘故，1940～1946 年未举办大会）。会议由国际图联发起，各个国家可申请作为承办方，成立国家组委会，负责相关会务工作。中国是国际图联的发起国之一，并积极参与国际图联的各项活动。由于抗日战争以及随后发生的若干制约因素，在 1937～1979 年长达 40 年里，中国未派遣代表团出席国际图联大会，也未参与活动。20 世纪 70 年代，联合国大会恢复了中国在联合国的席位，同时我国在联合国教科文组织的合法席位也得到恢复，国际图联由此采取了积极姿态。1974 年 6 月 26日，国际图联致函台湾地区的"中国图书馆学会"，取消其在国际图联的全国协会会员资格，台湾地区的图书馆以及其他机构只能以机构会员的身份参加国际图联的活动。同年 8 月 19 日，国际图联致函联合国教科文组织非政府机构局，表达了同样的内容，为大陆图书馆界代表中国重返国际图联铺平道路。

1979 年 5 月，国际图联主席 P. 柯克加尔德致函北京图书馆馆长刘季平，邀请刘季平参加在丹麦哥本哈根举行的第 45 届国际图联大会。7 月，北京图书馆馆长刘季平函告国际图联主席，中国图书馆学会即将成立并表示愿意与世界同行广泛接触。刘季平同时指出，《1979 年国际图联指南》仍然使用"福摩萨"（即台湾地区）并与其他国家并列是不妥的，在国际图联对此不妥作法给予纠正之前，中国图书馆界不能参加国际图联大会。12 月，新当选的国际图联主席 E. 格兰海姆致函学会理事长刘季平，祝贺中国图书馆学会成立并表示愿意与中国图书馆学会建立良好的关系。E. 格兰海姆告知中方，国际图联执委会同意按照中国图书馆学会的要求进行修改，将所有台湾地区的机构会员均列在"中国"名下，台湾地区机构使用的"中央""国立"等字样均不得出现，以消除误解。E. 格兰海姆还通知中国图书馆学会，前国际图联计划管理委员会主席、美国国会图书馆副馆长韦尔什即将访华，届时双方可以就有关各项事宜进行商讨。

1980 年 1 月，刘季平致函国际图联主席，要求提供国际图联执委会关于终止台湾地区"中国图书馆学会"全国协会会员资格的决议全文，以便中国图书馆学会以此作为考虑参加国际图联的依据。2 月 27 日，国际图联主席 E. 格兰海姆致函刘季平，所需关于取消台湾地区"中国图书馆学会"全国协会会员资格的决议，包含在 1974 年 6 月 26 日国际图联致台湾地区"中国图书馆学会"函和 1974 年 8 月 19 日国际图联致联合国教科文组织非政府机构局的函件中并附来两函件的复印件。E. 格兰海姆再次邀请中国图书馆学会派团参加在马尼拉举行的第 46 届国际图联大会。3 月 15 日，北京图书馆致国家文物事业管理局的请示件中指出，根据文物局和外交部的指示，鉴于国际图联主席发来了《关于"终止台湾'中国图书馆学会'的全国协会会员资格、台湾机构不得出现'国立'等字样"的函件》复印件，中国图书馆学会参加国际图联的条件已经具备，特请准派几名代表出席在菲律宾马尼拉举行的第 46 届国际图联大会。第 46 届国际图联大会的东道主菲律宾图书馆协会也作出了积极的姿态。3 月 3 日，菲律宾图书馆协会主席、国家图书馆馆长 S. 奎耶松致函学会副理事长丁志刚，邀请他出席国际图联大会期间举行的国家图书馆馆长会议。刘季平函告国际图联秘书长，副理事长丁志刚和梁思庄将以个人名义出席国际图联大会并商讨学会重返国际图联的具体事宜。8 月，在第 46 届国际图联大会期间，丁志刚和梁思庄与国际图联主席和秘书长具体商议恢复中国图书馆学会的全国协会会员席位的问题并提出了先决条件。双方经过讨论达成了坚持"一个中国"的共识，签署了"在任何情况下，不允许出现'两个中国'或'一中一台'为基本条件的八点协议"。12 月，学会向文化部、外交部递交《关于我加入国际图联的请示报告》并获得同意。

1981 年 4 月，国际图联执行委员会一致同意"八点协议"并欢迎中国图书馆学会恢复参加国际图联活动。5 月 18 日，国际图联主席 E. 格兰海姆、国际图联秘书长维斯特洛姆一行应邀访华。访问期间，E. 格兰海姆重申国际图联将严格执行"八点协议"，国际图联的任何机构都不能以任何形式改变执委会的决定。5 月 24 日，中国图书馆学会正式返回国际图联，北京图书馆、北京大学图书馆学系、中国科学院图书馆、清华大学图书馆、上海图书馆、复旦大学图书馆、武汉大学图书馆学系等 7 个图书馆和图书馆学系同时成为国际图联的机构会员。

自此开始，学会积极参与并服务会员参与国际图联大会。1981 年 8 月，以丁志刚为团长，常务理事、四川省图书馆馆长彭长登为副团长，杜克、史鉴、韩静华和刘光玮组成的中国图书馆代表团，赴东德莱比锡参加第 47 届国际图联大会，这是中国图书馆代表团 1981 年正式恢复国际图联全国协会会员地位以来，首次参加国际图联会议，同时参会的还有北京图书馆等 7 个机构会员的代表。代表团以两人一组分别参加了各小组举行的会议，丁志刚、杜克和刘光玮参加了国家图书馆馆长会议，讨论了有关国际编目管理等项问题。不久，南京图书馆、南京大学图书馆、上海交通大学图书馆、华东师范大学图书馆学情报学系、华东师范大学图书馆、同济大学图书馆、中国人民大学图书馆、浙江省图书馆、四川省图书馆、北京大学图书馆成为国际图联机构会员，我国在国际图联的机构会员达到 18 个。

1982 年 8 月，丁志刚率领代表团参加在加拿大蒙特利尔市召开的第 48 届国际图联大会。代表团成员有：常务理事、北京图书馆副馆长鲍振西和采访部曾维祺，中科院图书馆史鉴和阎立中，清华大学图书馆副馆长朱成功，北京大学图书馆馆长庄守经。"网络化"是这届图联大会的主题，在会上，我国代表向大会提交了 5 篇论文，其中《中国图书馆网的回顾与展望》一文作为书面材料在大会上散发，《中国国家图书馆的馆际互借》《中国国家图书馆采访部机构与职责》《中国大学图书馆建筑设计中的几个问题》等 3 篇论文在有关专业组会议上宣读，这是我国图书馆界代表第一次在分组会议上宣读论文，因时间关系《中国科学院图书馆情报体系的发展》一文未能宣读。丁志刚、鲍振西和曾维祺出席了以"关于出版物的保存问题"为主题的国家图书馆馆长会议。①

此后，每一届国际图联大会均有学会代表参会。1991 年 8 月在苏联莫斯科举行的第 57 届国际图联大会上，学会和北京图书馆等 10 个属于国际图联机构会员的图书馆共 29 人出席了大会。北京图书馆李以娣在专业委员会会议上宣读了题为《为促进国际文化交流与合作的中国图书馆》的学术论文，论文被纳入大会论文集。北京大学图书馆学系董小英被选为教育与培训专业组常务委员，另外 5 人分别成为相关专业组的通讯委员。在大会

---

① 鲍振西：《参加国际图联 48 届大会和访问美加的一些观感》，《中国图书馆学报》1983 年第 1 期。

闭幕式上，国际图联主席宣布了执行委员会决定：第 62 届国际图联大会将于 1996 年在北京举行。

1993 年，以副理事长杜克为团长的学会代表团参加在西班牙巴塞罗那举行的第 59 届国际图联大会。常务理事、北京图书馆副馆长孙蓓欣当选为国际图联执行委员会委员，这是国际图联成立以来，我国代表首次担任这一职务。同时，北京图书馆国际交流处处长蒋伟明担任亚太地区组常务委员。中国组委会在此届大会开始，进而在 1994 年古巴哈瓦那的第 60 届国际图联大会和 1995 年土耳其伊斯坦布尔的第 61 届国际图联大会上举办各种活动，宣传 1996 年第 62 届国际图联大会。1996 年，中国成功举办了第 62 届国际图联大会。这是我国首次举办的世界性图书馆专业大会，是中国图书馆事业发展进程中的一件大事。

1996 年北京第 62 届国际图联大会以后，学会与我国图书馆界以更加积极的姿态参加国际图联大会。自 1999 年起，学会呼吁业界广大代表参加国际图联大会，并为代表提供邀请函申请、咨询及出行等有关服务。1999～2013 年的 14 年间，学会服务业界广大代表参加了在泰国曼谷、英国格拉斯哥、美国波士顿、德国柏林、阿根廷布宜诺斯艾利斯、挪威奥斯陆、韩国首尔、加拿大魁北克、意大利米兰、瑞典哥德堡、波多黎各圣胡安、芬兰赫尔辛基、新加坡等地举办的国际图联大会，累计参会人数逾千人。2014 年起，学会不再为参会代表提供出行服务，但仍然提供邀请函申请和咨询服务，2014～2017 年，共为近 300 名国内代表提供了参加法国里昂、美国哥伦比亚、波兰弗罗茨瓦夫等地举办的国际图联大会的服务。

二 推荐人选参与国际图联管理事务

长期以来，学会高度重视并不断推荐人选担任国际图联执行委员会和管理委员会委员，参与国际图联的决策和管理工作。继孙蓓欣担任国际图联执行委员会委员之后，上海图书馆副馆长吴建中于 2001 年当选国际图联管理委员会委员，2003 年连选连任。2005 年，中国科学院文献情报中心常务副主任张晓林当选国际图联管理委员会委员并于 2007 年连任。2009 年 6 月，北京大学图书馆馆长朱强当选国际图联管理委员会委员。学会 4 位领导先后当选并连任国际图联执行委员会委员或管理委员会委员，在国际图联的领导机构中发挥作用。2017 年，为加强中国图书馆界在国际图联重要事务决策中的影响力，促进与国际图书馆界的交流合作，经文化部批准，学会推选副理事长程焕文作为国际图联管理委员会委员的中国候选人参加了 2017 年的竞选。在本次竞选过程中，学会积极组织和动员国内各国际图联会员单位以及国外相关机构投票支持程焕文参选，程焕文也成立了竞选团队争取国内外图书馆的支持。在国内各相关单位的共同努力和国外各相关机构、图书馆的大力支持下，程焕文顺利当选国际图联管理委员会委员（2017～2019）。程焕文的当选对于进一步加强中国代表在国际图联重要事务中的话语权，促进我国图书馆与国际图书馆界的交流与合作将发挥重要作用。

此外，越来越多的图书馆工作者在国际图联的专业组担任常务委员或者通讯委员，参与国际图联各项专题的研讨。2004 年，国家图书馆立法决策服务部主任卢海燕担任版权与其他法律事务组成员、国际交流处处长严向东担任信息存取与言论自由委员会成员，两位成员均于 2007 年连任。2005 年，国家图书馆分馆副馆长王珊当选亚太地区组常务委员、典藏阅览部主任李晓明任文献传递与互借专业组常委、善本特藏部副主任苏品红当选保存与保护专业组常委、采编部主任顾犇担任编目组秘书和常委；上海图书馆馆务委员会副主任王世伟任都市图书馆组常委；海南大学图书馆馆长詹长智任大学图书馆与其他综合研究图书馆组常委；中科院文献情报中心常务副主任张晓林担任亚大地区组常委、副主任孙坦当选采访与藏书发展组常委、业务处处长刘细文当选科技图书馆组常委、教育培训部主任初景利当选图书馆理论与研究组常委、信息技术部副主任张智雄当选信息技术组常委、中科院文献情报中心兰州分馆馆长张志强担任知识管理组常委、中科院文献情报中心的彭湃源任图书馆理论与研究组通讯委员。解放军医学图书馆的张文举担任卫生与生物学图书馆专业组常委；中山大学图书馆馆长程焕文担任书目组通讯委员。

2007 年，国家图书馆馆长詹福瑞担任国家图书馆组常委、陈荔京担任家谱与方志组常委、自动化与网络系统部主任魏大威担任信息技术组常委；上海图书馆馆长吴建中任图书馆建筑与设备组常委、副馆长周德明任报纸组常委以及冯洁音任咨询与信息服务组常委；杭州图书馆的李明华、中科院数字国家数字图书馆的董须广担任图书馆建筑与设备组通讯委员；中科院国家科学图书馆成都分馆馆长方曙任管理与营销组常委、中科院国家科学图书馆武汉分馆馆长钟永恒任咨询与信息服务组常委；武汉图书馆馆长李静霞任公共图书馆组常委；浙江省图书馆程晓澜任善本与手稿组常委。

2009 年，国家图书馆顾犇任编目专业组常委、严向东任亚洲和大洋洲地区专业组常委、毛雅君任文献提供和资源共享专业组常委、陈红彦任保存保护组常委、卢海燕任议会图书馆专业组常委，翟建雄担任版权与其他法律事务组成员。

2013 年，孙一钢竞选亚洲和大洋洲地区专业组常委；王磊竞选文献提供和资源共享专业组常委；高红竞选编目专业组常委；卢海燕竞选议会图书馆及研究服务专业组常委；陈红彦竞选保存保护专业组常委；朱强竞选信息自由获取与言论自由委员会常委；张晓林竞选学术与研究组常委；孙坦竞选信息技术组常委；刘细文竞选图书馆理论与研究组常委；张智雄竞选科技图书馆组常委；初景利竞选信息素质组常委；赵艳竞选采访与藏书发展组常委；张冬荣竞选教育培训组常委；陈超竞选管理与营销专业组常委；周德明竞选公共图书馆专业组常委；徐强竞选信息科技专业组常委；郝继英竞选生物医学组常委；程璟竞选亚洲和大洋洲地区专业组常委；张红霞竞选统计与评估专业组常委；邓菊英竞选公共图书馆专业组常委；陈坚竞选文献传递与资源共享专业组常委；许建业竞选版权与其他法律问题委员会常委；王兵竞选信息自由获取与言论自由专业委员会常委。

2017 年，为响应国际图联倡议，积极反映我国图书馆现状与有关情况，向全球图书馆联合发展提供参考建议，学会牵头组织了两场研讨会。其中，9 月 7 日由专业图书馆分会和中国科学院文献情报中心承办了面向国内专业图书馆的研讨会；9 月 19 日由中山大学图书馆承办了面向公共图书馆和高校图书馆的研讨会。

三 推动中文成为国际图联工作语言

早在 1997 年 8 月在丹麦哥本哈根召开的第 63 届国际图联大会上，副理事长、文化部图书馆司司长杜克，时任国际图联执委、北京图书馆副馆长孙蓓欣等代表策划了一个关于"建议将中文作为国际图联的工作语言"的提案。此项动议得到台、港、澳地区代表以及西班牙、古巴、哈萨克斯坦、美国等国部分代表的支持。国际图联执委会决定将该提案交专业委员会讨论，然后在1999年曼谷国际图联大会上提请理事会审议。2004年3月，国际图联管理委员会讨论了由当选主席伯恩提出的调整国际图联语言政策的建议，该建议提出增加中文和阿拉伯文为国际图联的工作语言，会上没有通过该建议，但决定进行专题研究，在形成一份语言政策报告后，再提交管理委员会讨论。2005年12月，在国际图联管理委员会会议上，由于中方委员张晓林的积极促成，管理委员会决定，从第72届国际图联大会起，中文成为工作语言。

2006年在韩国举办的国际图联大会上，中文正式成为国际图联工作语言，学会组织当时参加国际图联大会的代表在中文预备会上举行了庆祝仪式，时任国际图联主席和秘书长共同见证了这一时刻。学会参与了2006年的《国际图联快报》翻译组织工作。中文被纳入国际图联大会的工作语言，我国在国际图联的地位得到提升，话语权得以扩大。这有助于我国与会代表克服语言障碍，深入参与国际图联活动，从而促进我国图书馆事业的发展和进步；同时也有助于把我国图书馆事业的经验和研究成果带到国际图书馆论坛，与国外代表交流分享，加深国际同行对中国的了解。

四 推动设立和参与组织中文预备会

1997年8月在第63届国际图联大会上，我国代表曾向当时的国际图联执委会提出关于中文作为国际图联的工作语言的建议。为了争取中文成为会议官方语言，学会出面提交一份关于中文预备会（Chinese Speaking Caucus Meeting）的申请报告。在上海图书馆馆长吴建中的积极协助下，该报告在2004年3月管理委员会的会议上获得通过。2004年在阿根廷布宜诺斯艾利斯第70届IFLA大会上，中国代表正式获得预备会资格，近百人参加了首次中文预备会，国际图联主席凯·拉舍卡和当选主席亚历克斯·伯恩出席会议并作了热情洋溢的发言。自2004年至今，中文预备会已经成功组织了14年。学会参与预备会的策划和组织工作，会议主要由国际图联领导讲话，国际图联管理委员会中国委员、学会领导及国家图书馆领导介绍国际图联情况、本年度国际图联大会会议安排及同声传译会场设置情况，国际图联各专业委员会常委介绍本专业组情况等几个环节组成。

以上可见，国际图联高度重视和关注中国图书馆界的学术交流和事业发展。1996 年，国际图联同意由中国承办第 62 届国际图联大会，通过会议向全世界展示中国图书馆发展面貌。2004 年，在国际图联大会开设中文预备会；2006 年，设立中文工作语言；2009 年，时任国际图联主席克劳迪亚·卢克斯访华，参加 2009 年中国图书馆学会年会，并作了《将图书馆提上议事日程》的重要报告。近年来，国际图联领导人频繁访问中国，支持中国图书馆事业发展。2015 年和 2016 年，国际图联主席多纳·希德主席应邀出席中国图书馆年会并在开幕式上致辞，等等。

第四节　举办第 62 届国际图联大会

在中国举办国际图联大会，是中国图书馆界多年的夙愿。早在 1935 年 5 月，在西班牙首都马德里举行的第二次国际图书馆及目录学大会上，我国代表汪长炳和冯陈祖怡就曾代表中华图书馆协会邀请国际图联的国际图书馆委员会 1936 年会议（即国际图联年会）在中国举办，国际图联表示感谢并原则上接受。由于日本帝国主义发动侵华战争，全国投入了艰苦卓绝的抗日战争之中，举办国际图联大会的愿望就此受到耽搁并始终未能实现。直到 1991 年 8 月，在莫斯科举行的第 57 届国际图联大会上，国际图联执行委员会宣布，第 62 届国际图联大会于 1996 年在中国北京举行。

申办第 62 届国际图联大会获得成功以后，学会很快行动起来，多次举行理事会和常务理事会会议听取汇报，就设立筹备领导小组、成立组委会及其秘书处、开展国际和国内宣传等提出切实可行的建议，供文化部党组决策参考。

经文化部党组同意，第 62 届国际图联大会筹备领导小组于 1991 年 12 月成立，开始必要的筹备工作。1992 年 9 月，第 62 届国际图联大会筹备办公室成立，唐绍明和孙蓓欣为主任，北京图书馆姜炳炘为副主任，北京图书馆李以娣、蒋伟明、杨洪波和学会副秘书长丘东江为办公室成员，分别负责论文、国际宣传联络、会务和注册等方面工作。10 月，四届二次常务理事（在京）会议，确定了第 62 届国际图联大会的主题、副主题和大会徽标并上报国际图联总部。11 月，国际图联总部同意我国确定的大会徽标图案和举办大会的日期。1993 年 1 月，国际图联总部函告学会，同意第62 届北京国际图联大会的主题为"变革的挑战：图书馆与经济发展"，副主题是"图书馆作为获取信息的必由之路；在变化环境中的图书馆员继续教育；资源共享：地方、国家和国际性问题；确定用户的需求；将信息提供给用户；网络化和文献提供；作为开发经济资源关键部门的图书馆；图书馆经费和信息服务：困境和出路；发展中国家图书馆的任务和形象"。

1994 年 9 月，第 62 届国际图联大会组委会举行成立大会，组委会主席罗干，执行主席、文化部部长刘忠德，常务副主席、文化部副部长刘德有出席并分别作了重要讲话，副主席、国家教委副主任韦钰，副主席、中国科协书记处书记刘恕，副主席、北京图书馆馆长任继愈以及全体组委会委员出席。会议确定了筹备工作的基本方针和任务。11 月，组委会秘书处成立，杜克任秘书长，北京图书馆副馆长谭斌任第一副秘书长（1996 年改由北京图书馆副馆长周和平担任），唐绍明任常务副秘书长，孙蓓欣等 9人为副秘书长，北京图书馆姜炳炘任秘书长助理，下设 10 个部并任命了各部负责人，李以娣任办公室主任。秘书处在组委会的领导下开展各项筹备工作，原有的筹备办公室撤销。

组委会先后于 1995 年 5 月和 1996 年 7 月举行第二次和第三次全体会议。第二次会议强调加强以对外宣传为重点的宣传工作；第三次会议上，罗干提出了"把大会组织好，把大会参观搞好，把大会展览搞好，争取不出政治问题，不出安全问题"的严格要求。

中宣部、文化部、国家教委和国家科委于 1996 年 5 月联合向各所属单位下达《关于开好第 62 届国际图联大会的通知》（文图发〔1996〕49号）。《通知》要求各单位、各部门进行研究部署，制订计划，协助第 62届国际图联大会组委会落实各项任务，使本次大会取得圆满成功。

国际图联大会的筹备工作由文化部党组领导，刘忠德等 4 位部领导担任执行主席和副主席，直接领导组委会工作。在 1996 年筹备工作进入最后的冲刺阶段，组委会召开主席办公会议，决定成立会间临时领导小组，组长为文化部副部长李源潮，副组长为刘德有和徐文伯，成员有杜克、孙维学、钱林祥、楼小燕、唐绍明和孙蓓欣，保证大会各项工作的顺利进行。

一　预先防范，及时处理一切不测事件

1995 年，国际图联决定设立"信息存取与言论自由特别委员会"，出现了政治化的倾向。理事长刘德有两次致函国际图联主席韦奇沃斯指出，讨论诸如人权和言论自由问题时，应严格限制在图书馆业务范围内，应绝对避免把国际图联的平等讨论变成利用政治口号而相互指责，甚至出现干涉别国内政的言论。他不希望看到由于"信息存取和言论自由"的讨论给国际图联组织和它的成员造成任何伤害，尤其不能允许任何一位代表在北京的会议上以任何方式背离国际图联宗旨指名攻击任何一个会员国。同时，学会推荐文化部干部楼小燕以学会顾问的身份担任"信息存取与言论自由特别委员会"中国委员，参与该委员会活动。在 8 月 29 日举行的"信息存取与言论自由公开论坛"上，楼小燕呼吁打破西方国家在知识产权上的垄断，促进信息存取的真正自由，表达了中国对信息存取与言论自由所持的立场和观点。

在大会之前，"两个中国"问题的苗头又重新出现，对于国际图联议会图书馆组编制的《世界议会图书馆机构名录》中出现"两个中国"的原则性错误，杜克于 1996 年 1 月致函该组主席罗宾逊，要求严重关注上述问题，切实采取措施纠正错误，同时知会国际图联秘书长。国际图联总部对此进行了及时干预，使大会得以顺利进行，没有再出现新的波折和大的反复。

二　开展对外、对内宣传

根据国际图联的规定，1993 年西班牙巴塞罗那第 59 届国际图联大会、1994 年古巴哈瓦那第 60 届国际图联大会和 1995 年土耳其伊斯坦布尔第 61 届国际图联大会的组委会应无偿提供场地，供中国组委会宣传 1996 年第 62 届国际图联大会。组委会成立专门班子在会议现场设展位，先后分发了《首期公告》和《末期公告》，登载了国务院总理李鹏的贺词，组委会主席罗干的欢迎词和国际图联主席韦奇沃斯的祝词等，介绍中国图书馆事业发展的相关情况，播放反映我国和首都北京风貌的录像片，展销了介绍我国

历史、文化、体育、饮食和北京风貌的图书，等等。在 1994 年第 60 届国际图联大会的闭幕式上，组委会副秘书长、文化部外联局副局长崔维本代表组委会，用西班牙语邀请各国同仁于 1996 年来北京参加第 62 届国际图联大会。在 1995 年土耳其伊斯坦布尔第 61 届国际图联大会闭幕式上，罗干到会并用德语发表演讲，欢迎各国朋友届时参会。组委会秘书处利用顺访或者专访，对周边国家和地区进行了重点宣传。杜克等先后访问英国、日本、泰国、菲律宾、印度、新加坡、印尼等国和中国台湾、香港地区，向当地图书馆界同仁发出参会邀请。

学会利用向国际图联大会推荐论文的机会，动员国内广大图书馆工作者撰写论文，组委会学术论文部与学会学术研究委员会分别于 1994 年 12 月和 1995 年 4 月举行了两次论文征集活动，从全国应征的 1200 篇论文中，评选出优秀论文 322 篇，其中 90 篇被推荐到国际图联，最终大陆图书馆界共有 49 篇论文在第 62 届国际图联会上交流。5 月，学术论文部编写并出版了《迎接世纪挑战，促进经济发展——热烈迎接第 62 届国际图联大会的召开》（宣传提纲修订本），向全国图书馆广泛发放。

1996 年初，刘忠德发表《加强自身建设，迎接国际图联大会——新春寄语》，要求加强图书馆的业务建设；提高服务质量，积极采用新技术；加快以自动化为中心的图书馆现代化建设；增强服务意识，提高办馆效益，以实际行动迎接第 62 届国际图联大会。学会利用 4 月开展的"图书馆服务宣传周"活动展开迎接大会的宣传工作。李源潮和刘德有等出席指导北京市图书馆服务宣传周活动并在现场散发宣传材料，唐绍明指导在河北省石家庄市举办的宣传周活动，杜克在山东省淄博市指导图书馆服务宣传周活动。5 月底至 6 月上旬，组委会国内宣传联络部在广州、上海、苏州等地参加服务宣传周活动。

5 月，国际图联秘书长福赫德为《中国图书馆学报》1996 年第 3 期撰写"周防与利涉——略谈中国和国际图联的关系"，介绍了国际图联的组织状况和中国参与国际图联活动的意义，扩大国际图联在中国的影响。

8 月 24 日，第 62 届国际图联大会组织委员会、《中国文化报》和北京市朝阳区人民政府联合在北京举行"朝阳杯"图书馆与国际图联知识竞赛。国际图联主席韦奇沃斯，国际图联秘书长福赫德，全国政协副主席、组委会副主席何鲁丽，文化部副部长潘震宙，组委会常务副主席刘德有等参加活动。25 日下午，邮电部和第 62 届国际图联大会组织委员会在北京国际会议中心举行了纪念邮资封首发仪式。韦奇沃斯、福赫德、刘德有和邮资封设计者潘可明出席并为参会代表在邮资封上签字，先后有 1600 位中外代表出席了邮资封首发式。

三 大会筹备工作

为了做好大会的筹备工作，1993 年 9 月，筹备领导小组副组长唐绍明一行 3 人在英国文化委员会的安排下访问了英国图书馆协会，了解英国筹办国际图联大会的经验。此外，组委会邀请英国和日本参与国际图联大会筹备的官员来京介绍承办大会的实践经验。

组委会秘书处与国际图联总部始终保持着密切的联系，就出现的问题及时进行磋商并达成共识。国际图联主席韦齐沃斯、国际图联第一副主席 R. 鲍顿、秘书长福赫德、国际图联专业委员会总协调员罗伯茨、国际图联总部办公室主任 C. 亨利等先后来京考察，了解会议的筹备情况，考察会场设施、旅游景点并进行现场指导。

组委会根据国际图联的要求，于 1996 年初提名全国人大常委会副委员长、著名社会学家费孝通作为大会的主旨发言人。这一提名获费孝通本人同意和全国人大常委会的批准，而后得到国际图联的确认。

1996 年 2 月，第 62 届国际图联大会组委会与第 13 届国际档案大会组委会联名致函联合国教科文组织总干事马约尔出席第 62 届国际图联大会和随后召开的第 13 届国际档案大会的开幕式。马约尔复函告，指定亨里尔卡斯作为联合国教科文组织总干事的代表出席上述大会。

1995 年 6 月，组委会确定北京图书馆、北京大学图书馆和信息管理系、首都图书馆、中国民族大学图书馆等 16 家北京地区的图书馆为接待大会代表专业参观的单位，并得到北京市政府的支持。7 月 27 日，罗干在杜克陪同下视察了北京图书馆、清华大学图书馆和首都图书馆，对各馆的准备工作表示满意。

举办展览是国际图联大会筹备工作的组成部分。截至 5 月，共有 112 个客户租用书展展位 75 个，租用技术和设备展位 98 个，广告展览部制作了《参展商指南》（中英文）和《大会展览指南》，介绍参展商家、展台位置等，向参会代表以及参观者提供。

组委会国际宣传联络部于 1996 年 3 月制作完成《国际图联快讯》第 1 期，7 月制作完成《国际图联快讯》第 2 期，内容包含会议日程表和活动安排的最新信息，供参会代表使用。8 月，编辑完成《大会日程》（英文、法文）和英文版简易本。至此，该部的对外宣传联络工作全部结束。大会开始以后，该部转入每天 1 期、总共 5 期的《国际图联快讯》的制作。

组委会在北京市政府的支持下招募了 200 名志愿者，由志愿人员培训部负责培训后分配到各个部门协助工作。根据国际图联的要求，组委会安排了田开芳、于丽英、李丛、汪冰、周婷、顾海舟、祁延莉、时春山等 8 人担任专业联络员。国际图联主席韦齐沃斯和秘书长福赫德在杜克等陪同下会见了志愿者，勉励他们做好工作，保证大会圆满成功。

大会前，学术论文部对 115 篇预印论文进行编辑、加工、制版印制和装订并按类印成 0~8 号分册，共 9 册预印本。后续的 200 多篇论文的现场复制准备工作就位，随时为与会代表提供服务。

组委会在大会现场设立了国际互联网服务区，为代表提供 20 多个端口进行远程信息查询，发送电子邮件，这在国际图联大会举办历史上也是首次提供互联网服务。当时我国互联网建设尚处在初期阶段，提供互联网服务实属不易。

8 月 20 日，大会新闻中心成立，开始接待中外记者的采访。国内 38 家新闻单位共 128 名记者参加了报道工作，8 家外国和地区驻京通讯社共 15 名记者登记采访。22 日，国际图联主席韦奇沃斯和秘书长福赫德接受中央电视台等新闻机构的联合采访。韦奇沃斯介绍了国际图联大会，赞扬了发展迅速的中国图书馆事业，回答了记者提出的问题。

8 月 22 日，国际图联"版权与图书馆"会前会在天津举行，来自 18 个国家和地区以及国内代表 60 余人出席了此次会议。国际图联协调员罗伯茨、版权组顾问柯尼希、常务副理事长唐绍明、天津图书馆馆长陆行素等出席。会议以"电子环境下的版权问题"为背景，探讨了"国际图联版权顾问的角色""电子版权""版权使用者的需要——图书馆"等问题。

四 第 62 届国际图联大会正式举行

8 月 25 日，第 62 届国际图联大会展览会开幕式在北京国际会议中心举行。韦奇沃斯和刘德有出席并讲话。本次展览体现了大会的主题："变革的挑战：图书馆与经济发展"。

8 月 26 日，第 62 届国际图联大会在北京国际会议中心隆重举行，国务院总理李鹏，国务委员、组委会主席罗干，执行主席刘忠德，常务副主席刘德有，副主席李源潮、徐文伯、何鲁丽，秘书长杜克，国际图联主席韦奇沃斯，第一副主席泰瑞，第二副主席杰尼耶娃，司库霍顿，秘书长福赫德，联合国教科文组织驻北京办事处代表奎沃，国际文献联合会代表哥德格尔布，国际档案理事会代表瓦格特，国际出版商协会代表德肯布，2500 余名代表和 500 多位来宾出席。刘德有主持开幕式，罗干宣布大会开幕，李鹏致开幕词。李鹏代表中国政府和人民，向来自世界五大洲图书馆界的朋友们表示热烈的欢迎。何鲁丽在讲话中指出，随着全球范围的信息革命和各种高新技术在图书馆管理领域的推广应用，国际图书馆事业获得了前所未有的发展。她深信，国际图书馆事业一定能在伟大的变革中创造出更加美好的明天。韦奇沃斯发表讲话，他向东道主中国政府和中国图书馆学会表示衷心的感谢。奎沃、哥德格布尔、瓦洛特、肯普等先后致辞。开幕式后，费孝通作了主题为"面向多元一体化世界格局的图书馆"的主旨发言，阐述了图书馆在信息时代为经济发展服务的重要作用。

大会期间，国际图联 8 个专业部及其所属 33 个专业组、12 个圆桌会议围绕大会主题进行了为期 5 天的专业学术讨论，共举行了 203 场会议。我国代表宣读的论文数量达 49 篇。

8 月 26 日晚，北京市政府举行招待会欢迎参加第 62 届国际图联大会的全体代表，李源潮、徐文伯和刘德有出席。市长李其炎致辞，他代表北京市政府对大会的成功召开表示祝贺，对与会者表示欢迎。韦奇沃斯致答词。

8 月 28 日，第 23 次国家图书馆馆长会议在北京图书馆举行。此次会议由挪威国家图书馆馆长鲁格斯主持，来自 40 多个国家近 60 位国家图书馆馆长或馆长代表出席会议。会议就国家图书馆的电子目录存取、缴送与电子出版、国家图书馆和信息高速公路、国际互借、国家图书馆的公共关系和信息市场开发、国家图书馆代码标准等问题进行了研讨，研究了电子时代国家图书馆面临的各种挑战。徐文伯，文化部办公厅主任谭斌，组委会副主席、北京图书馆馆长任继愈，组委会第一副秘书长、北京图书馆常务副馆长周和平，韦奇沃斯和福赫德等出席会议。

8月28日和29日是专业参观日，全市16个图书馆共接待了2000多名代表参观。28日，韦奇沃斯偕夫人随团参观了清华大学图书馆，受到清华大学校长王大中、图书馆馆长刘桂林的接待。韦奇沃斯赞扬清华大学图书馆，认为它与世界一流图书馆相比较毫不逊色。玛莎·泰瑞参观了中共中央党校图书馆。29日晚，第62届国际图联大会组织委员会在人民大会堂举行晚宴，招待全体与会代表。罗干、何鲁丽、刘忠德、李源潮、徐文伯、刘德有以及韦奇沃斯夫妇、福赫德、联合国教科文组织总干事马约尔的代表亨里尔卡斯赫德出席。罗干致辞，他向中外来宾表示热烈的欢迎，对国际图联总部和各国图书馆界对大会的支持表示感谢。韦奇沃斯也在宴会上致辞。代表们为大会的成功举行频频举杯。

8月30日，第62届国际图联大会闭幕，韦奇沃斯和刘忠德先后致闭幕词。法国汉学家佩雷菲特作了东西方文化交流的主旨发言，他追溯了图书的起源，活字印刷术的发明使世界经历了知识的大传播，图书的诞生促使图书的使用和保存，图书馆员们比其他人负有更大的责任为读者、研究人员打开通向宝藏的通道。杜克代表组委会接受了国际图联授予的组织奖。武汉华中师范大学教师刘可静在本次大会上荣获G.霍夫曼奖学金。在闭幕仪式上，各专业组代表还就"变革时期图书馆事业与经济发展""电子技术革命与信息流通""发展中国家自由提取信息"以及图书馆评估、信息存取和版权等方面的问题作了总结性发言。第62届国际图联大会圆满结束。

1996年9月，福赫德致函罗干，高度评价会议取得的成就，对组委会的辛勤工作表示衷心的感谢。1997年3月，杜克应邀访问国际图联总部，他与孙蓓欣向总部提交了大会总结并向第63届、第64届大会主办国介绍了第62届大会的经验。至此，大会的组织工作全部结束。

第62届国际图联大会成功举行，实现了我国几代图书馆人在中国举办国际图联大会的夙愿，它将以辉煌的业绩载入我国图书馆事业发展的史册；使国内许多代表有机会走上国际讲坛发表论文，直接与国际图书馆界同行接触和交流，展示我国图书馆事业发展的状况；大幅度增强了全社会的图书馆意识，吸引更多的公众使用图书馆资源，从中吸取知识，使图书馆成为公众终身学习的场所。同时，伴随着中国公用计算机互联网（Chinanet）的建成并投入使用，我国图书馆事业搭上信息高速公路；借助大会成功举行的契机，这也加快了我国图书馆自动化和网络化的发展步伐，开始了中国数字图书馆建设、服务和共建共享，进而实现了我国图书馆事业的可持续发展。

第九章

新环境下中国图书馆学会的
职能定位和发展策略

前文所述，国家文化治理不仅是学术领域的重要概念和研究范畴，也是当前党和政府执政施政的重要着力点，同时还是从文化层面上统合我国当前社会发展的各类需求的重要立足点，更是当前各类社会主体应当集中关注、认真研学和主动适应的时代热点。在国家文化治理的三元共治模式中，社会组织是其中的重要主体之一。中国图书馆学会身处文化与科技深度融合的综合性行业，在中国科协 211 个全国学会中属于交叉学科学会，也是我国图书馆行业，甚至是文化行业中具有较强影响力的全国性社会组织。通过对学会在组织建设、学术交流、阅读推广、行业协调与指导、编译出版、对外交流与合作等方面取得的突出成绩进行研究、梳理和归纳的基础上，可以看出其在国家文化治理体系构建和国家文化治理能力现代化的时代背景下主动求变，勇于创新，充分发挥自身在文化和图书馆行业的独特优势和功能，把学会事业和我国图书馆事业推向新的发展阶段。

同时，在对社会组织的功能、作用及在参与国家文化治理中与有关主体的关系等研究表明，体系建设是实现国家文化治理战略的重要内容，形成完善科学的体系是实现国家善治的有力保障。作为国家文化治理三元共治模式的重要主体，社会组织本身就是国家文化治理主体体系的重要部分。社会组织作为主体体系的重要一元，在参与国家文化治理过程中，需要关注整个主体体系的建设和发展，需要处理好与该主体系统中政府和企业之间的关系，同时还要注意处理好与公民个体之间的联系。

近年来，我国经济、政治、文化和社会等各个方面飞速发展。党的十九大报告指出，经过长期努力，中国特色社会主义进入了新时代，这是我国发展新的历史方位。党的十九届三中全会提出了深化党和国家机构改革的目标，将在构建有关体系的基础上，推动人大、政府、政协、监察机关、审判机关、检察机关、人民团体、企事业单位、社会组织等在党的统一领导下协调行动、增强合力，全面提高国家治理能力和治理水平。当前，"供给侧结构性改革""创新驱动""一带一路""美丽中国""推动社会主义文化繁荣兴盛"及大数据、云计算、"互联网＋"、人工智能等新战略、新理念和新技术与国家文化治理的新环境深度契合，相互促进。在此背景下，图书馆在不同地域、不同行业发展的不平衡、不充分以及其传统服务理念、服务内容和服务方式已经无法满足用户（读者）日益增长的图书馆和信息服务的需要，因而全国各级各类图书馆也在不断探索，重塑服务理念，创新服务内容，拓宽服务领域，提升服务效能。为此，立足和服务于全国广大图书馆和行业工作者的专业社会组织也必须对自身的职能定位和发展方向更加明晰，顺势而为，谋划好未来发展。

2016 年 5 月，习近平总书记在出席全国科技创新大会、中国科学院第十八次院士大会和中国工程院第十三次院士大会、中国科学技术协会第九次全国代表大会时指出，中国科协各级组织要坚持为科技工作者服务、为创新驱动发展服务、为提高全民科学素质服务、为党和政府科学决策服务的职责定位。中国科协在《关于在全国开展"传承 创新 发展"主题年工作的通知》中指出，各级科协组织要立足新时代的新使命、新目标、新格局，主动对标国家战略需求、世界先进水平和广大科技工作者的殷切期待，深化科协系统改革，推动智库、学术、科普"三轮"驱动，国际化、信息化、协同化"三化"联动，组织外向拓展、纵横融合、网络活跃"三维"聚力，着力提升思想引领力、群众组织力、战略支撑力、文化传播力和国际影响力。遵循科技群团组织发展规律，探索创新团结带领科技工作者投身创新型国家建设、服务现代化经济体系发展的体制机制和路径举措。树立顾客导向思维，注重目标成果绩效，创新联系服务科技工作者的体制机制和工作方法，推动开放型、枢纽型、平台型科协组织建设，牢牢把握"四服务"职责定位，切实担负起党和政府联系科技工作者的桥梁纽带职责。①

作为国家文化治理新环境下的社会组织，中国图书馆学会欲明晰自身的职能定位和发展方向，首先要充分发挥习近平总书记提出的"四服务"职能，认真对标中国科协提出的"三轮"驱动、"三化"联动、"三维"聚力的工作格局总要求，同时也要结合自身所处的文化和图书馆行业的特殊行情和独特优势以及历史发展形成的良好机制和格局，并明确与有关政府部门、本行业内图书馆和机构、企业、行业工作者及社会公众等各类主体之间的关系，不断增强对广大会员和行业工作者的吸引力凝聚力。在此基础上，本书提出中国图书馆学会的五大职能定位和发展方向及有关发展建议。

第一节　学科引领与事业发展研究中心

一　职能定位分析

学术共同体是具有相同或相近的价值取向、文化生活、内在精神和具有特殊专业技能的人为了共同的价值理念或兴趣目标，并且遵循一定的行为规范而构成的一个群体。在当代社会，学会就是某个学科领域内最重要的学术共同体，它也是历史发展到特定时期的产物，是社会相关因素共同作用的结果。某一个领域学术共同体的出现，也意味着该领域作为一个学科的正式形成。从历史考察来看，学会的基本属性也决定了其功能。由于基本属性随着社会的发展而不断拓展，这也决定了其功能包括基本功能和重要功能。随着学会的发展，尽管现代社会组织的功能大大拓展，包括学术交流、科学普及、人才培养、继续教育、国际交流等方面，但学术交流依然应当作为其基本功能，而且是第一位的基本功能，这也是学会作为学术共同体最为重要的功能。

学会成立之初就主张学术思想自由，鼓励自由探讨感兴趣的学术内容，自由发表学术观点，自由公布新的学术发现。学会松散、无等级、自

---

① 《中国科协关于在全国开展"传承　创新　发展"主题年工作的通知》（科协发厅字〔2018〕5号），2018年3月5日。

由的民主学术气氛，有利于学术灵感的产生、学术观点的碰撞和学术信息的整合，具有推动学术创新的文化优势；学会的组织构架具有跨单位、跨机构、跨地域等横向联系的特征，保证了在本学科、本专业领域的覆盖面，具有推动学术创新的组织优势；学会荟萃了本学科高层次精英，为交流提供智力保障，具有推动学术发展的人才优势。[①]

学术交流是学会成立的理由和原因，也是学会在社会上安身立命的基础，将学术交流作为学会基本职能，这是学会区别于其他机构和社会组织的最大特点。东西方最早成立的学会均鲜明地强调了办会的学术目的，在科学史上，学会也始终以学术交流主要承载者的面貌出现。可见，学会的学术属性与生俱来，学术属性是学会的基本属性。就我国图书馆学科而言，学术交流包括了三个层面的内容，即图书馆学、图书馆教育和图书馆事业，这也决定了中国图书馆学会的学术交流功能承担着促进学术繁荣、引领学科发展和推动事业进步的重要使命。

中国图书馆学会自成立以来，一直将包括学术研究、学术交流等内容在内的学术建设，作为学会主要任务。近年来，学术建设取得一定成绩，其社会影响力也日益增大。我国图书馆学研究也出现了一些变化，研究的选题新了，内容实了，范围广了，研究深入了，呈现出重点推进、注重创新、蓬勃发展的新态势。在这种学术背景下，更应该担负起学术责任。[②]

为此，在国家文化治理的新环境下，中国图书馆学会的第一项职能定位应明确为：学科引领与事业发展研究中心，这也是学会为创新驱动发展服务和为科技工作者服务的重要体现。

二　发展路径建议

（一）优化学术创新环境

1. 引导全行业高度重视科学道德和学风建设的重要意义，开展全覆

---

①　沈爱民：《关于科协和学会工作的思考与实践》，中国科学技术出版社，2016，第215～216页。

②　吴慰慈：《在中国图书馆学会第九届学术研究委员会成立大会上的讲话》，《图书馆杂志》2016年第6期。

盖、常态化的宣讲教育活动，着力营造风清气正的良好学术生态。在学术交流活动中，强化学术不端检测，减少学术腐败现象发生。

2. 加强行业自律，修订《中国图书馆员职业道德准则（试行）》，加大《图书馆服务宣言》宣传和贯彻力度，积极优化学术创新环境，为促进学术繁荣和推动事业发展服务。

3. 适应信息技术的进步和信息环境的变化，以互联网和信息化思维构建"学术＋互联网"学术交流体系，为学术创新提供基础保障平台。

（二）探索学术创新引领机制

1. 积极推进学科发展的动态研究，建立行业发展趋势报告制度，全面、客观地反映学科发展和事业推进中具有影响的新的生长点，预测未来发展趋势，设计学科发展路线图，为国家优化科技文化资源配置和规划战略布局提供参考。

2. 瞄准图书馆学前沿课题，结合图书馆事业发展实践，整合和凝聚全行业的资源和力量，加强研究，提出可行性办法，为推动图书馆事业发展提供智力支持。

3. 建立重点前沿学术项目招标机制，自觉围绕国家战略需求和行业科学发展找题目、做文章，增加学术研究成果的社会需求度和适用性，不断提高图书馆工作者的科研水平，提升学会在业界的影响力和服务创新能力。

4. 充分发挥学术期刊在推进成果传播和学术创新中的作用，加强图书馆学术期刊的行业联动，加快推进《中国图书馆学报》等顶级期刊的国际化步伐，不断提升其国际影响力和学术话语权，同时重点支持一批学术期刊的质量提升，推动其创精品谋发展。

（三）打造高端学术引领品牌

1. 加强顶层设计和总体规划，突出战略重点和关键节点，集约学术会议举办资源，把老项目做新、小项目做大，丰富学会已有品牌的学术内涵，引导各分支机构和省级学会加强联动，创办一批有影响力的学术品牌，形成理念更加多元、内容更加丰富、形式更加新颖的综合性学术交流体系。

2. 创新举办中国图书馆年会，将其打造成具有世界影响力的国际化高端学术会议品牌。同时，不断探索年会举办机制，增强其为会议举办地政府和事业产业发展服务的职能。

3. 实施产学研合作引领发展行动，推动图书馆事业与数字文化、创意文化、旅游文化等融合发展，充分利用好中国图书馆展览会等平台，同时搭建更多行业内外联动共享的平台，促进学术成果的评价和转化，培育文化产业发展新动能。

（四）培育学术研究高精尖人才

1. 探索建立图书馆学术研究高精尖人才培育机制，为行业工作者在国际期刊发表学术成果提供便利条件，培育一批在国际上有影响力的专家学者。

2. 完善青年人才奖的评价机制，实施青年人才培育工程，遴选有潜质、基础好的青年人才，创新培养模式，为其配备理论和实务两方面的导师，精心指点，连续稳定扶持，协同助力优秀青年人才尽快成长。

3. 充分发挥协调作用，加强重点高校图书馆学院系与行业内重点图书馆、重点企业的对接，有针对性地培养图书馆和企业急需的一线人才，培育创新生态。

4. 开发信息数据平台和移动终端应用，构建学术成果、科技产品和专业人才联动发展的资源展示与合作平台。

第二节　全民阅读促进与专业指导中心

一　职能定位分析

党的十八大以来，以习近平同志为核心的党中央高度重视全民阅读工作。2014年以来，"倡导全民阅读"连续四年写入国务院政府工作报告。中共中央办公厅、国务院办公厅印发《关于加快构建现代公共文化服务体系的意见》（2015）第十五条提出"深入开展全民阅读活动，推动全民阅读进家庭、进社区、进校园、进农村、进企业、进机关"。《中华人民共和国国民经济和社会发展第十三个五年规划纲要》（2016）要求"推动全民阅读",并将全民阅读工程列为"十三五"时期文化重大工程之一。《中华人民共和国公共文化服务保障法》（2016）第二十七条提出"各级人民政府应当充分利用公共文化设施，促进优秀公共文化产品的提供和传播，支持开展全民阅读、全民普法、全民健身、全民科普和艺术普及、优秀传统文化传承活动"。《中华人民共和国公共图书馆法》（2017）第三条提出"公共图书馆是社会主义公共文化服务体系的重要组成部分，应当将推动、引导、服务全民阅读作为重要任务"，第三十六条提出"公共图书馆应当通过开展阅读指导、读书交流、演讲诵读、图书互换共享等活动，推广全民阅读"。全民阅读对于构建新时代公共文化服务体系，提升国民文化素质，坚定文化自信，推动社会主义文化繁荣兴盛，实现中华民族伟大复兴的中国梦具有重要战略意义。

图书馆是搜集、整理、保管和利用书刊资料，为一定社会的政治、经济服务的文化教育机构[①]，具有开展全民阅读的文献优势。同时，图书馆还履行着社会教育的职能，与生俱来地将阅读指导作为其主要服务内容，而且在当代更加注重提高公民的文化素养，并与信息素养、技术素养、健康素养等结合起来，以学习推动素养教育。[②] 可见，图书馆是开展全民阅读工作的重要阵地，在全民阅读中承担着重要角色。

中国图书馆学会是我国图书馆界具有较强影响力的全国性社会组织，是党和政府联系图书馆工作者的桥梁和纽带。《中国图书馆学会章程》明确将"推动全民阅读，促进知识的创新与传播，为提高国民科学文化素质，建设学习型社会发挥作用"作为重要任务。多年来，中国图书馆学会不断探索工作机制，搭建活动平台，出版专业书籍，培育专门人才，并发布年度"全民阅读"工作通知，积极引导、协调和组织全国各级各类图书馆全面推动全民阅读，开展了形式多样和丰富多彩的阅读推广活动，形成了我国图书馆界全民阅读工作"各馆齐心、遍地开花"的格局，受到各界群众和新闻媒体的高度赞誉，服务能力和服务水平不断提升，图书馆的社会影响力持续扩大，社会主义核心价值观和中华优秀传统文化广泛弘扬，

① 吴慰慈：《图书馆学概论》，北京图书馆出版社，2008，第54页。
② 吴建中：《从未来看现在——图书馆发展的下一个十年》，《图书馆建设》2016年第1期。

主旋律更加响亮，正能量更加强劲，文化自信得到彰显，为社会主义文化强国建设做出了应有的贡献。

为此，在国家文化治理的新环境下，中国图书馆学会的第二项职能定位应明确为：全民阅读促进与专业指导中心，这也是学会为提高全民科学素质服务和为科技工作者服务的重要体现。

二　发展路径建议

（一）深化阅读推广理论研究，搭建阅读指导专业体系

1. 充分运用阅读推广专业人才集聚的优势，在长期实践的基础上深化阅读推广理论研究，构建新时代阅读推广学术框架体系，为搭建阅读指导专业体系奠定理论基础。

2. 加强阅读推广理论研究成果的应用，建立针对不同读者群体的优秀读物推荐机制，通过编制推荐书目、新书介绍、开办图书展览等方式，向读者和社会公众推荐优质阅读资源，尤其要面向少年儿童、老年人、残疾人、流动务工人员及农村留守人员等特殊人群提供有针对性的阅读服务。

3. 完善全民阅读组织与评价机制，开展全民阅读和书香城市（县级）、书香社区评选表彰活动，树立全民阅读典型，引领全民阅读活动开展。

4. 搭建阅读指导专业体系，在全国范围内通过开展"阅读推广人"培育行动、"全国图书馆未成年人服务提升计划"等品牌活动，研发培训课程体系，组建培训师资队伍，探索多样化培训方式，与省级图书馆学会密切合作，分类对"阅读推广人"进行培训，提升其业务水平和能力，更加规范有效地开展阅读推广活动，促进我国全民阅读事业发展。

（二）整合阅读推广资源，探索实现全民阅读在业内和界外的双重联动

1. 全面贯彻中国科协《全民科学素质行动计划纲要》，通过科普日、科技周专题活动、科普展览、科技竞赛等，将全民阅读与全民科普紧密结合，发挥图书馆在全民科普中的独特作用。

2. 依托世界读书日、图书馆服务宣传周、全民读书月及中华文化传统节日、重要节假日和重大节庆活动，主动围绕重大历史事件、社会热点话题和地方经济文化特色，引导全国图书馆界精心策划阅读推广活动，培育

更多全民阅读示范品牌，发挥示范带动效应，把图书馆建设成全民阅读的主阵地。

3. 在以往面向行业内发布年度全民阅读通知及引导、协调和组织开展阅读推广活动的基础上，整合优质阅读推广资源，探索与新闻出版、广播电视、教育、旅游等有关各界形成联动机制，实现全民阅读在全社会更广范围内落地开花。

（三）利用新技术优势，推进全民阅读在线平台建设

1. 加强与重点企业会员及第三方知识服务平台的合作，基于最新科技进展，共同探索知识服务的新机制，开发高水平智能化的服务产品，推进全民阅读面向公民个人的服务。

2. 基于已有的人才、技术、资源等优势，推动建设全民阅读在线平台，使全国各级各类图书馆丰富多彩的阅读推广活动能够得到更加直观和全方位的展现，便于社会公众通过网络更有效地利用图书馆这一阅读主阵地，实现阅读资源在全国范围内的共建共享。

第三节　公共事务与决策咨询服务中心

一　职能定位分析

研究认为，传统社会组织仅需做好基本职能范畴内的事务即可，而在国家文化治理的新环境下，社会组织还应广泛关注与本行业有关的公共政策制定、行业协调发展、公共信息集散和公共事件响应等，充分发挥参与社会治理的功能，在一定层面上以政府和企业所不具备的专业和优势参与公共事务，凝结人心，从而成为消弭社会对立和矛盾的"清心丸"，真正成为党和政府联系本行业工作者的桥梁和纽带。

自党的十三大开始强调以来，转变政府职能一直是我国政府管理体制改革的核心和重点。党的十九届三中全会通过了《深化党和国家机构改革方案》，就统筹推进党政军群机构改革作出了全面安排部署，优化政府机构设置和职能配置是其中的一项重要任务，其中也指出转变政府职能，是深化党和国家机构改革的重要任务。在"统筹党政军群机构改革"部分，专门提出要推进社会组织改革。按照共建共治共享要求，完善党委领导、政府负责、社会协同、公众参与、法治保障的社会治理体制。加快实施政社分开，激发社会组织活力，克服社会组织行政化倾向。适合由社会组织提供的公共服务和解决的事项，由社会组织依法提供和管理。依法加强对各类社会组织的监管，推动社会组织规范自律，实现政府治理和社会调节、居民自治良性互动。可见，转变我国政府职能的基本问题，是要推动公共服务和事务由一元供给走向多元供给。

分析各类社会组织的特点，学会是天然具备承担公共事务与决策咨询服务条件的最佳组织形式。一是具有独立的法律地位。我国《民法总则》将社会团体确立为一类重要的非营利法人，具有民事权利能力和民事行为能力，依法独立享有民事权利和承担民事义务。二是具有组织资源优势。学会作为非营利性法人，坚持价值取向而不是利益取向，这个最具根本性的特征，决定了非营利组织受部门、单位、团体、地区、行业、学科等局部利益影响较小，相对客观和超脱。三是具有专业资源优势。学会作为高层次的学术共同体，享有无可争辩的学术和专业权威性。四是具有人力资源优势。即使是专业评价机构，拥有专家资源也是有限的，而学会却可以荟萃本学科（专业）的专家资源。[1] 因此，各类学会在人才评价、技术标准、制定规划、咨询论证、绩效评价、资格认证、专业奖励、成果鉴定、人员培训等方面具有先天性优势，可以承接大部分专业性职能。[2]

《中国图书馆学会章程》将"为国家文化、教育、科技发展战略、政策和经济建设中的重大决策，以及我国图书馆事业的法规政策的制定提供咨询服务"和"积极承接政府转移职能，积极参与政府向社会组织购买服务项目，促进图书馆事业社会化发展"作为重要任务。近年来，中国图书馆学会着重以图书馆立法支撑性研究和行业标准规范制定与推广为抓手，为政府部门提供决策咨询服务，积极做好建言献策工作。同时，承担全国公共文化巡讲、公共文化机构法人治理研究、书香城市指标研究及推广、

---

① 沈爱民：《关于科协和学会工作的思考与实践》，中国科学技术出版社，2016。
② 姜文华、朱孔来、刘学璞：《论政府职能转移的若干问题》，《求索》2015 年第 10 期，第 190～194 页。

中国图书馆榜样人物和最美基层图书馆评选等，在承接政府转移职能方面发挥了重要作用。2017 年，尤其在承接文化部"第六次全国县级以上公共图书馆评估定级工作"中，围绕创新驱动战略和服务改革需要，充分发挥学会专业优势和在我国图书馆界的公信力，广泛应用图书馆事业发展和信息管理的前沿理念与技术，建立起能负责、能问责的评估定级机制，强化评估定级效果的监督和成果应用，并在评估定级方面形成可复制可推广的经验模式，为在实施评估定级工作中实现标准公开、程序公开、过程公开和结果公开奠定基础，为推动全国学会有序承接政府转移职能做出积极的贡献。

为此，在国家文化治理的新环境下，中国图书馆学会的第三项职能定位应明确为：公共事务与决策咨询服务中心，这也是学会在为创新驱动发展服务以及为党和政府科学决策服务的重要体现。

二 发展路径建议

（一）加强自身能力建设，树立积极良好的公众形象

1. 增强改革意识，以学会治理结构和治理方式改革为重点，提升学会服务能力，激发自身活力，将学会建设成为社会信誉好、发展能力强、学术水平高、服务成效显著、内部管理规范、市场竞争力强、具有国际影响力的优秀社会组织。

2. 建立公共信息集散和公共事件响应机制，发挥各分支机构和省级图书馆学会的积极性，积极关注基层图书馆事业和图书馆工作者的生存发展状况，遇有公共事件发生时充分履行信息集散和维权代言的职能。

3. 加强与其他社会组织及机构之间跨行业、跨区域的合作，提升自身竞争能力，更好地完成跨行业、跨领域事务的管理和服务。

（二）推动完善与政府合作机制，搭建信息化支撑平台

1. 推动完善与政府合作机制，夯实承接政府转移职能和提供公共服务的资质和基础，注重营造自身具有较强专业性和公信力的社会形象，提升服务政府的能力。

2. 组建决策咨询专家委员会，重点开展行业立法、行业标准与政策制

定等决策咨询，提供重大公共文化工程的评估评价等服务。

3. 探索搭建高水平的智力支持和科技支撑协同创新平台，服务文化主管部门、地方政府和有关企业，将其打造成我国图书馆及相关业界具有较强影响力的大数据智库平台，成为参与公共事务管理与决策咨询服务的重要保障。

第四节　会员服务与行业发展协调中心

一　职能定位分析

研究表明，社会组织往往是某一行业的联结纽带，起到汇集行业内优秀人才、提供行业内最新信息资讯、研发行业内全新科技、制定行业内统一标准和促进行业内交流互动等作用。社会组织通过为行业内从业机构和从业者提供专业性的公益性产品和服务，能够对其产生一定程度的业内团结影响，使行业内从业机构和从业者获取认同感、归属感和荣誉感，从而产生对社会组织的依赖感和信任感，实现社会组织成为加强业内团结"凝结核"的功能。

会员是成立社会组织的基本条件。全国学会是以促进科学技术发展和普及为宗旨的学术性、科普性社会组织。作为中国科协团体会员的全国学会，是中国科协的重要组成部分。学会会员对全国学会乃至中国科协都是十分重要的。可以说，会员是学会的生命力所在，服务会员是其根本宗旨，也是一切行动的出发点和落脚点。

随着信息技术的快速发展，国家文化治理新环境下的会员服务也面临着新的挑战。2015 年 8 月，国务院印发的《促进大数据发展行动纲要》指出，坚持创新驱动发展，加快大数据部署，深化大数据应用，已成为稳增长、促改革、调结构、惠民生和推动政府治理能力现代化的内在需要和必然选择。大数据与国家创新治理再次被紧密联系在一起，其对于政府治理创新和激发社会组织活力，意义重大。但大数据在实际运用中仍存在差距，尤其是大数据背景下政府激发社会组织活力方面依旧任重道远，政府与社会组织在大数据观念、制度、技术、人才等层面如何改善都值得探讨。① 在大数据背景下，社会组织可通过整合自身会员的大数据，分析数据背后蕴含的会员行为习惯与需求，激发自身的活力，为会员提供更为完善的服务，引领行业整体协调发展，深度参与到国家文化治理的进程。

《公共图书馆法》第十一条规定，公共图书馆行业组织应当依法制定行业规范，加强行业自律，维护会员合法权益，指导、督促会员提高服务质量。这一规定既是对学会长期开展的行业协调与指导工作的肯定，也在法律层面上对这一职能赋予了新的内涵，提出了新的更高的要求。《中国图书馆学会章程》规定为会员提供的服务包括"举办为会员服务的事业和活动业和活动，促进学术道德建设和学风建设""开展对会员和图书馆工作者的继续教育和职业培训工作""按照规定经批准表彰、奖励在学术活动和图书馆工作中取得优异成绩的会员和图书馆学会工作者"等。学会将会员视为会员的立会之本，多年来致力于搞好会员发展与服务工作，将会员作为学会工作主要依靠的对象和服务的对象。在历年工作中，充分落实章程所体现的各项会员服务，创新会员服务手段，提升会员服务能力，积累了较为丰富的经验。新环境下，深化学会治理结构和治理方式改革，强化学会的会员服务意识，突出行业工作者的主体地位，密切与他们的直接联系，凝聚起全行业共同的力量推动事业发展，显得更加必要。

为此，在国家文化治理的新环境下，中国图书馆学会的第四项职能定位应明确为：会员服务与行业发展协调中心，这也是学会为全行业和科技工作者服务的重要体现。

二 发展路径建议

（一）改进服务强化引领，倾力打造网上图书馆工作者之家

1. 加强学会创新和能力提升的研究与实践，主动适应学会管理体制和运行机制改革要求，开展前瞻性预案研究，为学会在国家文化治理新环境下的顺利转型和创新发展打好基础。

2. 主动进行宣传推广，拓展会员发展渠道，大力发展会员，解决

---

① 张仲涛、刘以妍：《大数据背景下政府激发社会组织活力研究》，《学习论坛》2016 年第 5 期，第 50 ~ 54 页。

好"引得来"的问题；提升会员服务层次，充实会员服务内容，改善会员服务方式，优化会员服务流程，增加会员服务黏性，解决好"留得住"的问题，不断提升会员和图书馆工作者的职业自豪感，增强学会凝聚力。

3. 适应新环境新形势，推动建立层级多样、类型丰富的学会荣誉体系。推动建立符合行业发展规律的学术成果评价机制，深入挖掘事业发展中涌现出的典型人物、服务和案例，开展优秀会员和图书馆工作者先进事迹宣讲活动。按照《公共图书馆法》的指引，充当好社会力量参与图书馆建设的桥梁和纽带。鼓励社会力量在学会设奖，奖励在学术研究和事业发展方面表现突出的青年人才。

4. 在现有信息化平台的基础上，针对更加个性化和多样化的会员需求，为其提供更加精细化和全面化的知识服务，搭建随时随地的会员学习平台，倾力打造网上图书馆工作者之家。

（二）探索完善事业协同发展机制，担当起行业协调发展中心的新使命

1. 大兴调查研究之风，塑造大调研格局，深入调研了解新时代新环境我国图书馆事业发展面临的新情况新问题，探求破解问题的办法和路径，形成一批既有前瞻性又有针对性、可操作的研究报告，借此探索完善事业协同发展机制。

2. 对全国图书馆进行分级分类协调指导，充分发挥各分支机构的积极作用，在资源建设、决策咨询、学术引领、阅读促进等主要方面，协调推动全国高等学校、科研院所、中小学及其他类型图书馆实现特色发展；同时，以《公共图书馆法》为指引，对第六次全国县级以上公共图书馆评估定级的成果进行广泛应用，指导、督促各级公共图书馆立足职能定位，不断改善服务质量，提升服务效能。

3. 主动参与国家重大文化工程建设，通过实体项目促进整个图书馆行业在不同系统和不同地域的协调发展。面向全行业策划开展图书馆专业知识、业务技能和服务效能等竞赛项目，激发全行业图书馆工作者学习、工作和创造的热情，为行业协调发展提供精神动力。

（三）搭建全国图书馆专业人才知识更新培育体系，为事业发展提供智力支持

1. 在对全国图书馆专业人才知识更新需求进行调研的基础上，进行细分管理和服务，搭建科学、专业、务实、高效的培育体系。丰富会员学习和培训方式，充分运用好信息化技术手段，优化会员学习平台及移动端服务，真正实现学会继续教育线上和线下的深度融合。

2. 围绕全国基层公共文化队伍培训规划，承接和拓展面向图书馆员的培训任务；抓好公益性示范培训项目，巩固常态化岗位培训；与高校图书馆学院系、重点图书馆及社会培训机构等加强合作，开发多样化培训课程，拓展市场化培训项目，促进全国图书馆专业人才的知识更新，提高其职业化水平，为我国图书馆事业发展提供智力支持。

第五节　图书馆对外合作与文化交流中心

一　职能定位分析

党的十九大报告提出，世界正处于大发展大变革大调整时期，和平与发展仍然是时代主题。世界多极化、经济全球化、社会信息化、文化多样化深入发展，全球治理体系和国际秩序变革加速推进，各国相互联系和依存日益加深，国际力量对比趋平衡，和平发展大势不可逆转。中国要积极促进"一带一路"国际合作，推动构建人类命运共同体。要推进国际传播能力建设，讲好中国故事，展现真实、立体、全面的中国，提高国家文化软实力。

国际文化交流与全球文化治理结构紧密相关，其主要目的就是通过构建一个国家的对外话语体系，增强其文化在世界的吸引力和影响力。图书在人类文明的发展进程中起到积累信息、传播知识、继承文化传统和保存精神财富的重要作用。我国藏书机构从古代的官府藏书、书院藏书、私家藏书和寺观藏书逐步转变为具备图书情报学理念的现代图书馆。近年来，我国图书馆在社会文化建设中发挥着举足轻重的作用，图书馆对外交流日益增多，在文化外交中所发挥的积极作用也日益凸显，图书馆对外交流成为我国对外文化交流的重要阵地。

中国图书馆学会作为我国图书馆界具有较强影响力的社会组织，其民间社会团体的属性为开展民间对外文化交流提供了便利条件。1981 年，我国以中国图书馆学会的名称恢复了在国际图联的合法席位，开始加强同国际图书馆界和我国港澳台地区的合作与交流。近年来，随着我国经济社会的飞速发展和国际地位的提升，我国图书馆事业迎来了最好的发展时期，图书馆界的对外交流从向发达国家学习吸收阶段，逐步转入相互学习、合作以及对外输出的阶段。

中国图书馆学会是国际图联中唯一代表中国的国家级机构会员，对外交流与合作是其重要职能。多年来重视通过学术交流、事务合作和互访等方式开展对外交流，对我国图书馆学科发展和事业进步起到了重要的推动作用。然而，随着我国图书馆事业的发展和繁荣，中国图书馆界在国际图联的地位与我国文化大国的身份不相匹配，在相关政策和规范制定方面发挥的作用不够，对外交流工作在国家文化治理的新环境下面临着新的挑战。

为此，在国家文化治理的新环境下，中国图书馆学会的第五项职能定位应明确为：图书馆对外合作与文化交流中心，这也是学会为国家文化软实力提升和为科技工作者服务的重要体现。

二　发展路径建议

（一）利用国际图联平台，培养输送人才，增强国际传播能力

1. 策划实施"图书馆发展的中国故事"项目，组织协调我国图书馆界的力量，总结提炼图书馆事业发展的中国经验、中国模式、中国道路，利用各种传播途径和宣传方法，向全世界讲好图书馆事业发展的"中国故事"。

2. 加大对国际图联相关政策、规范和工作机制的研究，鼓励和推荐中国专家学者积极参加国际图联有关职务的竞选和任职，深入参与国际图联各项管理事务，增强中国图书馆界的国际话语权，赢得更大的发展空间，产生更强的影响力。

3. 设立青年人才国际化基金项目，按照政治素质好、专业能力强、外语水平高的要求，培养和储备一批国际化青年人才，为其参与国际交流、发表科研成果等提供便利。

（二）加强与世界各国图书馆界的交往，密切与我国港澳台地区的合作

1. 加强与其他国家图书馆界，尤其是图书馆协会的交往，增加互访次数，提升互访级别，探索更多具有实质内容的合作机制。合作开展国外图书馆学的研究，积极引进国外图书馆学先进成果，借鉴国际图书馆学和广义社会科学的广阔背景，形成和丰富中国图书馆建设与发展思路。

2. 通过海外中国文化中心等机构，帮助国内有关机构与各国开展馆际互借、业务合作和文化交流等。

3. 引领和推动两岸和港澳地区图书馆界共同发展中华民族的图书馆大业，同时通过合作与交流为整个华人图书馆社群服务，进而增强对中华民族血脉和中华文化传承的认同和融合。

著名图书馆学家阮冈纳赞的"图书馆五定律"中有一条定律是这样定义的："图书馆是一个生长着的有机体。"学会作为我国图书馆及相关业界科技工作者自愿结合成立的社会组织，也是在不断成长、发展、变化的。在国家文化治理的新环境下，中国图书馆学会应当充分发挥自身专业和优势，主动参与国家科技创新、建设学习型社会和推动社会主义文化繁荣兴盛的进程，坚持为科技工作者服务、为创新驱动发展服务、为提高全民科学素质服务、为党和政府科学决策服务，着力发挥学术交流、科普阅读、决策咨询、行业协调、对外交流等方面的职能，实现理论研究与实践探索的融合，推进工作机制和业务格局的完善和重塑，将自身建设成为学科引领与事业发展研究中心、全民阅读促进与专业指导中心、公共事务与决策咨询服务中心、会员服务与行业发展协调中心、图书馆对外合作与文化交流中心。

同时，党的十九大报告指出，"坚持党对一切工作的领导"是新时代坚持和发展中国特色社会主义的基本方略。进行伟大斗争、推进伟大事业、实现伟大梦想，必须毫不动摇地坚持和完善党的领导。中国图书馆学会党委已于 2016 年 12 月成立。在国家文化治理的新环境下，中国图书馆学会在五个中心建设和发展过程中，凡是"三重一大"的事项都应交由党委会前置审议，充分发挥党在政治引领、思想引领和组织保障方面的作用。

附　录

附录1　中国图书馆学会章程

（2015 年 7 月 16 日经

民政部核准生效）

第一章　总　则

第一条　本团体的名称为中国图书馆学会（以下简称本会）。英文译名为 Library Society of China，缩写 LSC。

第二条　本会是由图书馆及相关行业或机构科技工作者自愿结合、依法登记成立的全国性、学术性、非营利性的社会组织，是党和政府联系图书馆工作者的桥梁和纽带，是引导图书馆行业全面落实科学发展观，科学管理，推动科技进步，建设创新型国家，发展我国图书馆事业的重要社会力量。

第三条　本会遵守宪法、法律、法规和国家政策，遵守社会道德风尚，认真贯彻执行国家发展文化、教育和科学技术工作的基本方针，充分发挥学会组织在构建现代公共文化服务体系和创新驱动发展战略中的作用，团结图书馆及其相关专业人士为发展社会主义先进文化与和谐社会建设贡献力量。倡导学术公正、独立和创新，繁荣学术研究，促进全民阅读，推动图书馆事业发展和社会进步。弘扬"尊重知识、尊重人才"的风尚，倡导奉献、创新、求实、协作的精神，坚持独立自主、民主办会的原则，坚持"百花齐放，百家争鸣"的方针。

第四条　本会接受业务主管单位中国科学技术协会和社团登记管理机关民政部的业务指导和监督管理。

第五条　本会住所：北京中关村南大街 33 号，国家图书馆内，邮政编码 100081。

第二章　业务范围

第六条　本会围绕图书馆工作及相关领域开展以下业务活动：

（一）开展学术交流，活跃学术思想，组织学术研究，促进学科发展；

（二）普及图书馆学、信息科学和信息技术等相关学科基本知识，提高社会公众的图书馆意识与信息素养；推动全民阅读，促进知识的创新与传播，为提高国民科学文化素质，建设学习型社会发挥作用；

（三）开展国际和地区间学术交流活动，加强同国外、境外图书馆界的联系与合作；

（四）依照有关规定编辑、出版、发行图书馆学文献，促进专业信息传播；

（五）尊重会员的劳动和创造，维护会员和图书馆工作者的合法权益，反映他们的意见和呼声，举办为会员服务的事业和活动，促进学术道德建设和学风建设；

（六）按照规定介绍、评定和推广图书馆学科研成果，促进学术成果的应用；

（七）为国家文化、教育、科技发展战略、政策和经济建设中的重大决策，以及我国图书馆事业的法规政策的制定提供咨询服务，推进决策的科学化、民主化；

（八）开展对会员和图书馆工作者的继续教育和职业培训工作；

（九）发现并举荐人才，按照规定经批准表彰、奖励在学术活动和图书馆工作中取得优异成绩的会员和图书馆学会工作者；

（十）积极承接政府转移职能，积极参与政府向社会组织购买服务项目，促进图书馆事业社会化发展；

（十一）促进学会办事机构工作人员队伍建设，使其适应工作的需要和学会的发展；

（十二）开展其他与图书馆业务相关的各项活动。

第三章　会　员

第七条　本会的会员有个人会员和单位会员。

第八条　凡拥护并同意遵守本会章程，并符合会员条件者，均可申请入会，经本会批准后成为会员。入会自愿，退会自由。会员条件：

（一）个人会员

符合以下条件之一者皆可申请成为个人会员：

1. 具有 3 年以上图书馆工作经历，并具有一定的学术水平者；

2. 具有大学本科及以上学历，同时具有 1 年以上图书馆工作经历者；

3. 具有硕士及以上学位的图书馆及相关行业和机构的工作者；

4. 具有馆员、讲师、工程师等中级以上专业技术职称的图书馆工作者；

5. 热心支持本会工作的其他行业或机构人士。

（二）单位会员

凡愿意参加本会有关活动，支持本会工作和发展的各级、各类图书馆或信息机构以及相关企事业单位和依法成立的学术性社会组织。

第九条　会员入会程序

（一）提交入会申请书；

（二）由理事会或常务理事会讨论通过；

（三）在理事会或常务理事会闭会期间，由理事会授权的办事机构讨论通过，报下次理事会或常务理事会确认；

（四）由理事会或其授权本会秘书处颁发会员证。

第十条　会员的权利

（一）个人会员

1. 有本会的选举权、被选举权和表决权；

2. 对本会工作有批评建议权和监督权；

3. 优先或优惠参加本会组织的国内外学术研究与交流活动；

4. 优惠或免费取得本会有关资料；

5. 优先在本会主办的刊物上发表论文。

（二）单位会员

1. 有本会的选举权、被选举权和表决权；

2. 对本会工作有批评建议权和监督权；

3. 优先参加本会有关活动；

4. 优惠或免费取得本会有关学术资料；

5. 可要求本会优先提供技术咨询和业务培训等相关服务。

第十一条　会员的义务

（一）个人会员

1. 遵守本会章程，执行本会决议；

2. 自觉维护本会合法权益；

3. 积极参加本会各项活动，完成本会委托的工作；

4. 向本会反映有关情况，提供有关信息；

5. 按规定缴纳会费。

（二）单位会员

1. 遵守本会章程，执行本会决议，完成本会委托的工作；

2. 自觉维护本会合法权益；

3. 积极参加本会各项活动，协助开展有关的学术和科普活动；

4. 向本会反映有关情况，提供有关信息；

5. 按规定缴纳会费。

第十二条　会员退会应书面通知本会，并交回会员证。会员如果连续2年不缴纳会费或不参加本会活动，视为自动退会。

第十三条　凡触犯刑律和严重违反本会章程的会员，经理事会或常务理事会表决通过，予以除名。

第四章　组织机构和负责人的产生、罢免

第十四条　本会的最高权力机构是全国会员代表大会。全国会员代表大会的职权是：

（一）制定和修改本会章程；

（二）选举和罢免理事；

（三）审议理事会的工作报告和财务报告；

（四）制定工作方针和任务；

（五）制定和修改会费标准；

（六）决定终止事宜；

（七）决定其他重大事宜。

第十五条　全国会员代表大会须有2/3以上的会员代表出席方能召开，其决议须经到会会员代表半数以上表决通过方能生效。

第十六条　全国会员代表大会每届4年。因特殊情况需提前或延期换届，须由理事会表决通过，报中国科学技术协会审查并经民政部批准同意。延期换届最长不超过1年。

第十七条　理事会是全国会员代表大会的执行机构，在闭会期间领导本会开展日常工作，对全国会员代表大会负责。理事会理事应通过充分酝酿、协商，采用无记名投票方式选举产生。理事人选应是学术上有成就，学风正派，能参加本会实际工作的专家、学者和热心本会工作且从事组织管理工作的领导干部。理事会组成要体现老、中、青梯队结构。理事会成员每届更新不少于1/3。

第十八条　理事会的职权是：

（一）执行全国会员代表大会的决议；

（二）选举和罢免理事长、副理事长、秘书长、常务理事；

（三）筹备召开全国会员代表大会；

（四）向全国会员代表大会报告工作和财务状况；

（五）决定办事机构、分支机构、代表机构和实体机构的设立、变更和注销；

（六）决定副秘书长、各机构主要负责人的聘任；

（七）领导本会各机构开展工作；

（八）制定内部管理制度；

（九）进行表彰和奖励活动；

（十）决定会员的吸收和除名；

（十一）决定名誉职务设立及人选；

（十二）决定其他重大事项。

第十九条　理事会须有2/3以上理事出席方能召开，其决议须经到会理事 2/3 以上表决通过方能生效。

第二十条　理事会每年至少召开一次会议；情况特殊的也可采用通讯形式召开。

第二十一条　本会设立常务理事会。常务理事会由理事会采取无记名投票方式选举产生，常务理事人数不超过理事人数的 1/3。常务理事会在理事会闭会期间行使第十八条（一）、（三）、（五）、（六）、（七）、（八）、（九）、（十）、（十一）项的职权，对理事会负责。

第二十二条　常务理事会须有 2/3 以上常务理事出席方能召开，其决议须经到会常务理事 2/3 以上表决通过方能生效。

第二十三条　常务理事会至少每半年召开一次会议，情况特殊的也可采用通讯形式召开。

第二十四条　本会理事长、副理事长、秘书长必须具备下列条件：

（一）坚持党的路线、方针、政策，政治素质好；

（二）在本会业务领域有较大影响；

（三）理事长、副理事长最高任职年龄不超过 65 周岁，秘书长为专职，最高任职年龄不超过 60 周岁；

（四）身体健康，能坚持正常工作；

（五）未受过剥夺政治权利的刑事处罚；

（六）具有完全民事行为能力。

第二十五条　本会理事长、副理事长、秘书长如超过最高任职年龄的，须经理事会表决通过，报中国科学技术协会审查并经民政部批准同意后，方可任职。

第二十六条　本会理事长、副理事长、秘书长任期 4 年，连任不得超过两届。对任期内业绩突出，会员认可度高的学会负责人，经常务理事会提名，理事会 2/3 以上理事表决通过，学会内公示后，报中国科学技术协会审查并经民政部同意，待履行民主选举程序后，可再延长一届任期。

第二十七条　本会理事长为本会法定代表人。因特殊情况需由副理事长或秘书长担任法定代表人，应由理事长委托，报中国科学技术协会审查并经民政部批准同意后，方可担任。法定代表人代表本会签署有关重要文件。本会法定代表人不得兼任其他团体的法定代表人。

第二十八条　本会理事长行使下列职权：

（一）召集和主持理事会或常务理事会；

（二）检查全国会员代表大会、理事会或常务理事会决议的落实情况。

第二十九条　本会秘书长行使下列职权：

（一）主持办事机构开展日常工作，组织实施年度工作计划；

（二）协调各分支机构、代表机构、实体机构开展工作；

（三）提名副秘书长以及各办事机构、分支机构和实体机构主要负责人，交理事会或常务理事会决定；

（四）决定办事机构、代表机构、实体机构专职工作人员的聘用；

（五）处理其他日常事务。

第五章　资产管理和使用原则

第三十条　本会经费来源：

（一）会费；

（二）捐赠；

（三）政府资助；

（四）在核准的业务范围内开展活动或服务的收入；

（五）基金；

（六）利息；

（七）其他合法收入。

第三十一条　本会按照国家有关规定收取会员会费。本会开展表彰奖励活动，不收取任何费用。

第三十二条　本会经费必须用于本章程规定的业务范围和事业的发展，不得在会员中分配。

第三十三条　本会建立严格的财务管理制度，保证会计资料合法、真实、准确、完整。

第三十四条　本会配备具有专业资格的会计人员。会计不得兼任出纳。会计人员必须进行会计核算，实行会计监督。会计人员调动工作或离职时，必须与接管人员办清交接手续。

第三十五条　本会的资产管理必须执行国家规定的财务管理制度，接受全国会员代表大会和财政部门的监督。资产来源属于国家拨款或者社会捐赠、资助的，必须接受审计机关的监督，并将有关情况以适当方式向社会公布。

第三十六条　本会换届或更换法定代表人之前必须接受财务审计。

第三十七条　本会的资产，任何单位、个人不得侵占、私分和挪用。

第三十八条　本会专职工作人员的工资和保险、福利待遇，参照国家对事业单位的有关规定执行。

第六章　章程的修改程序

第三十九条　对本会章程的修改，须经理事会表决通过后报全国会员代表大会审议。

第四十条　本会修改的章程，须在全国会员代表大会通过后30日内，经中国科学技术协会审查同意，并报民政部核准后生效。

第七章　终止程序及终止后的财产处理

第四十一条　本会完成宗旨或自行解散或由于分立、合并等原因需要注销的，由理事会或常务理事会提出终止动议。

第四十二条　本会终止动议须经全国会员代表大会表决通过，并报中国科学技术协会审查同意。

第四十三条　本会终止前，须在业务主管单位及有关机关指导下成立清算组织，清理债权债务，处理善后事宜。清算期间，不开展清算以外的活动。

第四十四条　本会经民政部办理注销登记手续后即为终止。

第四十五条　本会终止后的剩余财产，在中国科学技术协会和民政部的监督下，按照国家有关规定，用于发展与本会宗旨相关的事业。

第八章　附　则

第四十六条　本章程经2015年4月9日第九次全国会员代表大会表决通过。

第四十七条　本章程的解释权属本会理事会。

第四十八条　本章程自民政部核准之日起生效。

附录2　中国图书馆学会历次会员代表大会

1. 1979 年 7 月 9 日，中国图书馆学会成立大会（即第一次会员代表大会）在山西省太原市举行，200 多名代表出席会议。

2. 1983 年 10 月 31 日至 11 月 6 日，第二次会员代表大会在福建省厦门市召开，196 名代表出席会议。

3. 1987 年 11 月 5～8 日，第三次会员代表大会在广东省深圳市举行，131 名正式代表和 60 名列席代表出席会议。

4. 1992 年 4 月 25～27 日，第四次会员代表大会在江苏省南京市召开，281 名代表出席会议。

5. 1997 年 7 月 30 日至 8 月 1 日，第五次会员代表大会在云南省昆明市召开，近 300 名代表出席会议。

6. 2001 年 9 月 24～25 日，第六次会员代表大会在四川省成都市召开，各系统图书馆委员会和相关部门共 260 多名正式代表、列席代表和特邀代表出席会议。

7. 2005 年 7 月 18～19 日，第七次全国会员代表大会在广西壮族自治区桂林市召开，240 余名代表出席会议。

8. 2009 年 7 月 7 日，第八次全国会员代表大会在北京召开，各地 300 余名代表和来宾出席会议。

9. 2015 年 4 月 9 日，第九次全国会员代表大会在北京召开，正式代表、列席代表和特邀嘉宾共 400 余人出席会议。

附录3　中国图书馆学会历届理事会成员

第一届理事会名誉理事名单（13 名　按姓名汉语拼音为序）

陈翰笙　冯乃超　江　明　刘国钧　刘仰峤　吕叔湘　皮高品
钱三强　于光远　王冶秋　武　衡　张申府　赵万里

第一届理事会理事名单（69 名　按姓名汉语拼音为序）

班寿山	鲍振西	鲍正鹄	陈　铎	陈　誉	陈　忠	程德清
邓戈明	丁　武	丁志刚	杜　克	范世伟	高尚林	顾廷龙
关懿娴	桂治馨	胡家柱	胡耀辉	华彬清	黄钰生	黄宗忠
冀　森	金云铭	李芳馥	李涵勤	力易周	连　珍	梁家勉
梁思庄	梁鱣如	林　山	刘德元	刘季平	刘健飞	刘子章
潘寅生	彭长登	彭斐章	彭明江	阮学光	单　行	施廷镛
孙继祖	孙式礼	孙述万	谭祥金	唐月萱	佟曾功	汪长炳
王恩光	王野坪	王亦宇	夏格尔	谢在邵	徐静贞	许　鼎
言海存	严文兴	阎光华	杨何生	杨绍光	杨威理	于乃义
张守义	张征秉	张遵俭	章　敏	赵　平	赵　琦	

（注：1980 年 10 月 5 日，经中国图书馆学会讨论通过了增补广西医学院图书馆罗克林、广西第二图书馆金石声、江西师范学院图书馆张杰同志为理事）

第一届理事会常务理事名单（21 名　按姓名汉语拼音为序）

鲍振西	鲍正鹄	程德清	丁志刚	高尚林	顾廷龙	胡耀辉
黄钰生	黄宗忠	梁家勉	梁思庄	刘德元	刘季平	彭长登
谭祥金	佟曾功	汪长炳	阎光华	杨威理	张征秉	赵　琦

（注：1980 年 12 月 25 日，中国图书馆学会经在京常务理事会讨论通过，增选杜克、关懿娴、徐静贞、章敏、邓戈明五位理事为常务理事）

第一届理事会负责人名单

理　事　长：刘季平

副理事长：丁志刚　黄钰生　顾廷龙　汪长炳　梁思庄　佟曾功

秘　书　长：谭祥金

第二届理事会名誉理事名单（19 名　按姓名汉语拼音为序）

陈翰笙　郭绍虞　金云铭　李长路　李芳馥　梁家勉　梁思庄
刘季平　吕叔湘　皮高品　钱三强　钱亚新　孙述万　汪长炳
武　衡　于光远　张申府　张文松　张遵俭

第二届理事会理事名单（82 名　按姓名汉语拼音为序）

白　奎　班寿山　鲍振西　鲍正鹄　柴作梓　陈　铎　陈　誉
程德清　丁志刚　杜　克　方　行　冯秉文　冯子直　高树榆
顾廷龙　关懿娴　郭松年　郭维义　何广荣　胡家柱　胡耀辉
华彬清　黄俊贵　黄史山　黄钰生　黄英常　黄宗忠　李涵勤
李纪有　连　珍　梁如　林　列　刘德元　鲁　青　麦璇琨
潘皓平　潘寅生　彭长登　彭斐章　邱克勤　单　行　商志馥
史　鉴　孙　永　孙宝琴　孙继祖　孙公望　孙式礼　谭祥金
佟曾功　王恩光　王靠义　王松声　王振鸣　吴观国　吴　锐
武宁生　夏格尔　肖毓珣　谢天吉　谢在邵　熊润芝　徐静贞
许　鼎　许俊生　言海存　严文兴　杨何生　杨绍光　杨威理
杨以凡　叶　勃　袁　秋　曾光碧　曾浚一　张春田　张守义
张征秉　赵　平　赵　琦　周秉荃　庄守经

第二届理事会常务理事名单（22 名　按姓名汉语拼音为序）

鲍振西　鲍正鹄　程德清　丁志刚　杜　克　冯秉文　顾廷龙
胡耀辉　黄钰生　黄宗忠　李纪有　刘德元　潘寅生　彭长登
邱克勤　谭祥金　佟曾功　武宁生　杨威理　张征秉　赵　琦
庄守经

第二届理事会负责人名单

理　事　长：丁志刚
副理事长：黄钰生　顾廷龙　佟曾功　杜　克　庄守经　鲍振西
秘　书　长：刘德元

（注：1986 年 4 月 22 日中国图书馆学会召开二届二次理事会议。丁志刚因病辞去理事长职务，会议选举佟曾功为理事长，副理事长为黄钰生、顾廷龙、谭祥金、杜克、庄守经、鲍振西，刘德元为秘书长）

第三届理事会名誉理事名单（11 名 按姓名汉语拼音为序）

鲍振西　戴　逸　丁志刚　胡耀辉　黄钰生　彭长登　皮高品
钱亚新　佟曾功　武　衡　于光远

第三届理事会理事名单（86 名 按姓名汉语拼音为序）

白　奎　柴作梓　常作冉　陈　誉　董长旭　杜　克　冯秉文
高树榆　龚义台　顾廉楚　顾廷龙　何鼎富　何善祥　侯彦彬
胡继森　胡家柱　黄俊贵　黄英常　黄宗中　姜鹤岩　金志国
靳云峰　康金锐　孔令乾　来新夏　李　皓　李高远　李纪有
李烈先　李修宇　李哲民　刘琢玉　马先阵　麦璇琨　聂佩华
潘寅生　彭斐章　邱克勤　热依汗　任宝祯　任继愈　商志馥
沈　津　史　鉴　孙公望　谭祥金　汪恩来　王盛茂　王　熹
王戊辰　王振鸣　王治邦　乌林西拉　吴观国　武复兴　武宁生
项弋平　肖自力　谢道渊　谢天吉　谢宇平　辛希孟　熊第志
熊金山　徐效钢　许俊生　薛清禄　言海存　阎立中　杨绍光
杨威理　杨振龙　叶　勃　曾浚一　曾仕任　张德芳　张复华
张征秉　赵华英　赵　平　赵树林　赵学濂　周文骏　朱允尧
朱育培　庄守经

第三届理事会常务理事名单（25 名 按姓名汉语拼音为序）

陈　誉　杜　克　冯秉文　顾廷龙　黄俊贵　姜鹤岩　孔令乾
刘琢玉　潘寅生　彭斐章　任继愈　史　鉴　谭祥金　汪恩来
王振鸣　乌林西拉　吴观国　武宁生　谢道渊　薛清禄　杨威理
张复华　赵华英　周文骏　庄守经

第三届理事会负责人名单

理 事 长：任继愈

副理事长：杜 克 史 鉴 庄守经 顾廷龙 谭祥金

秘 书 长：黄俊贵

第四届理事会名誉理事名单（6名 按姓名汉语拼音为序）

任继愈 顾廷龙 谢道渊 冯秉文 杨威理 姜鹤岩

第四届理事会理事名单（97名 按姓名汉语拼音为序）

常作冉	陈 蕃	陈 界	陈 誉	程亚男	党 岗	丁发杰
丁 力	董林生	杜 克	冯承柏	冯锦生	冯木平	符孝佐
高树榆	葛冠雄	龚义台	关家麟	韩 俊	韩太保	郝春阳
贺国璋	胡家柱	黄俊贵	黄宗中	季庆华	金恩晖	金高尚
金宏达	金沛霖	康金锐	孔令乾	李高远	李 皓	李久琦
李烈先	梁家兴	刘德有	刘建昌	刘湘生	刘相吉	刘琢玉
卢鸿筠	卢子博	陆行素	马佩欣	马先阵	麦群忠	潘寅生
潘永祥	彭斐章	热依汗·赛甫拉	仁增多吉	任宝祯	沈恩泽	
史 鉴	孙蓓欣	孙大勋	谭祥金	唐绍明	汪恩来	王科正
王振东	王振鸣	王治邦	乌林西拉	吴朝元	武德运	武复兴
武宁生	项弋平	肖伦展	肖自力	辛希孟	熊第志	熊金山
徐家齐	徐效钢	许 绵	薛清禄	阎立中	游铭钧	于树海
曾浚一	张复华	张琪玉	张玉杰	赵华英	赵希琢	赵学濂
郑锦辉	周文骏	朱孟杰	朱庆祚	朱文浩	朱允尧	庄守经

第四届理事会常务理事名单（30名 按姓名汉语拼音为序）

陈 誉	杜 克	黄俊贵	金宏达	金沛霖	孔令乾	刘德有
刘湘生	刘琢玉	卢子博	陆行素	潘寅生	彭斐章	史 鉴
孙蓓欣	谭祥金	唐绍明	汪恩来	王科正	王振鸣	乌林西拉
武宁生	辛希孟	薛清禄	阎立中	张复华	赵华英	周文骏

朱庆祚　　庄守经

第四届理事会负责人名单

理　事　长：刘德有

副 理 事 长：唐绍明　杜　克　庄守经　史　鉴　谭祥金　朱庆祚

秘　书　长：唐绍明（兼）刘湘生（1994 年 11 月至 1997 年 8 月）

常务副秘书长：丘东江

第五届理事会理事名单（113 名　按姓名汉语拼音为序）

鲍初建　蔡成瑛　蔡汾岚　曹　丽　曹焕旭　常　林　常作然

陈大广　陈辅德　陈　力　陈松生　陈燮君　程亚男　崔慕岳

迪丽拜尔　杜　克　干树海　高树榆　龚义台　关家麟　郭向东

胡家康　胡景浩　胡　越　黄加服　黄俊贵　惠德毅　霍灿如

季庆华　贾善刚　金恩晖　金沛霖　康金锐　赖　洪　李　皓

李　华　李高远　李久琦　李如斌　李小强　梁家兴　梁垣祥

刘桂林　刘湘生　刘一平　卢子博　陆维林　陆行素　吕其苏

罗益群　马晋红　马民玉　马远良　潘寅生　漆身起　乔毅智

曲　红　仁增多吉　莎日娜　司　颖　孙蓓欣　孙大勋　孙笑纳

谭祥金　田国良　童吉永　万恒华　汪恩来　王　富　王海泉

王鹤祥　于荣国　王雪光　王运堂　王振鸣　吴　锦　吴慰慈

武德运　夏　勇　项弋平　谢德雄　辛希孟　熊金山　徐传良

徐国定　徐文伯　徐引篪　徐月良　许　绵　许景荣　杨东梁

杨　峰　杨　华　杨　怀　杨克义　杨沛超　游铭钧　于　萌

俞君立　韵士忠　詹德优　张复华　张琪玉　张　强　张玉柱

赵燕群　郑惠生　郑一仙　周和平　周声浩　周小璞　朱　强

邹华享

第五届理事会常务理事名单（40 名　按姓名汉语拼音为序）

蔡汾岚　常作然　杜　克　关家麟　胡景浩　黄俊贵　贾善刚

金恩晖　金沛霖　李久琦　刘桂林　刘湘生　卢子博　陆行素

吕其苏　马远良　潘寅生　曲　红　孙蓓欣　孙大勋　谭祥金
万恒华　汪恩来　王　富　王鹤祥　王荣国　王振鸣　吴慰慈
辛希孟　熊金山　徐文伯　徐引篪　杨东梁　于　萌　詹德优
张复华　张　强　周和平　周小璞　朱　强

第五届理事会负责人名单

理　　事　长：徐文伯
常务副理事长：周和平
副 理 事 长：杜　克　马远良　孙蓓欣　谭祥金　王　富
　　　　　　　吴慰慈　徐引篪
秘　　书　长：刘湘生
常务副秘书长：李桂兰

第六届理事会名誉理事名单（20 名　按姓名汉语拼音为序）

常作然　杜　克　关家麟　黄俊贵　金恩晖　金沛霖　李久琦
刘湘生　吕其苏　孙大勋　谭祥金　万恒华　汪恩来　王鹤祥
王振鸣　辛希孟　熊金山　徐文伯　詹德优　张复华

第六届理事会理事名单（137 名　按姓名汉语拼音为序）

阿拉坦仓　鲍初建　蔡　焱　蔡汾岚　曹希平　常　林　陈传夫
陈大广　陈　力　陈能华　陈晓鸥　陈运奇　程焕文　程小澜
程亚男　崔慕岳　崔淑兰　崔永琳　戴维民　邓珞华　邸　妍
丁　力　段怡春　樊秀萍　方宝川　冯桃莲　高文柱　郭绍兰
杭　园　何　丽　胡均平　胡　越　黄加服　惠德毅　霍灿如
贾善刚　蒋　颖　焦芝兰　阚元汉　劳丽达　李　皓　李秉严
李高远　李光炬　李广德　李嘉琳　李书宾　李小强　李晓明
李友仁　李昭淳　李致忠　李忠昊　梁晓庄　梁战平　刘　斌
刘桂林　刘国正　刘小琴　卢小宾　卢子博　陆行素　罗建国
马费成　马金川　马民玉　马　宁　马远良　孟昭和　倪晓建
潘　力　潘淑春　潘寅生　戚　芹　秦苏宾　曲　红　热依汗

仁增多吉　邵康庆　石焕发　石丽珍　宋寅平　孙蓓欣　孙成权

汤更生　陶善耕　万群华　王　俨　王海泉　王丽丽　王荣国

王瑞清　王效良　王雪光　王运堂　王志强　魏海生　吴贵飙

吴建中　吴慰慈　吴　晞　香翠珍　肖　峰　谢德雄　谢穗芬

徐克谦　徐如涓　徐引篪　许景荣　薛芳渝　闫桂君　阎世平

杨炳延　杨东梁　杨　怀　杨沛超　杨　勇　叶　鹰　尹　晖

游铭均　禹成华　袁水仙　詹福瑞　湛佑祥　张苏平　张文德

张晓林　张欣毅　章伏源　赵同安　郑一仙　周和平　周金龙

周小璞　朱　强　庄　琦　邹华享

第六届理事会常务理事名单（52 名　按姓名汉语拼音为序）

阿拉坦仓　蔡汾岚　曹希平　陈　力　程焕文　崔永琳　段怡春

何　丽　胡均平　胡　越　贾善刚　蒋　颖　李晓明　李昭淳

李致忠　李忠昊　梁战平　刘桂林　刘小琴　卢小宾　卢子博

陆行素　马费成　马　宁　马远良　倪晓建　潘淑春　潘寅生

曲　红　邵康庆　石丽珍　孙蓓欣　万群华　王荣国　王瑞清

吴贵飙　吴慰慈　徐引篪　薛芳渝　阎世平　杨炳延　杨东梁

杨沛超　詹福瑞　张晓林　郑一仙　周和平　周金龙　周小璞

朱　强　庄　琦　邹华享

第六届理事会负责人名单

理　　事　　长：周和平

常务副理事长：杨炳延（2002 年 3 月至 2003 年 12 月）

　　　　　　　　詹福瑞（2003 年 12 月至 2005 年 8 月）

副　理　事　长：马费成　马远良　孙蓓欣　吴慰慈　徐引篪

秘　　书　　长：汤更生

第七届理事会名誉理事名单（14 名　按姓名汉语拼音为序）

蔡芬岚　蒋　颖　李晓明　梁战平　马费成　马远良　潘寅生

孙蓓欣　吴慰慈　徐引篪　杨东梁　郑一仙　周小璞　邹华享

第七届理事会理事名单（137 名　按姓名汉语拼音为序）

阿拉坦仓	蔡　焱	曹树金	陈传夫	陈大广	陈　力	陈能华
陈胜利	程焕文	程小澜	崔慕岳	崔永琳	代根兴	戴龙基
戴维民	邓景华	邓菊英	丁　力	董　海	段怡春	范并思
方宝川	高　誉	顾玉青	郭向东	韩兆海	贺德方	侯　进
胡均平	胡　越	惠德毅	姜　璐	焦芝兰	揭玉斌	柯　平
劳丽达	李秉严	李国新	李　华	李嘉琳	李小强	李晓秋
李友仁	李昭淳	李致忠	李忠昊	刘　斌	刘　利	刘　霞
刘细文	刘小琴	刘兹恒	陆行素	罗建国	马海群	马恒东
马　宁	倪　宁	倪晓建	潘淑春	彭晓东	乔晓东	桑　学
邵康庆	石焕发	石丽珍	孙成江	孙成权	汤更生	田国良
万群华	王爱功	王　健	王　军	王　俨	王海泉	王丽丽
王梦丽	王荣国	王瑞清	王世伟	王锡仲	王小明	王晓庆
王余光	王运堂	王兆令	魏德洲	吴　杰	吴贵飙	吴建中
吴　晞	郗卫东	香翠真	肖　峰	肖　宏	肖勤福	肖希明
谢　林	谢观宇	谢水顺	徐克谦	徐欣禄	薛芳渝	阎世平
阎　伟	燕今伟	杨德华	杨沛超	姚　霆	叶　鹰	易向军
于立仁	袁水仙	詹福瑞	湛佑祥	张长生	张海政	张君超
张伟云	张文德	张文举	张西亚	张小平	张晓林	张欣毅
张新民	张　毅	张　勇	章伏源	郑建明	周金龙	朱　强
朱　曦	竺海康	庄　琦	邹荫生			

第七届理事会常务理事名单（47 名　按姓名汉语拼音为序）

阿拉坦仓	陈传夫	陈　力	陈胜利	程焕文	程小澜	崔永琳
代根兴	戴龙基	段怡春	贺德方	胡均平	胡　越	李昭淳
李致忠	李忠昊	刘小琴	陆行素	马　宁	倪　宁	倪晓建
潘淑春	邵康庆	石丽珍	万群华	王　健	王荣国	王瑞清
王余光	王兆令	吴贵飙	吴建中	吴　晞	肖勤福	谢　林
薛芳渝	阎世平	杨沛超	詹福瑞	湛佑祥	张小平	张晓林

张　毅　张　勇　周金龙　朱　强　庄　琦

第七届理事会负责人名单

名誉理事长：周和平

顾　　　问：彭斐章　吴慰慈

理　事　长：詹福瑞

副 理 事 长：陈传夫　陈　力　胡　越　倪晓建

王余光　吴建中　杨沛超　张晓林

秘　书　长：汤更生

第八届理事会名誉理事名单（9名　按姓名汉语拼音为序）

程小澜　代根兴　戴龙基　李昭淳　李致忠　潘淑春

王荣国　王兆令　周金龙

第八届理事会理事名单（138名　按姓名汉语拼音为序）

阿拉坦仓　曹树金　陈传夫　陈大广　陈高桐　陈　力　陈能华
陈韶晖　陈胜利　程焕文　褚树青　崔慕岳　代　涛　戴维民
邓菊英　丁　力　杜也力　段怡春　多吉卓嘎　范并思　方宝川
方　曙　高文华　高　誉　顾玉青　郭向东　郭又陵　韩宝明
韩子军　贺德方　洪修平　胡均平　胡　越　惠德毅　蒋　弘
揭玉斌　柯　平　劳丽达　李东来　李国新　李嘉琳　李景文
李静霞　李　玲　李西宁　李小强　李晓秋　李友仁　李玉先
李忠昊　刘　斌　刘　军　刘洪辉　刘慧娟　刘松柏　刘细文
刘　霞　刘小琴　刘兹恒　鲁东明　陆行素　罗建国　马海群
马恒东　马　宁　马苏亚　孟宪学　倪　宁　倪晓建　彭晓东
齐金薇　邱冠华　曲章义　沙勇忠　邵康庆　石焕发　石丽珍
孙成江　孙　坦　汤更生　陶新民　万群华　汪东波　王爱功
王　健　王丽丽　王　琼　王世伟　王晓庆　王筱雯　王学东
王余光　吴贵飙　吴建中　吴　晞　肖　峰　谢　林　谢水顺
徐欣禄　薛芳渝　严潮斌　阎　伟　燕今伟　杨沛超　杨晓光

杨玉麟　姚　霆　姚乐野　易向军　于建荣　于立仁　于挽平
俞炳丰　玉　珍　袁水仙　詹福瑞　湛佑祥　张　鹏　张建平
张君超　张　兰　张伟云　张文德　张文举　张小云　张晓林
张欣毅　张　毅　张　勇　张兆忠　张中福　赵炳武　赵凤华
朱海闵　朱满良　朱　强　朱　曦　庄　琦

第八届理事会常务理事名单（47 名　按姓名汉语拼音为序）

陈传夫　陈高桐　陈　力　陈胜利　程焕文　代　涛　段怡春
高文华　郭向东　贺德方　胡均平　胡　越　李小强　李晓秋
李忠昊　刘洪辉　刘松柏　刘小琴　陆行素　马　宁　孟宪学
倪　宁　倪晓建　邵康庆　石丽珍　孙　坦　万群华　汪东波
王　健　王筱雯　王余光　吴贵飙　吴建中　吴　晞　谢　林
薛芳渝　严潮斌　杨沛超　易向军　詹福瑞　湛佑祥　张晓林
张　毅　张　勇　朱海闵　朱　强　庄　琦

第八届理事会负责人名单

名誉理事长：周和平

学 会 顾 问：彭斐章　吴慰慈

理　事　长：詹福瑞

副 理 事 长：陈传夫　陈　力　倪晓建　王余光
　　　　　　　　吴建中　杨沛超　张晓林　朱　强

秘　书　长：汤更生

第九届理事会理事名单（175 名　按姓氏笔画排序）

于　忠　于代军　于建荣　马民玉　马海群　马继刚　王　元
王　宇　王　剑　王山水　王水乔　王世伟　王志庚　王学杰
王筱雯　王新才　历　力　方　卿　方　敏　方　曙　方自金
方宝川　方标军　方家忠　孔德超　邓菊英　邓景康　石焕发
代　涛　冯庆东　曲章义　朱　强　朱　曦　朱清仙　任　竞
多吉卓嘎　庄前生　刘　军　刘　红　刘　炜　刘　斌　刘　霞

刘小琴　刘细文　刘春林　刘兹恒　刘洪辉　刘敏榕　刘淑华
汤旭岩　孙　坦　孙一钢　孙成江　孙建军　严　峰　严潮斌
李　彤　李　宏　李　培　李广建　李玉先　李东来　李冬梅
李西宁　李后卿　李红岩　李国新　李金龙　李春来　李俊国
李振纲　李晓秋　李冕斌　李景文　李景峰　李静霞　杨　柳
杨玉麟　杨晓光　肖佐刚　吴建中　吴贵飙　邱冠华　辛　欣
汪　茜　汪东波　沙勇忠　宋　卫　宋姬芳　张　兰　张　岩
张　勇　张　鹏　张　毅　张小云　张廷广　张兆忠　张纪臣
张奇伟　张建平　张晓林　张景元　张瑞红　张魁清　陈　力
陈　锐　陈传夫　陈励和　努　木　范并思　林平忠　林丽萍
林皓明　卓连营　易向军　周建文　周德明　郑章飞　郑智明
屈义华　孟宪学　赵川荣　赵凤华　赵瑞军　郝永平　郝继英
胡均平　柯　平　钟　琼　钟文一　钟海珍　钟德寿　洪修平
姚　霆　真　溱　夏立新　顾　敏　顾玉青　候登录　倪晓建
徐尚进　徐欣禄　徐晓军　徐益波　高　凡　高文华　郭玉光
郭向东　郭秀海　郭俊平　黄朴民　萧德洪　曹树金　崔　波
崔慕岳　章明丽　揭玉斌　彭晓东　蒋　伟　韩　彬　韩永进
韩宝明　韩筱芳　程焕文　储节旺　鲁东明　曾建勋　谢　群
褚树青　蔡永贵　薛山顺　霍瑞娟　戴国强　魏东原　魏存庆

第九届理事会常务理事名单（55 名　按姓氏笔画排序）

于代军　马民玉　王水乔　王筱雯　王新才　方　卿　方　敏
方标军　邓菊英　邓景康　代　涛　冯庆东　朱　强　任　竞
庄前生　刘小琴　刘洪辉　汤旭岩　孙　坦　孙建军　严潮斌
李　培　李广建　李春来　李俊国　李晓秋　吴建中　吴贵飙
汪东波　张　岩　张　勇　张　毅　张奇伟　张晓林　陈　力
陈　锐　林皓明　易向军　郑智明　孟宪学　赵川荣　赵瑞军
郝永平　真　溱　徐欣禄　徐晓军　高文华　郭向东　黄朴民
韩永进　程焕文　薛山顺　霍瑞娟　戴国强　魏存庆

第九届理事会负责人名单

理 事 长：韩永进

副理事长：方　卿　朱　强　刘小琴　李广建

　　　　　吴建中　张晓林　陈　力　程焕文

秘 书 长：霍瑞娟

备注：以上仅列举通过代表大会选举产生的理事和常务理事名单及增补名单，未包含届中的更换名单。

附录4　中国图书馆学会历届分支机构及负责人名单

第一届理事会分支机构

1. 学术委员会

主　任：佟曾功

副主任：关懿娴　彭斐章　戚志芬

2. 编译委员会

顾　问：陈翰生　刘国钧　李长路　舒翼翚　袁翰清　黄元福

主　任：丁志刚

副主任：胡耀辉　汪长炳　郑效洵　程德清

3.《图书馆学通讯》编委会

主　编：丁志刚

副主编：袁咏秋

第二届理事会分支机构

1. 学术委员会

顾　问：关懿娴　戚志芬　陈鸿舜　赵继生　耿济安　韩静华

主　任：佟曾功

副主任：彭斐章　李纪有　阎立中　武宁生

2. 编辑出版工作委员会

顾　问：季啸风　刘歧云　郑效洵

主　任：丁志刚

副主任：胡耀辉　周文骏　李哲民　袁咏秋

3.《图书馆学通讯》编委会

主　编：袁咏秋

第三届理事会分支机构

1. 学术研究委员会

顾　问：彭斐章　武宁生　朱　南　关懿娴　李兴辉　彭湛源

主　任：阎立中

副主任：谢灼华　张琪玉　吴慰慈

2. 科普教育委员会

顾　问：冯秉文　董长旭

主　任：李烈先

副主任：刘玖昌　吴龙涛　程锦修

3. 文献资源开发利用研究委员会

主　任：肖自力

副主任：李修宇　卢子博

4. 图书馆专用设备咨询开发委员会

主　任：李　竞

副主任：刘文晋　张慰慈

5. 编译出版委员会

主　任：周文骏

副主任：金恩晖　薛殿玺　丘　峰

6.《图书馆学通讯》编委会

主　编：黄俊贵

副主编：丘　峰　刘喜申

第四届理事会分支机构

1. 学术研究委员会

顾　问：鲍振西　阎立中　朱　南

主　任：彭斐章

副主任：吴慰慈（常务）　刘湘生　辛希孟　吴光伟

2. 编译出版委员会

主　任：周文骏

副主任：金恩晖　李万健　丘　峰

3.《中国图书馆学报》编委会

主　编：刘湘生

副主编：丘　峰　吴慰慈　刘喜申

第五届理事会分支机构

1. 学术研究委员会

主　任：吴慰慈（兼）

副主任：詹德佑　汪东波　吴健中　程焕文

2. 编译出版委员会

主　任：辛希孟

副主任：金恩晖　李万健　张彦博　李晓明

3. 图书馆交流与合作委员会

主　任：杜　克（兼）

副主任：孙蓓欣　黄俊贵　王振鸣

4.《中国图书馆学报》编委会

主　　编：刘湘生（兼）

常务副主编：李万健

第六届理事会分支机构

1. 学术研究委员会

主　任：吴慰慈（兼）

副主任： 程焕文　倪晓建　汪东波　吴健中　詹德佑　朱　强

2. 编译出版委员会

主　任： 徐引篪（兼）

副主任： 郭又陵　李万健　王余光

3. 图书馆交流与合作委员会

主　任： 孙蓓欣（兼）

副主任： 周小璞　吴　晞

4.《中国图书馆学报》编委会

主　　编： 孙蓓欣（兼）

第一副主编： 李万健（常务）

副　主　编： 孟广钧　李晓明　郭又陵　吴　晞　刘喜申

第七届理事会分支机构

1. 学术研究委员会

主　　任： 吴慰慈

常务副主任： 李国新

副　主　任： 陈传夫　程焕文　戴利华　倪晓建

　　　　　　　汪东波　王世伟　朱　强

2. 编译出版委员会

主　任： 戴龙基

副主任： 郭又陵　李万健　刘兹恒

3. 图书馆交流与合作委员会

主　任： 张晓林

副主任： 缪其浩　薛芳渝　严向东

4. 科普与阅读指导委员会

主　任： 王余光

副主任： 黄　鹏　吴　晞　周心慧

5.《中国图书馆学报》编委会

主　　编： 詹福瑞

常务副主编： 李万健

副　主　编：张晓林　王余光　朱　强　吴　晞

第八届理事会分支机构

1. 学术研究委员会

主　　　任：吴慰慈

常务副主任：李国新

副　主　任：（按姓名汉语拼音为序）

程焕文　戴利华　柯　平　沈固朝　汪东波

肖希明　王世伟

2. 编译出版委员会

主　任：胡　越

副主任：（按姓名汉语拼音为序）郭又陵　蒋　弘　刘兹恒

3. 图书馆交流与合作委员会

主　任：严向东

副主任：（按姓名汉语拼音为序）沈丽云　薛芳渝

4. 阅读推广委员会

主　任：吴　晞

副主任：（按姓名汉语拼音为序）

陈　坚　黄　鹏　李东来　邱冠华　徐　雁

5. 《中国图书馆学报》编委会

主　　　编：詹福瑞

常务副主编：蒋　弘

副　主　编：（按姓名汉语拼音为序）

陈传夫　王余光　吴　晞　张晓林　朱　强

第九届理事会分支机构

一　委员会

1. 学术研究委员会

名誉主任：吴慰慈

主　　　任：吴建中

副 主 任：王子舟　孙建军　汪东波　张晓林　柯　平

黄如花　潘燕桃

工 作 组：图书馆学基础理论专业委员会、目录学专业委员会、图书馆史研究专业委员会、图书馆法律与知识产权研究专业委员会、图书馆管理专业委员会、图书馆员研究专业委员会、图书馆统计与评价专业委员会、资源建设与共享专业委员会、用户研究与服务专业委员会、数字图书馆研究与建设专业委员会、信息组织专业委员会、古籍整理与文献保护专业委员会、地方文献研究专业委员会、图书馆建筑与设备专业委员会、少数民族图书馆专业委员会

2. 图书馆学教育委员会

主 任：陈传夫

副主任：李常庆　司　莉　陈　雅　李月琳　张　靖

工 作 组：教育研究委员会、教育统计委员会、教育评鉴委员会、教育培训委员会、教育交流与合作委员会

3. 阅读推广委员会

主 任：李东来

副主任：王新才　汤更生　邱冠华　张　岩　陈　坚

赵俊玲　徐　雁

工 作 组：阅读文化研究专业委员会、推荐书目专业委员会、藏书与阅读推广专业委员会、图书馆与社会阅读专业委员会、阅读与出版专业委员会、儿童与青少年阅读推广专业委员会、大学生阅读推广专业委员会、经典阅读推广专业委员会、数字阅读推广专业委员会、阅读与心理健康专业委员会、图书评论与阅读推广专业委员会、图书馆讲坛与培训专业委员会、社区与乡村阅读推广专业委员会、科普阅读推广专业委员会、残疾人阅读专业委员会、阅读推广理论研究专业委员会、民族文献阅读推广专业委员会、阅读史研究专业委员会、图书馆与家庭阅读专业委员会、图书馆展览与文创专业委员会、新媒体阅读推广专业委员会

4. 编译出版委员会

主 任：方自金

副主任：刘兹恒　李明杰　陈红彦　卓连营　徐建华　曹树金

工作组：图书馆学著作编辑出版专业委员会、图书馆学期刊与年鉴编辑出版专业委员会、数字出版与推广专业委员会、图书馆学文献翻译出版委员会、图书馆馆藏开发与出版专业委员会

5. 交流与合作委员会

主　任：张　煦

副主任：龙乐思　李　森　沈丽云　窦天芳

6.《中国图书馆学报》编委会

主　　编：韩永进

常务副主编：卓联营

副　主　编：（按姓名汉语拼音为序）

陈传夫　王余光　吴　晞　张晓林　朱　强

二　分会

1. 公共图书馆委员会

主　任：刘小琴

副主任：王筱雯　叶汝强　任　竞　汤旭岩　郑智明

徐晓军　常　林

工作组：图书馆创新工作委员会、图书馆政策研究工作委员会、图书馆标准化工作委员会、图书馆"一带一路"工作委员会、城市图书馆工作委员会、基层图书馆工作委员会、特色图书馆工作委员会、图书馆社会化工作委员会、图书馆扶贫工作委员会、图书馆区域协作工作委员会、图书馆绩效评估工作委员会、图书馆志愿服务工作委员会、图书馆创意工作委员会、图书馆青年工作委员会

2. 高等学校图书馆分会

主　任：朱　强

副主任：邓景康　严　峰　沙勇忠　陈　进

3. 专业图书馆分会

主　任：黄向阳

副主任：庄前生　孙　坦　沈仲祺　张纪臣　张魁清

张新民　真　溱　唐小利　揭玉斌

工作组：学术工作委员会、教育培训工作委员会、交流合作工作委员

会、青年工作委员会、区域信息服务工作委员会

4. 中央国家机关图书馆分会

主　任：孙一钢

副主任：王岚生　卢海燕　伏　宁　张　兰

工作组：资源建设委员会、用户服务委员会

5. 医学图书馆分会

主　任：陈　锐

副主任：仇晓春　田新玉　邢美园　陈励和　尚　武
　　　　　曹宪忠　盖起刚

6. 高职院校图书馆分会

主　任：张兆忠

副主任：刘兰平　杜贵明　杨　云　张清华　胡朝德　唐晓应

工作组：学术研究专业委员会、文献资源建设专业委员会、人力资源建设专业委员会、读者服务与信息素养教育专业委员会、综合工作专业委员会

7. 中小学图书馆分会

主　任：李玉先

副主任：冯俊华　肖　京　骆桂明　顾　敏　郭晋保　李　润

工作组：中小学云图书馆建设与发展专业委员会、民族地区学校图书馆建设专业委员会、书香基地建设专业委员会

8. 军队院校图书馆分会

主　任：于代军

副主任：刘春林　蔡彤霞

9. 党校图书馆分会

主　任：郝永平

副主任：刘俊瑞　张学森　刘燕飞　谢　冈　刘　江
　　　　　刘庆华　李　青　吴晓尧　鲜　鹏

10. 团校图书馆分会

主　任：陆玉林

副主任：李校红　杨锡田　钟德寿

11. 未成年人图书馆分会

主　任：李俊国

副主任：王志庚　石焕发　刘　红　杨　柳　宋　卫
　　　　宋　艳　韩筱芳

工作组：婴幼儿服务专业委员会、儿童服务专业委员会、青少年服务专业委员会、特殊儿童服务专业委员会、未成年人服务指导与研究专业委员会、未成年人活动专业委员会、未成年人服务与社会合作专业委员会、图画书阅读服务专业委员会、未成年人数字阅读服务专业委员会、资源建设与服务专业委员会

12. 工会图书馆分会

主　任：马东旭

备注：按照民政部和中国科协有关规定，中国图书馆学会第九届理事会统筹规划分支机构设置，成立了 17 个分支机构，加上《中国图书馆学报》编委会，共计 18 个机构。第九届理事会之前的分支机构仅列出各委员会的名单。各机构负责人名单仅列出本届理事会有关机构成立时聘任的负责人。

附录5　中国图书馆学会历届年会

1. 中国图书馆学会首届年会暨成立 20 周年纪念活动于 1999 年 7 月在辽宁省大连市隆重开幕，各地图书馆界代表 1100 余人出席。本届年会主题为"世纪之交：图书馆事业回顾与展望"。

2. 中国图书馆学会 2000 年学术年会于 7 月在内蒙古海拉尔市举行，各地区、各系统、各行业、各部门图书馆界代表近 800 人出席。本届年会主题为"21 世纪图书馆：发展与变革"。

3. 中国图书馆学会 2001 年学术年会于 9 月在四川省成都市隆重召开，各地图书馆界及相关行业 500 多名代表出席年会。本届年会主题为"21 世纪图书馆可持续发展战略"。

4. 中国图书馆学会 2002 年学术年会于 7 月在陕西省西安市召开，约 800 人出席了会议。本届年会主题为"知识经济时代图书馆的发展趋向"。

5. 2003 年学术年会延期至 2004 年举行。2004 年会的第二分会场以 2003 年会的主题"新世纪的图书馆员"为议题展开研讨。

6. 中国图书馆学会 2004 年会暨学会成立 25 周年纪念大会于 7 月在江苏省苏州市举行，各地图书馆、澳门特别行政区以及韩国、美国、日本、马来西亚、沙特阿拉伯等国的 1100 名代表参加了会议。本届年会的主题为"回顾与展望——中国图书馆事业百年"。

7. 中国图书馆学会 2005 年会紧随着第七次全国会员代表大会于 7 月在广西桂林召开，各地、各系统的 850 余名图书馆同仁以及 28 位来自美国、韩国的图书馆界同行出席。本届年会主题为"以人为本服务创新"。

8. 中国图书馆学会 2006 年会于 7 月在云南省昆明市隆重召开，来自各地、各系统图书馆的代表，企业会员代表和参展商以及美国华人图书馆员协会的代表近 1000 名出席。本届年会主题为"图书馆发展与和谐社会构建"。

9. 中国图书馆学会 2007 年会于 8 月在甘肃兰州隆重举行，来自全国各省、自治区、直辖市和香港、澳门特别行政区，以及美国、德国的 800 余名代表出席了会议。本届年会主题为"图书馆：新环境、新变化、新发展"。

10. 中国图书馆学会 2008 年会于 10 月在重庆市召开，各省、自治区、直辖市、澳门特别行政区以及美国、德国和新加坡的 800 余名代表和重庆市有关方面的负责人出席了会议。本届年会主题为"图书馆服务：全民共享"。

11. 中国图书馆学会 2009 年会暨 30 周年会庆大会于 11 月在广西南宁举行，各地以及美国、韩国的图书馆界、出版界、图书馆技术研发机构和企业界代表 800 余人出席了会议。本届年会主题为"中国图书馆事业：科学·法治·合作"。

12. 中国图书馆学会 2010 年会于 7 月 25～29 日在吉林长春隆重召开，来自全国各地各系统的图书馆工作者，出版界、图书馆技术研发机构和企业界的代表和美国图书馆界的代表 900 余人出席了大会。本届年会主题为"提升能力与效益，促进学习与创造"。

13. 中国图书馆年会 2011 年会于 10 月 26～27 日在贵州贵阳隆重召开。年会由文化部主办、中国图书馆学会等单位共同承办，来自全国各省

（区、市）文化行政主管部门的负责人，全国各级各类图书馆馆长，图书馆界和公共文化服务领域的专家、学者，以及国内外图书馆界代表近 1500 人参加本次大会。本届年会主题为"公益·创新·发展：'十二五'时期的图书馆事业"。

14. 2012 年中国图书馆年会——中国图书馆学会年会·中国图书馆展览会于 11 月 22 ~ 23 日在广东省东莞市隆重召开。来自全国各省（区、市）文化行政主管部门的负责人、国内外图书馆领域的管理者、专家学者、图书馆工作者、新闻媒体记者及相关企业代表近 3000 人参会。本届年会主题为"文化强国——图书馆的责任与使命"。

15. 2013 年中国图书馆年会——中国图书馆学会年会·中国图书馆展览会于 11 月 7 ~ 9 日在上海浦东举行，来自海内外图书馆和社会各界 3000 多人参会。本届年会主题为"书香中国——阅读引领未来"。

16. 2014 年中国图书馆年会——中国图书馆学会年会·中国图书馆展览会于 10 月 10 ~ 12 日在北京召开，来自全国各省（区、市）文化行政主管部门的负责人、国内外图书馆领域的管理者、专家学者、图书馆工作者、新闻媒体记者及相关企业代表近 3000 人参会。本届年会主题为"馆员的力量：改革 发展 进步"。

17. 2015 年中国图书馆年会——中国图书馆学会年会·中国图书馆展览会于 12 月 16 ~ 17 日在广州市顺利召开，来自国内外图书馆界的 3000 名代表参加了会议。本届年会主题为"图书馆：社会进步的力量"。

18. 2016 年中国图书馆年会——中国图书馆学会年会·中国图书馆展览会于 10 月 26 ~ 27 日在安徽铜陵召开，来自国内外图书馆界的 3000 名代表参加了会议。本届年会主题为"创新中国：技术、社会与图书馆"。

附录 6 中国图书馆学会优秀会员名单

2001 ~ 2004 年中国图书馆学会优秀会员

（以姓名汉语拼音排列）

白　坤　白秀华　包和平　包家元　包歧峰　毕洪秋　蔡汾岚

蔡蓉华	曹树金	柴新军	常晓群	陈　柏	陈大广	陈凡男
陈红丽	陈惠民	陈丽玲	陈能华	陈万寅	陈卫东	陈燕翔
陈银科	程广荣	程桂荣	程焕文	程　里	程　远	程　真
戴志强	邓凤英	邓菊英	邓珞华	丁小文	董　海	董建成
杜也力	段丽敏	段怡春	方宝川	方　正	付建华	付　玲
高春玲	高　峰	高维新	高文泊	高　贤	高晓春	高晓慧
高月起	高跃新	耿　鹏	龚福忠	龚杏娟	顾爱业	管学功
郭　斌	郭兴宽	郭亚臣	郭振安	韩惠琴	韩继章	韩子军
何安萍	何建中	何立民	何先进	何义兴	胡朝德	胡明超
胡小青	胡英民	胡原民	黄卫春	黄兆奎	惠德毅	霍春英
计思成	贾洪生	贾　莉	贾男男	姜建成	蒋国庆	蒋孝碧
蒋　颖	蒋永福	揭玉斌	金颖逯	康总府	孔繁青	李德戈
李东黎	李健立	李江丽	李景华	李　丽	李林昉	李清梅
李书宾	李　桐	李　伟	李小菲	李燕琼	李　勇	李仲眉
李祖荣	梁春玲	梁守素	林皓明	林　红	林　华	林向东
刘　斌	刘二灿	刘慧娟	刘　杰	刘京霞	刘　军	刘　莉
刘莉莎	刘　羚	刘　羚	刘　平	刘瑞芝	刘卫华	刘小琴
刘晓清	刘　昕	刘亚琴	刘壮生	柳庆福	龙小玲	陆宝益
陆桂安	陆启辉	罗一兰	骆勇志	马　伟	马　影	孟庆杰
莫少强	穆祥望	潘寅生	彭德泉	彭友德	彭　原	浦　昭
戚建林	戚建平	戚银杏	祁向东	钱华宁	乔好勤	秦丽娜
秦世刚	邱丽红	任开亮	萨殊利	沙广萍	邵婷芝	邵晓阳
沈恩泽	沈红梅	沈建勤	石惠侠	时雪峰	斯琴毕力格	
宋朝晖	宋寅平	苏　丽	苏品红	孙成权	孙凤玲	孙继亮
孙　平	孙　威	孙　勇	谭舒岚	谭新华	谭宇红	汤　锦
汤　玮	唐　岚	涂红湘	万仁莉	万行明	汪淑梅	王宝清
王保玉	王国强	王惠君	王　俭	王建军	王杰贞	王俊杰
王立诚	王鲁燕	王　蒙	王启福	王清香	王　群	王韶伦
王守炳	王　炜	王喜珠	王晓华	王晓燕	王筱雯	王雪光
王雅琴	王云峰	王在清	王宗义	隗德民	卫传荣	卫　红

魏海生　魏世伦　魏育辉　吴　格　吴海平　吴开华　吴　蓉
吴天舒　吴晓海　吴　旭　武三林　武志宏　夏继明　邢仙荣
熊　丽　徐春裕　徐建民　徐　捷　徐力文　徐立纲　徐　丽
徐璞英　徐水银　徐引篪　徐月霞　许景荣　许晓霞　许秀英
薛海燕　燕今伟　杨　静　杨　杰　杨培菊　杨沛超　杨　杞
杨锐明　杨素音　杨卫东　杨文广　杨晓明　杨新涯　杨　毅
杨　勇　杨　元　姚乐野　姚　蓉　叶　卿　叶　鹰　尹美华
尹　源　尤敬党　于爱君　于　宏　于书平　余幼玲　俞小锦
曾　文　翟春红　詹心敏　张柏华　张本义　张彩霞　张承宏
张尔君　张福涛　张贵淮　张桂芝　张海政　张厚生　张　钧
张　鹏　张荣光　张廷银　张晓东　张晓原　张新航　张　燕
张　颖　张玉亭　张　煜　张正和　章　迅　赵　安　赵达雄
赵海燕　赵继红　赵世华　赵淑琴　赵文广　赵小玲　赵彦龙
赵永光　赵玉明　郑彩萍　郑　兰　郑秋莲　郑　瑜　郑章飞
周国正　周佳兵　周建屏　周利红　周　勤　周　青　周玉奇
朱　凡　朱甫典　朱建亮　朱　军　朱明泉　朱　芊　朱天策
邹荫生　邹育理　左文革

2005～2007年中国图书馆学会优秀会员

1. 专业图书馆分会（398名会员）

艾丽娟　白海丹　蔡曙光　段洁滨　顾　犇　顾德南　韩　萍
贺　燕　贾丹明　李　丽　李书宾　刘小玲　马红健　苏品红
唐　晶　王丽燕　许京生　翟健雄　张　鹏　张　燕　赵　俭
钟万宏　朱天策

2. 高校图书馆分会（461名会员）

丁　娜　胡　宁　季淑娟　阙新莉　李　伶　李　礤　林　佳
糜　凯　茹海涛　宋　皎　陶　莹　王　波　王海平　文　凤
吴海燕　肖　燕　殷晓彤　袁明英　郑　兰　钟　宇　周　荣

3. 北京市图书馆协会（599名会员）

陈福庭　仇宏文　董克宗　董占华　樊亚玲　高建华　姜建城

刘冬梅　刘志敏　林凤兰　栾　兰　满开晋　申建增　盛　强
史红艳　史亚晴　王　红　王建军　闫　虹　杨兰英　杨玲香
袁　艳　张　蕾　张宝元　张美丽　张荫堂　郑彩萍　郑秋莲
周翠伶

4. 上海市图书馆学会（50 名会员）

杨光辉　郑巧英

5. 天津市图书馆学会（177 名会员）

陈　柏　李俊国　刘铮强　宋　震　王云亮　吴　营　夏卫星
张为江

6. 重庆市图书馆学会（266 名会员）

白　薇　毕　涛　曹　京　蒋　波　刘亚波　吴治蓉　伍定金
杨　杰　余　焰

7. 河北省图书馆学会（112 名会员）

柴喜慧　郭盼根　李智慧　梁洪杰　齐　玲　宗红侠

8. 山西省图书馆学会（174 名会员）

陈玉花　高和平　郝节梅　黄志刚　李　明　史晓莉　王　瑚
幸玉亮　张梅秀　张茂生

9. 内蒙古图书馆学会（100 名会员）

包金香　林　胜　王韶伦　武志朝　赵　团

10. 辽宁省图书馆学会（427 名会员）

贾玉文　老世龙　李德戈　李凤明　林发君　刘　芳　刘　丽
刘　莉　刘晓云　那春光　王　理　王　强　王虹菲　王筱雯
许丹阳　杨　华　张本义　张承敏　张中福　周佳兵

11. 吉林省图书馆学会（259 名会员）

常　曼　董忠田　丁树毅　高佩群　何庆来　胡　杨　蒋丽艳
阚立民　李宏伟　邵鸿雁　吴　锐　许永哲　尹振安

12. 黑龙江省图书馆学会（267 名会员）

毕红秋　董绍杰　郭健民　贺　莉　李仲倬　梁春玲　马海群
苗　地　牛文杰　彭绍平　孙　芳　孙丽莉　吴秀明　王　敏

13. 江苏省图书馆学会（600 名会员）

包歧峰　陈万寅　董建成　范　斌　黄兴港　计　俊　刘从富
陆　伟　陆桂安　浦　昭　邱冠华　阮晓东　沈建勤　宋国忠
孙烈涛　孙正东　王正兴　伍玲玲　徐建民　徐贞武　许建业
杨炳辉　杨长进　尤敬党　张荣光　张正和　赵玉明　郑建明

14. 浙江省图书馆学会（361 名会员）

陈　勤　高跃新　龚景兴　龚杏娟　韩惠琴　何立民　胡朝德
梁宇光　刘晨曼　刘晓清　毛　旭　潘杏梅　沈红梅　王俊杰
叶　鹰　张启林　周国良　周利红

15. 安徽省图书馆学会（98 名会员）

丁传奉　管　霞　贾　莉　孟庆杰　吴文革　徐修宜　郑　玲

16. 福建省图书馆学会（330 名会员）

蔡金钟　郭朝晖　林思钦　卢丽华　阮延生　卫　红　吴　蓉
徐立纲　杨文东　张大伟　郑一仙

17. 江西省图书馆学会（119 名会员）

何振作　罗卓舟　任开亮　王喜和　谢　霞

18. 山东省图书馆学会（155 名会员）

候妍妍　贾卫忠　刘满奎　马家贤　聂卫红　王　慧　尤松安
张兆奎

19. 河南省图书馆学会（84 名会员）

耿　卫　李红岩　刘惠萍　王　瑛　王咏梅

20. 湖南省图书馆学会（150 名会员）

韩继章　刘昆雄　刘忠平　唐晓应　熊　丽

21. 湖北省图书馆学会（295 名会员）

蔡　文　陈胡萍　陈梅花　程建华　杜宏英　方意平　李顺梅
裴晋侠　王　莉　袁爱平　张四新　张小群　钟德芳

22. 广东图书馆学会（330 名会员）

陈卫东　韩新忠　胡俊荣　黄国强　黄文镝　凌征强　潘燕桃
王大可　张　正　张爱优　张丽园

23. 广西图书馆学会（32 名会员）

韦任平　钟　琼

24. 四川省图书馆学会（600 名会员）

陈丽玲　程松全　杜　华　冯　勤　高　凡　黄　缨　黄立群
李　菱　李开成　李世兰　林　平　刘　军　时雪峰　商革思
唐春燕　汪育健　王以庄　席毅强　谢　军　杨翠萍　尹克勤
余耀明　喻又进　张　钧　张尔君　张盛强　张正勇　周传清
朱明泉

25. 云南省图书馆学会（160 名会员）

和爱超　计思诚　沈　沉　万红辉　杨丽娟　张仲华　赵正良

26. 陕西省图书馆学会（155 名会员）

顾力文　康延兴　牛红亮　孙　艳　王放虎　徐大平　徐纲红
谌章俊　周育红

27. 甘肃省图书馆学会（118 名会员）

安进宝　宋廷旺　尉　伟　薛　栋　张晓萍　赵国忠　周改珠

28. 青海省图书馆学会（91 名会员）

蔡淑敏　刘　军　刘　霞　卓尕措

29. 宁夏图书馆学会（50 名会员）

曹学霖　陈永平　李习文

30. 新疆图书馆学会（30 名会员）

计　津　张小云

31. 西藏图书馆学会（3 名会员）

多吉卓嘎

2007～2009 年中国图书馆学会优秀会员

（以姓名汉语拼音排列）

阿拉坦仓　白君礼　包和平　包家元　包歧峰　毕长泉　毕红秋
毕淑芳　蔡　洪　蔡洪涛　蔡平秋　蔡生福　蔡卫平　曹玉强
陈　萍　陈　蓉　陈　锐　陈　洋　陈大广　陈建文　陈建霞

陈俊英	陈励和	陈万寅	陈卫东	陈雪华	陈雪樵	程佳蕾
初景利	崔玉兰	邓凤英	董建成	董秀芳	董占华	杜秦生
段 芸	段茂盛	樊亚玲	范 敏	范晓鹏	付 航	付 虹
付 玲	傅 正	高 飞	高 军	高坤育	高民际	高文泊
葛海燕	龚 明	龚莲英	顾 红	顾建新	桂筱丹	郭 毅
郭健民	郭娴娟	郭晓梅	郭子春	韩安意	韩宝明	郝庆玲
何 芳	何 萍	何 清	何炳祥	何官峰	何华连	何建中
何雅妮	何振作	贺 燕	贺卫兵	洪 勋	侯 燕	侯 壮
胡 虹	胡锦成	胡生林	胡湘萍	胡小箐	黄 菁	黄天助
黄兴建	黄修龄	黄远英	惠涓澈	纪文杰	贾 光	贾 叡
江 涛	姜树芳	姜晓虹	蒋 波	蒋 敏	焦文静	揭玉斌
金中仁	靳 红	康延兴	孔 彬	孔繁秀	老世龙	雷菊霞
李 慧	李 明	李 群	李 姝	李 毅	李 钊	李春英
李东来	李凤明	李红梅	李惠霞	李嘉琳	李健康	李敬平
李俊国	李明霞	李文革	李秀敏	李艳芬	李玉梅	李章程
李智慧	梁蕙玮	梁仁勋	梁蜀忠	廖先军	廖先明	林 立
林 岫	林方毅	林凤兰	林慧英	凌 波	刘 峰	刘 进
刘 军	刘 莉	刘 丽	刘 擎	刘 铁	刘 煜	刘东燕
刘凤革	刘海梅	刘红鹰	刘葵波	刘立新	刘裴裴	刘庆财
刘日升	刘树春	刘晓景	刘雪梅	刘玉萍	刘铮强	龙小玲
卢文斌	芦春涛	罗春荣	罗康泰	罗益群	骆卫平	马 骅
马 静	马兰芳	马兴亚	马旭东	马永明	毛显祥	毛志宏
孟 兰	孟繁华	穆红梅	牛 微	牛 勇	牛文杰	潘 兵
潘妙辉	潘拥军	裴世荷	彭 飞	彭宝珍	彭绍平	蒲宁英
浦 昭	乔金华	邱冠华	邱丽红	仇宏文	仇杨坪	裘竹晶
屈义华	任 波	沈 鸣	沈秀琼	石冬梅	宋姬芳	宋延露
苏 黎	粟 慧	隋会民	孙 芳	孙 兰	孙 勇	孙丽莉
孙璐薇	孙瑞民	孙秀萍	汤 凝	汤宇红	唐宝莲	唐晓应
田 青	田 羽	汪淑云	王 春	王 峰	王 红	王 莉
王 蒙	王 敏	王 妍	王 媛	王爱林	王大林	王革平

王和平	王虹菲	王惠芳	王建军	王金芳	王景发	王丽娟
王连君	王启福	王启云	王黔平	王淑敏	王淑秋	王维平
王小燕	王新荣	王旭明	王雅琴	王雅文	王延广	王益广
王勇山	王在清	王志军	韦艳芳	文　军	文　奕	乌　恩
吴　冰	吴贵飙	吴润珍	吴文慧	吴喜文	吴小凤	吴晓红
吴新年	吴英梅	武海东	武三林	郗卫东	席毅强	夏卫星
肖　平	肖红凌	肖荣莲	肖友国	谢水顺	熊　丽	熊大庆
熊学工	徐关元	徐国祥	徐立纲	徐寿芝	徐向东	徐玉谦
许建业	许静华	许西乐	许晓霞	薛山顺	严　峰	杨　杰
杨　琳	杨　玲	杨　毅	杨炳辉	杨长平	杨海平	杨佳鹏
杨丽娟	杨文东	杨小慧	杨晓明	杨新民	杨远华	杨月珍
姚伯岳	姚海法	姚红莉	姚淑慧	姚学明	叶　卿	叶守法
叶艳鸣	叶允中	尹爱丽	尤敬党	游　红	于宝芬	于澄洁
于家利	于丽英	余　海	俞月丽	袁　艳	袁碧荣	曾　文
翟建雄	张　帆	张　芳	张　红	张　静	张　娟	张　钧
张　娜	张　平	张　燕	张　燕	张　勇	张春明	张春媛
张大为	张建平	张金治	张君超	张李江	张丽娟	张明华
张明伟	张荣光	张淑香	张晓东	张晓丽	张晓源	张秀兰
张选民	张亚姝	张艳辉	张艳霞	张燕莉	张正和	张智雄
张中福	赵　俭	赵　军	赵　青	赵国防	赵国良	赵良英
赵任飞	赵晓晔	赵迎春	赵颖梅	赵永光	郑　兰	郑美玉
郑明光	郑秋莲	郑章飞	钟文娟	仲维华	周　谨	周　倩
周　文	周国正	周建屏	周建清	周青松	周文政	周欣娟
周智华	朱　军	朱庆华	朱悦梅	庄　华		

2009～2011年中国图书馆学会优秀会员

（以姓名汉语拼音排列）

安美兰	白海龙	包和平	包秀丽	鲍未苹	卜艳娟	曹　军
曹维霞	曾　珊	曾　文	曾　妍	常　红	陈国秀	陈佳男

陈建英	陈 静	陈 军	陈励和	陈 萍	陈钦安	陈 蕊
陈万寅	陈 玮	陈 洋	陈 艺	陈 英	成 瑶	程佳蕾
程学军	程 岩	仇宏文	储立新	邓 辉	邓 嵩	邓玉兰
丁 雷	丁志萍	董晓莉	窦英杰	杜小荣	杜晓忠	杜 莹
范 斌	范并思	范吉胜	范雪梅	方宝川	方 吉	费新华
冯 吉	冯 杰	冯洁音	冯 玲	付德金	付晓东	付旭红
高 琳	高新陵	葛海燕	耿 甦	龚 剑	龚新光	龚亚民
贡维才	顾晓芬	顾 英	顾跃健	关春琦	关静霞	管 霞
郭春莲	郭建民	郭茂林	郭启松	郭晓梅	郭子春	国丽莹
韩春平	韩 佳	韩丽风	韩庆国	韩 夏	韩 真	郝 明
何安敏	何建中	何琍芳	何雅妮	和爱超	洪宝瑚	洪 勋
候思莹	胡海帆	胡 晖	胡立沙	胡明超	胡小丽	胡小平
胡晓雯	胡永生	黄 波	黄春光	黄国强	黄 华	黄 婧
黄曼丽	黄群莲	黄顺荣	黄 文	黄艳娟	惠朝阳	惠德毅
季淑娟	季叶克	贾 蔷	贾 睿	江丽霞	江 珊	姜 平
蒋新民	金春莉	金丽芬	金 龙	金武刚	金 燕	金瑜雪
康延兴	孔 彬	坤燕昌	黎富贵	李春萌	李凤明	李 红
李红才	李 宏	李后卿	李嘉英	李锦均	李 静	李 娟
李丽珊	李立珉	李 明	李明霞	李秋颖	李 姝	李文革
李 霞	李晓岩	李 新	李新利	李 阳	李莹波	李 颖
李月明	李 云	李佐莎	连丽红	连宇江	廉康宁	梁爱民
梁春玲	梁蕙玮	梁 群	梁蜀忠	梁向明	廖先明	廖 寅
林凤兰	林 娟	林 生	林 晓	林 诩	刘 斌	刘 芳
刘 格	刘海鸥	刘 虹	刘洪辉	刘鸿雁	刘军凤	刘开源
刘 莉	刘乃英	刘 萍	刘 勤	刘庆云	刘仁和	刘日升
刘绍荣	刘 轼	刘素艳	刘卫武	刘 霞	刘心红	刘秀敏
刘亚玲	刘亚琴	刘永洁	刘 争	刘忠平	龙 滔	娄策群
卢文菊	卢小戎	芦春涛	鲁 玥	陆为国	路国林	罗时进
罗文森	吕江英	吕 毅	吕元康	马海群	马 骅	马 慧
马 力	马例文	马 涛	孟 丹	孟 芳	孟庆杰	苗文菊

明晓颖	缪建新	莫少强	穆红梅	穆祥望	娜布庆花	倪天元
牛红亮	欧阳志	潘锦亚	潘丽敏	潘燕桃	潘状元	庞恩旭
彭仁耀	齐　月	祁向东	秦广宏	秦孝娥	邱　筜	屈　南
屈义华	曲丽敏	全　勤	商晓帆	邵利勤	邵　燕	沈小玲
沈业民	沈众英	师智勇	石　菲	石仕荣	时雪峰	史　梅
舒炎祥	斯朗多吉	宋天云	宋芸芳	苏建华	苏显义	孙代峰
孙凤玲	孙红强	孙建华	孙　明	孙沁南	谭春英	谭发祥
谭　昆	汤　锦	汤宇红	唐宝莲	唐崇忻	唐　岚	唐铭杰
陶培娟	陶新民	田丽君	田新玉	田种芳	王成林	王春霞
王冬阳	王光年	王　海	王　红	王　红	王宏梅	王虹菲
王华伟	王　辉	王景文	王　蕾	王立新	王丽霞	王　利
王连君	王　琦	王　茜	王　茜	王荣坤	王淑敏	王　铁
王　薇	王文风	王文广	王晓鸣	王星华	王秀亮	王学春
王　妍	王　宇	王玉莲	王岳红	王战林	王　钊	王兆辉
王　真	魏建华	吴　斌	吴　冰	吴春丽	吴　芳	吴洪珺
吴希文	吴　营	武继山	席毅强	夏有根	向　华	肖维平
肖希明	谢丽贤	谢志耘	辛　欣	邢　军	熊　敏	熊太纯
熊欣欣	熊颖玲	徐柏香	徐　立	徐立纲	徐　妹	徐　伟
徐　迅	许俊荣	许明金	许西乐	许兆恺	许宗瑜	宣泽文
薛　玲	阎　峥	颜丽虹	杨炳辉	杨　慧	杨江丽	杨泾锋
杨经中	杨兰英	杨瑞英	杨　桃	杨　伟	杨文东	杨文辉
杨向明	杨秀云	杨亚兰	杨永生	杨　勇	杨玉麟	杨允仙
杨之峰	姚　飞	姚明玉	姚学明	叶金娣	易　兵	易纲明
殷　洪	尹爱丽	尹方屏	尹玉学	攸　扬	尤苏平	于家利
于克信	于兆力	余　海	喻又进	袁　润	袁世香	袁素瑛
张柏华	张成荣	张　栋	张尔君	张凤鸣	张广明	张　惠
张惠君	张慧蕊	张建跃	张　钧	张俊平	张　兰	张　丽
张　利	张利民	张玲琳	张　森	张明伟	张　萍	张荣光
张　锐	张盛强	张　铁	张　维	张　伟	张　炜	张文珍
张献民	张小慰	张晓萨	张　欣	张　雄	张亚军	张　扬

张毅红	张 颖	张永红	张兆忠	张志东	张志美	张志强
张智松	章鑫尧	赵冬梅	赵固平	赵宏岩	赵继红	赵嘉玲
赵金华	赵京湘	赵美娣	赵文华	赵学军	赵亚娟	真 溙
郑俊峰	郑美玉	郑笑笑	钟冬莲	钟刚毅	周传清	周国正
周红梅	周厚洪	周利红	周 玲	周庆玲	周 涛	周晓军
周亚玲	周育红	周蕴博	朱宝琦	朱超敏	朱川连	朱峻薇
朱明泉	朱培毅	朱青青	朱亚玲	朱志强	卓连营	卓玛吉
佐 斌						

2011～2013 年中国图书馆学会优秀会员

（以姓名汉语拼音排列）

白皎皎	白君礼	包和平	边晓红	卞庆祥	蔡 璐	蔡小红
蔡艳青	蔡宇飞	蔡征平	曹炳霞	曹望虹	曾 文	查婉玲
查正儒	陈 朝	陈东韵	陈剑虹	陈 晋	陈力庚	陈培文
陈文斌	陈文革	陈欣辉	陈 燕	陈 艺	陈永平	程佳蕾
池红梅	初景利	初 丽	初源莉	丛丽红	崔 芳	崔凤善
代玉娟	戴成英	邓红川	邓 巍	邓咏秋	丁 雷	丁立宁
丁 娜	丁群安	丁 勇	董海鸥	董秀芳	杜通平	杜希林
杜晓峰	樊 欣	范静怡	范晓鹏	方 婷	冯 吉	冯 勤
冯素梅	冯永宁	付晓东	付长志	盖建丽	甘安龙	高建华
高 磊	高天磊	高维新	高 伟	高元文	戈建虎	龚亚民
谷秀洁	顾鸣鸣	关长荣	郭锦海	郭玉强	郭正武	韩双梅
郝继英	郝庆玲	郝 欣	郝秀娟	何建中	何俊伟	何 流
何 清	何 清	何小清	何晓阳	何雅妮	何 韵	贺 伟
洪 勋	侯 壮	胡春波	胡 荻	胡 红	胡立沙	胡瑞银
胡 玮	黄 兵	黄小平	黄晓鹏	黄 颖	黄幼菲	黄跃进
贾彩莲	贾西兰	贾 颖	蒋一平	焦 野	金冬梅	金敏婕
金勇进	靳 红	孔德安	兰宏臣	雷 强	黎 白	李爱国
李 蓓	李 波	李超平	李 渡	李凤明	李 宏	李宏斌

李华伟　李建华　李　洁　李金龙　李　静　李开明　李　力
李　丽　李明伍　李明霞　李　群　李　姝　李树平　李万梅
李万社　李维福　李　伟　李文兰　李相秋　李晓兰　李新娥
李　艳　李莹波　李　颖　李玉海　李玉梅　李　征　李仲倬
梁小枫　梁正华　廖　华　廖智博　林向东　林　艳　凌　波
刘宝瑞　刘　斌　刘　冰　刘凤侠　刘　刚　刘慧敏　刘　佳
刘佳琳　刘靖雯　刘　军　刘　俊　刘开国　刘开源　刘立强
刘　莉　刘陆军　刘敏榕　刘　沫　刘乃熙　刘　萍　刘秋勇
刘日升　刘伟华　刘　霄　刘晓景　刘亚玲　刘亚明　刘　燕
刘　燕　刘　洋　刘　瑛　刘迎春　刘　勇　刘玉萍　刘掌全
柳　和　芦　硕　鲁　豫　路国林　吕亚平　马丹阳　马宏伟
马　慧　马黎明　马文大　马义秋　马逾兰　毛凌文　孟　东
米丰慧　苗永威　穆祥望　倪天元　欧阳红红　欧阳军　潘　艳
潘云玲　彭妙霞　平　安　浦绍鑫　戚红梅　祁自顺　钱菲菲
钱姝羽　钱树华　乔　礼　秦殿启　邱　丹　邱　坚　邱烈祥
邱宇红　曲　冰　全清娥　任国华　任　伟　荣翠琴　尚　武
申世海　沈东婧　沈丽云　沈　茜　盛秋艳　师　毅　师智勇
施冲华　施李丽　施连德　斯朗多吉　宋　戈　宋舸文　宋国忠
宋建玮　宋江红　宋丽斌　宋　萌　宋　庆　宋庆功　宋廷旺
宋艳萍　苏春萍　粟　慧　孙代峰　孙建华　孙　俊　孙　勤
孙　蕊　孙淑丽　孙伟卢　孙　翌　孙　莹　谭玮鹏　汤益飞
唐海燕　唐　晶　唐铭杰　田立锋　万仁莉　王　爱　王爱文
王　波　王春明　王恒强　王虹菲　王　辉　王建军　王建平
王晶锋　王静斯　王　军　王丽梅　王丽霞　王明惠　王荣坤
王淑敏　王　涛　王天乐　王文胜　王祥丽　王向群　王晓鸣
王秀芝　王雪峰　王　妍　王砚峰　王彦芳　王彦芳　王艳红
王艳萍　王以俭　王　莹　王　瑜　王玉香　王贞贞　王智群
王自洋　魏太亮　魏　微　温国强　文　丽　吴宝华　吴兵文
吴冬曼　吴红艳　吴　宏　吴　蓉　吴澍时　吴　私　吴天舒
吴晓静　吴雪芝　伍定金　武丽娜　席　涛　席毅强　向　辉

向　媛　肖声莲　谢　丰　谢　冈　谢　刚　谢　晖　谢　锐
谢　霞　辛　欣　邢慧玲　徐大平　徐东明　徐劲松　徐　丽
徐淑娟　徐田华　徐欣禄　许俊松　许荣富　闫　莉　闫晓弟
严　冬　阎　峥　阳绪蓉　杨　琳　杨　波　杨　帆　杨　飞
杨　华　杨家荣　杨建萍　杨经中　杨　静　杨兰英　杨　蕾
杨　柳　杨培颖　杨姝珣　杨天平　杨文东　杨文辉　杨雯景
杨向明　姚光丽　姚俊身　姚学明　姚咏红　叶建平　叶升阳
殷　丽　尹玉学　尹育红　尤　永　于海霞　于克信　于孝津
于燕君　余　波　余海宪　余敏杰　余胜英　余　姝　俞　华
郁映辉　袁　晖　袁少如　袁世香　袁澍宇　袁　媛　翟建雄
翟淑君　詹心敏　张　彬　张　宸　张承宏　张承敏　张尔君
张　芳　张芳宁　张广明　张海燕　张海燕　张和伟　张洪元
张惠君　张建中　张军平　张　钧　张　琳　张　奇　张清华
张　秋　张　铁　张　伟　张　炜　张小云　张晓耿　张晓丽
张晓梅　张　雄　张学仁　张燕青　张　轶　张毅红　张玉娥
张育萍　章忠平　赵春辉　赵春玲　赵国良　赵　晖　赵金龙
赵守祥　赵雅文　赵志刚　赵志宏　郑　辉　郑　玲　郑美玉
郑卫光　郑晓光　郑智明　钟　杰　钟　静　钟永恒　仲建萍
周从军　周改珠　周慧芳　周　澜　周立锦　周雪景　朱　红
朱　军　朱淑华　朱晓玲　卓尕措　邹　莉　邹美兰

2013～2016年中国图书馆学会优秀会员名单

（按姓名汉语拼音排列）

白小燕　包晓东　蔡福瑞　曹　娟　曾玉琴　陈　剑　陈　晋
陈　玮　陈　盈　陈　瑜　陈大莲　陈冀宏　陈乐宝　陈励和
陈全松　陈文东　陈新鑫　陈有志　陈贞春　陈振标　程　鹏
程　阳　程风刚　丛冬梅　戴成英　戴宇丹　邓友保　丁金艺
窦玉萌　段蓓虹　段利娟　段小虎　樊亚玲　范华秀　范云杉
方　曙　方　炜　方宗建　冯建全　冯小平　冯永宁　付红英

傅嗣鹏　　甘　义　　甘安龙　　高　屹　　高东星　　高巧玲　　葛立辉
龚　剑　　谷怡敏　　郭　萌　　郭　炜　　郭俊平　　郭敏敏　　郭旭光
郭玉光　　韩　爽　　韩金梅　　韩维维　　韩晓瑛　　何晓薇　　何晓阳
何雅妮　　贺　菲　　贺　燕　　侯　壮　　胡海荣　　胡宏哲　　黄　珂
黄　莉　　黄　珣　　黄　颖　　黄洁晶　　黄小强　　黄志刚　　纪　军
江　波　　江建忠　　蒋可煜　　蒋丽平　　焦运立　　金　凤　　金德政
金仙花　　孔　彬　　朗东·多吉卓嘎　　黎富贵　　黎文洪　　李　冰
李　翠　　李　杭　　李　集　　李　姣　　李　黎　　李　群　　李　霞
李　星　　李　毅　　李　莹　　李　颖　　李　荣　　李翠平　　李冬梅
李宏伟　　李金龙　　李锦钧　　李丽娜　　李秋雨　　李赛虹　　李文琛
李向东　　李晓东　　李莹波　　李正辉　　梁春玲　　梁晓天　　廖晓飞
林　岫　　林君荣　　刘　芳　　刘　红　　刘　虹　　刘　佳　　刘　俊
刘　莉（吉林）　　刘　莉（辽宁）　　刘　清　　刘　翔　　刘　影
刘秉宇　　刘高明　　刘桂锋　　刘红艳　　刘红鹰　　刘慧敏　　刘君霞
刘伟华　　刘晓英　　刘晓云　　刘亚明　　刘志芳　　刘玉萍　　鹿晓明
罗红艳　　雒　虹　　吕　薇　　马　春　　马　可　　马　力　　马　宁
马俊英　　马宁宁　　马玉玲　　毛　静　　毛薇洁　　孟　兰　　孟家如
孟晓庆　　孟张颖　　苗婷秀　　莫建华　　穆艳荣　　潘小芳　　逄金英
彭　燕　　彭　茵　　彭增光　　朴长浩　　戚桂萍　　戚红梅　　齐　军
强自力　　邱　筞　　曲　苔　　任东升　　沙广萍　　沙泓薇　　尚　武
邵玉河　　申庆月　　沈　静　　沈　兰　　沈爱文　　沈宏良　　沈萍萍
盛　宴　　施连德　　施秀琼　　时　新　　帅丽宁　　宋朝晖　　宋淑红
宋振佳　　苏海潮　　苏鲜女　　孙建华　　孙烈涛　　孙淑丽　　孙秀萍
孙玉琴　　孙振宇　　唐玉屏　　陶培娟　　田海香　　田红云　　田向阳
童忠勇　　涂德富　　屠淑敏　　万湘容　　汪　茜　　王　斌　　王　芳
王　红（北京）　　王　红（北京）　　王　惠　　王　静　　王　磊
王　林　　王　楠　　王　伟　　王　祥　　王　杨　　王　莹　　王　镛
王大盈　　王惠芳　　王建军　　王静斯　　王连君　　王廷梅　　王晓鸣
王晓倩　　王新才　　王英华　　王宇冀　　王云洪　　韦景竹　　魏红帅
吴　密　　吴　琼　　吴　私　　吴　萱　　吴爱民　　吴洪珺　　吴琼俐

吴原原	武爱斌	武咏梅	肖玉成	谢　霞	信敬东	邢美园
邢文明	熊　丽	徐　洁	徐　敏	徐益波	许　冰	许静华
鄢小燕	阎　峥	杨　华	杨　倩	杨　涛	杨　薇	杨　峥
杨国富	杨娟娟	杨兰英	杨前进	杨通桅	杨永睿	杨雨霖
姚明玉	姚小玲	姚小萍	叶　波	易　峰	易　红	于　诺
余嫚雪	虞　敏	袁　琳	袁澍宇	袁学良	岳慧艳	翟建雄
詹庆东	张　超	张　华（北京）		张　华（吉林）		张　慧
张　娟	张　丽	张　秋	张　涛	张　雪	张　莹	张爱君
张冰冰	张秉辉	张承宏	张春红	张建功	张立朝	张丽华
张树杰	张雪梅	张燕蕾	张颖惠	张智中	赵　青	赵　雁
赵大莹	赵冬梅	赵金华	郑　琪	郑彩萍	郑闯辉	郑卫光
钟海鹏	周　浩	周　蓉	周　欣	周建屏	周岚岚	周雪景
周育红	朱青青	朱永红	朱永武	朱志伟	庄琦玲	邹序明
左凤艳						

附录7　中国图书馆学会优秀学会工作者名单

2001～2004 年中国图书馆学会优秀学会工作者

（按姓名汉语拼音排列）

曹　京	龚永年	韩汝英	胡银仿	胡　越	黄丽华	黄永宁
姜　晓	蒋秀兰	金晓明	金　颐	李广生	李海虹	李静霞
李盛福	梁经旭	林　胜	林庆云	刘家坤	刘俊瑞	孟昭和
仇淑梅	沈　沉	沈小丁	石焕发	孙革玲	谭兆民	陶嘉今
王丽云	王效良	香翠真	肖　群	严　真	杨艳荣	禹成华
张毕臣	张晋蓉	赵树宜				

2005～2007 年中国图书馆学会优秀学会工作者

（按姓名汉语拼音排列）

1. 专业图书馆分会：刘细文

2. 高校图书馆分会：梁守素

3. 北京市图书馆协会：汪淑梅

4. 上海市图书馆学会：庄琦

5. 天津市图书馆学会：朱凡

6. 重庆市图书馆学会：王祝康

7. 河北省图书馆学会：丁若虹

8. 山西省图书馆学会：贾酉全

9. 内蒙古图书馆学会：索娅

10. 辽宁省图书馆学会：高贤

11. 吉林省图书馆学会：马慧艳

12. 黑龙江省图书馆学会：王丽云

13. 江苏省图书馆学会：吴林

14. 浙江省图书馆学会：吴荇

15. 安徽省图书馆学会：张海政

16. 福建省图书馆学会：龚永年

17. 江西省图书馆学会：邱丽红

18. 山东省图书馆学会：王玮

19. 河南省图书馆学会：崔波

20. 湖南省图书馆学会：郑章飞

21. 湖北省图书馆学会：徐力文

22. 广东省图书馆学会：程焕文

23. 广西图书馆学会：黄永宁

24. 四川省图书馆学会：程歌　张晋蓉

25. 云南省图书馆学会：李友仁

26. 陕西省图书馆学会：梁经旭

27. 甘肃省图书馆学会：董隽

28. 青海省图书馆学会：王海山

29. 宁夏图书馆学会：沈丽英

30. 新疆图书馆学会：张君超

31. 西藏图书馆学会：桑学

2007～2009 年中国图书馆学会优秀学会工作者

（按姓名汉语拼音排列）

程 远	储 兰	邓菊英	董 隽	范并思	高 贤	耿建华
龚永年	胡秋玲	金 晓	李红岩	李盛福	梁春玲	梁守素
林 生	林庆云	刘 芳	糜 凯	秦小燕	尚 庄	沈 沉
沈丽英	宋继珍	孙革玲	王 彬	王效良	闻德锋	吴 华
吴 林	伍 艺	武巍泓	香翠真	鄢小燕	杨凌云	于景琪
张毕臣	张文静	赵玲玲	钟海珍	周金龙	朱 凡	朱明泉

2009～2011 年中国图书馆学会优秀学会工作者

（按姓名汉语拼音排列）

鲍玉来	曹望虹	陈 坚	陈 敏	陈卫东	程 远	杜希林
龚永年	顾玉青	关燕云	胡延芳	贾 莹	姜 晓	蒋 伟
金美丽	金晓明	金晓英	李丽霞	李 娜	李盛福	刘 军
陆如俊	骆卫平	马慧艳	糜 凯	潘翠萍	权菲菲	任 罡
沈 沉	王宁远	王 玮	吴建军	吴 悦	谢 林	徐力文
鄢行发	姚 迎	岳慧艳	张承敏	张海政	张怀涛	张文举
赵树宜	朱 凡	邹序明				

2011～2013 年中国图书馆学会优秀学会工作者

（按姓名汉语拼音排列）

陈 坚	陈卫东	储 兰	崔 萌	龚永年	郝 莉	胡延芳
黄 俊	贾 叡	贾 莹	蒋 伟	揭玉斌	金美丽	金武刚
金晓明	冷雪卓	李盛福	刘 芳	刘晓云	刘延莉	马红月
马慧艳	沈 沉	万群华	王宁远	王 琼	王天丽	王 玮
谢 林	熊 文	徐 坤	徐 娜	许 凯	鄢行发	杨岭雪
袁学良	袁 逸	张海政	张利民	张 佩	张 萍	张毅宏
张 章	赵 芳	郑章飞	钟海珍	朱 凡		

2013～2016年中国图书馆学会优秀学会工作者

（按姓名汉语拼音排列）

陈　敏　邓小�　丁志萍　董　莹　段冬林　郭　瑞　郝继英
黄　俊　姜　晓　解　虹　金美丽　雷兰芳　李　霞　林丽萍
刘丽颖　陆丽娜　伦秀海　马　骏　马慧艳　权菲菲　宋姬芳
宋建玮　孙　宇　唐晓应　王　玮　文一叶　吴　荇　武锦丽
武巍泓　席　涛　徐力文　徐向东　杨洪江　尹振安　于景琪
詹　洁　张　莉　张晋蓉　赵树宜　钟　琼

附录8　中国图书馆学会青年人才奖名单

中国图书馆学会第一届青年人才奖获奖者名单

鲍玉来　内蒙古大学图书馆

陈　武　清华大学图书馆

程　瑾　解放军医学图书馆

崔海兰　辽宁大学图书馆

戈建虎　盐城市图书馆

郭　晶　上海交通大学图书馆

胡海荣　温州市图书馆

任瑞珏　贵阳市图书馆

王　蕾　中山大学图书馆

魏大威　国家图书馆

张　娟　首都图书馆

张盛强　四川大学图书馆

赵俊玲　河北大学管理学院

赵谞炯　山西省图书馆

赵亚娟　中科院国家科学图书馆

中国图书馆学会第二届青年人才奖获奖者名单

赵　艳　中国科学院国家科学图书馆

刘魁明　中共中央党校图书馆

廖先军　装备指挥技术学院图书馆

王海茹　首都图书馆

郝金敏　国家图书馆

罗　翀　国家图书馆

李　恺　首都图书馆

王　政　黑龙江省图书馆编辑部

刘秉宇　吉林省图书馆

李　静　山西省图书馆

乔　南　武汉大学图书馆文理分馆

蔡　璐　湖南图书馆

魏志鹏　甘肃省图书馆

高　屹　广东省科技图书馆

兰　旻　广西壮族自治区图书馆

冯现永　西安航空技术高等专科学校图书馆

杨慧中　云南省图书馆

陈振英　浙江大学图书与信息中心

魏群义　重庆大学图书馆

孙　翌　上海交通大学图书馆

张金治　贵州师范大学图书馆

白兴勇　山东省图书馆学刊编辑部

陈　蓉　江苏省江阴市图书馆

何雪梅　西南交通大学图书馆

王丽贤　中科院新疆分院文献情报中心

袁　翀　南京大学 CSSCI 中国社会科学研究评价中心

中国图书馆学会第三届青年人才奖获奖者名单

刘　磊　深圳图书馆

康安娜　贵州省六盘水师范学院

胡建峰　衢州市图书馆

郭　炜　首都图书馆

牛　勇　兰州大学图书馆

艾春艳　北京大学图书馆

庞　蓓　广西大学图书馆

李华伟　国家图书馆

洪伟达　中共黑龙江省委党校图书馆

尹怀琼　中南大学图书馆

黄　颖　东北师范大学图书馆

赵玉玲　常州机电职业技术学院图书馆

郭　妮　国家图书馆

张　欣　辽宁省图书馆

刘　英　青岛市图书馆

李东旭　第二炮兵工程大学图书馆

杨　佳　上海图书馆

王　骢　成都图书馆

赵悦阳　中国医科大学附属盛京医院图书馆

王兆辉　重庆图书馆

王　辉　中国科学院文献情报中心

董　婧　国家图书馆

江少莉　苏州图书馆

中国图书馆学会第四届青年人才奖获奖者名单

李　峰　北京大学图书馆

吴　钢　武汉大学信息管理学院

蔡思明　南京邮电大学图书馆

刘　兰　北京师范大学图书馆

裴瑞敏　中国科学院文献情报中心

朱青青　国家图书馆

薛晓芳　解放军医学图书馆

杨长军　广州大学附属中学

潘　芳　温州市少年儿童图书馆

王天泥　辽宁省图书馆

张春春　黑龙江省图书馆

李海燕　金陵图书馆

刘雪平　湖南图书馆

陈丽纳　广州图书馆

刘方方　重庆三峡医药高等专科学校

许海云　中国科学院成都文献情报中心

参考文献

著作类：

宋建成：《中华图书馆协会》，台湾育英社文化事业有限公司，1980。

邹华亭、施金炎：《中国近现代图书馆事业大事记》，湖南人民出版社，1988。

陕西省图书馆：《中国图书馆事业三十年记事》，山西省图书馆，1979。

陈源蒸、张树华、毕世栋：《中国图书馆百年纪事（1840~2000）》，北京图书馆出版社，2004。

倪晓建等：《北京地区图书馆大事记（1949~2006）》，北京图书馆出版社，2007。

中国图书馆学会编著《中国图书馆学学科史》，中国科学技术出版社，2014。

周红云：《国际治理评估体系述评》，《国家治理评估——中国与世界》，中央编译出版社，2009。

全球治理委员会：《我们的全球伙伴关系》，牛津大学出版社，1995。

俞可平：《治理与善治》，社会科学文献出版社，2000。

〔英〕雷蒙德·威廉斯：《关键词：文化与社会的词汇》，生活·读书·新知三联书店，2005。

景小勇：《社会视角下的国家文化治理研究》，文化艺术出版社，2016。

俞可平：《论国家治理现代化》，社会科学文献出版社，2014。

黑格尔：《法哲学原理》，商务印书馆，1982。

〔美〕乔治·弗里德里克森：《公共行政的精神》，张成福等译，中国人民大学出版社，2003。

景小勇等：《政府与国家文化治理》，文化艺术出版社，2016。

王列生、郭全中、肖庆：《国家公共文化服务体系论》，文化艺术出版社，2009。

凌金铸：《外国文化行政研究》，上海人民出版社，2014。

〔法〕托克维尔：《旧制度与大革命》，冯棠译，商务印书馆，2012。

苏旭：《法国文化》，文化艺术出版社，2001。

沈爱民：《关于科协和学会工作的思考与实践》，中国科学技术出版社，2016。

吴慰慈、董焱编著《图书馆学概论》，国家图书馆出版社，2017。

〔美〕理查德·C.博克斯：《公民治理：引领21世纪的美国社区》，中国人民大学出版社，2013。

石国亮、张超、徐子梁：《国外公共服务理论与实践》，中国言实出版社，2011。

吴慰慈：《图书馆事业与图书馆学教育》，北京图书馆出版社，2004。

韩永进主编《中国图书馆史》，国家图书馆出版社，2017。

吴建中：《21世纪图书馆新论》，上海科学技术文献出版社，2003。

程焕文编《不朽的图书馆精神：汶川地震与家园重建》，中国图书馆学会，2009。

中国图书馆学会编著《2011～2012图书馆学学科发展报告》，中国科学技术出版社，2012。

中国图书馆学会编著《2014～2015图书馆学学科发展报告》，中国科学技术出版社，2016。

肖燕：《图书馆事业发展与法制建设研究》（当代中国图书馆学研究文库第四辑），2015。

王子舟：《民间力量建设图书馆的政策与模式》，国家图书馆出版社，2011。

肖希明：《信息资源建设的变革与发展》，国家图书馆出版社，2010。

邱冠华、于良芝等：《覆盖全社会的公共图书馆服务体系：模式、技术支撑与方案》，国家图书馆出版社，2008。

张伟、刘锦山：《公共图书馆转型与内涵发展》，国家图书馆出版社，2017。

霍瑞娟、刘锦山主编《基层图书馆建设与服务创新》，国家图书馆出版社，2016。

王龙：《阅读史导论》，国家图书馆出版社，2017。

赵俊玲、郭腊梅、杨绍志：《阅读推广：理念·方法·案例》，国家图书馆出版社，2016。

李东来、蒋永福等：《读者权益与图书馆服务研究》，国家图书馆出版社，2012。

期刊类：

王阿陶、姚乐野：《中华图书馆协会研究综述》，《图书馆建设》2011第 12 期。

沈占云：《中华图书馆协会成立的背景因素、历史意义之考察》，《图书馆》2006 年第 1 期。

梁启超：《中华图书馆协会成立会演说辞》，《中华图书馆协会会报》1925 年第一期。

王子舟、吴汉华：《民间私人图书馆的现状与前景》，《中国图书馆学报》2010 年第 5 期。

黄宗忠：《中国新型图书馆事业百年（1904～2004）（续）》，《图书馆》2004 年第 3 期。

《协会成立宣言》，《中华图书馆协会会报》1925 年第一卷第一期。

《协会 33 年度工作报告》，《中华图书馆协会会报》1944 年第十八卷五、六期合刊。

《协会个人会员名录》，《中华图书馆协会会报》1947 年第二十一卷三、四期合刊。

《征求会员》，《中华图书馆协会会报》1932 年第七卷第五期。

徐晓全：《西方国家治理理论：内涵与评析》，《检察风云——社会治理理论专刊》2014 年第 3 期。

〔英〕罗伯特·罗茨：《新的治理》，《英国政治学研究》1996 年第 154 期。

蓝志勇：《东西方历史经验中的治理思想》，《国家治理》2014 年 9 月。

王浦劬：《国家治理、政府治理和社会治理的含义及其相互关系》，《国家行政学院学报》2014 年第 3 期。

毛少莹：《文化治理及其国际经验》，《中国文化产业评论》2014 年第 2 期。

王志弘：《台北市文化治理的性质与转变：1967 - 2002》，《台湾社会研究季刊》2003 年第 52 期。

王彩波、李艳霞：《西欧福利国家的理论演变与政策调整》，《教学与研究》2013 年第 11 期。

汪向阳、胡春阳：《治理：当代公共管理理论的新热点》，《复旦学报》2000 年第 4 期。

薛澜、张帆：《治理理论与中国政府职能重构》，《学术前沿》2012 年第 6 期。

赵敬：《试论日本战后文化行政的变迁》，《日本学刊》2012 年第 4 期。

李海霞：《日本文化产业战略思想及其启示》，《现代日本经济》2010 年第 6 期。

金雪涛、于晗、杨敏：《日本公共文化服务供给方式探析》，《理论月刊》2013 年第 11 期。

吕志胜、金雪涛：《基于公共财政的公共文化多元化供给模式研究》，《现代经济探讨》2012 年第 12 期。

马骏：《对中国图书馆学会承接政府转移职能的思考》，《图书馆学刊》2015 年第 8 期。

鲍振西：《参加国际图联48 届大会和访问美加的一些观感》，《中国图书馆学报》1983 年第 1 期。

吴建中：《从未来看现在——图书馆发展的下一个十年》，《图书馆建设》2016 年第 1 期。

姜文华、朱孔来、刘学璞：《论政府职能转移的若干问题》，《求索》2015 年第 10 期。

张仲涛、刘以妍：《大数据背景下政府激发社会组织活力研究》，《学习论坛》2016 年第 5 期。

吴慰慈：《在中国图书馆学会第九届学术研究委员会成立大会上的讲话》，《图书馆杂志》2016 年第 6 期。

信亚楠：《习近平国家治理思想的创新发展研究》，《法制与社会》2015 年第 36 期。

孙涛：《马克思主义经典作家的社会治理思想及其现实借鉴》，《理论建设》2015 年第 5 期。

张千帆：《宪政、法治与经济发展：一个初步的理论框架》，《同济大学学报》（社会科学版）2005 年第 2 期。

吴家庆、王毅：《中国与西方治理理论之比较》，《湖南师范大学社会科学学报》2007 年第 2 期。

包国宪、郎玫：《治理、政府治理概念的演变与发展》，《兰州大学学报》2009 年第 2 期。

姜晓萍：《国家治理现代化进程中的社会治理体制创新》，《中国行政管理》2014 年第 1 期。

程永明：《日本文化产业战略及实施路径》，《日本研究》2011 年第 12 期。

吕志胜、金雪涛：《基于公共财政的公共文化多元化供给模式研究》，《现代经济探讨》2012 年第 12 期。

刘银喜：《政府治理理论的兴起及其中国化》，《内蒙古大学学报》2004 年第 7 期。

彭斐章：《新中国图书馆学教育的回眸与思考》，《图书情报知识》1999 年第 1 期。

彭斐章：《文华图专和中国图书馆学教育的发展》，《图书馆》2001 年第 2 期。彭斐章：《国内外图书馆学研究现状与发展趋势》，《河北大学学报》（哲学社会科学版），2002 年第 2 期。

周和平：《抓住机遇　开拓创新　加快推进我国数字图书馆建设——

在 2011 年中国图书馆年会暨中国图书馆学会年会上的主旨报告》,《中国图书馆学报》2012 年第 1 期。

陈传夫、冯昌扬、陈一:《面向全面小康的图书馆常态化转型发展模式探索》,《中国图书馆学报》2016 年第 1 期。

陈传夫、吴钢:《图书馆业态的变化与发展趋势》,《中国图书馆学报》2007 年第 3 期。

陈传夫、王云娣、盛钊、丁宁:《图书馆员去职业化问题、原因及对策研究》,《中国图书馆学报》2011 年第 1 期。

陈传夫、吴钢、唐琼、孙凯、于媛:《改革开放三十年我国图书情报学教育的发展》,《图书情报知识》2008 年第 5 期。

陈传夫、肖希明:《凝炼共识 昭示理念 推进合作共享——我们理解的〈图书馆合作与信息资源共享武汉宣言〉》,《大学图书馆学报》2006 年第 2 期。

陈传夫、刘杰:《图书馆制度建设的法制化路径》,《图书馆论坛》2007 年第 6 期。

柯平:《当代图书馆服务的创新趋势》,《高校图书馆工作》2008 年第 2 期。

柯平:《数字化和全球化环境下的世界图书馆发展趋势》,《高校图书馆工作》2012 年第 2 期。

柯平:《改革开放 30 年图书馆学基础理论研究回顾与思考》,《中国图书馆学报》2008 年第 5 期。

柯平:《当代图书馆服务的 10 个理念——新图书馆服务论之二》,《图书馆建设》2006 年第 4 期。

柯平:《探寻图书馆学前沿的科学路径》,《数字图书馆论坛》2016 年第 10 期。

沈爱民:《发挥学会独特优势 积极承接政府职能转移》,《科协论坛》2013 年第 5 期。

沈爱民:《科技社团改革创新发展的方向》,《学会》2012 年第 7 期。

顾烨青:《图书馆学会与图书馆协会之辨及其思考——写在中国图书馆学会成立三十周年之际》,《图书馆》2009 年第 6 期。

贾惠芳：《论中国图书馆学研究的发展趋势——中国图书馆学会年会主题分析》，《图书馆理论与实践》2006 年第 6 期。

刘忠平：《中国图书馆学会首届"百县馆长论坛"综述》，《图书馆》2006 年第 1 期。

吴澍时：《民国时期中华图书馆协会图书出版概述》，《图书馆论坛》2007 年第 7 期。

李彭元：《试论中华图书馆协会的主要历史贡献》，《图书馆论坛》2008 年第 4 期。

霍瑞娟：《新环境下社会力量参与公共图书馆管理运行创新研究》，《图书馆学研究》2017 年第 9 期。

霍瑞娟：《"图书馆＋"：专业服务跨界融合发展的探索》，《图书馆杂志》2016 年第 8 期。

霍瑞娟：《中国图书馆学会年会创新发展路径探讨》，《中国图书馆学报》2012 年第 6 期。

霍瑞娟：《公共图书馆法人治理结构现状调研及思考》，《中国图书馆学报》2016 年第 4 期。

霍瑞娟、马骏：《免费开放环境下公共图书馆服务面临的挑战与创新路径》，《国家图书馆学刊》2011 年第 3 期。

马骏：《政府购买服务背景下中国图书馆学会的业务探索》，《图书馆学刊》2015 年第 7 期。

报纸类：

《中共中央关于全面深化改革若干重大问题的决定》，《人民日报》2013 年 11 月 16 日。

胡惠林：《国家需要文化治理》，《学习时报》2012 年 6 月 18 日。

王啸、袁兰：《文化治理视域下的文化政策研究——对改革开放以来的文化政策分析》，人民网—理论频道，http://theory. people. com. cn/n/2013/0108/c40537 - 20131372 - 2. html。

邢朝国：《日本公民文化与社区公共性建设》，《中国文化报》2010 年 7 月 23 日。

网站类：

民政部民间组织管理局、中国科协学会改革领导小组办公室：《学术性社团的功能与设立标准调研报告》，http://www.cast.org.cn/n35081/n35668/n35758/n36840/10216052.html.

中国图书馆学会高等学校图书馆分会，http://www.sal.edu.cn/

中国图书馆学会专业图书馆分会，http://www.csla.org.cn/

中国图书馆学会医学图书馆分会，http://www.hlac.net.cn/

中国图书馆学会中小学图书馆分会

http://www.zxxtwh.com/2013/index.jsp

http://www.sal.edu.cn/2017

http://www.csla.org.cn/index.jsp

http://www.jdyy.cn/index.php/tsda/news/id/8530.html

中国科协网站，www.cast.org.cn

中国图书馆学会网站，www.lsc.org.cn

学位论文类：

王诗宗：《治理理论及其中国适用性》，浙江大学博士学位论文，2009。

法律法规类：

《社会团体登记管理条例》（1998 年国务院令第 250 号，2016 年修订）

《民办非企业单位登记管理暂行条例》（1998 年国务院令第 251 号）

《基金会管理条例》（2004 年国务院令第 400 号）

《中国科协关于在全国开展"传承 创新 发展"主题年工作的通知》（科协发厅字〔2018〕5 号，2018 年 3 月 5 日）

图书在版编目(CIP)数据

国家文化治理环境下中国图书馆学会发展研究 / 霍瑞娟著. -- 北京：社会科学文献出版社，2018.6

ISBN 978 - 7 - 5201 - 3018 - 9

Ⅰ.①国… Ⅱ.①霍… Ⅲ.①图书馆学会 - 发展 - 研究 - 中国 Ⅳ.①G259.22

中国版本图书馆 CIP 数据核字(2018)第 143950 号

国家文化治理环境下中国图书馆学会发展研究

著　　者 / 霍瑞娟

出 版 人 / 谢寿光
项目统筹 / 任文武
责任编辑 / 连凌云

出　　版 / 社会科学文献出版社·区域发展出版中心(010)59367143
　　　　　 地址：北京市北三环中路甲 29 号院华龙大厦　邮编：100029
　　　　　 网址：www.ssap.com.cn
发　　行 / 市场营销中心（010）59367081　59367018
印　　装 / 三河市龙林印务有限公司

规　　格 / 开　本：787mm × 1092mm　1/16
　　　　　 印　张：28.25　字　数：448 千字
版　　次 / 2018 年 6 月第 1 版　2018 年 6 月第 1 次印刷
书　　号 / ISBN 978 - 7 - 5201 - 3018 - 9
定　　价 / 98.00 元

本书如有印装质量问题，请与读者服务中心（010 - 59367028）联系